金融資本市場と公共政策

進化するテクノロジーとガバナンス

神作裕之・小野傑・湯山智教［編著］

藤田勉・副島豊・岡田大・
芝章浩・柴崎健・菊地正俊・
水口純・有吉尚哉・幸田博人

一般社団法人金融財政事情研究会

はじめに

本書は、東京大学大学院における講義「資本市場と公共政策」の概要について、速記録に基づいて整理・加筆修正し、編集したものです。この講義は、みずほ証券株式会社による寄付講座『資本市場と公共政策』の一環として、公共政策大学院、法曹養成専攻（法科大学院）および法学政治学研究科総合法政専攻の大学院生を対象として行われ、将来、官公庁・行政関係機関や金融機関職員、法曹関係、研究者などを目指す大学院生が学習するのに適したテーマを選び、現実の政策課題への理解を深めてもらうことを目的に、毎年、開講されています。

２０１９年度秋学期は、「金融資本市場における公共政策的・法的論点と課題」と題して、最近の金融資本市場におけるトピックを取り上げることとしました。本講義は、小野傑客員教授と湯山智教特任教授が担当し、内容については２０１９年夏に両教授が相談して決めたものです。金融資本市場の分野においては、近年、フィンテックに関連して、スマホ決済をはじめとしたキャッシュレスの進展、ベンチャー企業等による金融分野への新規参入、ＡＩ・ビッグデータの活用、暗号資産（仮想通貨）交換業規制の導入とその見直し、ＩＣＯ（イニシャル・コイン・オファリング）・ＳＴＯ（セキュリティ・トークン・オファリング）と呼ばれる暗号資産を用いた資金調達に関する新たな規制の制定などの大きな変革が進んでいます。また、資本市場の分野でも、従来から続くコーポレートガバナンス改革の進展、スチュワードシップ・コードの改訂、イノベーションを担うためのベンチャー・ファイナンスの推進、フィデューシャリー・デューティー、ＥＳＧ投資の潮流などの公共政策的・法的な論点と課題は多数にのぼり、ますますその重要性が高まっています。さらに、こうした動きと既存の金融システムや金融規制の整合性など、新たに浮かび上がった公共政策的・法的論点も多数にのぼっています。この点で、本講義はまさに時宜を得たものであったと考えています。

講義では、質疑応答を通じて、その論点や課題についての理解を深め、今後の公共政策や法規制のあり方について掘り下げて思索する機会を提供するとともに、本質を見据えた解決策を考える力を養うことを目指しました。また、豊富な経験と知識をお持ちの専門家・実務家にゲスト講師としてお越しいただき、最先端の実務や理論、経験について、多くの資料をもとに、リアルな現状を熱心に話していただいたこともあり、学生にとって非常に刺激的な講義であったと思います。本書は、第一線で活躍される講師陣による充実した講義に加え、参加した学生との活発な質疑など、多くの示唆に富んだ内容を本学教室内のみにとどめておくのはあまりに惜しいと考えたため、講義概要に質疑応答の一部も含めたかたちで講義録として出版し、皆様と広く共有できればと意図した次第です。

本書は、2部構成となっています。前半の第1部（第1～4章）では、フィンテックに関連するテーマとして、具体的には内外のフィンテックの動向、中央銀行デジタル通貨の仕組みと論点、新たな決済・金融仲介法制の検討、暗号資産やＩＣＯ・ＳＴＯに関する法規制の動向を取り上げます。後半の第2部（第5～11章）では、金融資本市場における論点と課題に関するホットトピックとして、これまでの資本市場の変遷、コーポレートガバナンス・コードとスチュワードシップ・コード、金融市場における不正事案に対する対応、ＡＩと金融取引に関する論点、ベンチャー・ファイナンス、ＥＳＧ投資、資本市場と法の接点に係る論点などを取り上げます。

第1部　フィンテックの進展と公共政策的・法的な課題（第1～4章）

第1部は、フィンテックに関するテーマを取り上げました。第1章では、必ずしも金融やＩＴの専門家ではない公共政策・法科大学院生にフィンテックに関する基本的な内容を理解してもらうことを目的としました。具体的には、フィンテックに関する概論として、フィンテックとは何か、世界のフィンテック企業の動向とそれがもたらす影響、今後の金融業に対する示唆について、この分野に詳しい藤田勉氏（一橋大学大学院経営管理研究科特任教授）に講義していただきました。フィンテックの進展は、金融取引の手数料の大幅低下、パッシブ運用の進展、ＡＩの活用などを経て、金融機関における格差拡大をもたらしています。ただ、新規参入によって金融産業はさらに活性化する可能性もあり、わが国の金融機関の対応が焦点となっています。

第2章では、中央銀行の視点からみたフィンテックという切り口で、スマホ決済などの進展を念頭に新たなマネーの概念について考えました。キャッシュレス決済の現状や課題、中央銀行デジタル通貨の発行に関する論点について、まさにわが国の中央銀行で実務の最前線で取り組んでいる副島豊氏（日本銀行フィンテックセンター長）に講義していただきました。キャッシュレス推進は政府の施策とも相まって、２０１９年になって一気に進展しましたが、既存の決済インフラのあり方に対しても影響を与えています。また、中央銀行デジタル通貨とはいったい何なのか、金融システムにどういう影響が生じうるのか、世界各国の動きはどうなのか、多くの金融関係者の注目を集めています。

第3章では、フィンテックを政策当局として推進する立場から、スマホ決済などの新たな決済手段の出現をふまえた決済法制の検討状況や、金融プラットフォーマーなどを念頭にオンライン取引を前提とした金融サービス仲介法制について、政策当局である金融庁においてこの問題の最前線で新規法制の立案を担っている岡田大氏（金融庁企画市場局信用制度参事官）に講義していただきました。新たな金融システムに向けた法制の検討については、金融審議会「決済法制及び金融サービス仲介法制に関するワーキング・グループ」において、本講義の進展と並行して検討が行われ、現在第201回国会に法案が提出されている新たな金融規制のあり方について検討しました。本章も、公共政策の最前線に関する内容になっています。

第4章では、暗号資産（仮想通貨）に関するこれまでの法規制の変遷や2019年の金融商品取引法改正により新設されたICO（イニシャル・コイン・オファリング）・STO（セキュリティ・トークン・オファリング）に関する法規制について、実務の最前線でこれらの課題に取り組んでいる芝章浩氏（西村あさひ法律事務所弁護士）に講義していただきました。暗号資産を用いた資金調達については、規制関係者や金融実務家、一般投資家を含めて非常に多くの議論がなされ、新たな法規制が適用されることになりますが、ファイナンス・ローヤー（金融法務を担う弁護士）として、この分野に詳しい弁護士の見方をご紹介いただいています。特に、法科大学院の学生にとっては、将来希望する仕事の一部を垣間見ることができ、非常に勉強になったことと思います。

以上がフィンテックに関する第1部です。

第2部　金融資本市場における論点と課題（第5～11章）

第2部は、金融資本市場に関する最近のホットトピックを扱っています。最初の第5章では、金融分野に必ずしも詳しくない公共政策・法科大学院生を対象に、金融資本市場について基本的な理解を得てもらうことを目的に、金融資本市場の抱える課題や論点のこれまでの変遷について概観しました。同時に、マイナス金利やAIの進展、サステナブル社会への志向などを受けて出現しつつある最近の金融市場における新たな課題についても概説的に触れていただきました。本章は、長らく資本市場とかかわりのある業務に取り組み、これらの事情に詳しい柴崎健氏（みずほ証券株式会社市場情報戦略部長）に講義していただいています。

第6章では、アベノミクス以降、金融資本市場の注目を集めるコーポレートガバナンス改革とスチュワードシップ・コードについて、わが国の株式市場の分析で長くトップ・ストラテジストとしてご活躍され、アベノミクス以降はコーポレートガバナンスの分野についても発信を続けている菊地正俊氏（みずほ証券株式会社チーフ株式ストラテジスト）に講義していただきました。わが国の企業のコーポレートガバナンスの現状はどうなのか、機関投資家等の行動規範としてのスチュワードシップ・コードはどのように運用されているのか、外国人投資家やアクティビストの視点からはわが国市場はどのようにみられているのか等のホットトピックについて、金融市場におけるトップアナリストの視点から非常にアクティブにお話しいただきました。

第7章では、一転して、金融市場における不公正事案への対応を取り上げています。最近は、グローバルに展開する大企業等ですらも会計不正等の不祥事を起こすことが珍しくないなか、市場における公正な取引を確保するためには、金融資本市場における取引をしっかりと監視する役目も重要です。インサイダー取引等の不公正取引の監視の実務や、企業の会計不正の摘発、技術の進展などに伴い巧妙化する不公正取引を防止するための金融規制や市場監視の状況について、実務の最前線で指揮している水口純氏（金融庁証券取引等監視委員会事務局次長）に講義していただきました。

第8章では、ＡＩの進展が金融取引や金融規制にもたらす影響について考えました。ＡＩ活用の今後の進展次第では、ＡＩ自身が自律的・自発的に金融取引を行うことも考えられますが、ＡＩは人間ではないので、人間による取引を前提とした既存の法制度には多くの限界が生じる可能性があります。たとえば、ＡＩが自動的に行う金融取引で不公正取引がなされた場合に、ＡＩに罰則を適用しても意味がありません。同様の論点は、金融機関の説明義務（適合性原則）や体制整備義務、不公正取引規制の適用など他の金融規制についても生じてきます。そこで、この問題に詳しい有吉尚哉氏（西村あさひ法律事務所弁護士）に講義していただきました。

第9章では、イノベーションとベンチャー・ファイナンスを取り上げました。Society5.0を掲げるわが国にとって、イノベーションの担い手となりうるベンチャー企業の育成は重要な政策課題です。金融資本市場にもベンチャー企業にファイナンスを提供するという重要な役割があり、公共政策的な課題や論点も多くあります。わが国のベンチャー企業育成の現状と課題として、ベンチャー・ファイナンスに関する日米比較、ＣＶＣ（コーポレート・ベンチャー・キャピタル）と呼ばれる大企業によるベンチャー資金供給の状況と論点、わが国では年金基金等の機関投資家の資金がなかなかベンチャー企業に向かわないのはなぜなのか、官民ファンドの抱える論点などについて、資本市場の分野でこれらの問題にも長く取り組まれていた幸田博人氏（京都大学経営管理大学院特別教授、元みずほ証券株式会社代表取締役副社長）に講義していただきました。

第10章は、ＥＳＧ投資と受託者責任について取り上げました。ＥＳＧとは、環境（Environment）・社会（Society）・ガバナンス（Governance）の3つの頭文字をとったものであり、ＥＳＧ要素を考慮した投資を「ＥＳＧ投資」といいますが、受託者責任を有する機関投資家にとっては、その投資パフォーマンスとの関係を気にする声が大きいと思います。本章では、ＥＳＧ投資と受託者責任の関係についての内外の考え方やＥＳＧ投資のパフォーマンスに関する既存研究の状況について、本講義の担当教員でありこの分野の最前線で研究を行っておられる湯山智教氏（公共政策大学院特任教授）に講義していただきました。

最後の第11章は、全体の総括的な意味合いを込めて、これまでの金融資本市場をめぐる法的課題の変遷とファイナンス・ローヤーのかかわり―金融法務と法規制との緊張関係、規制の限界と新たな展開―というテーマのもとで、やはり本講義の担当教員である小野傑氏（東京大学客員教授、西村あさひ法律事務所弁護士）に講義していただきました。現在は、社会の転換点であり金融技術やＡＩ、ビッグデータ等が社会を変えようとしていますが、金融実務と法規制の緊張関係を振り返ったときこの課題を法規制の枠内だけで考えるのではなく、金融技術やＡＩ等の視点からも解決の糸口を探究するということが考えられます。もちろん、安直に答えが出るようなテーマではないですが、長年にわたり、金融法務の世界でのファイナンス・ローヤーとしてかかわってきた経験をふまえて、この問題解決のための糸口について講義していただきました。

以上が各章の概説となります。なお、本書の記述は、特に記載のない限り、原則として講義時点（2019年9月〜2020年1月）の内容となっているため、市場の変化や制度改正等によりお読みいただく時点の状況と異なる部分もあろうかと思います。また、各章は、編者が内容を再整理し、紙幅の関係で内容を省略したり、他章との重複の整理や順序の入替えをしたりしているところもあります。フィンテックや金融資本市場という共通テーマのもとで講義を行ったことから、それでもなお一部は重複して感じられる部分もあるかもしれませんが、リレー形式による講義録という性質をふまえて、ご容赦いただければ幸いです。

なお、本書の記述のうち意見にわたる部分は執筆者個人の見解であって、その所属しているもしくは所属していた組織等の見解ではないことをお断りしておきます。本書が、近年の金融資本市場をめぐる課題や論点について考えるに際し、読者の皆様にとって参考になれば、望外の喜びです。

2020年3月

東京大学大学院法学政治学研究科教授

神作　裕之

目　次

第1部　フィンテックの進展と公共政策的・法的な課題

第1章　世界のフィンテックの動向と展望（藤田　勉）

第2章 マネー再考：ネオマネーと決済インフラの未来 （副島 豊）

第2部　金融資本市場における論点と課題

第5章　金融資本市場の変遷と最近の企業金融の抱える課題

（柴崎　健）

第6章　コーポレートガバナンス・コードとスチュワードシップ・コード

（菊地正俊）

第8章 アルゴリズム・AIを活用した投資助言・投資運用と法的課題（有吉尚哉）

第10章 ＥＳＧ投資と受託者責任に関する議論（湯山智教）

第11章 金融資本市場をめぐる法的課題の変遷とファイナンスローヤーのかかわり——金融法務と法規制との緊張関係、規制の限界と新たな展開、等

（小野　傑）

第1部

フィンテックの進展と公共政策的・法的な課題

第1章

世界のフィンテックの動向と展望

本章のねらい▼世界中で進展しているフィンテックはどういうもので、どの分野で進展しているのでしょうか。フィンテックの進展によって、世界中の金融機関はどのような影響を受けていて、どのように対応しているのでしょうか。世界のフィンテックの動向と、それがもたらす影響、今後の金融業に対する示唆について学びます。

ポイント▼世界を見渡すとフィンテックの有望分野は決済・送金であり、世界最大のフィンテック企業はビザ、マスターカードといった決済会社で、既存の金融機関に比べても企業価値（株式時価総額）の上昇も大きいです。世界の金融機関は、格差が拡大し、米国をみると銀行・証券会社ともにリテールとデジタル戦略で活路を見出しています。資産運用の世界では、パッシブ化の流れがフィンテックでさらに進展していて、手数料低下の流れは止めがたい状況です。こうしたなかで、日本の金融機関はなぜかデジタル兼営ができていません。非金融界からの参入は、金融界のサービスの競争・高度化をもたらし、最終的には寡占化・高収益化が進みます。

〈ナビゲーター〉藤田　勉（ふじたつとむ）

一橋大学大学院経営管理研究科特任教授

一橋大学大学院修了、博士（経営法）。シティグループ証券取締役副会長、慶應義塾大学講師、経済産業省企業価値研究会委員、内閣官房経済部市場動向研究会委員などを歴任し、2018年より現職。2006～2010年日経アナリストランキング日本株ストラテジスト部門５年連続１位。一橋大学大学院フィンテック研究フォーラム代表、シティグループ証券顧問等も務める。

（2019年10月９日講義）

1 フィンテックとは何か

私は、フィンテックはＡＩ革命の一分野であると考えています。ＡＩ革命の1番目の主戦場は自動運転だと考えていて、その根拠は、いま、全世界に四輪車は13億台あるのですが、これがだいたい1億台ずつ1年間で新車にかわっていきます。自動運転のレベル1、レベル2はすでに実用化されていて、レベル3、レベル4と上がっていき、２０３０年代には多分ほとんどが完全自動運転のＥＶ（電気自動車）にかわります。よって、これが一番大きなマーケットです。

2番目はロボットです。シリコンバレーにあるToyota Research InstituteというトヨタのＡＩ研究所へ行って話を聞くと、自動車はなくなるといっていました。いまの自動車は、やがて人を運ぶロボットになり、完全自動運転のＥＶはロボットだという考え方です。昔は、製造業の工場で使われるロボットが多かったのですが、最近では、音声や画像認識などのサービス分野にもロボットが出てきています。

そして、3番目がフィンテックです。フィンテックの定義は実はむずかしいですが、私はマネーにかかわるビッグデータを活用するテクノロジーをフィンテックと定義づけています。フィンテックの6つの事業領域として、①決済・送金、②資産運用、③預金・融資、④資金調達、⑤保険、⑥資本市場インフラ、があげられます。短期的には、決済・送金分野が一番大きく伸びていて、中長期的には資産運用が有望ですが、いまのところ預金・融資などはほとんどビジネスになっていません。ほかにもＰ２Ｐレンディング、クラウドファンディング、保険などいろいろあるのですが、始まったばかりという感じです。

2 フィンテックの有望分野：決済・送金

決済・送金は非常に伸びていますが、寡占化も進んでいて、一部の圧倒的なプラットフォームをもつ会社だけが勝っています。フィンテックは金融とテクノロジーの融合ですが、金融とＩＴ分野で世界一は米国なので、いまのところ、米国企業がフィンテックでは圧倒的に勝っています。

中国企業も頑張っていて、たとえばアリババが行っているフィンテックビジネスにアント・フィナンシャルという会社があり、日本でいうPayPayのようなＱＲ決済を行っています。日本と欧州は、一応フィンテック企業がなくはないのですが、いまのところ、いま一つ儲かっていないという状況です。

現金決済の国際比較

スウェーデンには４つメジャーな銀行があって、いずれも自己資本利益率が15％前後です。日本のメガバンクの自己資本利益率は1桁台です。なぜこんなに違うのかというと、たくさん理由はありますが、１つの理由はキャッシュレスの度合いです。現金通貨・紙幣と貨幣の合計の対ＧＤＰ比率をみると、日本は世界で一番高く20％ですが、スウェーデンは一番低くて１％台です。同じく現金通貨の流通量の推移をみると、スウェーデンは１９８０年の７％台からだんだん下がり、１％台になっています（図表１－１）。

いまスウェーデンに行きますと基本的にキャッシュが存在しません。買い物にキャッシュは使わないし、なかには現金お断りという店もあります。基本的には、ＡＴＭもありません。一方、日本では、現

図表1－1　通貨流通高（対GDP比）の推移

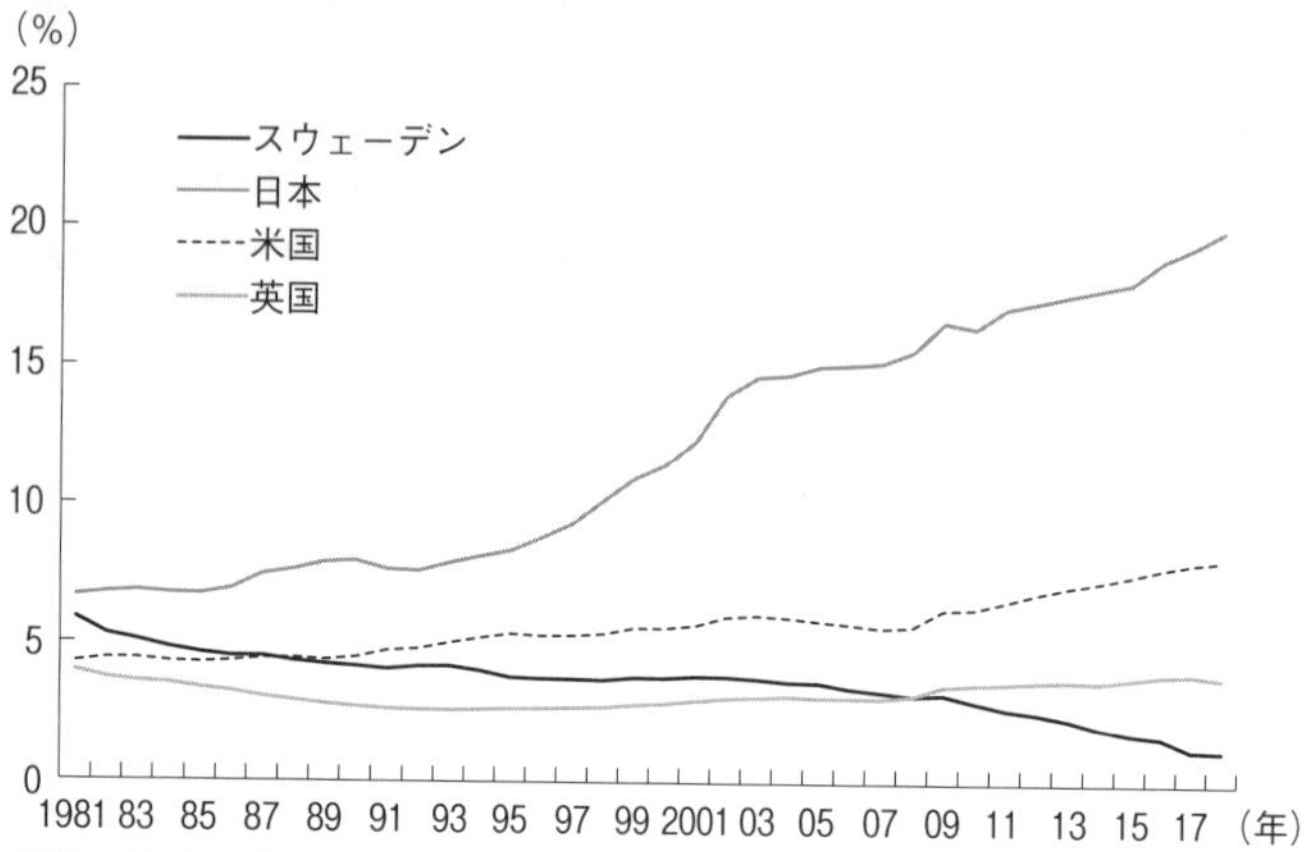

（注）　現金通貨残高は年平均値。
（出所）　各国中央銀行、IMF

金流通残高がどんどんふくれ上がっています。ちなみに、米国の推計によれば、現金保有コストはGDPの1％前後かかっていて、米国のGDPは2000兆円ぐらいなので、約20兆円が年間に消えていく計算です（注1）。特に米国の場合には盗難があるので、日本と違いますし、輸送・保管コストがかかります。こういったコストを減らすべくクレジットカードやデビットカードが米国では普及しています。

スウェーデンでキャッシュレスが進んだのはなぜか

注目していただきたいのは、図表1－1をみても、スウェーデン、日本、米国、英国のうちスウェーデンだけ下がっているということです。さて、これはなぜかというのがポイントです。

決済・送金が伸びる大きな理由にはいくつか

あります。たとえば、アマゾンや楽天で買い物をして、現金で払う人はいませんし、基本的にクレジットカードで払います。つまり、世の中がデジタル化すると、どうしても決済が現金ではなくなり、キャッシュレス化していきます。

これに加えて、世の中がグローバル化すると国際送金が増えますが、国際送金のコストは非常に高いです。いま、国際送金には、基本的に1ドル1円のコストがかかってきます。米国に100ドル送ると、基本的に100円かかります。この1ドル1円はいつ決まったかというと、1ドル＝360円の時に1円と決まったので、率に直すと0・28％でした。他方で、110円の1円は0・91％です。1971年まで1ドル＝360円でしたが、円高のため送金コストが3倍以上に上がったわけです。

国際送金のコストが高い理由もたくさんあるのですが、ますます値上げされます。なぜかというとマネーロンダリングのチェックのコストが非常に高く、規制コストが上がっているからです。加えて、世界の銀行はSWIFT（注2）に加盟しているのですが、いろいろな銀行を使いながら国際送金をするので、このコストが非常に高いです。ただ、これを下げようという動きがあります。

皆さんが、仮に海外旅行で東南アジアに行って、たとえばマレーシアでAirbnbを使って1万円払うとします。そこからUberを使って、タクシーで3000円使います。ここで何が起こるかというと、小口決済のコストが高いわけです。最近、仮想通貨の世界で、リブラという新しいデジタル通貨の開発計画がありますが、Uberやライドシェア大手のリフトもリブラ協会に入ろうとしています。この大きな理由は、小口決済のコストを下げるために、リブラなどの電子通貨を使ってフィンテックで解決しようというもので、これがフェイスブック主導のリブラの現状になります。

図表1－2　現金流通残高の対名目GDP比率と額面金額別の内訳（2016年）

対名目GDP比（%）	日本	米国	ユーロ圏	構成比（%）	日本	米国	ユーロ圏
最高額面	17.2	6.0	2.5	最高額面	88.3	76.5	23.4
2位額面	0.6	0.4	0.4	2位額面	3.1	5.5	4.0
3位額面	0.0	0.9	2.2	3位額面	0.2	11.7	21.1
4位額面	0.8	0.1	4.2	4位額面	3.9	1.3	39.9
5位額面	0.4	0.1	0.7	5位額面	2.1	0.9	6.2
6位以下および貨幣	0.5	0.3	0.6	6位以下および貨幣	2.5	4.0	5.4
合計	19.4	7.9	10.6				

（出所）BIS

なぜキャッシュレス時代に現金使用が減らないのか

さて、世の中はキャッシュレス時代だといっているにもかかわらず、現金が増えているのはなぜか。非常にむずかしいのですが、日本の現金残高の対GDP比（図表1－2）をみていただくと、日本はGDP比19・4％、約20％で、そのうち最高額面、つまり1万円札は17・2％です。米国のドルをみると、現金が7・9％、対GDP比で流通していますが、このうち6％が最高額面の100ドルの現金です。

米国で生活したことがある人はわかると思いますが、米国で100ドル札は普通使いませんし、普通100ドル札は受け取れないということも結構あります。普通は20ドル札が日常感覚の最高額面で、防犯上、それ以上は普通使わないということになっています。

しかしながら、米国では、全体で7・9％の現金流通のうちの100ドル札が6％なので、構成比でみると76・5％が100ドル札です。日本では、最高額面の1万円札が、貨幣・紙幣をあわせた額の約88％を占めています。ユーロは、そんなことはあまりなさそうです。

なぜこんなに最高額面紙幣がたくさん出ているのでしょうか。正解は誰にもわからないのですが、米国FRBの研究者によれば、高額紙幣は犯罪に使われている、脱税に使われているためとの説がありま す（注3）。たとえば、麻薬取引を銀行で決済することはまずありません。基本的にはドルで決済し、それも100ドル札です。日本はタンス預金が多いといった説があります。

100ドル札が悪事に使われた例はいくつかありまして、皆さんがよく知っている例でいうと、2017年、北朝鮮の金正男さんがマレーシアの空港で、毒ガスで亡くなった事件がありました。彼は空港に入ってくる時にリュックサックを背負っていましたが、亡くなった後にその中身を調べてみたら、約1300万円相当の100ドル札が入っていたそうです。その直前に金正男さんは韓国系米国人に接触したといわれていて、要はCIAから約1300万円を100ドル札でもらったのではないかという話です。

そのなかで、スウェーデンでは、まず日本と違って、デビットカードが非常に発達しています。日本ではデビットカードはほとんど普及していませんが、クレジットカードは比較的普及していて、米国も同様です。したがって、スウェーデンではデビットカードが普及しているというのが1点目の理由です。また、2点目は、Swish（スウィッシュ）という決済アプリが普及していることがあります。

ただし、一番大きい理由は、付加価値税の脱税防止だといわれています。スウェーデンの付加価値税、日本でいう消費税は、約25％（軽減税率がある）で非常に高いです。そうするとごまかす人がいます。たとえば、小売店でちゃんとレジを打たないことによって脱税をする人たちがいるわけです。そこで、小売店に政府の認証ずみのレジの設置を義務づけ、付加価値税を払うことの透明性が増してきました。

もともと、スウェーデンは金融先進国で、世界で最初の中央銀行であるリクスバンクができました。世界で最古の紙幣をつくったのも、諸説あるのですが、欧州においてはスウェーデンです。中国説や、日本の藩札だという説もあるのですが、欧州で公式にお札をつくったのはスウェーデンが最初です。

このように、スウェーデンは金融先進国ですが、1991年に金融危機が起き、1993年にかけて通貨危機が起こったので、世界で初めて、シングルピークモデルという一元的な金融監督当局をつくりました。ちなみに、いまの日本の金融庁もシングルピークモデルです。

では、なぜスウェーデンでこんなに金融が発達したのでしょうか。これも諸説ありまして、1つは、スウェーデンは人口密度が低くて冬はとても寒く、なかなか隣の村までキャッシュをおろしに行くというわけにもいかないので、金融システムをいかに高度にするかという研究が進みました。昔は金などの金属品を使ってやりとりしていたわけですが、それを銅板に変え、さらに銅も重いので、紙に変えたということで、北欧州のなかで最初に国が発展したため、スウェーデンで金融技術が発達したという考え方があります。

日本の金融の特殊性

さて、日本では、残高ベースでもフローベースでもキャッシュレスが進んでいません。言い換えると、日本はフィンテックで変わる余地が大きいということです。駅前の一等地に銀行があって、そこに付加価値を生まないＡＴＭが置いてありますが、こんな景色は基本的に日本だけです。ニューヨークのグランド・セントラルへ行っても、パリやローマの駅に行っても、みられません。

２番目に、印鑑や暗証番号が非常に好きだということも特殊です。２０１７年に18億円不正引出事件があって、主にゆうちょ銀行などの金融機関から盗まれたのですが、これは南アフリカの銀行でデータがハッキングされて流出し、その流出データを日本の反社会的勢力が買ったのです。このときのセブン銀行のＡＴＭは基本的にＩＣチップではなくて、磁気テープだったので、まったく同じ磁気テープをつくって、セブン銀行など１７００台のＡＴＭから一斉に引き出したのです。よくオレオレ詐欺でお金をおろす人たち、出し子とかいわれる人たちが、日曜日の朝5時から2時間ぐらいの間に１７００台のＡＴＭから一斉に引き出したわけです。なぜ日曜日の朝5時なのかというと、コンビニで人の出入りが少なくて、だけど怪しまれないのが日曜日の5時から7時ぐらいだということです。夜中の2時、３時に行って多額の現金をおろすと、どうしても怪しまれますが、日曜の朝は比較的人がいなくて、一般的に朝5時とか6時に人が歩いていても、散歩をしているのかということで怪しまれません。

こういったことを防ぐためには、印鑑や磁気テープや暗証番号をなくすことです。したがって、生体認証、指紋だとか虹彩認証にすると犯罪がなくなってくるので、かなりフィンテックが活躍する余地が高いと考えています。

3番目に、日本の個人金融資産は配当の利回りが非常に低いことがあります。個人金融資産の利息・配当収入は、日本は年間24兆円で、GDPが五百数十兆円でありますので、2％ぐらいのイメージですかね。米国の場合、GDPは2000兆円ありますけれども、325兆円も利息・配当収入がありま す。当然米国のほうが、配当利回りが高いです。金利も高いし、リスク性資産のウェイトが高いです。いま、債券や株のほうが利回りは高いですから、利回りの高い株が米国には多いということです。米国では、日本と違って現金で置いておくこともあまりありません。したがって、資産運用が活性化されると、日本でもかなり個人金融資産がお金を生むようになってきます。つまり、お金に働いてもらうということができるのではないかと私は期待しております。

3 世界の金融機関における格差拡大

フィンテック企業の急成長、証券は不振

図表1－3には、先進国の金融機関時価総額上位20社を並べています。このうちフィンテック企業に（※）をつけていますが、ビザ、マスターカード、ペイパルは、実は金融機関ではなく、お金を貸していませんし、決済も実際はしていません。どういうことかというと、クレジットカード事業というのは意外にむずかしくて、加盟店管理、カード発行などもありますが、ビザ、マスターカードは、カードの決済システム、IT事業だけやるテクノロジーを提供している会社で、カード発行や加盟店管理はしません。決済は基本的に銀行がやります。

図表1－3　先進国金融機関時価総額上位20社

	□：フィンテック企業 ■：証券	国	時価総額（兆円）	株価騰落率（過去10年、%）	ROE（今期予想、%）	PER（今期予想、倍）	PBR（今期予想、倍）	株主資本比率（%）
1	ビザ（※）	米国	39.5	917.3	34.2	33.5	11.1	49.1
2	JPモルガン・チェース	米国	38.6	152.8	14.1	10.8	1.5	9.8
3	マスターカード（※）	米国	31.4	1,288.6	173.3	36.9	41.0	22.1
4	バンク・オブ・アメリカ	米国	28.2	56.4	10.9	9.3	1.0	11.3
5	ウェルズ・ファーゴ	米国	22.6	69.2	11.7	10.2	1.1	10.4
6	シティグループ	米国	16.0	28.7	9.6	8.0	0.8	10.3
7	HSBCホールディングス	英国	16.0	−12.0	8.4	10.2	0.9	7.6
8	ペイパルHD（※）	米国	14.6	NA	22.8	35.0	7.5	35.5
9	RBC	カナダ	11.8	76.4	16.9	10.8	1.7	6.0
10	アメリカン・エキスプレス	米国	11.0	255.9	30.3	13.8	4.1	11.8
11	トロント・ドミニオン銀行	カナダ	10.9	113.4	15.7	10.2	1.5	6.0
12	オーストラリア・コモンウェルス銀行	オーストラリア	10.4	72.6	12.5	16.1	2.0	7.1
13	アリアンツ	ドイツ	10.3	148.6	12.3	10.3	1.2	7.1
14	USバンコープ	米国	9.1	132.9	14.3	12.1	1.7	11.1
15	CMEグループ	米国	8.6	273.3	8.7	31.3	2.9	33.5
16	ゴールドマン・サックス	米国	8.4	23.2	10.6	8.4	0.9	9.7
17	チャブ	スイス	7.8	199.5	9.4	14.7	1.3	30.0
18	モルガン・スタンレー	米国	7.5	43.3	11.0	8.2	0.9	9.5
19	ウエストパック銀行	オーストラリア	7.3	16.4	11.5	12.8	1.5	7.3
20	ブラックロック	米国	7.2	111.7	13.2	14.3	2.0	21.0

（注）　2019年８月末時点、１ドル110円で換算。バークシャー・ハサウェイ除く。ITのビザ、マスターカード、ペイパルHDを追加。ROE、PER、PBRの今期予想はBloomberg予想。

（出所）　Bloomberg

ビザ、マスターカードは基本的にフィンテック企業で、世界で最有力のフィンテック企業といえますが、実は金融機関とは違っていて、比較するためにわざわざ入れました。ただ、ビザ、マスターカードなどのデジタル決済関連株は大きく上昇しており、特にマスターカードは、儲かるビジネスであるグローバル比率が高いので上昇率がビザよりも高くなっています。

時価総額でみると、1位はビザで約40兆円あり、日本のメガバンクに比べると10倍ぐらい大きいです。次がＪＰモルガン・チェースで、この2つが非常に大きくて、マスターカード、バンク・オブ・アメリカ（旧メリルリンチ）が30兆円ぐらいです。上位はだいたい米国の銀行ですが、1つ注目していただきたいのは、ＲＯＥ（自己資本利益率）です。ビザ、マスターカードのＲＯＥはとても高いです。ＰＥＲ（株価収益率）やＰＢＲ（株価純資産倍率）などのバリュエーション指標でも高く評価されています。16番のゴールドマン・サックス、18番のモルガン・スタンレーは米国の証券会社ですが、いずれも株価があまり上がっていません。ＲＯＥも相対的に低いし、ＰＥＲやＰＢＲなどのバリュエーションも結構低いです。銀行と比べても、ＰＥＲやＰＢＲが低いという状況にあります。

このようにみると、フィンテック企業は非常に成長し、米国のメジャーな銀行は相対的に好調ですが、米国の証券会社はあまり成長していないといった景色が目につきます。

米国銀行はリテール部門の成長がけん引

米国最大の銀行、ＪＰモルガン・チェースの時価総額は約39兆円で、中国工商銀行よりも株式市場での価値は高く1位です。そして、5年前、つまり２０１３年末と比べて、米国の銀行はランクアップし

図表1－4　世界の銀行の時価総額上位10社（2013年末と2019年8月末）

（単位：兆円）

	2013年末	国	時価総額	2019年8月末	国	時価総額
1	中国工商銀行	中国	20.5	ＪＰモルガン・チェース	米国	38.6
2	中国建設銀行	中国	17.3	中国工商銀行	中国	28.4
3	HSBCホールディングス	英国	16.8	バンク・オブ・アメリカ	米国	28.2
4	ウェルズ・ファーゴ	米国	15.6	ウェルズ・ファーゴ	米国	22.6
5	ＪＰモルガン・チェース	米国	14.5	中国建設銀行	中国	20.6
6	中国農業銀行	中国	12.8	中国農業銀行	中国	18.0
7	中国銀行	中国	11.2	シティグループ	米国	16.0
8	バンク・オブ・アメリカ	米国	10.8	HSBCホールディングス	英国	16.0
9	シティグループ	米国	10.0	中国銀行	中国	14.9
10	オーストラリア・コモンウェルス	豪州	9.0	招商銀行	中国	13.2

（注）　1ドル110円で換算。
（出所）　Bloomberg

ている傾向があります（図表1－4）。特にJPモルガン・チェースやバンク・オブ・アメリカは、時価総額が約5年8カ月で2倍以上になりました。これは、なぜだと思いますか。

この答えは、日本のメガバンクが不振なことの裏返しで、戦略の違いになります。マイナス金利だと儲かりづらいとはいえますが、それを何とかするのが経営者の仕事です。

では、JPモルガン・チェースやバンク・オブ・アメリカと日本のメガバンクの戦略の違いは何なのでしょうか。JPモルガン・チェースのセグメント別純利益をみると、国内のリテール銀行ビジネスが利益の半分近くを生んでいて、ROEがとても高いです。CEOのジェイミー・ダイモンは、もともと私のいたシティグループにいて、上司とそりがあわず退社して、オハイオにある地方銀行バンクワンのCEOになりました。この地方銀行を買収したのがJPモルガン・チェースでして、ジェイミー・ダイモンは、買収したほうの会社のトップにのぼり詰めたわけです。つまり、この人は地方銀行の経営者もやっていたので、リテールバンクに非常に強く、リテールの強みとグローバルな強みが非常にうまく交わったということです。

米国の銀行のデジタル兼営戦略

もう1つの大事なポイントは米国の銀行の戦略なのですが、第一に、デジタル・モバイル戦略です。米国では、たとえばJPモルガン・チェースやバンク・オブ・アメリカがデジタル・モバイル戦略を駆使して、デジタルバンク、モバイルバンクをやっています。フィデリティやチャールズ・シュワブなどの大手証券会社もデジタル戦略に取り組んでいます。そもそもデジタル証券やオンライン証券やオンライン銀行が大きくなりようがないということで、要するに、対面をやっているところがデジタルもやっているからです。

日本にも楽天証券、GMO、SBIなどのオンライン証券がありますし、銀行にも楽天銀行、ソニー銀行などのオンライン銀行があります。日本では理由がわからないのですが、オンラインと伝統的な普通の銀行・証券会社がきれいに分かれていて、私は、これは日本の銀行や証券会社の経営戦略の失敗だと考えています。両方やるべきなのです。

米国では、たとえば、バンク・オブ・アメリカは、支店数が4000くらいありますが、デジタル・モバイルを非常にうまく使っているので、経費率が大きく下がっています。コストのかかるATMはできるだけ置きません。日本だと住宅ローンもできて、投信も買えるし、全部できるのですが、米国では非常に少なくて、基本的にデジタル・モバイル戦略を使って効率的にやっています。

そして、何が起こっているかというと、JPモルガン・チェースは、いま、支店数を増やしています。日本では、メガバンクが支店を減らすという話をよく聞きませんか。JPモルガン・チェースはまったく逆で、支店を4年間で400増やし、人員も3000人増やします。人を増やし、それをデジタル・モバイルと混合させてうまく使うと非常に効率がいいということは、彼らの戦略から証明されています。

米国のリテール証券は成長産業

図表1－5は、日米の個人金融資産の推移です。日本が約1800兆円以上ありまして、10年間で

図表1－5　日米の個人金融資産の推移

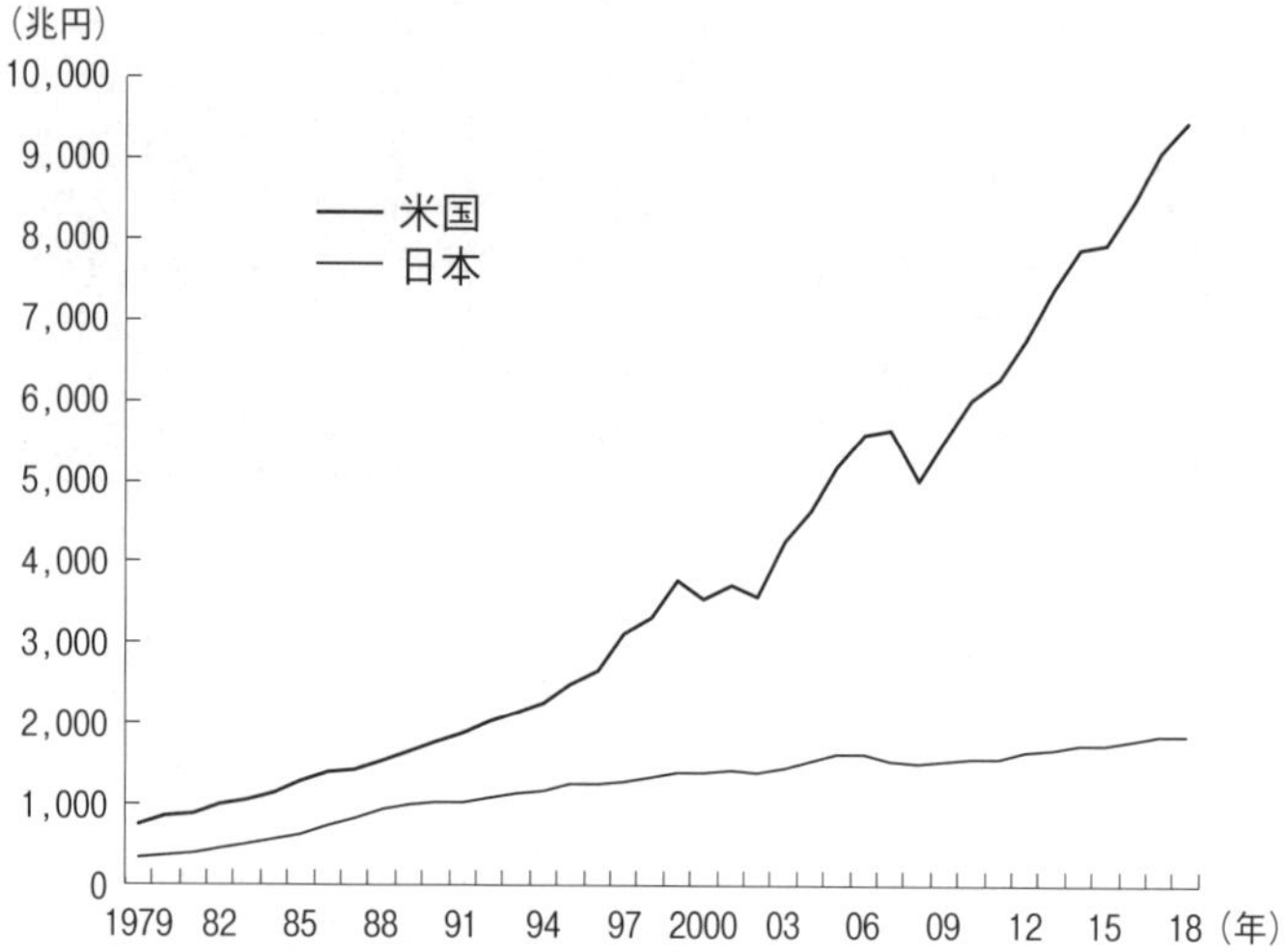

(注)　年度ベース。米国は、１ドル110円で換算。
(出所)　日本銀行、FRB

22％増えていて立派なものですが、米国は９０００兆円以上あり、10年間で77％増えています。この大きなポイントは、米国の場合にはリスク資産に投資が多いということで、配当利回り、株価の値上り率、利回りなど全部が高いです。当然、複利で増えますから、個人金融資産はどんどん増えます。

特に有力なのが確定拠出型年金です。４０１ｋなどが米国では非常に多くて、公的年金・私的年金を問わず、確定拠出型年金が中心で、これが株や投信を積極的に買います。日本で「貯蓄から投資へ」がなかなか進まない大きな理由は、日本の場合、国民年金とか厚生年金、もしくは企業年金がだいたい確定給付型年金で、自分で運用する必要がありません。ＧＰＩＦという公的年金を運用している組織があり、政府もしくは企業が運用してくれるので、自分で運用する必要はありません。米国へ行くと、大学を卒業したら即確定拠出型年金に入り、どれに入るのかと迫られます。

リテール証券の預り資産をみますと、米国では、フィデリティ、そしてチャールズ・シュワブ、バンク・オブ・アメリカ、モルガン・スタンレー・ウェルス・マネジメントなどが上位にいますが、圧倒的にフィデリティやチャールズ・シュワブが大きいです。

フィデリティは、もともと運用会社からスタートし、これがリテール証券に進出し、かつ、年金事務管理業にシフトしました。デジタル戦略を駆使して、同時にフィナンシャルアドバイザー、対面の営業員もしています。つまり、オンラインと対面を組み合わせています。日本は、オンライン証券はオンライン、対面は対面と分かれていますが、米国では、フィデリティもチャールズ・シュワブも対面とデジタルを使いこなしています。これが日本の銀行・証券会社が儲からない一番大きな理由になっていると思います。

最近、チャールズ・シュワブが、株の売買の手数料をゼロにすると発表しました。でも、手数料ゼロにして、どうやって儲けるのかわかりますか。米国の証券会社は、いま、基本的に預り資産ベースでお金をもらうことが多いです。たとえば、Aさんが10億円もっていて、10億円を営業員が預かって一任運用をすると、10億円の一任運用のフィーはだいたい1％で1000万円をフィーとして自分がもらえます。そうすると、何が起こるかというと、その人は、売買手数料は少ないほうがいいですね。運用する人にとっては、投信も手数料ゼロのほうがいいです。この営業員は基本的に歩合制で、日本はあまり歩合制がありませんが、3～4割（例）の歩合制です。お客様の残高ベースのフィーから3～4割もらえるので、すべてお客様の利益を第一に考えないと自分がクビになります。そこで証券会社にいっぱい手数料を落とすと、お客様からの信頼が得られません。証券会社は別に売買して手数料を落としてくれなくても、残高ベースで仮に1％入ってきた分の3分の2を証券会社に落としてくれればいいのです。こういったかたちで米国のリテール証券会社はどんどん成長しています。ただし、寡占が進んでいて、ここでもデジタル、フィンテック企業が成長しています。

フィンテックで加速するパッシブ化

資産運用には、パッシブ運用とアクティブ運用がありますが、ファンドマネジャーが株を売ったり買ったりするときに、日経平均やＴＯＰＩＸなどのインデックスに勝とうとするのをアクティブ運用といいます。それをいっさい無視して、インデックスとまったく同じ銘柄を売買するのをパッシブ運用といいます。日本で有名なインデックスに東証株価指数（ＴＯＰＩＸ）、米国だとＳ＆Ｐ５００という指数があり、昔はアクティブ運用中心だったのですが、最近はほとんどパッシブ運用です。図表1－6に広義の米国投信上位10本を並べてみると、一番下のフィデリティ・コントラファンド以外はすべてパッシブ運用です（太字）。

パッシブ運用とアクティブ運用で何が違うと思いますか。経費率が高いのです。一番大きいバンガード５００のインデックスファンドは、４ベーシスで非常に小さいですし、フィデリティ５００では２ベーシスです。経費率が高くても、アクティブファンドがインデックスを上回ってくれればいいのですが、上回るときもあるし、下回るときもあって、わかりません。どっちみちわからないのだから、とに

図表1－6　米国公募型投信、ETF資産上位10本（株式）

	上位10（太字パッシブ運用）	種類	経費率（%）	純資産額（億円）
1	**バンガード500インデックス・ファンド（Adm）**	ETF	0.04	326,226
2	**SPDR S&P500 ETF（ステートストリート）**	投信	0.09	288,250
3	**バンガード・トータル・ストック・マーケット（Adm）**	投信	0.04	259,954
4	**フィデリティ500インデックス・ファンド**	投信	0.02	222,841
5	**iSharesコアS&P500 ETF（ブラックロック）**	ETF	0.04	200,289
6	**バンガード・トータル・インターナショナル・ストック（Inv）**	投信	0.17	155,847
7	**バンガード・トータル・ストック・マーケット（Inv）**	投信	0.14	143,991
8	**バンガード・トータル・ストック・マーケットETF**	ETF	0.03	129,767
9	**バンガードS&P500ETF**	ETF	0.03	131,096
10	フィデリティ・コントラファンド	投信	0.81	102,215

（注）　MMF、機関投資家向け除く。投信の純資産額は、シェアクラス別。1ドル110円で換算。2019年8月末時点。
（出所）　Bloomberg

図表1－7　世界の運用会社資産上位10社（2017年）

（単位：兆円）

		国	総資産	過去10年増加額
1	**ブラックロック**	**米国**	**692**	**542**
2	**バンガード・グループ**	**米国**	**543**	**393**
3	ステート・ストリート・グローバル	米国	306	88
4	フィデリティ・インベストメンツ	米国	269	65
5	アリアンツ	ドイツ	259	44
6	JPモルガン・チェース	米国	224	92
7	バンク・オブ・ニューヨーク・メロン	米国	208	85
8	キャピタル・グループ	米国	196	25
9	AXAグループ	フランス	190	－17
10	アムンディ	フランス	188	NA

（注）　1ドル110円で換算。
（出所）　Willils Towers Watson

かくパッシブ運用にすればいいかたちになっています。

図表1－7が世界の運用会社の資産上位10社ですが、ブラックロックとバンガード・グループの上位2社（太字）が実はパッシブ運用のチャンピオンで、運用会社の資産上位は、基本的にパッシブハウスが中心だということです。これらが主に扱うのがETF（上場投資信託）で、基本的にパッシブ運用かつ証券取引所に上場できます。パッシブ運用の総資産は2008年の85兆円から2018年に527兆円と大幅に増えています。

ロボアドバイザーと営業員はどちらがいいか

最近、パッシブハウスとフィンテックで変わりつつあるのは、ロボアドバイザーといわれています。日本ではお金のデザインやウェルスナビという会社があります。日本だと、このフィーがまた高くて年間１％ぐらいとるのですが、米国へ行くと、バンガードが０・３％ぐらいでロボアドバイザーのフィーも低いです。そのなかに入っているのがＥＴＦで、ＥＴＦのフィーも低いほうがいいわけですから、どんどん低いほうに収斂するということです。

このロボアドバイザーでどこが影響を受けているかというと営業員です。証券会社で運用している人とロボアドバイザーと、どちらがいいかという勝負です。ロボアドバイザーの運用するスキルは、ＡＩでどんどん学習しますから、低いコストで運用できますので、だんだん金額の小さいものはロボアドバイザーに任すかということになります。お金持ちは税金対策など特殊なニーズがありますので、１００億円、２００億円と運用している人は、全部をロボアドバイザーに任すことはできませんが、10億円以下ぐらいの人は、普通ロボアドバイザーに預けたらと営業員自身が誘導します。ですから、営業員が１００人お客様を抱えていたら、90人ぐらいはできるだけロボアドバイザーのほうに誘導し、大事な10人ぐらいは自分が一生懸命サービスするといったようなかたちになってくるわけです。

フィーの低下圧力

この結果、何が起こっているかというと、米国の証券会社の株価が上がっていません。投信では、フィデリティが運用報酬ゼロの投信 "Fidelity Zero, Fidelity Flex" を発売し、いま、だいたい28本ありますが、運用報酬もゼロ、そしてフロントロードといいますが、売買手数料もゼロです。ＥＴＦも、最近、売買手数料無料化が進み、ゼロが出てきました。やがてＥＴＦも多分ゼロが普通になってくると考

図表1－8　米国証券会社・資産運用会社の純利益の推移

（単位：十億円）

	2013年度	2018年度	増加額	増益率（%）
ゴールドマン・サックス	884	1,150	266	30.1
モルガン・スタンレー	323	962	639	198.4
ブラックロック	323	474	151	46.8
チャールズ・シュワブ	**118**	**386**	**268**	**227.5**
アメリプライズ	147	231	84	57.3
T.ロープライス	115	202	87	75.4
TDアメリトレード	74	162	88	118.2

（注）　1ドル110円で換算。
（出所）　Bloomberg

えています。

ラップ口座については、日本のラップ口座は2％ぐらいのフィーをとったうえに、だいたい投資信託が入っていて、その投信がまた年間数十ベーシスのフィーをとるので、お客さんは合計で年間3％ぐらいのフィーを証券会社と運用会社に払っています。米国の場合は、これがいま1％ぐらいで、さらに少しずつ下がっています。株式売買手数料や投信やETFのフィーがどんどん下がってくるので1％ちょっとぐらいです。日本は3％で、米国は1％程度としますと、年2％ぐらい差があって、これが複利でふくれあがると10年間で二十何パーセントも違います。日本では、1億円預けたら二千何百万円を証券会社や運用会社がもっていってしまうという話です。これではみんな資産運用しません。貯蓄から投資に向かわない大きな理由は、私はここにあると思っていて、米国は投信コストをどんどん下げ、寡占が進んでくるわけです。そのかわり投資家は儲かるということになっています。

ということで、何が起こっているかというと、図表1－8が米国の証券会社・資産運用会社の純利益です。フィデリティは上場していませんが、チャールズ・シュワブ（太字）が、一番利益が増えています。米国株は2019年7月に史上最高値を更新しましたが、証券会社は儲かっていません。自ら手数料をゼロにしたり、安値競争をお互いにしているので、証券会社がだんだん儲からなくなりつつあります。ただし、資産運用業界にとっては非常にいいことだと私は考えています。

4 産業界の参入で金融業は活性化

「イノベーションのジレンマ」というのがあり、これはクリステンセン・ハーバード大学教授が考えたのですが、そもそも大手企業が自らの業界を改革することはできないということです。そして、「イノベーションのジレンマ」は、日本の金融機関に見事に当てはまっています。日本のマイナス金利はマイナス0・1％で、スウェーデンはマイナス0・2％（当時）ですが、スウェーデンの銀行のほうが儲かっています。フィンテックでコストを下げて、ATMなんか全部なくして、政府と一緒になってどんどん進めていけばいいのですが、必ずしもそうはなっていないということに問題点があります。

2番目の問題点は、日本では銀行も証券会社もデジタル戦略が得意ではありません。あまり大事でないお客様はオンラインでやってもらい、大事なお客様だけ面倒をみる、中間のお客様は適度に面倒をみながら主にオンラインでやってもらう。この使い分けができればいいのですが、なぜか日本では、対面とオンラインがきれいに分かれていて、逆にいうと、経営者がオンライン戦略をうまく使いこなせていません。日本のフィンテックベンチャーの限界もあります。多くの企業は、①テクノロジー、②国際競争力、③ビジネスモデルの独自性、のいずれかが欠けていて、独自の戦略が十分ではありません。

3番目に、私は異業種からの参入は非常にいいことだと思います。楽天やイオンがまさにそうですが、違う業界から金融業に入っていくことによって競争が生まれます。私は、フィンテックというのは産業界と金融界の垣根を下げると思います。違うお客様本位の業界からフィンテックで参入してくると、金融業界が活性化するわけです。ソフトバンクの通信参入で、iPhoneが販売されて、電電ファミリーや業界慣行も崩れましたが、顧客は便利になりました。

金融界に非金融界から入ってくると、金融界のサービスの競争が激しくなるので、ますます高度化が進みます。最終的には寡占化が進んで高収益化が進みます。コストを下げる、そして寡占化を進める、この2つによって最終的に日本の金融界が高収益化すればいいなと期待しています。

質疑応答

質問 **日本は諸外国と比べてキャッシュレス比率が低いので、今後、普及していく余地があるとのことでしたが、特に高齢者層では、いわゆる現金信仰のようなものが根強いと感じています。高齢者層のような否定的な層も積極的に顧客として取り込もうとしているのでしょうか。**

答 日本には、PASMOやSuicaといった電子マネーがありますが、電子マネーを使っているのは基本的に日本だけです。米国には、電子マネーはないですし、欧州にもありません。基本的に電子マネーは日本で普及した制度でして、これはJR東日本が改札の人を減らしたり、もしくはお釣りをなくしたりと、非常に負担になるので、できるだけ電子化したい、改札の人をなくしたいということから始まりました。ソニーがつくったＦｅｌｉＣａという技術で、運送用に開発した技術ですが、これが非常に優れていてスピードが非常に速いので、それをＳｕｉｃａやＰＡＳＭＯに応用したら高齢者も含めて爆発的にヒットしました。ただ、日本では、これ以外のクレジットカードその他も含めたところで、電子化の余地が大きいといえます。

１つ注目できるのは、いま、政府がキャッシュレス政策を推進していて、キャッシュレスだと５％還元セールを行ったりしていて、最近、抵抗がなくなりつつあると思います。

キャッシュレスにしないと、特にインバウンドの外国人が困ります。最近は、東京、富士山、京都、大阪に集中していた外国人が、だんだん地方に向き始めてきています。この人たちに円を使えというのは結構きついことなので、ほとんどクレジットカードですむようにしてあげないと、なかなかインバウンドの数が、特に欧米人は増えづらいと指摘されています。田舎の良いレストランでも、まだクレジットカードが使えないところもあるので、拡大の余地が相当あるかと思います。私は、あれこれフィンテック戦略を行うよりは、まずキャッシュレスを進めることを一丁目一番地にしていったらいいのではないかと考えています。

質問　ビッグデータを活用できていない企業が多い要因は何でしょうか。米国や中国でフィンテック

ビジネスが盛んなのは、何でもかんでも押さえている企業がある程度いて、寡占市場だからでしょうか。

答　ビッグデータは、米国というよりは中国でよく活用されています。中国ではアリペイとアリババがセットになっていて、ビッグデータを使っていると断言しています。米国の大きなフィンテック企業はビザ、マスターカード、ペイパルですが、決済なので、この情報を使ってビザ、マスターカードが皆さんに何かセールスプロモーションをするかというと、していません。たとえば、グーグル（アルファベット）、フェイスブックなどは、皆さんのデータを全部もっているので、アルファベットやフェイスブックの収入のほとんどは広告収入です。ですから、皆さんがグーグルで何を検索したか、もしくはフェイスブックで何かをみたか、友達に何かを書いたかというのは、全部向こうにデータがいっていて、そのデータをみてＡＩで皆さんにマッチする広告を提案する仕組みになっているわけです。ここはデータを使っていますが、世界のフィンテックのなかで、データを全部使いこなして、そこに特別なプロモーションをかけるのは、中国以外ではできていません。

　これをやるのは結構むずかしいと思います。フェイスブックで、どういうふうにアクセスしたかというので類推して広告を打つぐらいまではＯＫだと思うのですが、カネの行き来が全部商売の種になるというのは、一般的にはなかなかむずかしい話で、世界中で規制がかかるでしょう。多分ビッグデータを活用して、そこから広告で儲けて、モノを売ろうとするのも結構むずかしい。主に規制の問題もあり、中国以外ではむずかしいと思います。

質問　「イノベーションのジレンマ」の話がありましたが、ＡＴＭをなくしていくという作業は、まさに大企業が自らの業界を改革することに当たると思います。スウェーデンで起きたことが日本の金融機関でも起きえていいのではないかと思うのですが、なぜできないのでしょうか。

答　ご意見はまったくそのとおりだと思いますし、それを結論にしているつもりで、大企業が自らの業界改革をすることはできるはずです。最近、トーマス・クックという旅行会社がブッキングドットコムというオランダのオンライン旅行会社に押されてつぶれました。そこもＩＴに進出すればいいのに、できませんでした。スウェーデンの銀行はやったので、日本の大手証券会社もオンライン証券会社もやればいいのに、やらないのは不思議です。この背景には、日本独特の事情もいろいろあると思います。まず、日本組織は強いリーダーシップを嫌いますし、自分たちで変えることは、日本人は特に苦手です。新しい産業に自分たちを適応させて変化させた例はすごく少ないです。

ただ、実は、世界でも同じでして、たとえば、ＩＢＭはパソコンが出てきて１回つぶれかけて、一時期、立ち直りましたが、最近、また業績が非常に悪化しています。ＩＢＭやＧＥのような名門の優良企業もアップル、アマゾン、マイクロソフトなどが出てくると、自分たちはなかなか大きくは変われません。私が、相対的に新しい会社で、よく自分を変えたなと思って感心しているのはマイクロソフトです。マイクロソフトは、まず自分たちの業界を大きく変えるというところから始めて、昔、エクセルやワードは、ＣＤ－ＲＯＭが送られてきてインストールしていましたが、いまは全部クラウドです。マイクロソフトはこのクラウド分野に率先して取り組みました。いずれにしても、日本の銀行・証券会社にはぜひ変わってほしいと思うのですが、むずかしいかもしれません。

質問　**産業界の参入によって金融業を活性化させていくべきという話でしたが、競争が厳しくなって利益率が下がり、競争を意識するあまり、たとえば管理や顧客をないがしろにする経営をしかねないというデメリットも考えられます。これは金融業界には該当しないのでしょうか。結果として寡占化が進み、これらのデメリットは顕在化しないのでしょうか。**

答　一般論でいえば、競争が激しくなってサービスが悪いところは競争から脱落します。お客様をないがしろにするようなところは必ず競争から脱落していくので、淘汰されるというのが基本的な考え方です。

ただ、日本の場合に、儲からないとわかっていても、なかなか撤退できません。昔からそうでして、ダメとわかっていても論理的に撤退できないというのが、いまの日本の企業行動パターンもそうです。ですから、競争が激しいまま、なかなか儲からないまま終わってしまうということも当然ありえます。だから、いまご指摘の点は十分ありうると思いまして、それも加味したうえで、日本においてフィンテックで儲かる会社はあまりないということです。

質問　**フィンテック企業の参入や、フィンテックという技術革新で金融が活性化するのはよいことだとシンプルに思いますが、フィンテック企業以外、要するに日本の伝統的な銀行は、どう生き残りを図っていけばいいでしょうか。米国の銀行がリテール部門を成長させて道を見つけつつあるとのことでしたが、そういうものを日本の銀行も見習っていくべきでしょうか。**

答　基本的には日本の銀行も、やる気があれば儲けるのは簡単ですが、むずかしいかもしれません。

フィンテック企業を育てるほうが、はるかに意味があるのかなと思います。

大手銀行・証券会社が儲けようと思ったら、オンライン・モバイル戦略をとればいいわけです。米国の銀行や証券会社が儲かっているのだから、同じようにやってコストを下げればいいということになります。それ以外に、ATMをなくすように努力するとか、ATMも1円玉とか5円玉とか10円玉とか入っていますけれども、必ずしもそれはいらないわけです。セブン銀行のATMはお札しか出てきません。たとえば、新生銀行という銀行には、基本的にはセブン銀行のATMしかありません。つまり、新生銀行はもうATMをアウトソースしています。だから、メガバンクはみんなセブン銀行にアウトソースすればいいのです。だけど、メンツがあるからできないと思います。なので、私は、メンツがどうのこうのよりは、利益が拡大するほうを最優先にするのが正しいと思うのですが、多分そうはならないと考えています。デジタル戦略を急速に推進すれば、リストラが避けられないのですが、年功序列や終身雇用制など日本的経営の問題なので、この点はなかなか変わりづらいのかなというのが私の率直な感想です。

質問　**産業界から金融業への参入が加速するというお話がありましたが、現在、金融は法規制によって参入障壁が高くなっていると思います。その参入障壁は今後下がっていくのでしょうか。もしくは既存の銀行等がロビイングをして参入障壁を上げて、既得権益を守っていくような動きがあるのでしょうか。**

答　銀行への参入障壁の問題は2000年に1回決着がついていて、そもそも銀行への参入を認めないということは法律に書いていなかったのですが、事実上は参入がなくて、２００１年から実際に参入が認められています。これは金融庁ができたからというのが非常に大きいのですが、その時にできたのがソニー銀行やセブン銀行です。こういう新しい名前の銀行は全部２００１年以降にできていますし、最近ではローソン銀行も参入しました。

このように、新規参入はこれからも認められる可能性は高いと思いますし、いままでの例からみると、明らかにセブン銀行も楽天銀行などが入ってきていることによって銀行サービスが多様になり、消費者の選択肢が増えて、実際に利益が出ているということがあります。

ただし、日本振興銀行のように破綻して、預金保険を発動したといった例もあります。新しい銀行ですので、むやみやたらにはできないと思いますが、そこは金融庁が手綱さばきをして、うまくやっていただければ一番いいパターンで、慎重になりながら、だけど新規参入は認めるというかたちになっていけばいいなと考えております。

注1　Bhaskar Chakravorti & Benjamin D. Mazzotta, "The cost of cash in the United States," The Institute for Business in the Global Context, The Fletcher School, Tufts University, September 2013.

注2　国際銀行間通信協会（Society for Worldwide Interbank Financial Telecommunication）の略称。スイフトと呼ぶ。

注3　Ruth Judson, "Crisis and Calm: Demand for U.S. Currency at Home and Abroad from the Fall of the Berlin Wall to 2011", Board of Governors of the Federal Reserve System International Finance Discussion Papers IFDP 1058, November 2012.

第2章 マネー再考：ネオマネーと決済インフラの未来

本章のねらい▼キャッシュレス決済、ステーブルコイン、中央銀行デジタル通貨など、新たなかたちのマネーが次々に登場、提案されています。マネーとは何か。現代の決済インフラにおいてマネーはどのように実装されているのか。それがどう変わろうとしているのか。世界の最先端で何が起こっているのか。決済インフラとマネーの未来について日本銀行フィンテックセンター長の副島氏に講義いただきます。

ポイント▼譲渡可能な債権や資産はマネーになりえます。新しい形態のマネーは新しい決済インフラを伴い、伝統的な決済インフラに構造変化や進化をもたらす可能性を秘めています。どのような決済インフラの未来の姿が、優れた決済・金融サービスにつながっていくのか、新技術の可能性や中央銀行デジタル通貨のあり方も含めて、世界中で議論や改革が始まっています。また、キャッシュレス決済はプラットフォームビジネスの展開において重要な役割を担っており、両面市場（Two-sided market）の特徴を生かしたビジネス戦略の広がりにもかかわっています。

〈ナビゲーター〉副島　豊（そえじまゆたか）
日本銀行決済機構局審議役兼フィンテックセンター長

京都大学卒業。1990年日本銀行入行後、金融研究所、金融市場局、金融機構局、決済機構局などで現場系リサーチ業務に従事。金融システムレポートや日銀レビューを創刊。函館・仙台支店長を経て2018年より現職。

（2019年10月30日講義）

1 ネオマネーの登場

再帰的にマネーを定義すると

マネーとは何か。シンプルな質問から講義を始めたいと思います。もちろん現金はマネーですが、もう1つ重要なマネーがあります。預金です。預金はマネーがもつ3つの主要機能を有しています。①交換・支払機能、②価値保蔵機能、③価値尺度機能をもつものがマネーであると再帰的に定義すれば、預金はマネーであるといえます。

預金から振込みで支払いを行うことができますし、自動引落しを使った支払いもあります。デビットカードでは、財サービスとの引き換えに預金口座からマネーが引き落とされます。ちなみにクレジットカードは借金をする手段であり、その債務を解消する支払い時に預金マネーが使われます。預金が価値保蔵機能をもつことはいうまでもありませんし、法定通貨建てであるため、法定通貨がもつ価値尺度機能も備えています。

それゆえ、預金はマネー集計量（マネーサプライ）に含まれています。いつでも支払いに充てられる普通預金はM1に、すぐには支払いに充てられない定期預金はM2に含まれます。

では、最近登場してきたさまざまなキャッシュレス決済手段はどうでしょうか。これも再帰的定義に従えばマネーになるものが多いです。あらかじめ資金をチャージした○○ペイや預金口座から即時引落しの設定をしたXXペイは、支払機能、価値保蔵機能をもっていますし、たとえば1ポイントは1円というようにわかりやすく法定通貨に固定されているので価値尺度機能ももっています。

マネーの機能をもつのは預金だけではありません。譲渡可能な債権や資産は決済手段や価値保蔵手段になりえます。預金は銀行に対する債権、プリペイドの対価として受け取った電子マネーのポイントは〇〇ペイに対する債権です。技術進歩によって、こうした債権を簡単に譲渡することができるようになりました。その結果、さまざまなタイプの新しいマネー、これは私の造語ですが「ネオマネー」なるものが登場してきています。その典型例がキャッシュレス決済サービスです。

キャッシュレス決済サービスを利用するユーザーとしては、インターフェイスにまず関心が向かいます。タッチ決済型のもの（NFC：Near Field Communication）が早くから普及していたのですが、近年ではスマートフォンでQRコードやバーコードを読み取ったり提示したりする新しい決済サービスが登場してきました。

しかし、インターフェイスの裏側でマネーがどう動いているかという決済面に注目すると、別の分け方もできます。クレジットカードを紐づける方法、銀行口座やデビットカードを紐づけて、預金を即時に引き落とす方法、事前に預金や現金などをプリペイドしておき、それを支払いに充てる方法です。マネーとしての機能を考えるうえでは、これらのサービスを支えている決済インフラのほうが重要になります。

従来の電子マネーと何が異なる？

新たに登場してきたキャッシュレス決済サービスは、昔からある電子マネーとは何が違うのでしょうか。3つ相違点があるように思われます。機能、使われるシーン、サービス提供側のねらいです。

同じプリペイド型であっても機能に差があることにお気づきでしょうか。早くから普及してきた交通系や流通系の電子マネーでは、プリペイドしたマネーを現金として引き出すことはできません（解約時は別です）。また、同じ電子マネーを使っている人に送金することもできません。預金マネーに比べるとマネーとしての機能が制限されています。

しかし、近年登場した電子マネーのなかには、同じ電子マネーを使っている人に送金できる機能がついたものがあります。また、手数料を払えば現金として引き出すことができるものもあります。つまり、最近の電子マネーは、よりマネーに近づいてきているわけです。経済学の言葉ではマネーにどれくらい近いかというのを「マネーネス（お金らしさ）」と表現します。

法律的な話をしますと、前払式支払手段発行業と資金移動業のどちらの登録で事業を行っているかで、できることに差が生じます。前払式支払手段では、サービスを提供し始める際に本人確認が不要な一方で、現金化や送金ができません。これらを行うには資金移動業の登録が必要となります。わかりにくい話なのですが、同じ電子マネーでも機能に格差がある場合があります。プリペイドや即時引落しのために預金口座を紐づけると、預金口座作成時にすでに本人確認が行われているので、別途本人確認をせずとも送金機能をつけることができるものが増えています。

2番目の特徴は、利用可能な場面が広がっている点です。初期の電子マネーでは対面での買い物やサービスに利用することが想定されており、インターネットショッピングで利用することはできませんでした。また、消費財・サービスが対象であり、保険や投資信託などの金融商品を購入するようなサービスは考えられていませんでした。最近では、税金の支払いも電子マネーで行えるようなサービスが一部で始まっています。どこでも、何の支払いにでも使えるのがマネーだとすると、このように受取り側の体制が整備され、使えるシーンが増えることもマネーネスの向上といえそうです。

3番目は、サービス提供者の目的です。交通系・流通系電子マネーでは、乗車券売機など現金を取り扱う自社ビジネスを効率化するという目的がありました。もちろん、利用者の利便性も高まるため、顧客サービス向上にもつながりました。また、買い物客や利用者を自社ビジネスに囲い込むという利点も有していました。近年のキャッシュレス決済では、決済サービスの提供で収益をあげるというよりも、購買や支払情報のデジタル化、大規模な顧客プールの活用という観点から、より広範なビジネス推進につなげていくというねらいがあります。

実際、近年参入してきた企業の多くには共通した特徴があります。キャッシュレス決済専業のスタートアップ企業もありますが、別途本業をもった企業が目立ちます。その事業内容をみてみると、EC（エレクトリック・コマース）やモバイル通信サービス、SNS・ポータルサービス、小売・流通、銀行など、すでに数百万人から数千万人単位で多数の顧客を抱えているという特徴をもっています。通信サービスやEC、広告媒体など、ユーザーとサービス生産者に対してビジネスの場（プラットフォーム）を提供する、いわゆるプラットフォーマーが多いのも特徴です。

こうした企業では、便利なキャッシュレス決済サービスを提供することで、既存の顧客の利便性を高めるだけでなく、多様な関連ビジネスに顧客を誘導し、自社のエコシステムの拡張を図ろうという戦略をとっている先が少なくありません。

その際、購買・支払行動を通じて収集される個人情報がカギとなります。個人の属性や特徴（ペルソナ）が大まかにでもわかると、マーケティングの効率を高めることができます。そうしたビジネス戦略の追求がキャッシュレス決済サービスと連動して進められています。この点は3節で理論的な考察を行います。

2 ネオマネーと決済インフラ

新しいクリアリング機構

新しいマネーが登場してくると、それを支えている決済インフラも新しくなる場合があります。クレジットカードを紐づけたキャッシュレス決済サービスは、短期間の借入れと預金口座での事後一括決済という既存インフラの利用を組み合わせたものです。これに対して、プリペイド型のキャッシュレス決済サービスでは、預金と同様なクリアリング機能をもつ決済インフラを伴っている点が特徴的です。図表2－1に示した模式図でどのように決済が行われるかをみてみましょう。

① まず、銀行Aに預金口座をもつユーザーAが、預金マネーをXXペイの口座に送金します。銀行A内部での振替が効率的なため、XXペイは銀行Aに預金口座を開きます。また、即時に預金マネーを振替えるためのシステム的な準備を銀行AとXXペイとの間で行います。

② XXペイは預金マネーを受け取ると同時に、ユーザーAに対して電子マネーのポイント（図中ではトークン）を発行します。そのポイントはXXペイのシステム上で管理されます。

③ ユーザーAが店舗Aで買い物をすると、ユーザーAのポイントが店舗Aのポイントに振替えられま

図表2－1　プリペイド型キャッシュレス決済の模式図

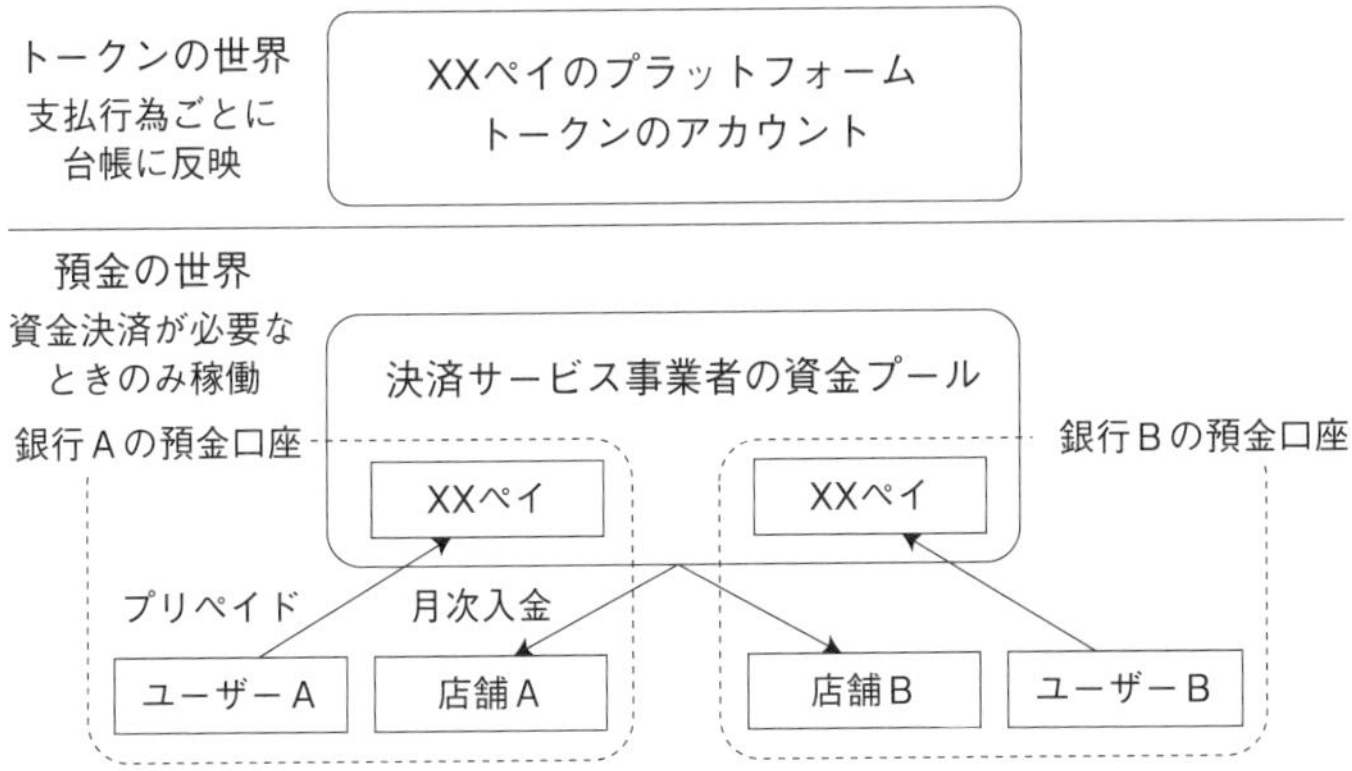

（出所）筆者作成

す（注1）。このとき、ポイントを管理するシステムは、銀行預金の行内振替のように機能します。

④　買い物が行われた時点で、XXペイの預金マネーが店舗Aの預金口座に振替えられるわけではありません。たとえば月に一度など、まとめて振替が行われます。そのタイミングで、XXペイの店舗Aに対する債務であったポイントが減額されます。また、ユーザーAが店舗Bで買い物をした場合、銀行Bにある預金口座に振り込む必要があり、銀行間資金決済が生じます（注2）。

注目してほしいのは、ポイントを管理するシステムが預金口座のようなクリアリング機能をもっている点です。預金マネーは、その銀行に預金口座をもつ個人や企業の間で生じた支払債務を、1本ずつ、あるいはまとめてクリアする機能を提供します。現金を移動させなくても、預金口座の電子的データを操作することで預金債権を移動させ、商取引などで生じた債権債務関係をクリアさせることができます。その対象がポイ

図表2－2－1　従来の国際送金サービス

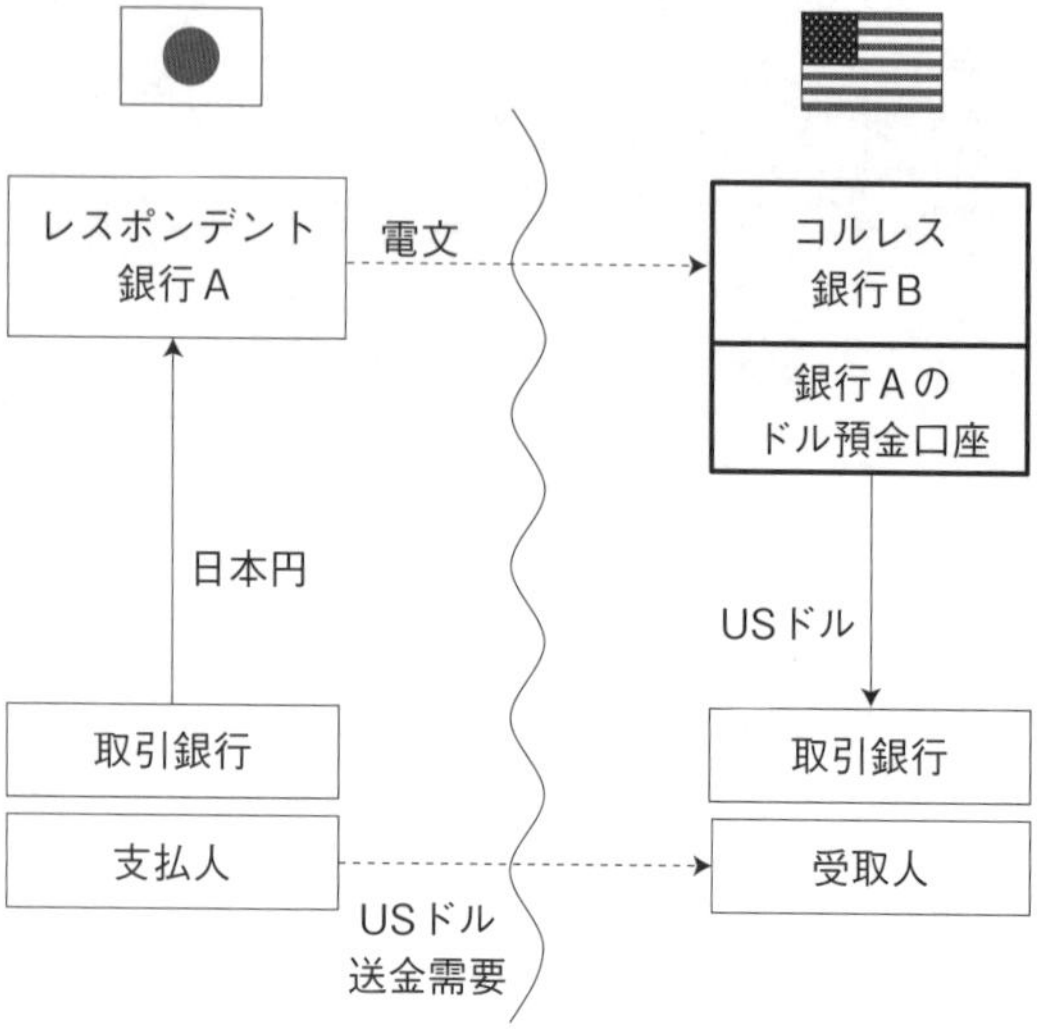

（出所）　筆者作成

ントになっただけで、基本機能は同じです。この点から、プリペイド型電子マネーのポイントは疑似預金マネーであるといえそうです。

新しい国際送金サービス

国際送金の手数料が高いという話をよく聞きます。伝統的な国際送金はコルレスバンク制度という金融インフラのうえにつくられています。これがなぜ国内送金に比べて高コストになるのか、図表2－2－1を用いて説明します。

日本企業が米国企業に対して輸入代金をドルで支払う事例を考えましょう。支払人である企業は自分の国内取引銀行に、米国のある企業に対してドルをいくら支払いたい、その銀行口座情報はこれです、と依頼します。取引銀行は米国で

図表2－2－2　新しい国際送金サービス

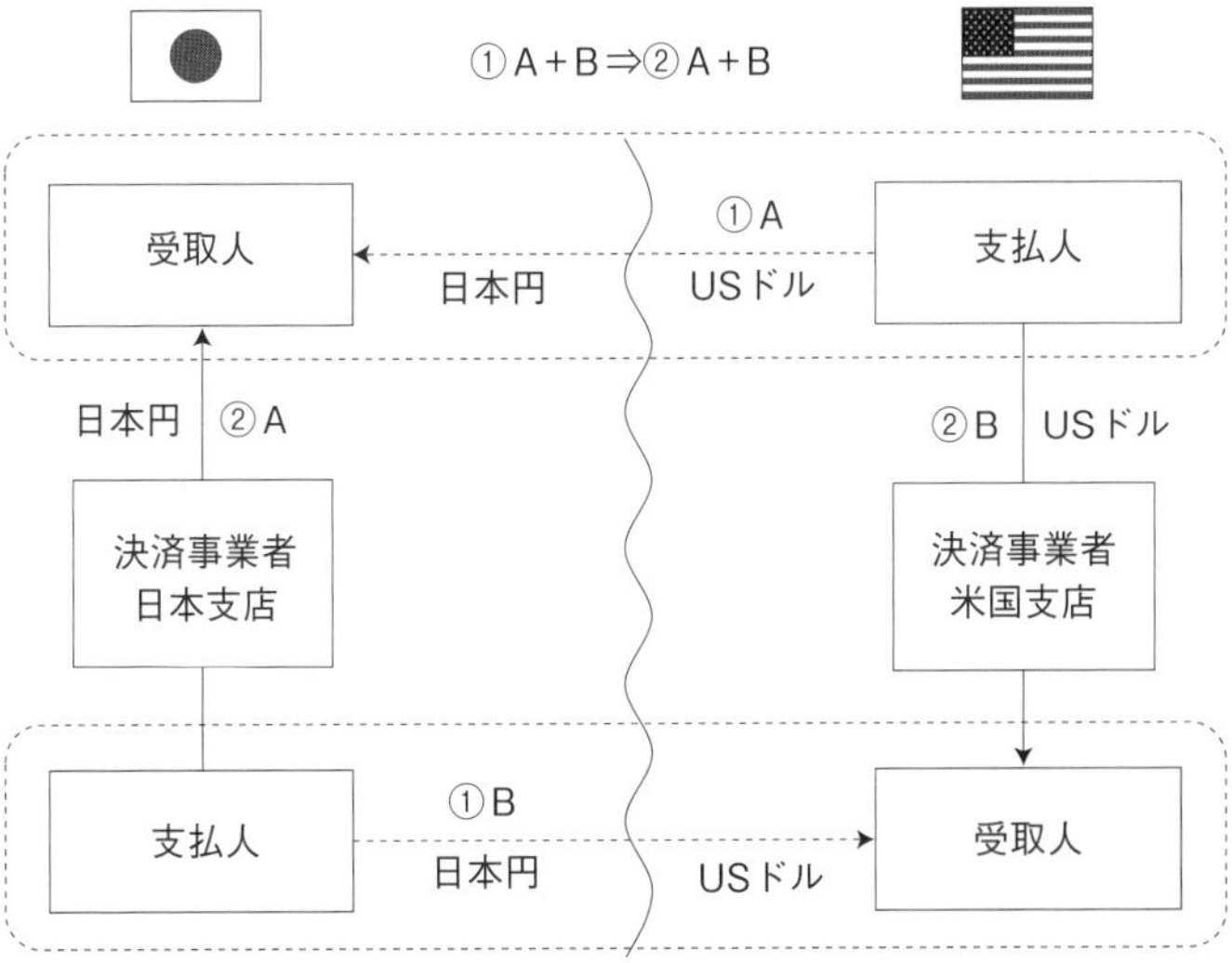

（出所）筆者作成

ドルを払い出す方法をもっていないので、海外に決済用の大規模なドル預金を抱えている大銀行に送金を依頼します（図中のレスポンデント銀行A）。

邦銀A（レスポンデント銀行A）は、米国銀行B（コルレス銀行B、正式にはコレスポンデント銀行B）に自分のドル預金口座をもっていて、その口座から受取人である米国企業の取引先銀行（にある受取人口座）に対してドルを送金する指示をコルレス銀行Bに対して出します。邦銀Aは、国内で日本円を受け取って米国でドルを払い出すことになります。

この制度のポイントは、邦銀Aが事前に米国銀行Bに決済用のドル預金を保有している点にあります。この事例では銀行が4行かかわっているうえに、相手国通貨を決済用預金として事前に十分保有しておかねばならないため、コスト高になってしまいます。これとは別に決済指示を伝達するネットワークサービスも必要であり、そこでもコストが発生します。そして、複数の銀行がかかわるため、送金にかかる時間も長くなります。日本の国内送金では考えにくいのですが、人為的なミスで送金が失敗することも発生しています。

こうしたペインポイント（痛み、不便さ）を抱えた国際送金ビジネスに、近年、新しい決済サービス手法を考案した企業が参入してきています。以下では2例を紹介します。まず、既存の決済インフラを使いつつも、その使い方のアイデアで決済コストを削減している事例です（図表2－2－2）。原理はシンプルです。日本から米国にドルを送りたい送金需要があったとします。このとき、米国から日本に同額を送金したい需要を見つけ出すことができれば、2つの海外送金は2つの国内送金につくり変えることができます（注3）。もちろん、逆側の送金需要が常に同額存在するわけではないので、偏ってしまった円やドルのポジション調整が必要となります。これを伝統的な決済手段で行ったとしても、まとめて行うことができるためコスト削減につながります。

暗号資産を活用した国際送金サービス

暗号資産（仮想通貨）を使った国際送金サービスも考案されています。ブロックチェーン上につくられた暗号資産の送金ネットワークに国境はありません。距離や時間帯にかかわらず素早く暗号資産を送ることができます。これを活用した国際送金スキームが図表2－3です。日本から米国に送金したい場合、国内で円を暗号資産に換え、それを米国内に送ってドルに再変換することで、国際送金が実現でき

図表2－3　暗号資産を用いた国際送金サービス

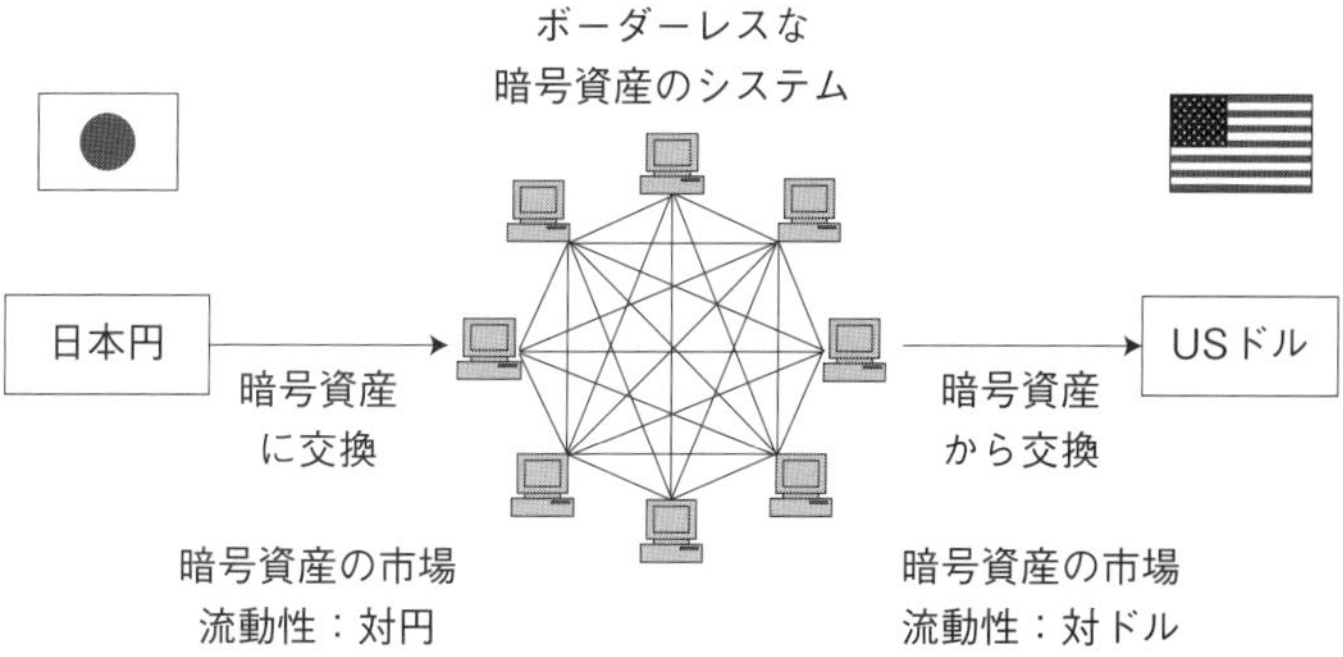

（出所）筆者作成

ます。

円とドルの交換レートと、円と暗号資産、暗号資産とドルの複合交換レートにギャップがなければ、送金速度が速い分、為替レート変動リスク（送金取組み時の交換レートが国際送金終了時までに変わってしまう市場リスク）を抑制することができます。ここで重要なのは市場流動性です。円を暗号資産に換え、暗号資産をドルに換えるという取引が、大きな価格変動がなく（円とドルの間の価格変動はもともと存在する市場リスクであり、ここではドル円の交換レートと複合交換レートが乖離してしまう価格変動リスクを指しています）、安定的に取引を実行できることが条件となりそうです。

まとめると、最初に紹介した伝統的なコルレスバンク制度は、決済預金という流動性を用いたものであり、2番目の事例は、逆方向の送金需要が安定的にあるという送金需要の市場流動性に依拠したものであり、3番目の事例は、対象2通貨と暗号資産の間の市場流動性に依拠したものといえます。

資金決済インフラの構造変化と進化

こうした新しい決済サービスの登場は、伝統的な資金決済インフラに構造変化や進化をもたらす可能性があります。まず、現在の資金決済インフラがどのような構造となっているのかを図表２－４でみてみましょう。銀行など預金金融機関は預金口座を顧客に提供します。同一銀行内の決済であれば、銀行内部での振替で完結します。先ほど話した預金口座のクリアリング機能です。

異なる銀行の口座に送金する場合は、銀行間資金決済が生じます。日々、日本全体で膨大な資金決済が行われているため、銀行Ａと銀行Ｂの間にある多数の資金決済は受払いをまとめて一本化して決済したほうが効率的です。図中の上から２層目にある資金決済クリアリングハウスにおいて、こうした莫大な受払いがネットアウトされ、その結果が中央銀行にある銀行の預金口座で決済されます（注４）。中央銀行は銀行の銀行であるといわれます。図中の１層目にあるように銀行に対して預金口座を提供し、銀行間の資金決済サービスを提供していることがその理由です。なお、中央銀行は発券銀行として、銀行が中央銀行の預金口座から現金を引き出す（預け入れる）サービスも提供しています。これも銀行の銀行といわれる所以の１つです。

決済インフラの階層構造は、現代のマネーシステムが階層構造をとっていることに起因します。中央銀行は、現金と中央銀行預金（中央銀行マネー）という２つのマネーを銀行に提供します。一方、銀行は民間銀行預金というマネーを個人や企業に提供します。こうした預金マネーは、貸出という金融仲介機能、信用創造機能を提供する基盤になるだけでなく、決済サービスを提供する基盤にもなっています。このようにマネーシステムの２層構造が決済インフラの階層構造をもたらしています。

図表2－4　伝統的資金決済インフラと新たな決済事業者の立ち位置

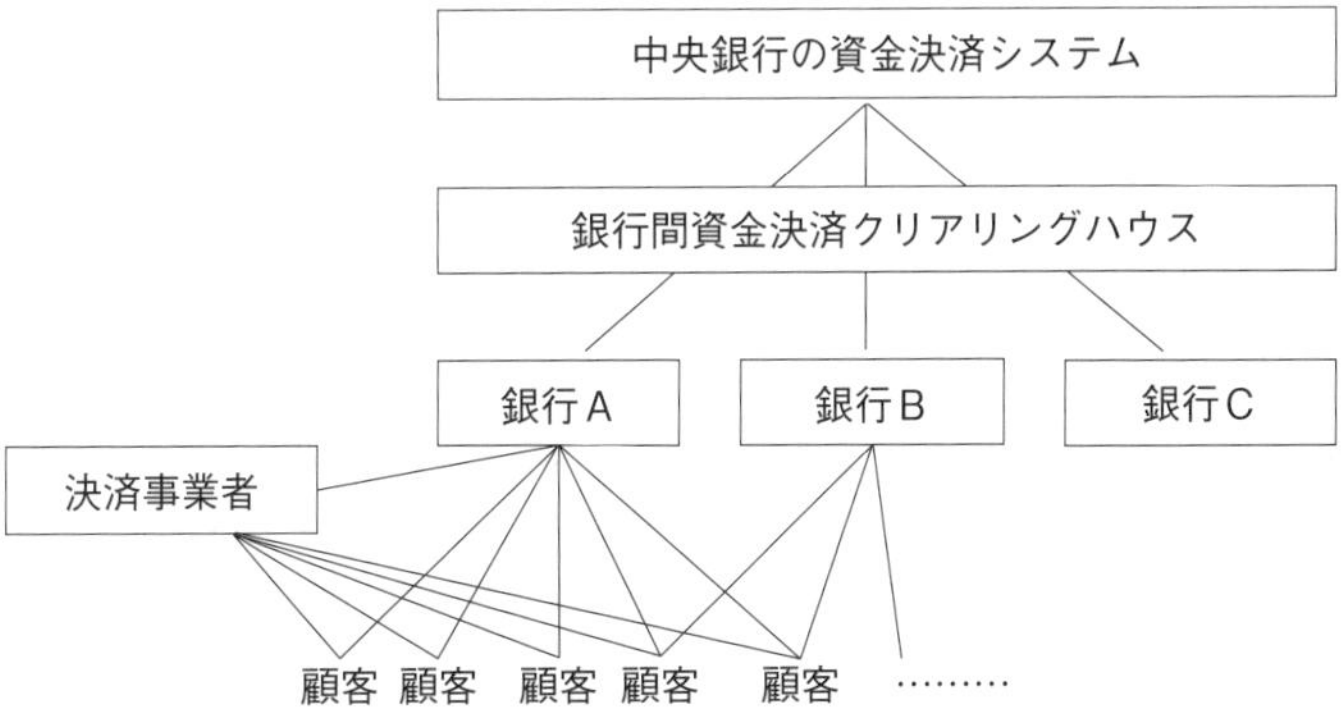

（出所）　筆者作成

日本では、日銀ネットと全銀システムが図の1層目と2層目を担っています。1988年に日銀ネットが稼動して以来、大口資金決済の即時グロス決済への移行（注5）など決済インフラの高度化が図られてきましたが、基本的な構造は変わっていません。

このような決済インフラの階層構造は世界的にみても共通しています。そうしたなか、銀行ではない事業者がリテール決済サービスを提供することがグローバルに広まりました。図表2－4は、こうした決済事業者の立ち位置を表しています。先にみたキャッシュレス決済サービスでは、クレジットカード型、預金口座即時引落し型、プリペイド型のいずれにおいても、預金口座の決済サービスを利用しています。クレジットカード型であれば月1回、即時引落し型の場合は支払いのつど、プリペイド型ではプリペイドのつどと店舗入金時において、銀行が提供する預金決済サービスが利用されます。決済事業者は銀行の顧客としてそうした預金決済サービスを利用することで、キャッシュレス決済サービスを自らの顧客（銀行の顧客でもあります）に提供しています。

銀行の決済サービス提供に伴う手数料は、決済事業者にとってはコストであり事業収入でカバーせねばなりません。一般に、決済の階層構造が深くなるほど、全体としてみた場合の決済コストは増加します。それを抑制するために、預金口座を用いた決済サービスをより効率的で安価なものにする工夫や、使用頻度を引き下げるような仕組みづくりがなされています。

海外の一部で生じている新たな動き

一方で、海外の一部の国では、決済インフラの階層構造を変えることで決済のコスト効率性を改善しようという動きが現れてきています。英国やオーストラリアでは、小口決済専用のクリアリングハウスに銀行でない決済事業者も参加してクリアリングサービスを享受できるようになりました。クリアリング結果を資金決済する際にも、中央銀行に決済用の預金口座を設け、その決済サービスを利用するという新しい試みも行われています。また、小口決済もネット決済するのではなく即時グロス決済を導入したり、24／7で稼動することで即時グロス決済の利点を生かすといった高機能化が図られています。これを模式図にしたものが図表2－5です。

決済インフラの構造には、発展の歴史的経緯が反映されています。英国の場合、もともと資金決済のクリアリングハウスは大口と小口で分かれていました。小口決済を担ってきた伝統的なクリアリングハウスは、資金決済に3日間もかかるなど機能的に劣っていたので、これを改善するために新しいクリアリングハウス（FPS：The Faster Payments Service）が２００8年に設立されました。その後、銀行

図表2－5　海外の一部で生じている新たな動き

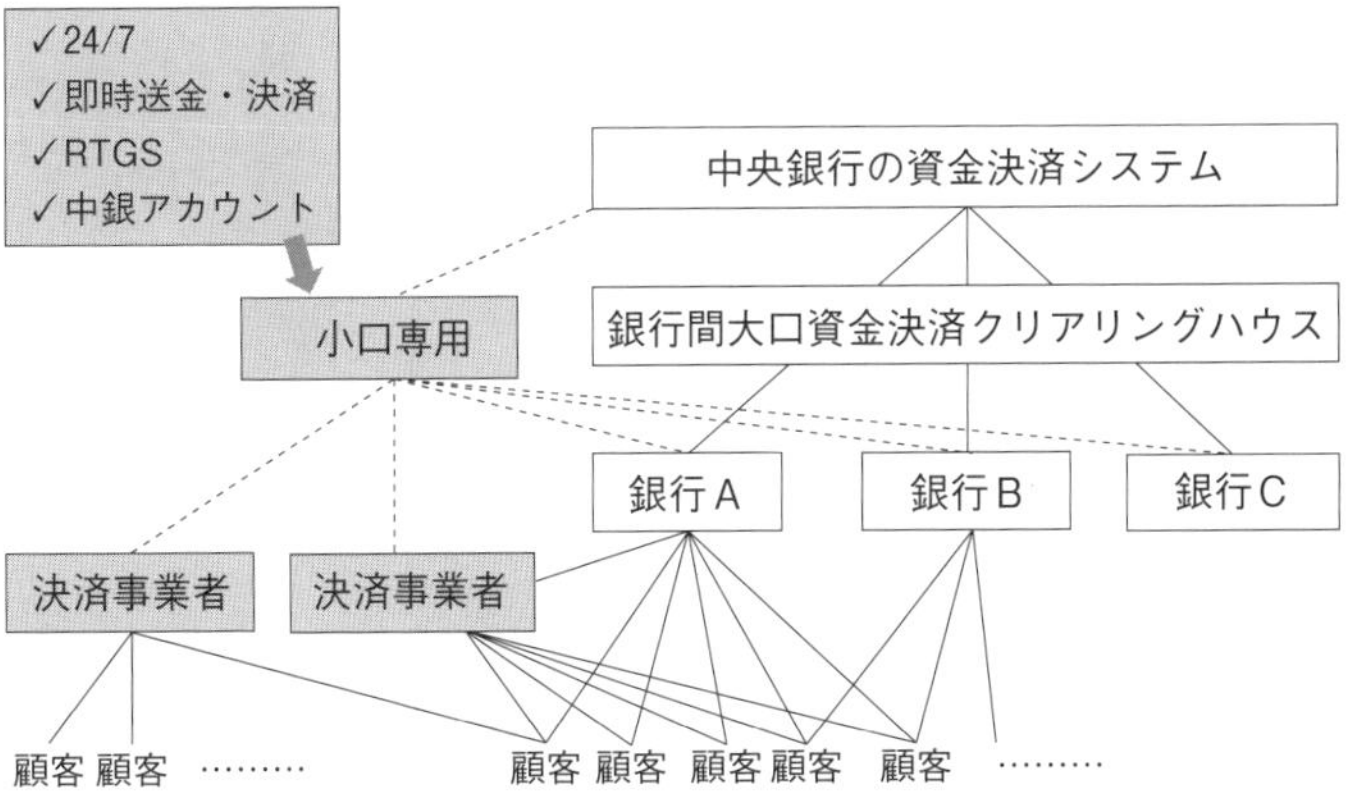

(出所)　筆者作成

などの預金金融機関ではない決済事業者（PSPs：Payment Service Providers）が、リテール決済事業に新規参入するようになり、２０１８年には英中銀がＰＳＰｓに対する口座提供を始めたため、ＦＰＳが利用されるようになりました。一方、オーストラリアでは、ＰＳＰｓの参加も想定して新しい小口クリアリングハウスが設立され、２０１８年に稼動を開始しました。

英国のＦＰＳへの参加形態には3つのオプションが用意されています。英中銀に口座を保有していなくとも、提携している銀行を通じて英中銀の決済サービスを利用することができるオプションがあります（ＦＰＳへのシステムには直接アクセスして決済指示が出せます）。また、ＦＰＳへの参加も提携銀行を通じて行うという間接参加形態も提供されており、ＰＳＰｓの事情に応じて選択することができます。

各国の決済インフラが今後どのような発展形態を

たどるかは、ＩＴの発展と活用方法に左右されるところが大きいでしょう。加えて、英国の発展経路の歴史依存性にみられたように、現在のインフラ環境が重要な役割を果たす面もあります。伝統的な資金決済インフラが効率的に機能しているのであれば、新しい決済事業者がそれらに参加することも1つの発展方向になりえますし、直接参加や間接参加、ハイブリッド型などさまざまな参加形態が考えられます。一方で、イノベーターのジレンマに陥らないよう創造的破壊に乗り出すという道もあります。多くの国で決済システムの未来像をめぐってさまざまな検討や改革が始まっています。

なお、今回の講義では、資金決済インフラに焦点を当ててお話をしていますが、証券決済インフラや証券市場にも証券のトークン化という新しい動きが押し寄せてきています。その話は、また別の機会があれば行いたいと思います。

ステーブルコインを用いた決済インフラ

さて、もう1つ、まったく別の新しい動きがあります。ここまでの話は、法定通貨の決済サービスの話でした。近年、価値を安定化させた暗号資産を用いて決済サービスを提供しようというアイデアが注目を集めています。

ビットコインなどの暗号資産は、日本では当初、仮想通貨と呼ばれていました。通貨という名前がついてはいましたが、法定通貨（あるいは法定通貨で測られている財やサービスの価値）に対する相対価格の変動が非常に大きく、価値の安定的な保蔵が困難で、そのため価値尺度機能としての使い勝手が悪く、結果として財やサービスを購入するための決済手段として普及はしませんでした。

図表2－6　ステーブルコインの決済システム

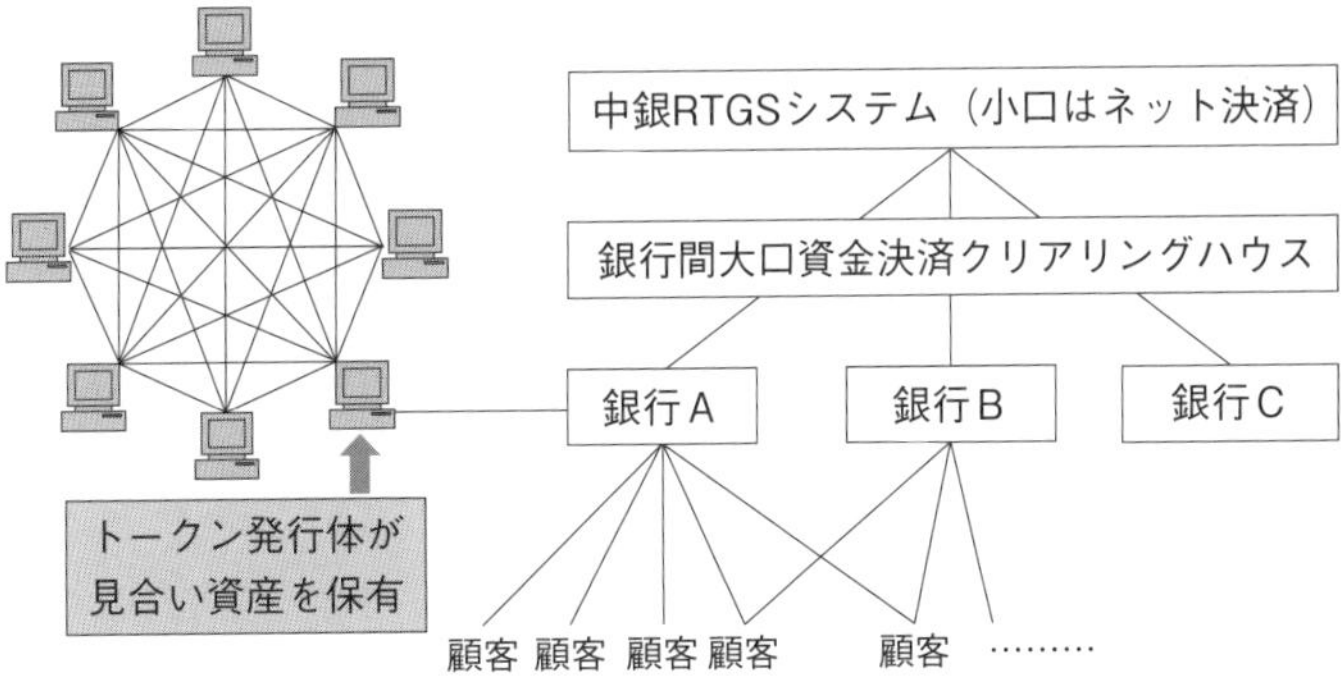

（出所）　筆者作成

近年、法定通貨に基づく裏付資産（たとえば預金や信託財産）をもつことによって、価値の安定化を図った暗号資産が登場し、ステーブルコインとして注目を集めるようになりました。財やサービスの購入に際しての支払手段としてステーブルコインが利用されるようになると、ステーブルコインを支えるインフラが決済インフラとなります。そのインフラ基盤としてブロックチェーンが想定されがちですが、伝統的なＩＴシステムであってもこうしたシステムを構築することは可能です。実際、キャッシュレス決済サービスではブロックチェーン技術は用いられていません。むしろ、先にみたように預金マネーによる決済サービスに依拠しているため、伝統的な決済インフラと連動させやすいシステムとなっています。

ブロックチェーンや分散型台帳技術を用いたステーブルコインの特徴の1つは、価値安定化を図るための法定通貨建て資産が、預金や信託という伝統的な金融決済インフラを利用するものである点です。このため、支払手段や債権債務契約の決済手段としてステーブルコインが用いられたとしても、図表2－6に示したように、既存の決済・金融インフラと何がしかのつながりが発生します（図表2－6では銀行預金がステーブルコイン発行の見合い資産となることを想定しています）。このつながりがどのような仕組みや制度をとるのか、システム的にどう実装されるのか、将来の市場規模はどの程度のものとなるか、さまざまな観点から金融決済システムの効率性や安定性に影響を及ぼすものとして注目されるところです。

3 プラットフォームビジネスへの展開

Two-sided marketとしてのキャッシュレス決済サービス

ここまでは、決済インフラの構造変化の可能性という観点からキャッシュレス決済サービスなどの新しい決済手段をみてきました。次に、視点を転じて、キャッシュレス決済サービスが、企業のスーパープラットフォーム戦略や産業組織戦略を展開するキービジネスとなる潜在力を秘めていることを示してみます。

クレジットカードを含むキャッシュレス決済サービスの事業者は、2つの市場を開拓する必要があります。ユーザーと加盟店です。そして、ユーザーが多い決済サービスは加盟店にとって魅力的であり、加盟店が多い決済サービスはユーザーにとっても魅力的であるという関係が成り立ちます。一方の市場開拓の成功がもう一方の市場開拓に貢献するという特徴があります。逆に、両方の市場開拓に成功しないと決済サービスの大きな成長につながりにくいともいえそうです。

図表2－7　両面市場の事例

プラットフォーム	売り手：サービス提供者	買い手：ユーザー
コンピュータのOS	ソフトウエア開発業者	利用者
ホームゲーム機	ゲーム開発業者	利用者
新聞雑誌・ネットメディア	広告	読者
小売モール・ECモール	小売店	消費者
商品・価格比較サイト	小売店・閲覧者	閲覧者
クレジットカード・キャッシュレス決済	加盟店	カード利用者

（出所）　筆者作成

多くのプラットフォームビジネスは、このようにユーザーとサービス提供者という2つの市場を扱います。これは、経済学においてTwo-sided market（両面市場）と呼ばれ、理論的にも実証分析的にも興味深く、さまざまな研究が行われています。

代表的な両面市場を図表2－7にあげてみました。たとえば、ホームゲーム機の市場では、ユーザー市場に加えて、そのゲーム機で動くソフトを開発してくれる企業を開拓する必要があります。小売モールやECモールでは、買い物に来てくれる消費者と店舗を出してくれるテナントの両方を呼び込む必要があります。新聞雑誌やネットメディアも、広告市場に注目すると読者と広告出稿者を相手にした両面市場です。記事内容を伝えるメディアであると同時に、広告というプラットフォームビジネスを展開する媒体でもあるわけです。

両面市場において収益最大化を図るプラットフォーム企業が、どのようなプライシング戦略をとるか、単純化したモデルで示してみます。まず、企業収益πを市場A

（ユーザー市場）と市場Ｂ（サービス提供企業の市場）からの収益で以下のように定義します。前者は、売上数x^Aと価格p^A、生産費用c^Aで第1項のように表現できます。ここで、売上数x^Aを決定する要因には価格p^Aだけでなく、市場Ｂでの売上数x^Bも含まれている点が重要です。x^Bが増加するとx^Aの増加にもつながります。

$$\pi = (p^A - c^A) \cdot x^A(p^A, x^B) + (p^B - c^B) \cdot x^B(p^B, x^A)$$

ユーザー市場の価格を変化させたときの全体収益πの変化は、左記のように表せます。価格p^Aを値下げした場合を考えると、第1項は値下げによるユーザー市場の需要増加効果、第2項は値下げによるユーザー市場の「売上額」の減少、第3項はユーザー市場の需要増加がサービス提供企業の需要増加を引き起こした分の収益増加効果を表しています。ホームゲーム機でいうと、ユーザーへの販売価格を引き下げることでユーザー市場x^Aを拡大させる効果が、ゲームソフト作成企業のライセンス需要x^Bも増加させる効果をもたらすことを表現しています。

$$\partial\pi/\partial p^A = (p^A - c^A) \cdot \partial x^A/\partial p^A + x^A$$
$$+ (p^B - c^B) \cdot \partial x^B/\partial x^A \cdot \partial x^A/\partial p^A$$

この第3項が両面市場特有の現象で、これを間接ネットワーク効果と呼びます。ちなみに、通常のネットワーク効果は、「同じ財・サービスを使うユーザーが増えるほど、それを使うメリットが高まる」というものです。たとえば、多くの人があるＳＮＳのアプリを使うほど自分がそのアプリを使うこ

図表2－8　ユーザーへの低価格戦略

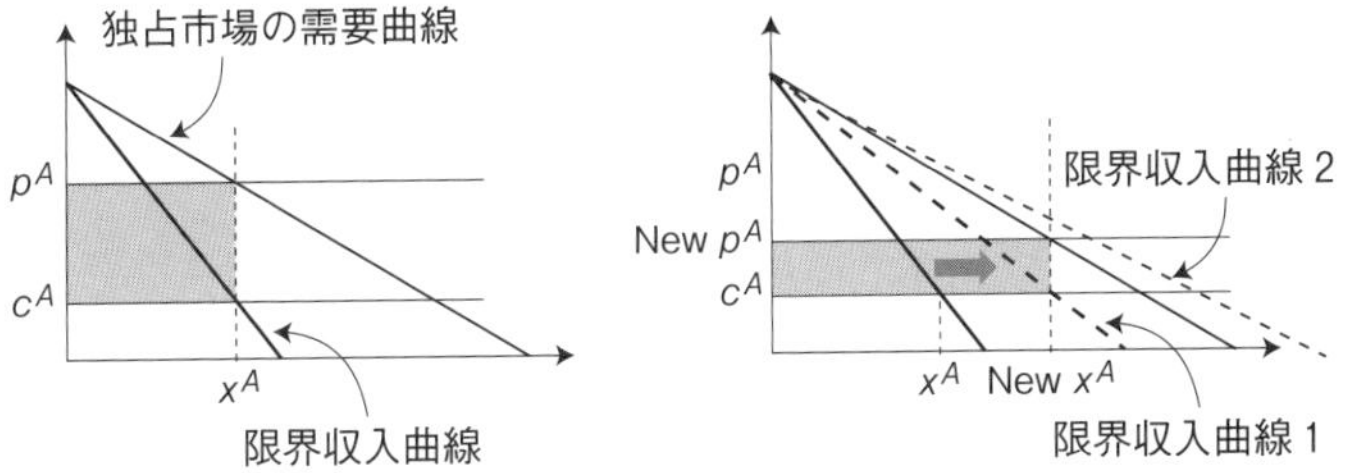

（出所）　筆者作成

とのメリットが高まります。

プラットフォーム企業が市場を独占していると想定した場合、両市場での価格づけがどのようなものになるか図表2－8で考えてみましょう。なお、完全競争市場の場合、市場価格から値段を引き上げると売上数量はゼロとなるため企業に価格戦略は存在しません。ここでは右下りの需要曲線に直面している独占企業が、それを前提に数量と価格をどう設定するかをみてみます。

図表2－8の左図は、通常の独占市場において収益を最大化させる独占価格の決定状況を示しています（簡単化のために限界費用は一定と仮定しています）。独占市場では限界費用と限界収益が一致する生産数量が企業収益を最大化させます。このとき、市場価格p^Aは限界費用c^Aを上回り、図中のシャドー部が企業収益となります。

一方、両面市場の場合、価格Aを引き下げた場合の収入増加が、市場Bの拡大効果を通じて元のケースより大きくなるため、限界収入曲線が右側にシフトします（図表2－8右図の限界収入曲線1）。その結果、収益を最大化する生産量は増加し、独占市場価格は低下します。市場Aにおける企業収益はシャドー部の面積変化に依存しますが（言い換えると需要曲線の価格弾性値に依存しますが）、市場Bの規模拡大効果があるため、両市場合計では収益は増加しています。

もし、市場Bの拡大が著しく、限界収入曲線が曲線2までシフトすると、A市場価格をさらに引き下げることが収益最大化につながります。限界収入曲線2のケースでは市場価格が限界費用を下回っているため、A市場で赤字を出したとしてもB市場を拡大させたほうがよいことになります。A市場とB市場のどちらの価格をよりアグレッシブに引き下げたほうがよいかは、両市場の間接ネットワーク効果の大きさに依存します。

キャッシュレス決済サービスで現在生じていることは、この理屈で説明できそうです。ユーザーは利用料をとられていないどころか、ポイントバックを得ています。一種のマイナス価格をつけてでもユーザー市場を拡大させようという価格戦略がとられています。また、加盟店市場においても加盟店手数料を引き下げることで、加盟店を増加させるだけでなく、ユーザー数の増加にもつなげようという価格戦略がとられています（注6）。

しかし、間接ネットワーク効果は、決済ビジネスの2市場（ユーザーと加盟店）だけにとどまりません。キャッシュレス決済サービスに参入してきている企業は、決済ビジネスだけで収益を得ようとしているわけではないようです。先に述べたように新規参入企業の多くが本業を有しており、ECや通信サービス、SNS、広告、ポータルサイト、銀行、コンビニエンスストアなど莫大な顧客プールをすでに抱えています。既存の本業顧客やキャッシュレス決済サービスで獲得したユーザーを本業以外のサービスに横展開させていくというエコシステム拡大戦略をとっています。

その戦略的な手段としてキャッシュレス決済サービスが位置づけられているように思われます。間接ネットワーク効果は、エコシステムとして展開される多様なビジネス全般にまたがって発生しうるわけです。そこまで考えると、キャッシュレス決済サービスにおいてユーザー市場、加盟店市場ともに事業収益が出ずとも、関連ビジネス全体の推進のために事業を継続する戦略に合理性はあるのかもしれません。

キャッシュレス決済サービスのような両面市場の顧客プールを、異なる事業内容の両面市場の顧客プールと共有化できれば、大規模な顧客プールを多様なプラットフォームサービスに誘導できます。こうした複数のプラットフォームを載せたプラットフォームは、スーパープラットフォームと呼べます。また、B2CでなくB2Bのプラットフォームビジネスもあります。そこでもユーザー企業プールに対して複数の企業向けサービス群を提供するというスーパープラットフォーム戦略が成立しそうです。こうした戦略は、企業系列やサプライチェーンとはまた別の産業組織戦略になっていく可能性を秘めていると思われます。

4 中央銀行デジタル通貨

最後に、再びマネー論に戻りましょう。中央銀行デジタル通貨（CBDC：Central Bank Digital Currency）です。先に述べたように中央銀行が発行しているマネーは2つです。1つは現金で、もう1つは中央銀行預金（中央銀行マネー）です。後者はすでにデジタルなのでCBDCといえなくもないかもしれませんが、現在注目されているのは、伝統的な中央銀行預金以外にも別形態のCBDCがありうるという議論です。

多様化するマネーの概念

前述したようにマネーの概念が拡大し、さまざまな疑似預金、疑似マネーが登場してきています。BISのレポートに、4つの概念でマネーの分類を試みたものがあります（図表2－9）。トークンという少しわかりにくい概念もあるので、一部補足して示すと次のような視点となります。

(A)　幅広い主体が使えるのか、一部に限定されるのか
(B)　デジタルか、非デジタルか
(C)　発行者は中央銀行か民間銀行か
(D)　転々流通可能なトークン型か、口座管理型か

図中での位置を確認しながら、わかりやすいものからみていきましょう。まず民間銀行預金です。国にもよりますが、民間銀行預金は身分証明など一定の要件を満たせば、幅広く個人や企業が利用できます。そして、デジタルで非トークンの口座管理型です。これに比べて、中央銀行当座預金は一部の金融機関のみが利用できるので、前出の(A)と(C)が異なります。現金はどうでしょうか。価値を表象したトークンであり、手渡しによって転々流通するので、預金とは(D)が異なります。そして、現金（紙幣）は中央銀行が発行する、誰でも利用できるマネーです。

このようにカテゴリーを分けていくと、最近議論されているCBDCは図表中の①～③に相当するものと整理できます。①は、中央銀行の預金口座を一部の金融機関に限定せず、国民や企業など幅広い主

図表2－9　マネーの分類学

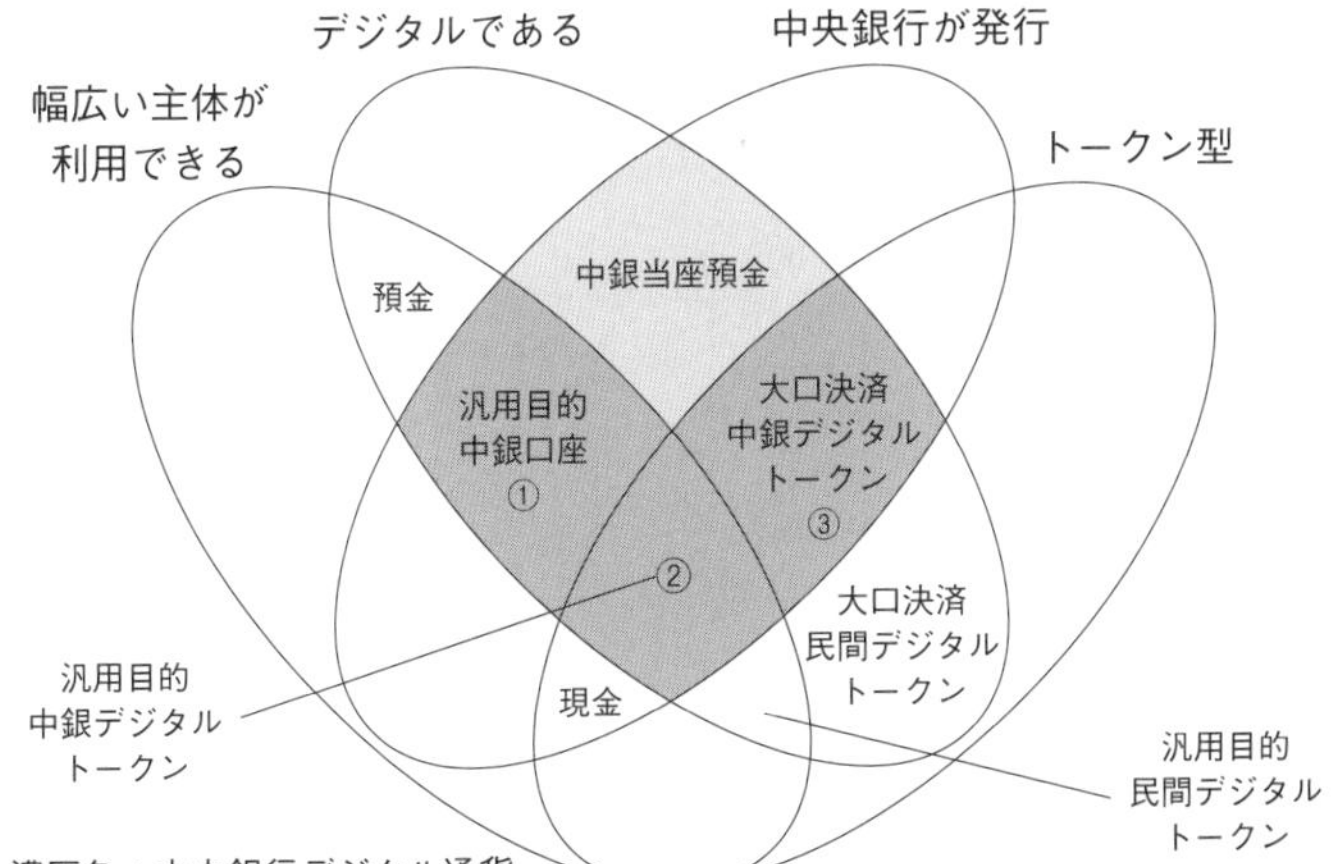

濃灰色：中央銀行デジタル通貨

（出所） Bank for International Settlement, the Committee on Payment and Settlement Systems, and the Markets Committee, "Central Bank Digital Currencies", Bank for International Settlement, March 2018（同レポートに筆者が加筆）

体に開放提供するものです。②は、中央銀行が転々流通可能な電子マネーあるいはデジタルトークンを、幅広い主体に対して発行するものです。③は、デジタルトークンを特定の利用目的のために一部の主体に限定して中央銀行が発行するものです（図中の大口決済はその一例です）。

中銀デジタル通貨発行の検討事例

①～③のCBDCは、一部の国で発行の検討や準備、実験的な技術検証が行われています。スウェーデンでは、キャッシュレス決済が浸透する半面、現金へのアクセスや使い勝手が悪くなってしまい、キャッシュレス決済手段をもった一部の国民が不便を被るという事態が生じています。また、リ

テール決済サービスが一部の事業者に集中してしまい、寡占やITシステムリスクに対する懸念も現れています。こうした問題に対し、スウェーデン中央銀行は①や②のタイプのCBDCを発行する計画を検討しています。

また、中国の中央銀行も、CBDCを発行する準備を進めているとアナウンスしています。現時点で詳細は不明ですが、②のタイプと整理できそうです。中国もスウェーデンと同様にいくつかの事情を抱えています。金融機関でない2つの巨大企業にキャッシュレス決済サービスが寡占されており、また、広大な国土のうち地方には金融サービスを十分に受けられない国民が残されている問題（いわゆる金融包摂問題）を抱えており、マネーロンダリングなどに対応するため国家としてマネーを管理したいニーズも有しています。

カナダやシンガポールの中央銀行は、③のタイプの技術検証を民間銀行と共同で実施しています。③は特定の利用目的のために利用者を限定するものでした。両国の技術検証では、銀行間の大口資金決済を伝統的な中央銀行預金（図中の中銀当座預金）で行うのではなく、CBDCとして発行したデジタルトークンを分散型台帳技術やブロックチェーンを用いて決済することが試みられています。これは、現在の決済インフラが抱えている課題や制約を、新技術によって改善していくことが可能なのかを検証するという動機に基づくものです。

中銀デジタル通貨をめぐる議論

スウェーデンや中国は特殊な事情を抱えたケースでした。では、他国ではどのような議論が行われているのでしょうか。まず、よく聞かれるのが、既存の決済インフラに問題があるのならば、まずはそれを改善していく取組みを行う必要があり、ＣＢＤＣによる改善効果や副次的に生じる問題とのバランスをよく比較衡量すべきという意見です。

また、民間金融機関や決済システム、あるいは金融システム全体に及ぼす影響についてもしっかりした検討が必要という意見も共通して聞かれています。民間金融機関が提供している預金サービスや決済事業者が提供しているサービスが中央銀行に移るため、民間企業と中央銀行の適切な役割分担に関する検討や、それを実現する手段の検討が必要です。また、金融システム危機のような特殊な環境下で金融システム安定にどのような影響が及ぶかも重要な論点となります。金融政策に及ぼす影響も同様です。

日本銀行も含め多くの中央銀行は、近い将来、ＣＢＤＣを発行する計画はないといっています。それにもかかわらず、多くの中央銀行がＣＢＤＣの調査研究に取り組んでいるのはどうしてでしょうか。第一に、急速な技術革新によって決済インフラの構造が変化し、ＣＢＤＣ発行の合理性や必要性が急速に高まるかもしれません。そうした事態に対応できるよう最新の情報技術動向やＣＢＤＣへの応用可能性に関する理解を深めておく必要があります。日本銀行もＥＣＢ（欧州中央銀行）との共同プロジェクトなどで技術的な研究を続けています。第二に、ＣＢＤＣの調査研究を進めることで、マネーに求められる機能とは何か、中央銀行マネーと民間銀行マネーの補完関係をどう考え、改善していくことができるか、既存のあるいは未来の民間銀行デジタルマネーの機能をどのように向上させていくことができるか、といった問題を考察できます。こうした考察を通じて決済システム全体を改善していく手がかりが得られます。

前半でお話しした決済インフラの未来と、マネーの未来はつながっています。どのようなマネーシステム、決済システム、金融システムが、私たちの生活を便利で安全、安心なものに変えていくか、経済成長に貢献し豊かな生活をもたらしてくれるか、中央銀行や金融機関、フィンテック企業、インフラ企業など幅広い関係者が衆知を尽くして議論していく必要があります。

質疑応答

質問　民間の「○○ペイ」が乱立していますが、これを統一したり、中央銀行デジタル通貨で統一化するという考えはないのでしょうか。

答　普及の初期段階で、さまざまなビジネスアイデアをもった事業体が参入するのは、健全な競争を通じた技術革新や決済サービスの向上という点で望ましいことです。その一方、市場のフラグメンテーションにより、規模の経済性やネットワークの経済効果（3節参照）が発揮されにくくなっているのはご指摘のとおりです。

この問題については、インターオペラビリティ（相互運用性）の改善が有効だと思われます。インターオペラビリティというのは、異なるシステムAとBがあった場合、システムAの顧客であるユーザーAはシステムBのサービスを受けることができませんが、両システムが相互に接続・運用されるようになると、システムBの顧客にならずとも利用できるようになるというものです。

身近な例としてATMがあります。昔はCD（キャッシュ・ディスペンサー）といいましたが、銀行の業態が異なると他行のCDから現金を引き下ろすことができませんでした。相互運用性が確保されたいまとなっては、当たり前の便利さですが、昔はそうではなかったのです。

システムAとBが互いに交渉して独自のインターオペラビリティを確保する方法もありますが、システムC、D、E、Fとたくさんあって、各々がそうした対応をN×Nで行うのは効率的ではありません。各システムが共通のインフラに接続することでもインターオペラビリティが確保できますし、全体の効率性も高まります。

事例をあげましょう。スウェーデンのキャッシュレス決済を加速させたサービスにSwishというモバイル送金サービスがあります。これを主導したのは民間銀行で、集まって共同組織をつくり、参加銀行の個人顧客の携帯電話番号を集約して各々の口座と紐づけたセントラル・アドレッシング・スキームをつくりました。これにより銀行の枠を越えて、携帯電話番号で預金口座からの送金や支払いができるサービスが実現しました。

こうした事例をみていると、新しい技術を便利に活用していくには、競争と協調という両方が必要なのだと思われます。

質問 **なぜ、「〇〇ペイ」ではなく、既存の銀行が新しく便利な決済サービスに踏み出さないのでしょうか。**

答 銀行は預金マネーを使った決済サービスの提供者であるため、銀行がキャッシュレス決済サービスに乗り出すことには合理性があります。図表2－4を見返してみてください。

銀行が運営主体となったキャッシュレス決済サービスも少なからず始まっています。ただし、キャッシュレス決済サービスは両面市場です。ユーザーは銀行顧客にアプリを使ってもらうキャンペーンを行って増やしていけますが、より大変と思われるのは加盟店の開拓です。クレジットカード会社やアクワイアリング事業者は、店舗を回って加盟店を増やしていくというビジネスを長きにわたって行ってきましたが、銀行本体にはそうした経験やノウハウの蓄積は少ないです。また、全国大手チェーン店や大手コンビニエンスストアと提携して一気に店舗数を増やす戦略も地域銀行には比較的むずかしそうです。両面市場をどのように攻めて、利便性（間接ネットワーク効果）を引き出すかがポイントになりそうです。

質問　日本では送金に本人確認が必要ですが、キャッシュレス決済の普及に伴って、これが緩和される方向にあるのでしょうか。

答　デジタル社会での不正行為に対応していくためには、本人確認が緩和されるというのは社会的に望ましいことではないと思います。進むべき方向は、本人確認を確実に、しかしより簡単に手間なく安全にできるような技術革新が普及していくことだと考えます。法改正によってe－KYCというデジタル技術を活用した本人確認が可能となりました（KYCはKnow Your Customer）。スマートフォンのカメラ・通信機能と免許証のような顔写真付きの身分証明書を使って銀行口座が店舗に行かずともつくれるようになりました。キャッシュレス決済でもe－KYCで申し込めるサービスが広がっています。技術で課題を解決、です。

質問 **中央銀行デジタル通貨ができると便利になると思うのですが、いま日本銀行で発行できない理由のうちで一番大きな課題は何でしょうか。**

答 できる・できないという議論より、まずは、すべきか・そうでないかの議論が先にくると思います。リテール決済については、現金という便利でアクセスも容易で、偽造も少なく安全な決済手段が安定して供給されているという現状があります。また、クレジットカード以外にも新しいさまざまなキャッシュレス決済サービスが登場しており、CBDCがこれらの民間ビジネスとどのような代替・補完関係にあることが望ましいか、慎重な検討が必要です。また、講義でも述べましたように、金融システムなどへの影響など不確定な部分も多く、検討すべき課題がたくさんあります。

ただし、だからCBDCは発行しないといっているわけではありません。ホールセール決済やクロスボーダー決済におけるCBDCの意義も含めて検討していかなければいけませんし、そうした際には、現在の決済インフラが抱えている課題をどのように改善していくのかという全体視点が重要となります。

技術のフォローアップも必要です。関連技術である分散型台帳技術についてECB（欧州中央銀行）と共同で技術検証を行っています。ステラ・プロジェクトという連続プロジェクトで、それぞれ異なる技術課題について3本のレポートが公表されています（注7）。また、その他の調査や他国との意見交換も行っています。

注1　ポイントを管理するシステム上に、ユーザーのポイント口座と店舗のポイント口座が併存してい

ると は限らない。店舗側のポイントは別システムで管理するというシステム実装もある。しかし、ポイントが「ユーザーや店舗のXXペイに対する債権」である点には変わりはなく、ここでは簡便化のために一体化して管理されていると想定している。

注2　XXペイが多数ある預金口座をどのように資金繰りコントロールするかは各社の方針次第である。店舗Aには銀行AのXXペイの口座から振替が行われるとは限らないため、図表2－1ではXXペイの預金プール全体から矢印を伸ばしている。各銀行のXXペイ口座に余剰資金を置かずに、別の銀行に資金を集約したうえで、そこから各銀行の店舗AやBの口座に振込を行うという管理方法もある。

注3　実際のサービスでは決済事業会社が国内決済の相手方となるため、逆方向の送金需要をもった顧客が見つからないと送金できないわけではない。

注4　クリアリングハウスは単なる計算機関ではなく、中央清算機関（CCP：Central Counterparty）として別の機能も提供している。債務引受けを通じて、銀行Aと銀行Bの間の債権債務関係を、銀行AとCCP、銀行BとCCPの債権債務関係に置き換える。この機能によって、N対Nあった債権債務関係がN対1に整理し直される（Nは銀行の数）。CCPは、ネッティングによって決済を効率化するだけでなく、決済システムに潜むシステミックリスクに対応するため重要な役割を果たしている。資金取引だけでなく証券取引やデリバティブ取引においてもCCPが存在している。日本銀行「決済システムレポート2010－2011」の第2章3節では、CCPの機能や証拠金などのリスク管理手法について詳細に解説している。

注5　銀行破綻時のシステミックリスクを抑制するため、日銀ネットでの1億円以上の大口資金決済を時点ネット決済（受払いをネットアウトした結果をある時点で一括して決済する方法）から、即時

グロス決済（RTGS：Real Time Gross Settlement、ネットアウトせずに1つずつ即時に決済する方法）へ２００１年に変更した。

注６　もちろん、ユーザー市場の拡大を目指したポイントバックにも、加盟店を拡大させる間接ネットワーク効果が存在する。

注７　たとえば、最近の研究成果のレポートについては、以下から入手できる。https://www.boj.or.jp/announcements/release_2019/rel190604a.htm/

第3章

決済・金融サービス仲介に係る新たな制度整備について

本章のねらい▼フィンテックの進展に伴い、各種スマホ決済など新たな決済事業者が現れました。金融規制についても、決済や金融サービス仲介に関する部分を中心に、新たな制度整備が検討されています。何が論点となっていて、どのような方向で議論されているのか、金融規制を所管する金融庁で、これらの法制度整備を最前線で担当している岡田参事官に講義していただきます。

ポイント▼送金サービスについては、その送金金額の大きさなどに応じて3つの類型とし、それぞれリスクに応じた規制を適用する方向で検討しています。また、ワンストップで銀行・証券会社・保険会社の金融サービスをインターネット等で選べる仕組みを念頭に、利用者保護と利便性のバランスを考えて、どのような仕組みが適当か検討しています。

〈ナビゲーター〉岡田　大（おかだひろし）
金融庁企画市場局信用制度参事官
東京大学法学部卒業。1993年大蔵省入省、主税局、在ドイツ大使館、主計局、金融庁政策課総括企画官、同広報室長、在米国大使館参事官、監督局保険課長等を経て2018年より現職。

（2019年10月16日講義）

1 「決済」に係る制度整備

今回は、フィンテックに関連して、スマホ決済などが増えてきたことに対応した決済関係の法令の手直しと、金融サービスの仲介、簡単にいうと、スマホでｅコマースのアマゾンのように簡単にワンストップで金融サービスを買えるような制度ができないかという、2点について最新の検討状況をご紹介します。いま、東京大学法学部の神作裕之教授に座長をお願いしている金融審議会（金融審議会「決済法制及び金融サービス仲介法制に関するワーキング・グループ」）で検討して規制案をまとめて、それに沿って法律案をつくり、国会提出・審議を経て、最終的には可決していただけることを目指しています。

決済とは何か

まず決済とは何か。典型的には物やサービスを買うことの対価としてお金を払う場合と、お金を送ること（送金）の2つを含む概念ですが、図表3－1の左図をみると、決済にもいろいろあることがわかります。

銀行での決済が一番伝統的な決済手段で、送金や電気代などの公共料金の自動引落し、バイト代など給料の入金などですが、最近、いわゆるフィンテックという現象が出てくるなかで決済が多様化してきています。たとえば、図表3－1の左図の上から2番目に送金サービス〔資金移動業者〕とありますが、最近流行のスマホ決済の少なくとも一部はこの資金移動業者です。資金移動業は、実は歴史的にみ

図表3－1　決済分野の検討の概観

「規制の横断化」のイメージ

柔軟な「決済」サービス提供の障壁となる規制の縦割構造を解消するとともに、機能・リスクが同一であるにもかかわらず課される規制が異なることによるアービトラージを防ぐ。

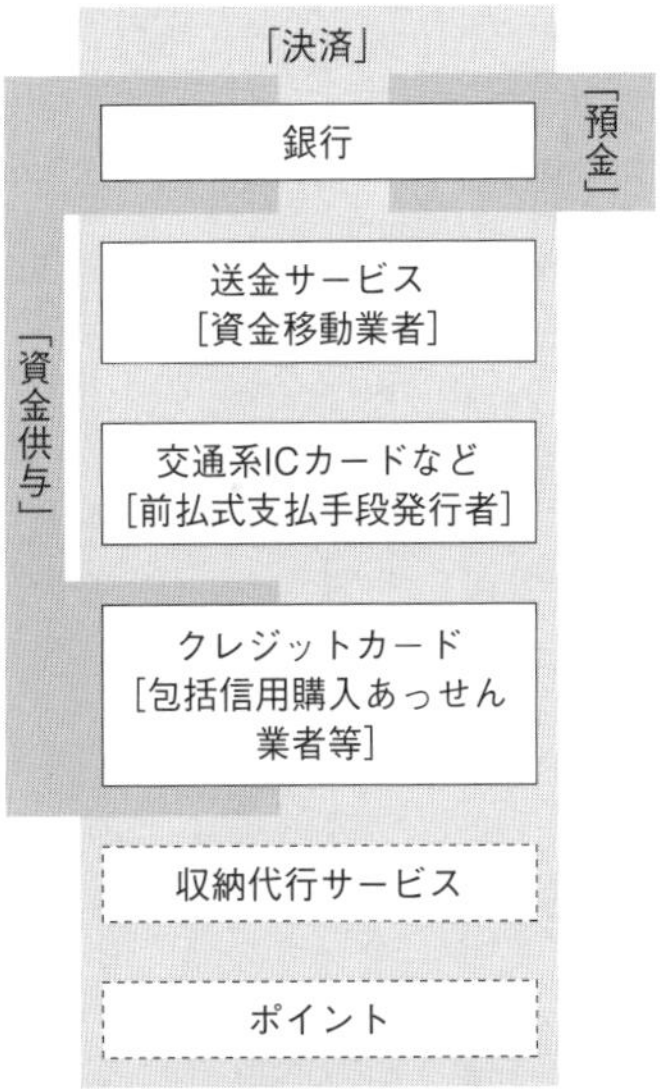

「規制の柔構造化」のイメージ

「決済」サービスの規模や態様によって異なる、利用者の保護等の観点からのリスクに応じた規制を適用する。

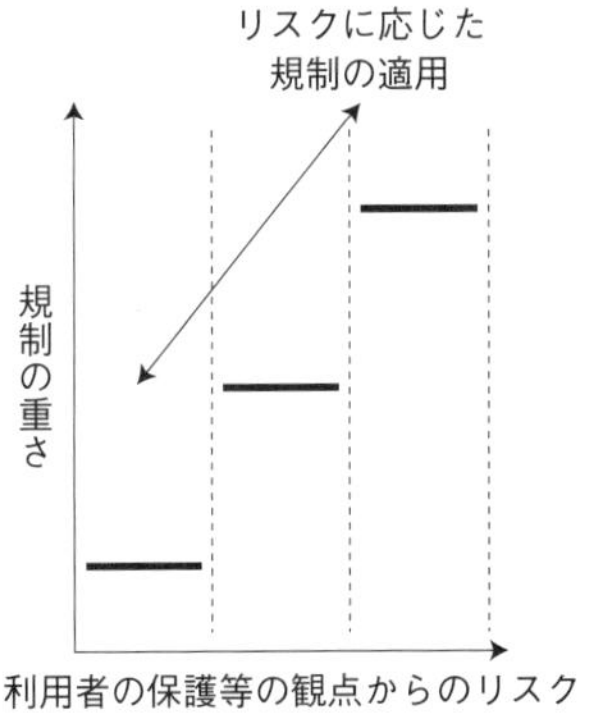

(出所)　金融審議会「金融制度スタディ・グループ（平成30事務年度）」事務局説明資料（2018年11月）

ても法的に新しくて、2009年につくられた制度です。

次に、交通系ICカードです。法律用語でいうと前払式支払手段発行者といいます。具体的には、カードを発行する鉄道事業者等が前払式支払手段発行者になります。交通系ICカードはプラスチックの有体物のかたちをしていますが、オンラインのショッピングモールのギフトカードなどのように、前払式支払手段のなかには、番号やパスワードだけ発行して、そのパスワードを打ち込むと、1000円分が使えるような形態のものもあります。最近、フィンテックではやりの決済手段です。この前払式支払手段の由来は結構古く、戦前の1932年に商品券について規制する法律ができていて、それ以来の伝統のある制度です。大昔の紙の商品券の発展した先の姿だということです。

実は、先ほど触れたスマホ決済業者も、細かくいうと、資金移動業者としての部分と、前払式支払手段発行者としての部分の両方ありますが、両者の違いは後で説明します。

また、わりと伝統的かつ国際的にもよく使われているのがクレジットカードです。法律用語でいうと、包括信用購入あっせん業者といいますが、実はクレジットカードは金融庁ではなく経済産業省が法律を立案し、かつ監督もしています。もともと金融というよりは、割賦販売などで消費者被害を防ぐために規制しようというところから始まって、それが発展してクレジットカードになってきているので、経済産業省が所管しています。

このほか、収納代行サービスやポイントもあります。収納代行というのは、たとえば、通販で物を買うと宅配便業者が家に届けてくれますが、その際に支払いのお金も宅配便業者に払って、それで決済するものです。あるいはコンビニで、何かのチケットを買って、コンビニで払うことが時々あると思いますが、なぜかコンビニのカウンターでチケット代を払うと、それで決済が終わります。コンビニは、銀行でもないし、資金移動業者でもクレジットカード業者でもありません。これは、チケットを発行しているイベント会社が、コンビニと代金収納を代行してくれという契約をしていて、本来ならチケット発行者にお客さんが直接払うべきところを、コンビニがかわりにお金を受領するような構成になっているのです。

ちなみに、図表3－1で、収納代行サービスとポイントは点線で囲まれていますが、これは現時点で金融庁や経済産業省その他政府の法律の規制対象になっていないためです。ポイントというのはたまってきたら支払いに使えるという意味では決済手段ですが、基本的には、おまけということで規制対象ではありません。将来的に規制が必要かどうかというのは議論があると思います。

リスクに応じた規制適用を検討

このように、いろいろな「決済」があるなかで、利用者保護上、いろいろなリスクに備えるために、規制が必要なところは規制を整備しましょう、その際には過不足なく行いましょうということで検討をしています。

他方で、何でもかんでもがんじがらめに規制したら、フィンテックでせっかくいろいろ工夫しても、息が詰まってしまう。たとえば収納代行サービスにしても、コンビニでチケット代や電気代を払えるのは便利なわけです。だから、個々の決済でリスクがどれくらい高いかを分析して、リスクに応じた規制を考えていこうと考えています（図表3－1の右図）。たとえば、銀行は免許制で、自己資本比率規制・流動性規制やマネーロンダリング規制などがかかっていて、規制遵守（コンプライアンス）コストがかなりかかります。安全だけ考えれば全部銀行並みにすればいいではないかと思うのですが、それだと息が詰まってしまい、いろいろな便利なサービスも出てきません。イノベーションも起きないし、最終的には、こういう規制遵守コストはお客さんになんらかのかたちで転嫁されるので、消費者にとっても利益になりません。だから、抽象的ですが、リスクが高ければ銀行並みに重い規制にしなければいけないですが、そうでないのなら軽く、場合によっては適用除外として、規制のないエリアもあっていいのではないかというのが基本コンセプトです。

送金サービスの取扱可能範囲の拡大

そういうことで議論してきて、一番話題になっているのが送金サービスの取扱可能範囲の拡大です。図表３－２の上図が現行法で、送金額１００万円を境にしています。リスクを考えた場合に、一番典型的なのは金額です。たとえば、コンビニでサンドイッチ代を１５０円払う話と、車を買うので１５０万円払うという話と、家を買うので1億５０００万円払う話と、さらには会社を買収するので１５００億円を払うというのではリスクが全然違います。10年前まで送金は原則銀行しかできなかったのですが、２００９年に先ほど説明した資金移動業の制度をつくり、資金移動業者は1回当り１００万円までですが銀行免許がなくても送金できるようになりました。

ただ、諸外国をみると、１００万円までしか送金できないという規制を課しているのは、少なくとも主要国では日本しかないうえに、この10年間、この送金サービス業（資金移動業）が順調に発展してき

図表３－２　送金サービスの規制の柔構造化のイメージ

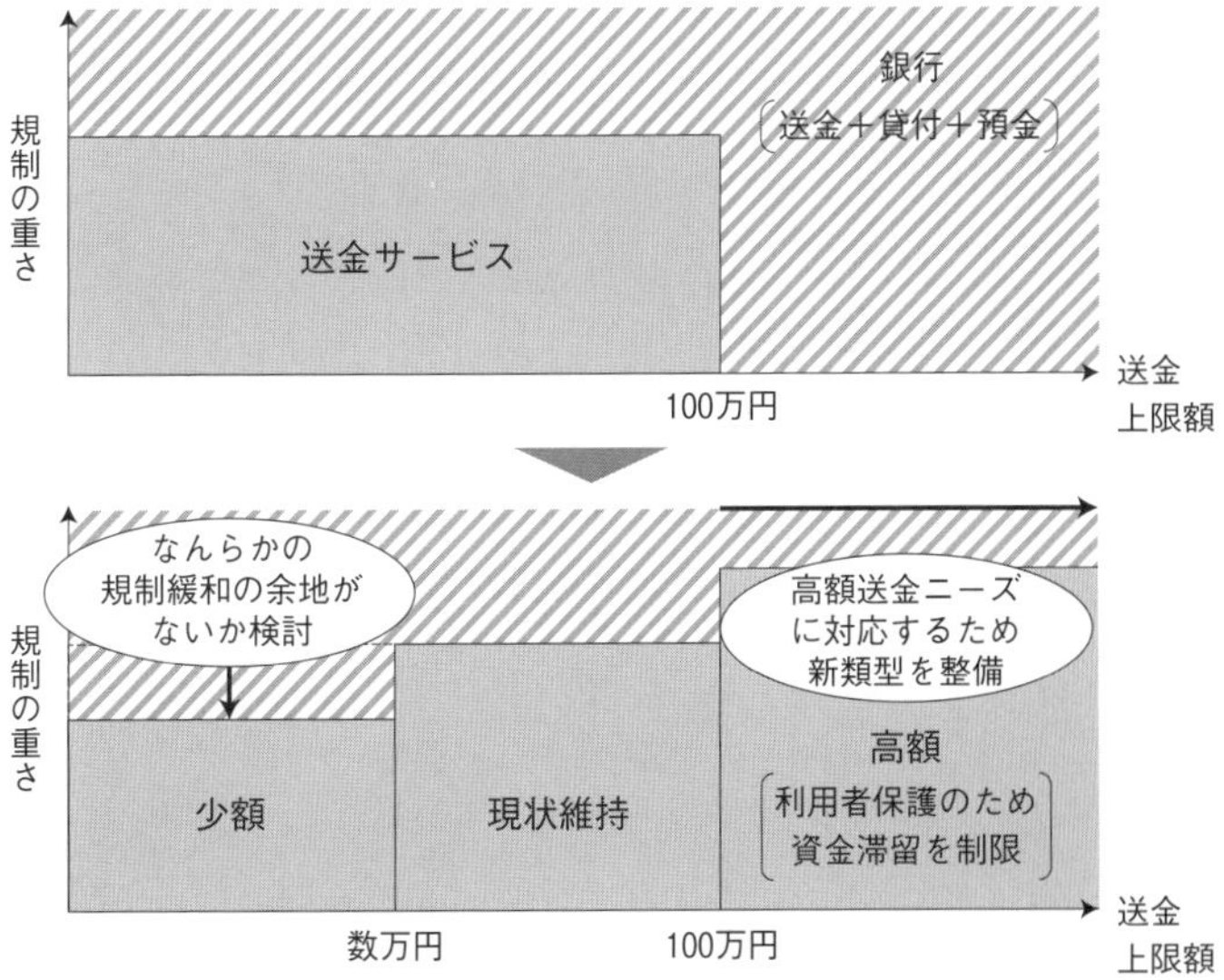

（出所）　金融庁作成

ました。スマホ決済以外にも、諸外国で送金サービスを行っている業者の進出もあり、ｅコマースによってインターネット上で買い物をするときに支払いが非常に簡単だというのでよく使われています。このため、一言でいうと、１００万円の限度額を引き上げてほしい、制限を撤廃してほしいという規制緩和要望がたくさん出てきているわけです。

この要望は非常に理解できるので金融審議会で検討しているのですが、おおむね図表３－２の下図のような３分類にしてはどうかというかたちでまとまってきています。まず、１００万円を超えるところは高額類型で、金額が大きくてリスクも高いので、それなりに厳しく規制する区分です。１００万円限度の現行の資金移動業については、原則、現行規制の維持でいいのではないかとなっています。他方で、100万円以下というところでも、実は日常的によく使われているのは多くても数万円といった範囲なので、そういった少額のところはもっと便利に、もっとイノベーションを進めるために規制緩和ができないだろうかという方向で議論しています。

多様な決済のニーズ

まずスマホ決済で念頭にあるサービスは、典型的には個人間送金、あるいは購入代金の支払いです。個人間送金で割と多いのは、飲み会で幹事が全部立て替えて、後で参加した人から1人3000円の代金を送ってもらうといった話です。購入代金支払いでも、高くても数万円程度の買い物が多いのではないかと思います。たとえばジュースを買ったり、弁当を買ったり、あるいはレストランで食事をしてもせいぜい2000円ぐらいで、もう少し高くてホテルの宿泊料で数万円というのもあるかもしれませんが、その程度です。

100万円を超える送金では、国内外の大学の授業料の支払いの事例がよくあります。特に、海外留学の場合には、授業料は当然一定の期間までに納めないと入学できなくなってしまうので大事なのですが、海外送金を銀行口座で行うとすごく時間がかかり、手数料も結構高いです。実は、資金移動業の100万円上限を緩和してほしいと要望しているのは、こうした国内外の大学授業料支払いのための送金などの類型があります。

100万円超のところには、企業間決済も出てきます。企業間決済だと少し質が違うリスクになってきて、企業間で高額の支払いの決済がきちんとできないと、場合によっては連鎖倒産みたいなことも起こりえます。こうなると、悪影響は無視できなくなってきますし、高額送金をするのなら、それなりに規制を厳しくしなければいけないということになります。また、少し観点は違いますが、銀行にはマネーロンダリングに注意しなければいけないという義務もあるのですが、そのマネーロンダリング対策も、金額が小さいより大きいほうが社会への悪影響が大きいので、よりしっかりやらなければいけません。

現在の銀行・資金移動業者に係る規制

具体的にどのような規制にすべきかを検討する際に、参考になるのが図表3－3に示す現行規制です。一番左端が銀行の例で、免許制で、自己資本比率規制や最低資本金などとにかく規制がいろいろあります。

真ん中の資金移動業規制は、実は結構軽めの規制で登録制になっていて、フィンテック業者がたくさん入ってきています。免許制と登録制の差について、技術的なことをいうと、免許は、行政庁、この場合は金融庁が免許をするにあたっていろいろな条件をつけたりできますが、登録制の場合は、基本的に法律に登録拒否事由が入っていて、それに該当しない限り、逆に行政庁は登録しなければいけないので新規参入がしやすい面があります。

そのうえで、決済金額については、銀行には当然金額上限の制限がないですが、資金移動業は100万円以下です。

資金移動業者	【参考】 英国の送金サービス提供者 （payment institution）
登録制	認可制（authorisation）
1回100万円以下に限る	制限なし
制限なし 出資法との関係で送金に関連した資金のみ滞留することとなるが、資金決済法においてその取扱いに関する明文の制約はない	①具体的な送金指図を伴わない利用者資金は受入不可 ②利用者資金は、運用・技術上必要とされる以上の期間保持されるべきでない
特になし 「適正かつ確実に業務を遂行するために必要と認められる財産的基礎」	自己資本額 12.5万ユーロ （約1,500万円）以上
特になし ほかに行う事業が公益に反しないこと	特になし ほかに行う事業に係る法令に従うこと
供託等義務 ある1週間の最高要履行保証額の全額以上を翌週中に供託 （最低1,000万円）	保全義務 ①（受入日の翌営業日末を超え保持する場合）分別管理の上、銀行預金もしくは当局が承認した安全資産への投資 ②保険・保証

ング・グループ」参考資料（事務局）（2019年10月）

また、資金移動業は、「破綻リスクの低減」の欄に財務・業務範囲の規制が特にありません。いくら以上資本金がないとダメというのはなくて、適正かつ確実に業務を遂行するために必要と認められる財産的基礎ということで、資金移動業を行う際に、コンピュータも買うし、人も雇わなければいけないのだろうから、それに必要なだけのお金があればいいという非常に緩い規制です。

図表3－3　銀行および資金移動業者に係る規制

		銀行
参入形式		免許制
取扱可能な「決済」の範囲		制限なし
利用者資金の滞留		制限なし（預金）
破綻リスクの低減	財務	①最低資本金（20億円） ②自己資本比率基準 ③早期警戒制度・早期是正措置
	業務範囲	固有業務・付随業務・他業証券業・法定他業に限定
破綻時の対応 （利用者資金の保全）		○預金保険料を保護の原資とする預金保険制度（公的セーフティネット） ○原則1,000万円まで（決済債務は全額）保護 ○名寄せの準備義務

（出所）　金融審議会「決済法制及び金融サービス仲介法制に関するワーキ

それから業務範囲も、銀行の場合は、原則、銀行業に専念しなければいけなくて、たとえば銀行は自動車製造業やコンビニなどを営むこともできませんが、資金移動業は、そうした制限がありません。だから、ヤフーや楽天などのグループが参入しています。そのかわり、破綻した場合にも原則1000万円まで保護されるという預金保険が銀行にはありますが、資金移動業には預金保険は適用されず、預かった金額について供託しなさいという義務があります。

英国の送金サービス提供者規制

100万円超送金の新しい類型を考える際には、一番右の英国の送金サービス提供者（payment institution）という似たような制度が参考になります。参入形式は認可制で、認可というのは、登録と免許の間ぐらいのイメージです。そのかわり英国は、送金額には制限がなくて、利用者資金の滞留（預り）について、具体的な送金指図を伴わない利用者資金は受け入れてはいけないことが特徴です。滞留とは何かというと、日本のスマホ決済では、直後に個別・具体の送金予定がなくてもたとえば1000円をチャージできます。これに対して、英国の送金サービス提供者の制度では、送金の予定があることが必要で、その後、受け取った資金についても、運用・技術上必要とされる以上の期間保持してはいけないというものです。

資金移動業者における利用者資金の保全方法

また、現行規制では、資金移動業者に利用者資金の保全を義務づけています（図表3－4）。たとえば皆さんがスマホ決済を使おうと思って1000円チャージした後、当該スマホ決済の運営者がつぶれた場合でもその1000円が返ってこなくなることが起きないように、原則として資金移動業者には供託義務を課しています。

供託というのは、業者は法務局にある供託所に、たとえば皆さんが1000円チャージすると、

図表３－４　資金移動業者における利用者資金の保全方法の概要

	供　託	保全契約	信託契約
	業者 → 供託所（履行保証金）	業者 ⇄ 銀行等（履行保証金 保全契約／保証料）	業者 → 信託会社等（履行保証金 信託契約／信託財産 ＋信託報酬）
要保全額の算定および保全の頻度	①１週間における要履行保証額の最高額以上の額を ②その週の末日から１週間以内に保全		①各営業日の要履行保証額以上の額を ②翌営業日までに保全 ※不足が生じた場合、その日のうちに保全すべき額の全額を供託する必要
コスト	特になし ※年0.0012％の付利 （令和元年10月１日時点）	保証料	信託報酬
保全開始の手続	—	事前届出 ※契約締結後、当局に届け出ることにより履行保証金の供託義務が免除	事前承認 ※契約締結後、当局の承認を受けることにより履行保証金の供託義務が免除 事後届出 ※承認後、最初に財産を信託した際の届出
取戻し等の手続	事前承認 ※法務局に取戻しを請求する際、承認書を提出する必要 事後届出	事前承認 事後届出	信託会社等にモニタリング義務 （注１）・（注２）
保全状況の報告	年２回（注３）		

（注１）　前払式支払手段発行者の場合、信託会社等にモニタリング義務はなく、信託契約を解除する場合、事前承認・事後届出が求められる。

（注２）　金融商品取引法上、有価証券等管理業務を行う金融商品取引業者等は、顧客から預託を受けた金銭を信託会社等に信託する必要があるが、保全開始および信託契約の解除に関し、事前承認・事後届出や信託会社等によるモニタリングは求められていない。

（注３）　現行の仮想通貨交換業者は、年４回、利用者財産の管理に関する報告書の提出が求められる。

（出所）　金融審議会「決済法制及び金融サービス仲介法制に関するワーキング・グループ」参考資料（事務局）（2019年10月）

1000円相当を積まなければいけないということです。いつまで積まなければいけないかというと、皆さんが1000円をもう使わないからということで、銀行口座に戻したり、あるいはどこかのATMで引き出したり、あるいは友人に送金されて、その友人がそれを自分の銀行口座に戻したり引き出したりするまでということで、要するにスマホ決済ならその決済運営者の支配するところにチャージ額が残っている限り供託しなければいけません。

それを代替する方法が2つあって、このうち図表3－4の真ん中が保全契約といって、銀行と事前に保全契約を結んで、つぶれた場合に、本来供託しなければいけなかった額を銀行が立て替えることです。スマホ決済業者も、最近、キャッシュレスの流れのなかで利用者がすごく増えているので、供託等の保全が必要な金額も結構大きな金額になっているようですが、銀行と交渉して保証料を払って、仮につぶれた場合には保全の必要だった金額を支払ってもらうという一種の保険をかけています。

あるいは図表3－4の右側の信託契約でも代替できます。信託銀行などの信託会社に信託報酬を支払って預かってもらうことです。法務局への供託は手続がめんどうで、時間もかかってしまうらしいのです。たとえば、要供託額が100億円から50億円に減ったので、50億円分引き出したいと業者が申請しても、最終的に手元に戻るまで結構な時間がかかると聞きます。このため、信託報酬という手数料を払ってでも信託会社に預けるほうがよいです。このように、それぞれの方法で一長一短あるのですが、いずれにせよ保全しなければいけません。

少額資金決済のため規制緩和の検討

実は、この資金移動業者に対する供託負担が、最近すごく問題になってきています。法務局は不便だし、銀行にも保証料を払わなければいけないし、銀行も無制限には保証できません。なぜかというと、銀行が100億円の保証枠を、たとえば資金移動業者のA社に与えると、A社がつぶれた場合に代理弁済で払わなければいけないからです。つまり、つぶれたら融資資金が返ってこないというのと同じなので、金融の用語でいうと、信用リスクを負っていることになります。そして、金融庁の別のルール中で、ある特定の会社に極端に多くの信用リスクをとってはいけないというリスク管理ルールがあるので、一定額以上は契約できないことがあります。

信託の場合も、信託手数料がかかるうえに、信託側も、あなたの信託はやりたくないといった場合や、儲からない場合にはやらないので、スムーズにいかなかったりします。つまり、利用者資金の保全は、資金移動業者であるスマホ決済業者にとって大きな負担になっているわけです。

資金移動業の送金金額の実際

他方で、図表3－5の上図の送金額の分布グラフをみると、実は1万円未満が約69％で、ほとんどが10万円未満です。下図はチャージ額残高で、これが直接的に保全額につながるのですが、1円以上5万円未満が多く約94％でして、送金額もチャージ額残高もせいぜい数万円が圧倒的に多いわけです。他方で、下図グラフをみると、1000万円以上を口座に入れているような人もいます。

資金移動業の場合についても、先ほどから全額保全といっているので、たしかに安全なはずなのです

図表３－５　資金移動業者の実態

計数の提供を受けた資金移動業者46社の送金額の分布

（以下は、資金移動業者に対して計数の提供を依頼し、提供を受けた計数に基づき作成した図表である。資金移動業者すべてを網羅したものではない点に留意する必要がある。）

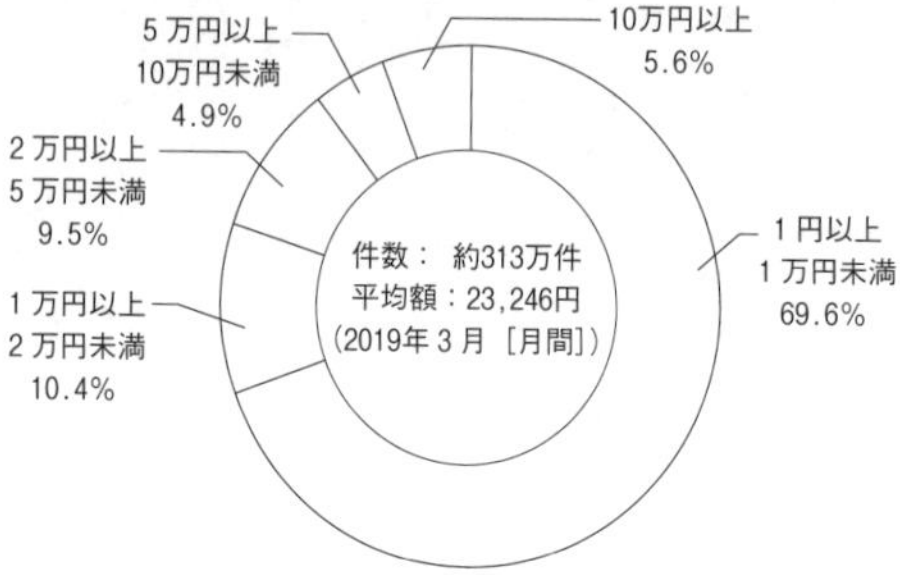

※資金移動業者に対して計数の提供を依頼し、提供を受けた計数に基づき金融庁作成。
※上記は46社合計の計数。

計数の提供を受けた資金移動業者46社の利用者資金算残高の分布

（以下は、資金移動業者に対して計数の提供を依頼し、提供を受けた計数に基づき作成した図表である。資金移動業者すべてを網羅したものではない点に留意する必要がある。）

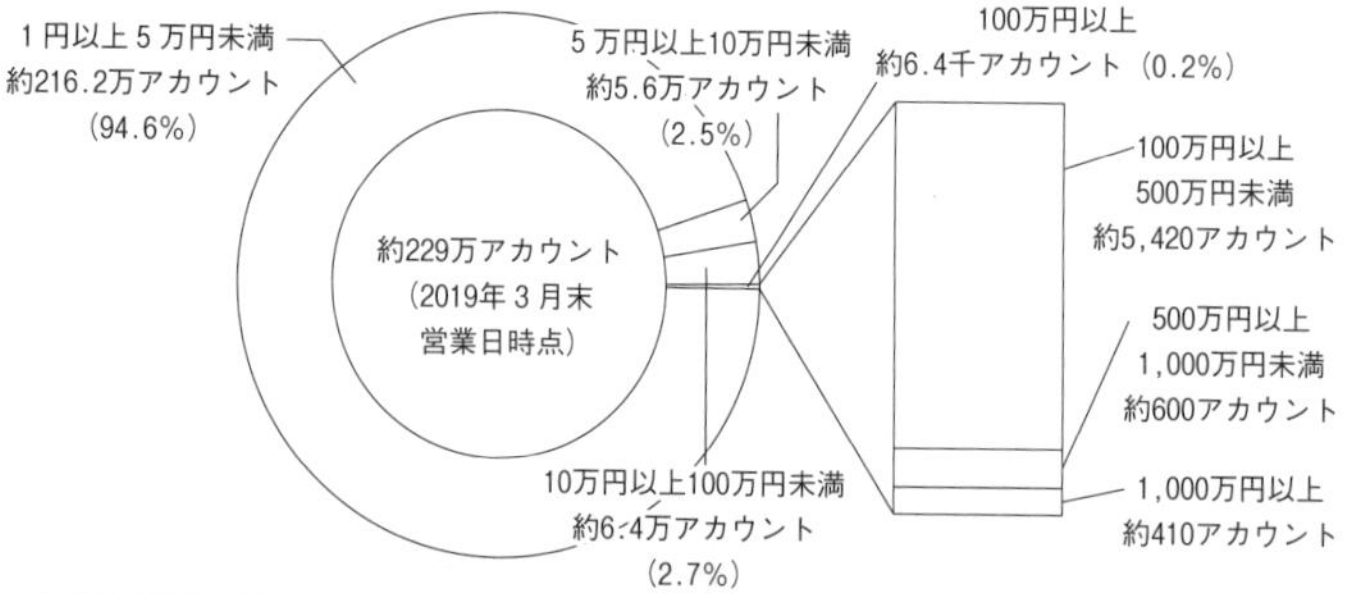

※資金移動業者に対して計数の提供を依頼し、提供を受けた計数に基づき金融庁作成。
※上記は46社合計の計数（残高０円のアカウントは集計の対象外）。
※一部の事業者については４月末営業日時点の計数を使用。

（出所）　金融審議会「決済法制及び金融サービス仲介法制に関するワーキング・グループ」参考資料（事務局）（2019年10月）

が、銀行の預金保険とどこが一番違うかというと、お金が戻ってくるのに時間がかかります。全額保全しているから、最終的には資金は足りるはずですが、返還する手続は、銀行の場合における預金保険機構などの専門組織もないので、金融庁の地方支分部局である財務局が債権申出に係る公示をします。そして、破産手続の特例ですが、一般債権者とは別に、資金移動業の利用者は財務局に申し出てくださいという公示をして、60日待ちます。それで、財務局が本当にチャージしていたのかを多少調べたりして、配当表をつくって最終的に配当を開始するのですが、漏れがないですかということで公示を110日やるので、60日+110日で、170日間は返還できません。つまり、つぶれた場合、半年間はチャージしたお金が返ってこないわけです。

こうしたなかで、少額の数万円分については、供託等の現行の保全方法にかえて分別した預金口座での管理を認められないかを検討しています。

現状維持の部分について

もう1つ、100万円以下で、かつ数万円を超える規模の送金については、原則、いまある送金サービスと同じで、現状維持でいいのではないかという方針にはなっています。ただ、先ほどほんの一部だけ1000万円以上ためている方がいるという話をしました。どのような場合にお金がたまっているのだろうということで、資金移動の口座をどう使っているかというイメージを示したのが図表3－6です。一番上のCtoC送金が個人同士の飲み会の精算みたいなもので、送金人個人が預金口座から資金移動業者に入れて、受取人の資金移動業の口座に送金するもので、これはあまりお金がたまりません。

図表３－６　主な送金サービスのイメージ

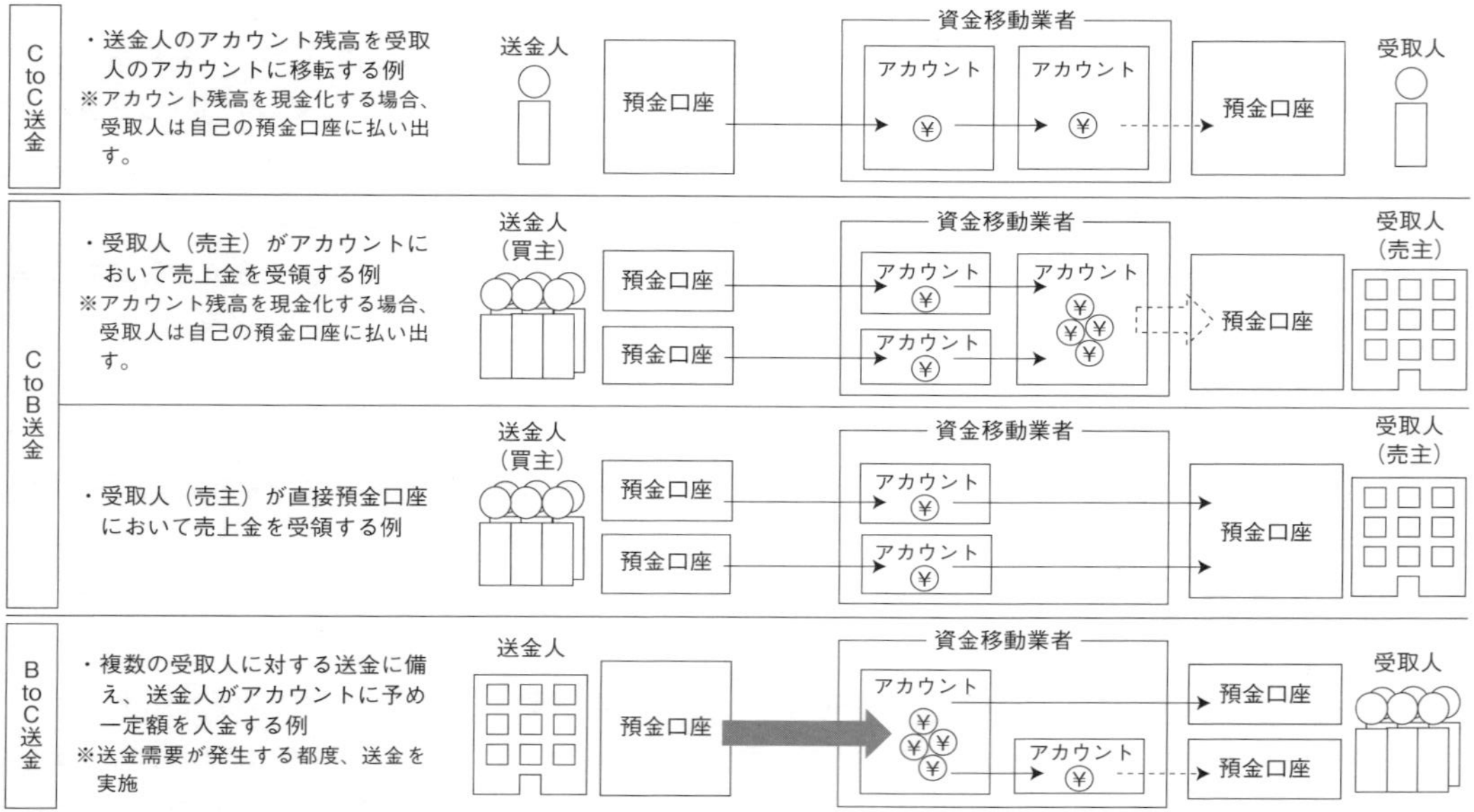

（注）　財務局に提出された登録簿および各社ウェブサイトにおいて確認することができた情報に基づき金融庁作成。
（出所）　金融審議会「決済法制及び金融サービス仲介法制に関するワーキング・グループ」参考資料（事務局）（2019年10月）

一番たまるのが2番目で、ＣtoＢ送金のうちの売っている人がお金を集めるパターンです。たとえば、ｅコマースで販売するような場合に、支払代金を資金移動業のこの口座に送ってくださいと指定していると、一人ひとりの個人の額は、１００円とか１０００円とか大した金額でなくても、たくさん売れると、この受取人のアカウントにはすごい額がたまります。さっさと銀行預金口座に移してくれればいいのですが、ゆっくりやっていると、結構な額がたまってしまうわけです。

ＣtoＢ送金でも、場合によっては3番目みたいに直接預金口座に入れてしまう場合もあって、この場合は、直接に銀行の預金口座に行くので、資金移動業者の受取人アカウントに大量にお金がたまるリスクは低いです。

最後に、ＢtoＣ送金のケースがあって、逆に業者が個々人のお金を一斉に送るような場合です。たとえば、コンサートが台風で中止になって、チケットを買ってくれた人に返金する場合、返金先がたくさんあると、まず自分の資金移動業者のアカウントに１０００万を入金して、１０００人に1万円ずつ返金します。この場合も瞬間的にはお金がたまるのですが、その後、送金すればすぐなくなるので、結局はあまりたまりません。

結論的にいうと、上から2番目のＣtoＢ送金の類型が、お金が滞留しがちな典型的なパターンです。こういった場合に、資金移動業者がつぶれると、先ほど述べたとおり最低でも１７０日返ってこないことになり、事業者もつぶれてしまう可能性もあります。そうした場合にどうするのかということを、いま、議論しています。他方、あまり杓子定規に規制をかけてすぐに銀行口座に出さなければいけないとすると不便になったりするので、どうバランスをとるかというのを、いま、金融審議会で議論しています。

プリペイドカードの資金保全規制の見直し

次に、交通系ＩＣカードが典型ですが、プリペイドカード（前払式支払手段）についての議論を紹介します。まず資金移動業と前払式支払手段の規制を比較するといくつか違いがあります（図表３－７）。

１つは、実はプリペイドカードについては送金上限額の制限がありません。ただ、より本質的な違いは保全方法です。資金移動業は、預かった額は全額供託義務があって保全するのですが、プリペイドカードは供託義務は半額相当でいいことになっています。

２つ目が財務上の規制で、資金移動業には、資本金などの数値基準はないですが、プリペイドカードのほうには最低純資産額で最低１億円以上、つまり実質的には大企業でなければいけません。

最後に現金化の可否というのがあって、資金移動業のほうは現金化が可能です。つまり、いったんチャージしたお金を必要があればどこかで現金として引き出せます。これに対してプリペイドカードは現金化できません。資金移動業の場合、とりあえず現金が必要になったといったら引き出せるので違いがあります。

この違いの背景にはマネーロンダリング対応があって、一番下に「犯罪収益移転防止法における取引時確認義務等」と書いていますが、マネーロンダリング防止のために、口座をつくるときに、資金移動業のほうは、銀行口座を開くのと同じで、免許証その他で本人確認します。これに対してプリペイドカードは本人確認がありません。駅で交通系ＩＣカードを買うときも、別に免許証も何もみせないです

図表３－７　資金移動業と前払式支払手段の規制

		資金移動業 （送金サービス）	前払式支払手段 （プリペイドカード）
参入形式		登録制	登録制（第三者型）／ 届出制（自家型）
送金等上限額 （１件当り）		100万円	制限なし
利用者資金の受入れ	受入上限額	制限なし	制限なし
	保全の方法	供託等義務（全額） ある１週間の各営業日における要履行保証額の最高額以上を翌週中に供託（最低1,000万円）	供託等義務（半額） 基準日（３月末および９月末）の未使用残高の２分の１の額以上を基準日の翌日から２月以内に供託（基準日未使用残高が1,000万円を超えるとき）
財　務		特になし 「適正かつ確実に遂行するために必要と認められる財産的基礎」	最低純資産額 １億円以上（第三者型）／ 特になし（自家型）
現金化の可否 （マネー・ロンダリング対応）		現金化可 （犯罪収益移転防止法における取引時確認義務等）	現金化不可 （　特になし　）

（出所）　金融庁作成

し、本人確認がありません。逆にいうと、本人確認していないので、現金化できるとなると、プリペイドカードに1000万円とかチャージして、どこかに渡してということで、簡単にマネーロンダリングや、テロリストへの送金もできてしまうので、そういうことをしないように現金化はできないことになっています。

なぜプリペイドカードは供託義務が半分でいいのかについては、前払式支払手段というのは歴史が古くて、昔のことなのではっきりした根拠はわからなくて、結局は歴史的な経緯ということになっています。

それで、前払式支払手段、プリペイドカードについていまどういう議論をしているかというと、スマホとかパソコン型の前払式支払手段で、資金移動業ではないのですが、チャージした額を譲渡することができるサービスが出てきていて、それははたして資金移動業と同じ義務を課さなくていいのか、たとえば全額供託しなくていいのか、とかいうようなことをいま議論しています。

ITの進展のなかで発展を遂げて、前払式支払手段のうちサーバ型（図表3－8の左下）は資金移動業と非常に似たサービスで、違いは本人確認があるかないかというところだけです。そのため、はたして資金移動業の規制に近づけなくていいのか、といった議論をしています。他方で、せっかく便利なサービスを業者が考えたのに、また規制を厳しくしてしまうのはどうなのかとか、最終的には現金で引き出せないのでやはり資金移動業とは違うのではないか、といった意見もあります。

図表3－8　前払式支払手段の区分

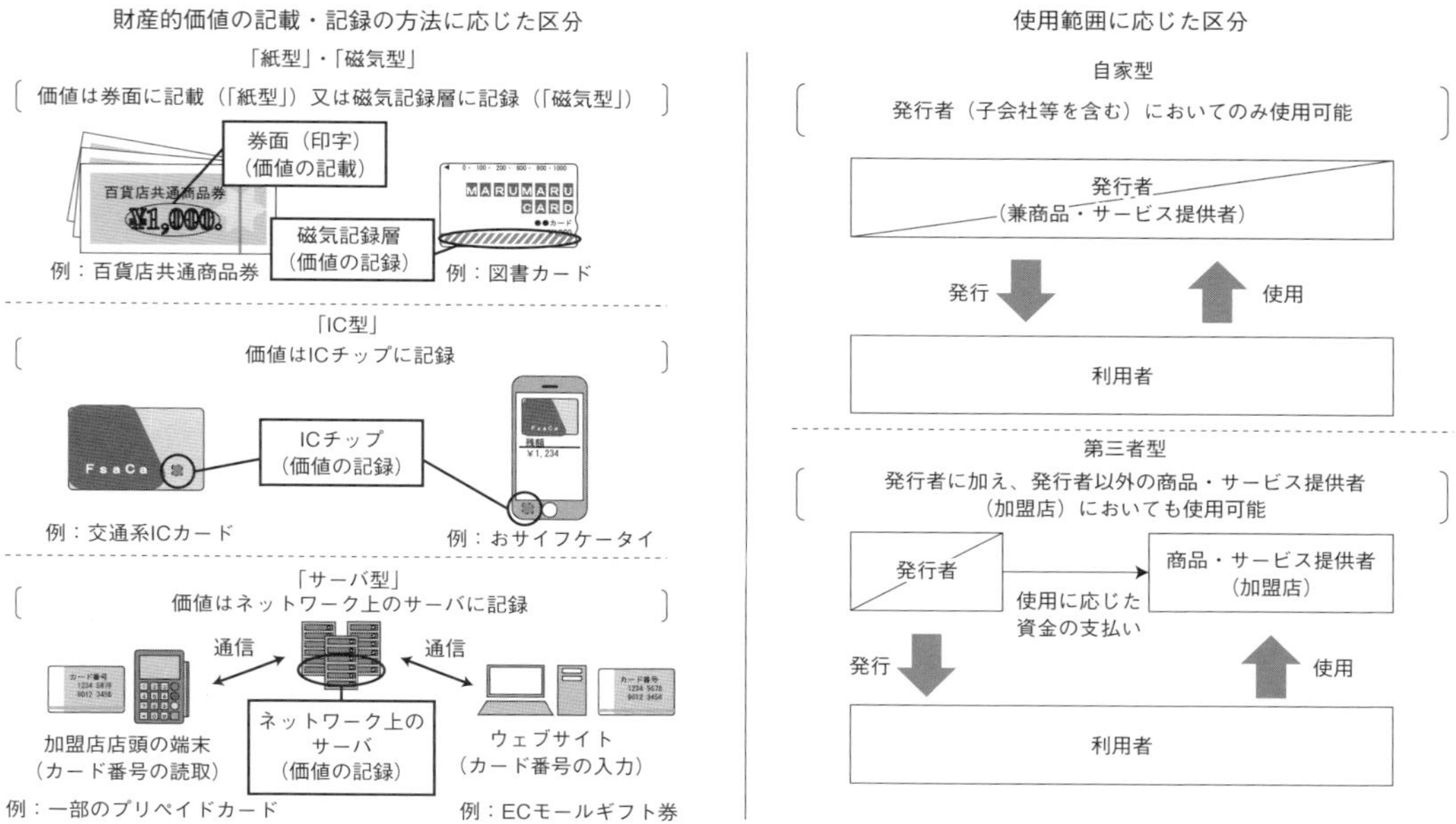

（出所）　金融審議会「金融制度スタディ・グループ（平成30事務年度）」事務局説明資料（2019年4月）

収納代行への対応

もう1つは、冒頭、コンビニでの電気代支払いや宅配便業者による料金受取りなどの収納代行の話をしましたが、実は、これについては規制の適用がないのです。

基本的に、一般の消費者が代引きで払う、あるいはコンビニで払った場合、約款上、支払う側はそれで弁済が終わることになっているので、いったん払ったけれども、その後、コンビニなどがつぶれたとしても、二重弁済のリスクは排除されています。ただ、あまりないと思うのですが、コンビニなどがつぶれた場合に、損するのはコンビニに収納代行を委託した電力会社やチケット会社です。つまり、業者は一種の信用リスクを負うのですが、ビジネスでやっているので、危ないと思えば銀行決済やクレジットカードを使えばいいという話です。

さらに、個人ベースでは、割り勘アプリというのですが、たとえば5人で宴会をやって、幹事が2万5000円を払い、5人から1人5000円の会費をスマホ送金などで集めます。これを宴会幹事から収納代行の委託を受けましたというような形式にして、金融庁に登録しないで収納代行するサービスが出てきています。事実上、これは個人間送金なので、つぶれた場合に返ってこないというリスクもあって、しかも、そのリスクを負うのが宴会幹事という個人なので、このままでいいのだろうかという議論をしています。

ただ、いわゆるフリマアプリで、エスクローサービスというサービスがあります。要するに、個人間でお金を払ったけれども、品物が届かないのは困るので、間に入っている楽天などの業者がお金をいったん預かって、品物が無事届きましたという連絡が来次第、預かっていたお金を売主に送るサービスを

図表3－9　割り勘アプリのイメージ

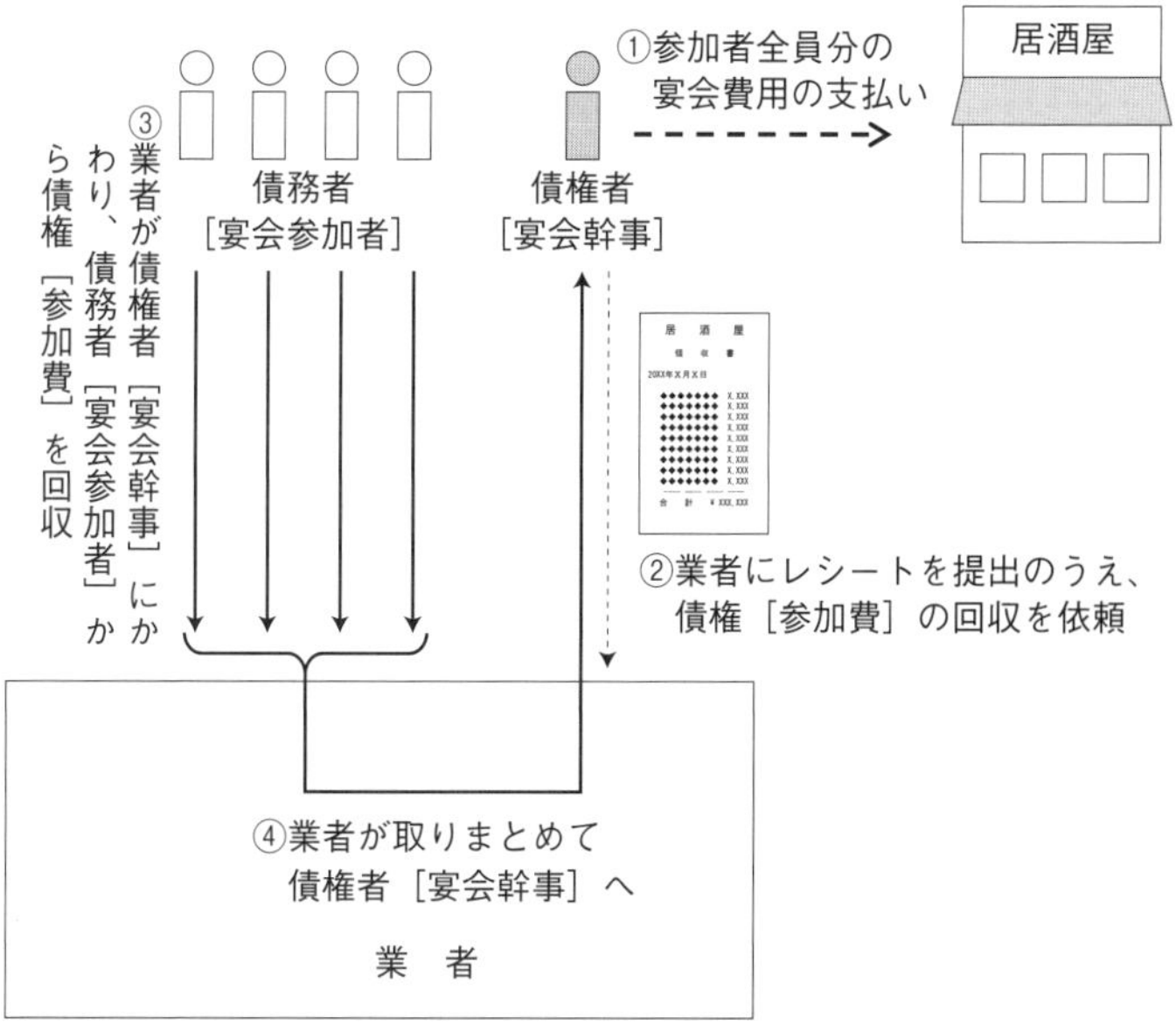

（出所）　金融審議会「金融制度スタディ・グループ（平成30事務年度）」事務局説明資料（2018年11月）

しています。上記の個人間の割り勘アプリを規制すると、こういったエスクローサービスも同じように規制されてしまい、規制されてしまった結果、資金移動業になると本人確認がいるので、配慮してほしいといった意見もあって、そういう意見もきめ細かに聞きながら今後検討していくことになるかと思います。

2 オンライン取引を前提とした金融サービス仲介法制

現行制度下における金融サービス仲介

次に、もう1つの大きなテーマとして、オンライン取引を前提とした金融サービス仲介法制について紹介します。スマホなどで銀行・証券会社・保険会社などの各種の金融商品・サービスを比較検討して、自分にあっているものを利用者が自分で選んで買えるようなサービスが出てこないか、ということです。

もちろん、すでに金融分野でもオンラインで保険や投信は買えますし、預金などのオンラインバンキングはありますが、それは特定の銀行預金や特定の会社の金融商品が対象です。ただ、皆さんが、洋服や日常品をインターネットで買うときは、最初からこの会社のこれが欲しいと決まっているわけではなく、たとえば秋になってコートが欲しいので、茶色で、1万5000円ぐらいでいいのはないかなと検索して、いろいろ比べて、買うかと思います。実は、いま金融分野では、あまりこういう比較して購入できるサイトはないのです。

参入規制の一本化と「所属」制の緩和

この背景には、規制の問題も影響しています。仮にいろいろな銀行・証券会社・保険会社を紹介して、一番いい条件を入れて選び出すというサービスをオンライン上で提供しようとするプラットフォームとなる仲介業者をつくるとどうなるかというと、この仲介業者は、まず金融当局（金融庁）との関係では、銀行代理業の許可をとって、証券関係で金融商品仲介業者の登録をとって、保険については保険募集人か保険仲立人の登録をとる必要があり、ライセンスを少なくとも3種類とらなければいけません。

もう1つは、図表3－10に「所属」とありますが、これは銀行・証券会社・保険会社がこれらの仲介業者のことを監督・指導します、という制度です。たとえば、仲介業者が利用者に対して間違った説明をしたりして損害賠償を請求する場合、もちろん仲介業者も訴えることができますが、同時に、いまの制度だとそれぞれの所属の銀行・証券会社・保険会社を訴えることもできます。こういう民事的な責任を負うことになっているので、逆にいうと、銀行も証券会社も保険会社も、自分が契約する仲介業者に対しては、かなりきちんと監督し、コンプライアンスその他についてきちんと指導もします。

だから、そういう意味でいい制度なのですが、逆にいうと、たとえば銀行代理業者が10種類の銀行とつないで商品ラインアップを充実させようとすると、仲介業者としては大変なので、事実上、多くの銀行など金融機関をつなぐサービスを提供している業者はあまりいないのです。このため、こういった仲介サービスをやりやすくするために、所属制を外せないかという議論をいま始めています。

これは、仲介業者が問題を起こしても銀行などが責任を負わない、逆にいうと、仲介業者のほうがある程度きちんと対応するということが前提なのです。同時に、扱う商品は、説明がむずかしい、ものすごく複雑な商品は扱わせないようにすることなども考えられます。

この検討は始まったばかりですが、うまくいけば、金融商品・サービスについて、利用者側が自分なりに欲しいモノをネット環境でよく選んで、自分にふさわしいモノを探すことができます。そのことを

図表３－10　現行制度下における多種多様な金融商品・サービスの仲介

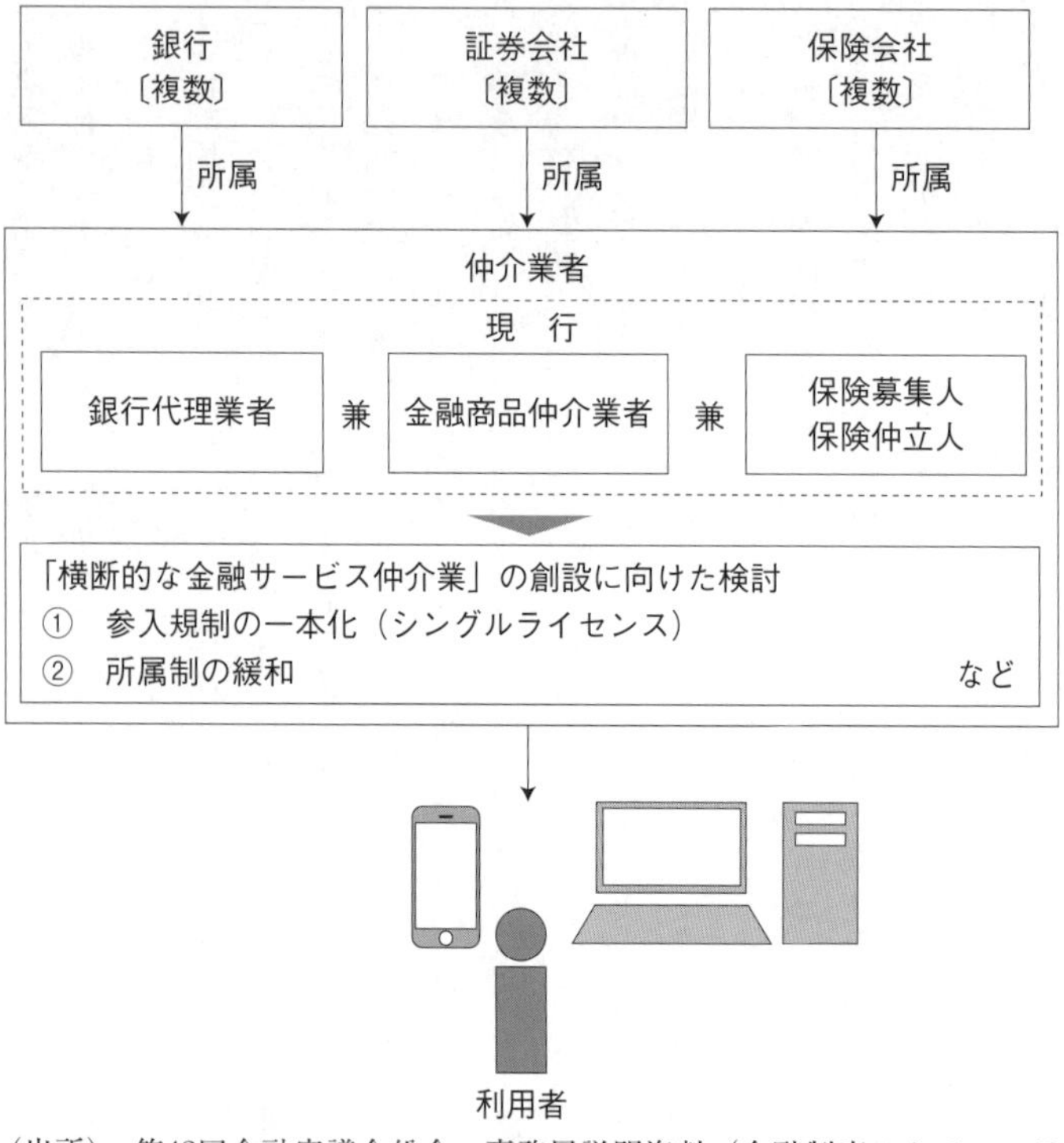

（出所）　第42回金融審議会総会　事務局説明資料（金融制度スタディ・グループ関係）（2019年９月）

通じて、商品の価格と機能によって健全な競争が働いていくと理想的だなと思っています。

質疑応答

質問　数万円までの少額の資金移動について供託を求めない制度が考えられないかとのことでしたが、利用者にとって供託をなくして返ってこないリスクがあっても、新規参入業者を選ぶような利点はあるのでしょうか。

答　ご指摘の点は大事な点で、だから、かなり思い切った規制緩和なのだと思います。結局、供託にせよ、信託にせよ、保証にせよ、利用者保護上は大事ですが、結構コストがかかります。そして、コストは、最終的にはなんらかのかたちで利用者に転嫁されます。いま、スマホ決済は、利用者から手数料をとっていないですが、結局、お店（加盟店）からとっていますので、そのコストは、おそらく値段に反映されています。最終的にはすでに利用者に転嫁されていて、気づかないだけなのかもしれません。

そうはいっても決済は一定以上の金額になると安全に守られるメリットのほうが大きいので、やはり供託は外すべきでないと思います。だから、バランスを考えていくらがいいのかという議論をしています。仮に数万円までしかチャージできないアカウントを提供している事業者の場合についてどう考えるのかという話です。

当然、安全・安心は大事ですが、すべてについて完全な安全・安心を求めていくのがいいのか、あるいは一定のところについては割り切りをするのか、思い切って供託義務を免除するということをあえてするかどうか、いまそういう議論をしているということです。

質問　**資金移動業の規制緩和で、従来の銀行の送金サービスに食い込んでいくかたちで資金移動業が広がっていくということに対して、銀行側が反発したり、銀行側も業務範囲の規制を緩めてくれという要望は出ていたりするのでしょうか。**

答　まったくそのとおりです。まず、簡単にいえば、銀行側は、高額送金のところを、銀行以外にさせて本当に大丈夫ですか、厳しく規制してください、と要望しています。少額のところも、規制緩和で供託がいらなくて本当に大丈夫ですか、利便性と安全・安心の比較ではなくて、決済分野は安全・安心が第一ですべてではないか、といった議論をしています。

他方で、返す刀で銀行はもう少し他業禁止規定を緩和してほしいという主張もしています。資金移動業は、業務範囲規制がないので他業を自由にできますが、銀行は、預金保険で預金が保護救済される場合があるので、他事業による赤字の場合に預金保険で助けてもらうのは筋が違うということで業務範囲規制があります。結局、銀行と資金移動業などのフィンテック企業との間は規制が不均衡ではないかと主張しています。

ただし、銀行本体では、たとえばeコマースなどは当然認められていないのですが、最近、子会社・兄弟会社では結構いろいろな仕組みを整備して、できるようになっています。たとえば、銀行もeコマースを、規模の制約はありますが、やってやれなくはないです。ただ、やるときには金融庁の認可等がいるので、銀行からするとハードルがあるということかもわかりません。いずれにせよ銀行のいろいろな規制が目的に照らしておかしくならない範囲で、何か工夫できるところは修正していかなければいけない論点だと思います。

質問 **金融サービスの横断的仲介ができるプラットフォームについては、現在でも、オフラインでは「ほけんの窓口」などの保険会社の乗合代理店があります。保険会社でできて、銀行や証券会社にない理由と、あとオフラインからオンラインに代理店を移していくうえでの課題は何でしょうか。**

答 たしかに保険会社についてはいまも乗合代理店が結構あります。銀行・証券会社でないのはなぜかというと、個人的な意見では、それぞれ事情が違うと思っています。まず証券会社は、もともと1990年代からネット証券がかなり普及していて、ネットでやりたい人は、便利なネット証券のサービスを利用しているので、それで多分満足しているのではないかと思います。かつ、ネット証券でも、扱う商品は意外にいろいろなモノが買えます。

また、銀行は、おそらく決済・預金を扱っているので特に慎重で、リスク管理もかなり厳しく要望するので、銀行代理業側が複数銀行をつなぐというのが、実店舗であれ、オンラインであれ、ものすごくむずかしいのではないかと想像されます。ないのは多分そういう理由ではないかと思います。

オフライン、オンラインでの違いは、まさに今後の検討なので、確たる答えはないのですが、現実問題としてオンラインの場合にむずかしくて複雑な金融商品・サービスを売りたいというニーズ、買いたいというニーズがどこまであるかということかと思います。

質問 **所属制の説明のところで、特に金融に固有の問題があるのでしょうか。**

答 他分野との比較は一概にはいえませんが、銀行はコンプライアンスリスクや商品説明、リスク管理などをそれぞれ独自の方法で仲介業者に求めると思いますし、あと、商品販売後の報告書も様式が微妙に違っていたりして統一されていないのではないかと思います。銀行同士が話し合って統一様式にすればすむではないか、と思うのですが、他方で、リスク管理はそれぞれの金融機関が自分で考えてやることが重要という側面もあります。

他方で銀行・証券会社・保険会社は代理店を指導する正当な理由があって、つまり自分自身が民事上の責任も負っています。実は金融庁も、こういう仲介業者、特に零細なところが問題を起こした場合は、まずは銀行などに、どういう状況なのかを照会します。このため、銀行や保険会社はしっかり監督することになります。

全体としてみれば、このあたりは金融特有なのかもしれません。

第4章

暗号資産（仮想通貨）、ICO・STOに関する論点と課題

本章のねらい▼ビットコインなどの暗号資産（仮想通貨）の取引や、ICOと呼ばれる資金調達は一時期大きくはやりましたが、仮想通貨の流出事件などを受けて、2019年にあらためて法改正を含めた金融規制上の対応がなされました。その背景やねらい、まだ残る金融規制上や民事上の論点について学びます。

ポイント▼本邦では2017年の仮想通貨交換業に対する規制の導入以降、①顧客の仮想通貨の流出事案の発生、②仮想通貨の投機対象化、③交換業者の不十分な態勢整備、④レバレッジ取引やICOといった新たな取引の登場などを背景として、2019年に資金決済法・金融商品取引法等が改正され、仮想通貨が暗号資産に名称変更されるとともに、暗号資産に関し大幅に規制が拡充されました。また、セキュリティ・トークンの発行による資金調達（投資型ICO／STO）に対する金融商品取引法上の規制も整備されることとなりました。このほかにも民事上の論点として、暗号資産はその法的性質について、セキュリティ・トークンはその設計方法について、専門家のなかで議論されています。

〈ナビゲーター〉芝　章浩（しばあきひろ）
西村あさひ法律事務所弁護士
東京大学法学部卒業、同法科大学院中退、Cornell Law School修了（LL.M.）。2007年西村あさひ法律事務所入所、2011～2014年金融庁総務企画局（企業開示課、市場課、企画課調査室、信用制度参事官室）、2017～2018年株式会社三菱UFJ銀行シンガポール支店。2007年弁護士登録（第一東京弁護士会）、ニューヨーク州弁護士（2018年登録）。

（2019年10月23日講義）

1 暗号資産をめぐる歴史と基本概念

暗号資産をめぐる歴史を振り返ると、2008年10月にサトシ・ナカモトの論文が出まして、翌年の2009年1月にビットコインの最初のブロックが生成されます。これが世界で初めての暗号資産の登場ということになり、以後は図表4－1に示すとおりいろいろなことが起こりました。

仮想通貨とは

仮想通貨（virtual currency）にはいろいろな定義があるのですが、法定通貨建てではないデジタルな支払手段のことをいうと思っていただければおおむねあっています。歴史的には、ビットコイン以前から特定の者が管理するタイプのものがあったわけですが、ビットコインの登場によって、非中央集権型（decentralized）と呼ばれる、特定の管理者が存在しない仮想通貨という新たなカテゴリーが登場しました。日本語では、cryptocurrency（暗号通貨）を仮想通貨と訳すことも多いので、メディア等の記事をみるときには、いったいどちらの意味なのか気をつけたほうがよいです。仮想通貨（virtual currency）という用語は、国際的な規制の議論でかつては非常によく用いられていて、米国ニューヨーク州や日本では法令用語としても採用されました。

暗号資産とは

それから、暗号資産（crypto-asset）という言葉は、まだ確立した定義はないのですが、おおむね、

図表４－１　暗号資産（仮想通貨）をめぐる歴史

2008年10月	サトシ・ナカモト論文（日本では11月）
2009年１月	ビットコイン誕生
2014年２月	マウントゴックス破綻（再生手続開始申立て）
同年６月	自由民主党IT戦略特命委員会資金決済小委員会「ビットコインをはじめとする「価値記録」への対応に関する【中間報告】」
同年９月	任意の自主規制団体として、一般社団法人日本価値記録事業者協会（JADA。現在の一般社団法人日本ブロックチェーン協会（JBA））設立
2015年６月	金融活動作業部会（FATF）「Guidance for a Risk-Based Approach to Virtual Currencies」
同年12月	金融審議会「決済業務等の高度化に関するワーキング・グループ報告～決済高度化に向けた戦略的取組み～」
2016年６月	The DAOハッキング事件
2017年４月	「情報通信技術の進展等の環境変化に対応するための銀行法等の一部を改正する法律」施行
2018年１月	Coincheck NEM流出事件
同年10月	FATF勧告15改訂。一般社団法人日本仮想通貨交換業協会（JVCEA）、認定資金決済事業者協会として認定
同年12月	金融庁「仮想通貨交換業等に関する研究会」報告書
2019年６月	フェイスブック、リブラ構想発表、FATF勧告15解釈ノート改訂
2020年４月？	「情報通信技術の進展に伴う金融取引の多様化に対応するための資金決済に関する法律等の一部を改正する法律」施行

（出所）筆者作成

ブロックチェーン技術等の分散台帳技術によるデジタルなコインないしトークンと呼ばれるものを指しています。

このような意味での暗号資産は、よく3つに分類されます。1つが「ペイメント・トークン」と呼ばれるもので、英語ではpayment tokenとかexchange tokenといいます。もともと暗号通貨（cryptocurrency）といわれていたものであり、特定の管理者は存在しないが支払手段として用いられることが想定されるビットコインなどが該当します。

2つ目が「セキュリティ・トークン」といって、支払手段ではなく投資の手段として用いられるものを指したり、あるいは日本でいう金融商品取引法（以下、「金商法」という）のような証券規制において証券としての規制を受けるものを指したりする言葉ですが、どちらの意味によるかは文脈次第です。注意が必要なのは、後者の証券規制上の証券として規制されるものをいう定義の場合には、各国・地域によって範囲が違うということです。特に、米国の場合は証券の定義が非常に広くて、発行者が頑張ることによって価値が上がる、キャピタルゲインが得られるようなものは、たとえ配当等がなくても、つまりインカムゲインがなくても、それはもう証券になりうることから、セキュリティ・トークンの範囲が非常に広いです。他方で、それ以外の国はそこまで広くもありません。日本では、たとえば配当等を約束しているような場合に限って有価証券に該当し、したがってセキュリティ・トークンだと呼ばれたりします。

3つ目に「ユーティリティ・トークン」というものもあり、セキュリティ・トークンではないが、なんらかの機能を利用するためのトークンをいいます。

ただ、3分類といっても、ペイメント・トークンとユーティリティ・トークンを兼ねている場合もあるともいわれますし、また、それぞれの定義が明確になっているわけでもありません。

この暗号資産（crypto-asset）という単語は、最近の国際的な議論で非常によく用いられていまして、わが国においても仮想通貨にかわる法令用語として採用されました。ただし、国際的な議論で出てくるcrypto-assetと、日本の法令用語としての暗号資産というのは、結構、意味が違います。日本法でいう「暗号資産」は、支払手段として位置づけられているもののみを指している点でより狭いですし、必ずしも分散台帳技術を使っていることを想定していない点ではより広いといえます。

その他のコイン／トークンの概念

そのほかにも、いろいろなコインないしトークンに関する概念があります。まず、コインとトークンで何が違うかというと、あまり違いがないですが、もともとはペイメント・トークンがだいたいコインと呼ばれて、要は支払手段として想定されていたものです。その後、支払手段でないものが出てきたことから、トークンと呼ばれてきています。

その他いろいろなトークンがあります。まず、ステーブルコイン（stablecoin）です。暗号資産（crypto-asset）は、特にペイメント・トークンやユーティリティ・トークンの場合、発行者がいなくて価値の裏付けもなく、非常にボラティリティが高くて、価値の変動が大きい。こんなものは支払手段に使いにくいということで、使いやすくするために生まれたのがステーブルコインで、これは相場の安定をなんらかのかたちで図るもので、いろいろな仕組みがあります。

図表4－2　各種トークンの金融規制上の取扱いの例

①　通貨・外国通貨
②　仮想通貨／暗号資産（資金決済法2条5項）
③　前払式支払手段（資金決済法3条1項）
④　為替取引の手段（銀行法2条2項2号、資金決済法2条2項等）
⑤　金商法2条1項各号の証券・証書に表示されるべき権利（社債、株式等）を表示するもの
⑥　金商法2条2項各号の権利（集団投資スキーム持分等）を表示するもの（このうちの一部が電子記録移転権利）
⑦　不動産特定共同事業契約（特例事業者と締結したものを除く）に基づく権利（不特法2条3項）

（出所）　筆者作成

それから、中央銀行デジタル通貨（central bank digital currency）、CBDCとも呼ばれるもので、これは文字どおり中央銀行が発行するデジタル通貨で、法定通貨建てです。たとえば、日本銀行がデジタルな日本円の通貨を発行した場合にはこれに該当します。

それから、ノンファンジブル・トークン（non-fungible token）、NFTともいうのですが、これは個別のトークンが区別できるものをいいます。ビットコインなどは取引記録だけがどんどん蓄積していって、取引記録から各アドレスの残高がわかるもので、法的にいえば、種類物的な性格のものです。これに対し、ノンファンジブル・トークンは個別のトークンを区別できるというところが特徴で、これはゲームのなかのキャラクターなどを表すのに使われることがよくあります。

各種トークンの金融規制上の取扱い

このようないろいろなトークンは金融規制上は、図表4－2に示すようなかたちで、扱われることが考えられます。た

図表４－３　トークンを用いた資金調達を指すさまざまな概念

①　ICO（initial coin offering）／トークンセール（token sale）：新たに開発した暗号資産（特にユーティリティ・トークン）を販売することによる公衆からの資金調達。 ②　IEO（initial exchange offering）：取引所を通じたICO。 ③　STO（security token offering）：セキュリティ・トークンの発行による資金調達。 ④　資産のトークン化（asset tokenization）：一定の資産を裏付けとするセキュリティ・トークンの発行。

（出所）　筆者作成

だし、どれにも該当しないということもありえます。これらのすべての法律上の要件を頭にたたき込んだうえで、個別のケースごとに考えるというのが法律家の仕事になります。

トークンを用いた資金調達

ここ数年、トークンを用いた資金調達が結構はやっていますが（図表４－３）。特に、①ＩＣＯ（initial coin offering）やトークンセールと呼ばれるものは、新たに開発した暗号資産、特にユーティリティ・トークンであることが多いですが、それを販売することによって公衆から資金調達を行います。資金といっても、実際に受け取るのは仮想通貨あるいは暗号資産であることが多く、具体的にはビットコインやイーサリアムです。米ドル等で受け取ることもなくはないですが、暗号資産で受け取ることが多いです。

それから、②ＩＥＯ（initial exchange offering）も最近はやりで、取引所を通じてＩＣＯを行う場合を指します。取引所を通じないＩＣＯは一時期すごく流行したのですが、そのほとんどは、結局、プロジェクトとしては失敗しました。なかには、詐欺のケースもあれば、詐欺のつもりはなかったけれどもお金が集まったらやる気がなくなってしまったということで、つぶれたものもありました。ガバナンスの仕組みがうまくできていなかったということだと思います。これに対してIEOの場合、取引所が関与し、スクリーニングをするので、安心感が出てきます。もっとも、安心感の程度はどういう規制状況かによって大きく異なります。

それから、③STO（security token offering）は、セキュリティ・トークンの発行による資金調達のことをいいますが、各国の証券規制に即して発行していますというニュアンスがあります。このため、人によっては、ICOとSTOは別物だという人もいますし、STOも、ICOの一種だという人もいて、あまり明確な用語法は確立していない状態です。そもそも、セキュリティ・トークンの範囲が国・地域によって違いますので、何がSTOなのか、証券規制の適用を受けるという意味で定義するのであれば、国・地域によって違うものです。

それから、④資産のトークン化（asset tokenization）は、STOの一種とされています。一定の資産を裏付けとするセキュリティ・トークンを発行するもので、証券化の発展したようなものかと思います。証券化はsecuritizationといいますので、証券化になぞらえてトークン化（tokenization）と呼ばれます。不動産などを裏付資産として細分化して小口で投資できるようなかたちにするなど、いろいろなかたちで使われることが想定されます。

2 金融規制上の論点・課題

暗号資産に対するさまざまな懸念

次に金融規制上の論点や課題について説明します。暗号資産については、国・地域によっていろいろな懸念がある状況で、このうち世界共通のものがマネーロンダリング（マネロン）およびテロ資金供与（ML／FT）に対する懸念です。ちなみに、ML／FTに対する対策という場合には、AML／CFTといいます。AMLは、anti-money launderingの略で、CFTはcombating the financing of terror-ismの略です。

まず、マネロンについて説明しますと、たとえば、薬物犯罪などでお金を稼いでもそのままでは表立って使えません。犯罪者は、いかに汚いお金をきれいに（ロンダリング）するかが課題です。現金も、足がつかず、匿名性が高いので、マネーロンダリングの1つの手段として便利で、特に100ドル札はマネロンによく使われているといわれています。銀行振込みだとどうお金が動いたかがわかってしまうので、なかなか使いづらいわけです。ただ、現金の問題は、重くて動かしづらく、管理もしづらいことです。これに対して仮想通貨あるいは暗号資産はいくらでも簡単に動かせるわけです。日本にいる人が米国にいる人に現金を送るのは銀行を通じないとむずかしいですが、ビットコインの送付であれば簡単にできます。

利用者・投資家保護の観点からの懸念もあります。特に、日本のようにビットコインなどの仮想通貨について利用したり投資したりする人が多い国ほど、この懸念は大きいわけです。

外国為替管理に関する懸念もあり、中国、ベトナム、ロシアなど自国通貨を厳格に管理している国では、ビットコイン等で海外に送付をすることで規制の潜脱に使われるのではないかという点を懸念してきました。

また、金融政策に関する懸念もあります。金融政策は、中央銀行が通貨供給量を調整するなどして政策目標を達成しようとするわけですが、中央銀行のコントロールが及ばない支払手段が使われると、金融政策に悪影響があるのではないかという懸念です。特に、後に述べるステーブルコインについては、たとえばフェイスブックのリブラが世の中に普及すると、金融政策に悪影響を及ぼすのではないかといった懸念は大きいといえます。

最後は、ダークネットやランサムウェア等に関連する利用への懸念です。ダークネット等における薬物取引等の違法取引では、預金振込みだと足がつくし、現金だと持運びに不便なので、ビットコインで払うわけです。ランサムウェアというのは、感染したコンピュータをロックしてシステムにアクセスできなくしてしまったうえで身代金を要求するわけですが、ここでビットコインの送付を要求するわけです。世界で最初のランサムウェアは現金支払いだったのですが、ビットコインで受け取れれば足がつきにくいわけです。

このような、いろいろな問題や懸念を背景に、各国・地域で規制の導入が進んでいます。最初に述べたマネロン・テロ資金供与の問題については、金融活動作業部会（FATF）という国際的な議論の場でルールの共通化を図っており、そこでは「仮想資産」（virtual asset）についてマネロン・テロ資金供与対策規制を導入していくことになり、すでにかなり多くの国・地域で導入が進んでいます。日本も

図表4－4　2016年資金決済法等改正の概要

・2017年4月施行
・利用者保護規制：資金決済法上の仮想通貨交換業規制
　－参入規制（登録制）
　－行為規制（利用者への情報提供、情報の安全管理、利用者資産の分別管理）
　－分別管理・財務諸表についての外部監査
　－当局による監督・検査、自主規制
・マネロン・テロ資金供与対策規制：犯罪収益移転防止法上の特定事業者として仮想通貨交換業者を追加し、規制を整備
　－取引時確認、確認記録・取引記録等の作成・保存
　－疑わしい取引の届出
　－社内体制の整備
　－口座売買の禁止

（出所）　金融庁資料をもとに筆者作成

犯罪収益移転防止法により仮想通貨についてのマネロン・テロ資金供与対策規制が導入されています。日本を含め一部の国・地域では利用者保護規制も導入されています。他方、中国などの外国為替管理が厳しい国ではそもそも取引自体を禁止しています。

日本における仮想通貨交換業規制の導入の背景

日本で、当初、仮想通貨交換業規制が導入された背景は、国際的なマネロン・テロ資金供与対策規制の要請があったことと、国内においてマウントゴックスの破綻（2014年）後に利用者資産の消失が判明し利用者保護の要請が高まったことがあります。こうして、2016年資金決済法等改正で、仮想通貨交換業が定義されて登録制になり、利用者保護規制とマネロン・テロ資金供与対策規制（本人確認義務などの規制）が導入されました（図表4－4）。

仮想通貨および仮想通貨交換業の定義

仮想通貨の定義は、資金決済法2条5項、6項に書かれており、その概要は図表4－5のとおりです。1号仮想通貨と2号仮想通貨の2種類があって、1号仮想通貨が不特定の人々の間で支払手段として用いられ、かつ、法定通貨と交換可能なもので、ビットコインなどが当てはまります。2号仮想通貨は不特定の人と1号仮想通貨と交換可能なものというかたちになっていますが、最近、金融庁が仮想通貨の事務ガイドラインを改正し、1号仮想通貨と同等の経済的機能を有する場合に限るという解釈になっています。ですので、結局は支払手段的なものを想定しているようです。この事務ガイドラインの改正後、実際にどのような運用となるのかはまだよくわかっていません。それから重要なのは、通貨は入らず、法定通貨建ての財産など「通貨建資産」と呼ばれるものも入りません。ですので、日本銀行が仮に中央銀行デジタル通貨、すなわち日本円のデジタル通貨を発行しても該当しません。有価証券も基本的には通貨建資産に当たるので入りません。前払式支払手段などの電子マネーの類も通貨建資産なので入りません。

次に、仮想通貨交換業の定義は、資金決済法2条7項で定められていて（図表4－5）、1つ目が仮想通貨の売買または他の仮想通貨との交換ということで、いわゆる販売所の業務が当たります。2つ目が売買や交換の間に入って仲介する業務ということで、いわゆる取引所の業務です。それから、販売所や取引所の業務に関して、お客さんの金銭または仮想通貨の管理をするのも仮想通貨交換業です。

図表4－5　仮想通貨および仮想通貨交換業の定義（令和元年改正前）

○「仮想通貨」の定義（資金決済法2条5項）
・電子機器その他の物に電子的方法により記録されている電子情報処理組織を用いて移転可能な財産的価値

＋

・本邦通貨および外国通貨ならびに通貨建資産を除く

＋

・①不特定の者に対して支払手段として使用可能＋不特定の者を相手方として購入および売却可能
→1号仮想通貨

or

②不特定の者を相手方として1号仮想通貨と交換可能（＋1号仮想通貨と同等の経済的機能←仮想通貨事務ガイドラインⅠ－1－1③）
→2号仮想通貨

○「通貨建資産」の定義（資金決済法2条6項）
6　この法律において「通貨建資産」とは、本邦通貨若しくは外国通貨をもって表示され、又は本邦通貨若しくは外国通貨をもって債務の履行、払戻しその他これらに準ずるもの（以下この項において「債務の履行等」という。）が行われることとされている資産をいう。この場合において、通貨建資産をもって債務の履行等が行われることとされている資産は、通貨建資産とみなす。

○「仮想通貨交換業」の定義（資金決済法2条7項）
7　この法律において「仮想通貨交換業」とは、次に掲げる行為のいずれかを業として行うことをいい、「仮想通貨の交換等」とは、第1号及び第2号に掲げる行為をいう。
一　仮想通貨の売買又は他の仮想通貨との交換
二　前号に掲げる行為の媒介、取次ぎ又は代理
三　その行う前二号に掲げる行為に関して、利用者の金銭又は仮想通貨の管理をすること。

（出所）　筆者作成

図表4－6　暗号資産（仮想通貨）をめぐる経緯と対応

○マネロン・テロ資金供与対策に関する国際的な要請等を受け、暗号資産（仮想通貨）の交換業者に登録制を導入（2017年4月施行）
✓口座開設時における本人確認等を義務づけ
✓利用者保護の観点から、一定の制度的枠組みを整備
（最低資本金、顧客に対する情報提供、顧客財産と業者財産の分別管理、システムの安全管理など）

顧客の暗号資産（仮想通貨）の流出事案が発生	暗号資産（仮想通貨）が投機対象化
事業規模の急拡大の一方で、交換業者の態勢整備が不十分	暗号資産（仮想通貨）を用いた新たな取引が登場

▼

対応

○利用者保護の確保やルールの明確化のための制度整備
○国際的な動向等をふまえ、法令上の呼称を「仮想通貨」から「暗号資産」に変更

（出所）　金融庁作成の法案説明資料（2019年3月）より抜粋

2019年の資金決済法・金商法等改正に至る経緯

仮想通貨交換業に関する規制導入後は、仮想通貨の譲渡が消費税非課税になり（2017年7月施行）、一般社団法人日本仮想通貨交換業協会（JVCEA）という団体が、自主規制のための認定資金決済事業者協会として認定され、自主規制を開始しました（2018年10月）。その後、2019年の資金決済法・金商法等改正では、仮想通貨が暗号資産に名前が変更されたうえで、規制を大きく拡充する改正があらためて行われました。

今回の資金決済法・金商法等改正が行われた理由として主に4つあります。図表4－6の金融庁公表の法

案説明資料にあるとおり、①顧客の仮想通貨の流出事案の発生、②仮想通貨の投機対象化、③交換業者の不十分な態勢整備、④レバレッジ取引やＩＣＯといった仮想通貨を用いた新たな取引の登場です。このような背景をふまえて利用者保護の確保やルールの明確化のためにあらためて制度を整備するとともに、「仮想通貨」も名前を「暗号資産」に変えました。

２０１９年の資金決済法・金商法等改正の改正内容

２０１９年の資金決済法・金商法等改正の改正内容に入りますと、まずは暗号資産の交換・管理に関する業務への対応です（図表４―７）。

１つ目の「暗号資産の流出リスクへの対応」では、お客さんから預かっていた暗号資産を、いわゆるホットウォレットといわれるネットにつながっているウォレットで管理していたので秘密鍵を盗まれたということがあったので、コールドウォレット等の安全性の高い方法で管理してください、ということです。例外的にホットウォレットで管理する場合には、それに対する見合いの暗号資産を保有し、これをコールドウォレット等で管理する必要があります。さらに、分別管理したコールドウォレット等で管理する暗号資産については、お客さんが優先的に弁済を受ける権利もあると法律の条文で書いています。この法的性質が何なのかは実はよくわかっていません。

それから、「過剰な広告・勧誘への対応」のための規制が入っています。

「暗号資産の管理のみを行う業者への対応」については、ＦＡＴＦがマネロン・テロ資金供与対策規制を暗号資産の管理のみを行う業者（カストディ業者）についても適用するとしたことをふまえ、日本

暗号資産を用いた不公正な行為への対応

〇暗号資産の取引において、不当な価格操作等が行われている、との指摘

〇風説の流布・価格操作等の不公正な行為を禁止

暗号資産に関するその他の対応

〇交換業者の倒産時に、預かっていた暗号資産を顧客に優先的に返還するための規定を整備

暗号資産を用いた証拠金取引への対応

〇国内の暗号資産の取引の約８割を占める証拠金取引について、現状では規制対象外

〇外国為替証拠金取引（FX取引）と同様に、金融商品取引法上の規制（販売・勧誘規制等）を整備

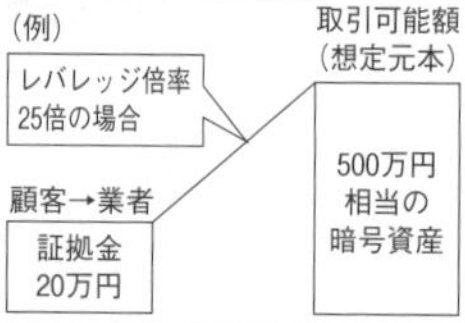

ICO（Initial Coin Offering）への対応

※ICOは、企業等がトークン（電子的な記録・記号）を発行して、投資家から資金調達を行う行為の総称

〇詐欺的な事案も多い等の指摘があるなか、ICOに適用されるルールが不明確

〇収益分配を受ける権利が付与されたトークンについて、投資家のリスクや流通性の高さ等をふまえ、
- 投資家に対し、暗号資産を対価としてトークンを発行する行為に金融商品取引法が適用されることを明確化
- 株式等と同様に、発行者による投資家への情報開示の制度やトークンの売買の仲介業者に対する販売・勧誘規制等を整備

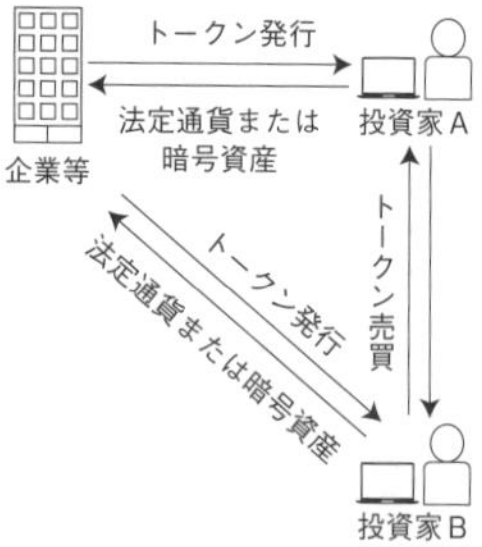

図表4－7　2019年の資金決済法・金商法等改正の改正内容

暗号資産の流出リスクへの対応

○交換業者が顧客から預かっていた暗号資産のうち、ホットウォレット（オンライン）で管理していた暗号資産が流出する事案が複数発生

↓

○交換業者に対し、業務の円滑な遂行等のために必要なものを除き、顧客の暗号資産を信頼性の高い方法（コールドウォレット等）で管理することを義務づけ

ホットウォレットで管理する顧客の暗号資産については、別途、見合いの弁済原資（同種・同量の暗号資産）の保持を義務づけ

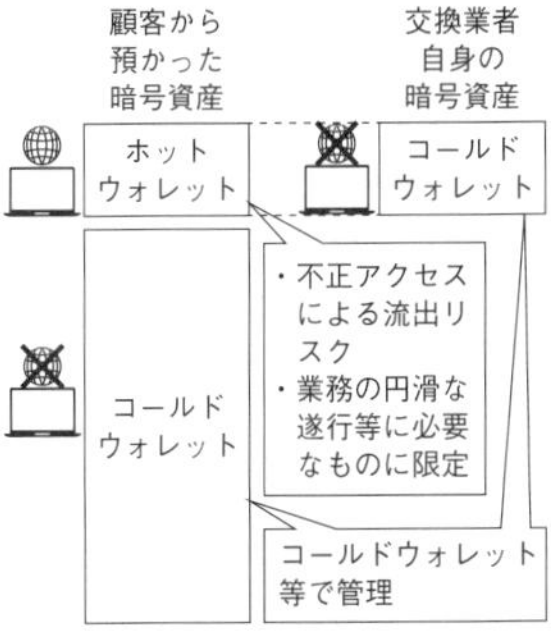

過剰な広告・勧誘への対応

○交換業者による過剰な表現を用いた広告・勧誘

↓

○広告・勧誘規制を整備
・虚偽表示・誇大広告の禁止
・投機を助長するような広告・勧誘の禁止　など

暗号資産の管理のみを行う業者への対応

○FATF（マネロン対策等を扱う国際会議）が、暗号資産の管理のみを行う業者（カストディ業者）について、各国協調して規制を課すことを求める勧告を採択　〔2018年10月〕

↓

○カストディ業者に対し、暗号資産交換業規制のうち、暗号資産の管理に関する規制を適用
（本人確認義務、分別管理義務など）

問題がある暗号資産への対応

○移転記録が公開されずマネロンに利用されやすいなどの問題がある暗号資産が登場

↓

○交換業者が取り扱う暗号資産の変更を事前届出とし、問題がないかチェックする仕組みを整備
（注）交換業者が取り扱う暗号資産を審査する自主規制機関とも連携

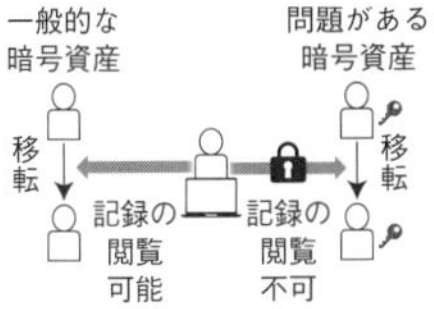

（出所）　金融庁作成の法案説明資料（2019年3月）より抜粋

図表4－8　暗号資産交換業の定義

・資金決済法2条7項（令和元年改正後）

7　この法律において「暗号資産交換業」とは、次に掲げる行為のいずれかを業として行うことをいい、「暗号資産の交換等」とは、第1号及び第2号に掲げる行為をいい、「暗号資産の管理」とは、第4号に掲げる行為をいう。

一　暗号資産の売買又は他の暗号資産との交換

二　前号に掲げる行為の媒介、取次ぎ又は代理

三　その行う前二号に掲げる行為に関して、利用者の金銭の管理をすること。

四　他人のために暗号資産の管理をすること（当該管理を業として行うことにつき他の法律に特別の規定のある場合を除く。）。

（出所）　筆者作成

もこれにあわせました。

それから、「問題がある暗号資産への対応」ということで、暗号資産の変更は事後届出から事前届出に変更しました。

さらに、「不公正な行為への対応」ということで不公正取引を金商法で禁止しました。これは暗号資産の現物もデリバティブも両方です。

暗号資産を用いた新たな取引への対応ということで、まず、現によく行われている仮想通貨の証拠金取引が規制対象外となっているため、外国為替証拠金取引（FX）などと同様に暗号資産に関するデリバティブ取引を金商法で規制することになりました。

「ICOへの対応」については、まずトークンを発行するときに、そのトークンが金商法上の有価証券に当たることがありうるわけです。それを前提に、後で述べる「電子記録移転権利」の概念を導入しました。もともと流通性の低いファンド持分や信託受益権について、トークン化することで流通性が増すことが想定されます。伝

統的に、株式や社債は証券に表章されることによって流通性が増すことになっていましたが、同じようなことがトークンを使ってできるようになったのではないかということで、電子記録移転権利については株式や社債と同様の規制を課すこととしました。

暗号資産の定義については、「電子記録移転権利に表示するものを除く」というのが入った以外は、名称変更のみです。他方、暗号資産交換業の定義には、「暗号資産の管理」というのが入りました。お客さんのために暗号資産を管理するというのは、ほかの業法で規制されている場合を除いては、資金決済法上、暗号資産交換業として規制されることになります（図表4－8）。

そして、電子記録移転権利という概念が、金商法2条3項に登場しました。これは、非常にわかりにくいものですが、金商法2条2項各号に掲げる権利、具体的には通常の信託受益権、合同会社社員権、集団投資スキーム持分などですが、これらがトークン化されているような場合には、一定の内閣府令で定める場合を除いては電子記録移転権利に当たるということです。

暗号資産の新規発行（ICO）と投資型ICO／STO

ICOについては、実はあまり変わりません。現行法上、仮想通貨を新たに発行して販売する場合、自分で販売する限りは仮想通貨交換業に当たるといわれています。ただし、仮想通貨交換業者にお願いして販売を全部やってもらう場合には当たりません。暗号資産交換業と名前が変わった改正後もおそらく同じです。具体的な規制は、先ほど申し上げたとおり、現時点では事務ガイドラインと、JVCEA（一般社団法人日本仮想通貨交換業協会）という自主規制団体による自主規制で対応しています。

それから、投資型ＩＣＯやＳＴＯと呼ばれているものについて、そもそも定義があまり明確でないのですが、簡単にいうと、トークンを発行して資金調達するが、トークンをもつ人には配当がある場合、現行法上は、ファンド持分などの内国集団投資スキーム持分は、定義上、出資・拠出がお金か一定の資産による場合に限られています。外国集団投資スキーム持分もこれに類する権利として定義されていますので、基本的に同じです。そうすると、ビットコインなどの仮想通貨で出資するファンドは、基本的には当たらないと考えられます。ファンドではあるが、そのファンドの持分が有価証券としては規制されないということになっていますので、規制の穴があったわけです。実質的に、それは日本円ですねという場合は当たりますよといわれていたのですが、完全にビットコイン建てのファンドのような場合は当たらないわけです。仮に当たった場合にはどうかというと、販売業務は第二種金融商品取引業で、運用業務は、もし有価証券やデリバティブで運用する場合には投資運用業になります。それから、発行・継続開示規制は、主に有価証券投資で運用するという場合には適用があるのですが、それ以外は適用除外だということでした。

改正後は、内国集団投資スキーム持分の定義に関して、暗号資産で出資した場合には金銭で出資したものとみなされますので、暗号資産により出資・拠出されるファンドはすべて集団投資スキーム持分に該当することになります。さらに、電子記録移転権利の定義に該当する場合には第一項有価証券として扱われることになります。具体的にいうと、第二種金融商品取引業として規制されていた販売業務が、本人が自分で販売する場合を除いては第一種金融商品取引業として扱われることになります。

もう１つ変わった点が開示規制です。投資対象が何かにかかわらず、発行・継続開示規制の対象になります。要するに、公募をするのであれば、有価証券届出書を出して、世の中一般に対してどういう商品か説明してくださいという規制です。

業規制上の主な論点

業規制上の論点はいろいろあります。まず、仮想通貨／暗号資産の定義は範囲がよくわかりません。ユーティリティ・トークンについて、今後、新たな事務ガイドラインのもとで、どう解釈されるのかも明確ではありません。

それから、ステーブルコインという、価値の安定を図ったようなコインについても適用される規制がはっきりしていません。たとえば、ステーブルコインが日本円に紐づいていて、必ず1コイン＝1円で換金しますという場合には、換金可能な電子マネーということで、為替取引の手段として扱われるものと考えられます。そうすると、発行者は資金移動業者か、あるいは銀行などの預貯金取扱金融機関でないといけない、そういう議論がされています。最近、有名になったフェイスブックのリブラのようなバスケット型の場合はどうかとか、払戻しできる人が限られている場合はどうかとか、という議論もあります。仮想通貨／暗号資産に該当しないステーブルコインの売買等を取り扱う業務に対する規制はよくわからない状況で、実はあまり規制されていないのではないか、それで本当に大丈夫なのか、という懸念もあります。

それから、2019（令和元）年改正後の「暗号資産の管理」の範囲も議論がされています。新たに設けられるいわゆるカストディ業務にはどこまで入るのか、ということです。たとえば、マルチシグという、秘密鍵を分割したうえで、そのうちのいずれかまたは複数の秘密鍵を使ってはじめて動かせるという仕組みがあるのですが、たとえば、3つの秘密鍵をつくって、そのうち2つあってはじめて電子署名ができて、動かせますといった場合に、1つだけ預けることはどうなのだろうとか、そういった議論がされています。

また、電子記録移転権利の範囲、簡単にいうと、ファンド持分などの権利がトークンに表示されている場合が原則当たるということですが、では表示とは何か、私法上どういう関係があれば表示といえるのか、そもそも日本の民法、商法の解釈として、どういうことが可能かという点も含めて問題で、規制の話と民事の話が絡んでいるところです。

最後に、ステーキングの金融商品取引業該当性も問題となります。特に問題になるのは、ファンド持分の販売として第二種金融商品取引業にならないか、という点です。ビットコインの場合は、proof of workという仕組みですが、最近はやりなのはproof of stakeという仕組みです。proof of workの場合は、むずかしい計算を最初に解いた人がブロックを生成して、そのかわりに報酬をもらえる仕組みですが、proof of stakeの場合は、基本的にたくさんもっている人に発言権が与えられる仕組みで、具体的な仕組みはいろいろあります。このような仕組みを前提にブロック生成の報酬をもらうことをステーキングといいます。delegationと呼ばれる、ほかのアドレスに保管されたコインのためにステーキングを行うという仕組みもあり、こういったものも含め、金融規制上どういう規制を受けるべきかについて議論がされています。

3 民事上の論点・課題

最後に、民事上の論点・課題について、論点のみ説明します。ロースクールの学生さんにとってはなじみのある分野かと思います。

権利を表章しないトークンに関する議論

最初は権利を表章しないトークンに関する論点で、要は権利がのっていないトークンです。ビットコインのように、誰かに対する権利が表章されているわけではない、紐づいているわけではないトークンについては、民事上のいろいろな議論があります。

財産権に当たるのか

まずは、これは民法でいう財産権に当たるのか。財産権に当たるという場合には、その法的性質、社団の社員権のようなものではないか、あるいは組合契約的なものなのではないか、動産に準じて扱うべきではないか等々、どういう分類なのかというところについてさらにまた議論があります。

基本的に、既存のカテゴリーのどれにも当たらないということについては、あまり争いがありません。では、新しい財産権としたうえで、その財産権はどういう移転のルール、どういう帰属のルールに従うのか、民法のどこにも規定がないので、いろいろな議論があります。実は財産権がないのではないか、ないと考えた場合にはこうなる、みたいな議論をする人も実務家では結構多いように思います。実務家は割と保守的に考えるので、新しいルールを提唱するようなことはあまりありません。

他方、刑法の問題もあります。権利を表章しないトークンの秘密鍵をこっそり盗んでビットコインを盗んでしまった場合、何に当たるかという問題です。窃盗罪というのは財産上の利益は対象ではありません。他方、電子計算機使用詐欺罪については、条文上、「財産権」という言葉が使われているので、ビットコインはここでいう「財産権」に当たるのかが論点となります。

物権的返還請求権の有無等その他の論点

それから、財産権と密接に関係する論点として、真の権利者から無権原でもっている人に対する物権的返還請求権が可能か、というものがあります。物権的返還請求権とは、これは私のものだから返してくださいという請求で、この請求が可能かどうかについて議論があります。財産権があると考える方は、肯定する人が割といますが、否定する方もいます。財産権がないという方は、金銭と同じように扱うべきだとして物権的返還請求権も否定する方が多いと思います。

このほかに、預託を受けた取引所が倒産した場合、取戻権があるか否かという論点もあります。取戻権というのは、倒産手続で、倒産した債務者の財産に属さない財産については、それを返してもらう権利がある人は当然そのまま返してもらうことができるという権利です。物権的返還請求権がある場合には、当然認められると思いますが、ない場合には、どう考えるべきかは悩ましい問題です。

それから、質権を設定して担保に出すことができるかという論点もあります。財産権があると考える人は質権を設定できると考える余地があると思いますが、財産権がないと考える人は、基本的には設定できないと考えます。

これに関連して、先ほどの優先弁済権の法的性質の問題があって、これが特別の先取特権だという考え方があります。どうも金融庁の立案担当官はそう考えていたみたいですが、そうだとすると質権だって設定できるのではないかということになります。どうもこのあたりが十分に検討されないまま立法されてしまったようであり、今後の議論に影響を与えそうです。

それから、不正に取得された暗号資産による弁済を受けた者、つまり第三者がどう保護されるかという点も論点となります。物権的返還請求権がないと考える立場からは、騙取金ないし横領金による弁済を受けた第三者の保護が不当利得なのかどうかと同じような話と考えられます。すなわち、基本的にその場合と同程度の保護がされ、したがって、悪意または重過失の場合には保護されないかたちになるのではないかと考えられます。他方、物権的返還請求権を肯定する立場からすると、基本的に真の権利者から返してくださいといわれるが、即時取得や善意取得といったルールで例外的に保護されるという話になるのだと思います。

最後に、国際私法上、そもそもなぜ日本法が適用されるのかという点も論点です。権利を表章しないトークンについては、どのような場合にどこの国の法律が適用されるか自体よくわからないわけです。

法的に争いのない部分

他方で、争いがないところもあります。

一方の当事者がビットコインを送ることを約束し、相手方当事者が、お金を払うことを約束する、という取引は可能です。これ自体が厳密に売買に当たるのか否かはともかく、日本法上、そういう契約が契約自由の原則に従ってできることはまったく争いがありません。同様に、ビットコインで何かを買うという契約や、お金で払うかわりにビットコインで払うと合意するという代物弁済ができることについても特に争いはありません。

また、ビットコインそれ自体に対する強制執行は、民事執行法上は「その他の財産権に対する強制執行」として行われるといわれていますが、トークンを実際に移すには秘密鍵が必要なので、強制執行は事実上、困難ということについても争いはありません。

信託も可能ではないかと考えられています。ただ、実際には、どの信託銀行や信託会社も仮想通貨の信託を受けていません。最高裁判例などがないなかで、金融庁が「信託は可能」というわけにもいかなくて悩んでいるのではないかと思われます。

それから、後で相殺できるようにビットコイン自体を移転するかたちによる担保取引も可能ですし、また、不法行為や不当利得による保護もありえます。実務的には、こういった争いがないところを前提に、具体的にどういうことができますかということを考えていきます。

権利を表章するトークンに関する論点

権利を表章する、つまりなんらかの権利がのっかっているトークンについては、どのようにすればつくることができるだろうかという発想が重要です。すでに発行されているユーティリティ・トークンにはなんらかの約束をしているようにみえるようなものがあり、これらをどう考えるのかというのも1つの問題ですが、個別ケースごとに考えるしかありません。むしろ、新たにつくろうとするときにどうすればできるか、ということを実務家としては考えます。

まず、指名債権、通常の受益証券を発行しないタイプの信託受益権、契約上の地位などを表章するようなトークンはどう考えるべきでしょうか。譲渡制限特約はつけるべきか、第三者対抗要件の問題についてどう考えるか、有価証券法理を適用するとか類推することも考えられるか、等々の論点があります。

また、権利が、社債や株式、投資信託・受益証券発行信託の受益権のような場合にはいろいろな方法が考えられます。トークン自体を有価証券として扱うという考え方、有価証券法理の類推も可能性としてありえなくはないですが、実務的にはとてもリスキーでむずかしいです。紙の証券を発行しないこととしたうえで、社債原簿、株主名簿、受益権原簿としてブロックチェーンを使う、あるいはブロックチェーンと連動させるというかたちにして、譲渡通知や名義書換えをブロックチェーン上で行う方法は可能ではないかと考えられます。それから、振替法上の振替口座簿としてブロックチェーンを用いる方法も検討されたことがあり、これについては日本銀行金融研究所の研究成果が公表されています。

いろいろな方法があって、今後、どういう仕組みを考えていくべきか、実務家が頭を悩ませるところです。

質疑応答

質問　IEOの際には、上場審査が行われるのでしょうか。また、その審査は法律に基づく審査なのか、それとも自主規制によるものなのでしょうか。

答　上場審査が行われるかどうかは、まさにその取引所がどういう規制を受けているかによります。たとえば、日本の仮想通貨交換業者がIEOを取り扱うという場合には、かなり厳格な審査を行う必要があります。

なお、日本の仮想通貨交換業者の場合、現在の法令上、特にICOに関するルールはありません。現在は、金融庁が出している事務ガイドラインと、自主規制団体である日本仮想通貨交換業協会（JVCEA）の自主規制、主に後者によって規制を受けているという状況であり、この自主規制に従って審査を行うことが要求されています。

質問　仮想通貨を利用しても、本人確認をしているので、現金より高い匿名性があるとはいえないと思うのですが、マネーロンダリングに使えるのでしょうか。

答　匿名性に関しては、ビットコインの場合は、たしかに取引記録が全部保存されていますが、個別のアカウントが誰のアカウントかはどこにも記録されていません。取引所が本人確認を行って、このアドレスは誰のものと確認した場合、少なくともその時点ではその人のものということはわかるのですが、そうでないアドレスが世の中にたくさんあります。ですので、いろいろな技術を使って、どこからどこに行ったのか、わからないようにしてしまうということも可能なのです。そのため、わからないことが多いというのが現状で、たとえばコインチェックのＮＥＭが流出したときも、頑張って追跡しようとしたのですが、結局、闇のマーケットで売られてしまって、誰が犯人かよくわからなかったというのが実情です。

質問　**日本で展開しようとする海外業者、たとえばフェイスブックのリブラに関しても、そのまま日本の業規制は適用されるのでしょうか。**

答　海外業者に対しては、日本の顧客を相手にしている限り、日本の資金決済法上の業規制が及びます。ですので、過去にいくつもの海外の仮想通貨取引所が日本で登録を受けずにビジネスをしていたということで、金融庁から警告を受けています。

フェイスブックのリブラが、そもそも仮想通貨なのかどうかはまだ議論があるところでわかりませんし、為替取引ではないかという可能性もあります。もし為替取引だということになると、発行者は銀行になるか、資金移動業の登録を受けるなど必要な規制を受けることになります。

質問　**暗号資産の管理のみを行うカストディ業者とはどういうビジネスモデルなのでしょうか。何のために顧客が管理を求めるのでしょうか。**

答　自分で暗号資産を管理するのは実は結構大変な話です。うっかりミスすると全部なくなります。秘密鍵をなくしたり、間違ったところに送ったりで、簡単になくなりますし、なくすと回復もできません。自分で管理するのは結構リスクを伴うので、むしろ安心できる業者に預けたほうがよいと考えられるわけです。また預けた以上は、たとえその業者が盗まれたとしても、その業者が存続している限りは返してもらう権利があり、損害賠償も請求できます。そういうところがあってカストディ業者を使うニーズがあります。個人に限らず、暗号資産への投資を行うファンドや取引所がカストディ業者を使うことも想定されます。

質問　**投資型ＩＣＯやＳＴＯは、クラウドファンディングに似ていて柔軟な手続によって資金調達が可能という点がメリットだと思うのですが、２０１９年改正で金商法規制が適用されると、より株式に近くなるので、株式会社がＩＣＯを使って資金調達するニーズが考えにくくなると思うのですが、それでもＩＣＯを使って資金調達するニーズはあるのでしょうか。**

答　まず、金商法規制を受けるのは、あくまで有価証券の定義に当てはまるもので、配当を約束するような場合が典型的です。他方で、ユーティリティ・トークンのように、配当はなく、こういった機能が使えるだけといったものについては、仮想通貨に該当する限りは資金決済法上の仮想通貨交換業規制が及びますが、どれだけニーズがあるかは正直よくわかりません。日本では、仮想通貨の定義に当てはまる限りは、仮想通貨交換業者になるか、それを通じて行ういわゆるＩＥＯとするか、どちらかしかないので、基本的にＩＥＯが想定されるのかなとは思います。

質問　**ステーブルコインは価値の安定を目指しているわけですが、そのための仕組みとして、発行し**

た仮想通貨と同量の法定通貨を保有しておくこと以外に、どういう仕組みがあるのでしょうか。

答　ステーブルコインには、法定通貨などブロックチェーン外の普通の資産、すなわち、off-chainの資産を裏付けにしたものがありますが、これに対してon-chainの資産を裏付けとするものもあり、要は暗号資産のようなものを裏付けにしつつ、いろいろな方法で価値の安定を図るものもあります。たとえば、発行手数料を対米ドルの相場に応じて自動的に調整することによって価格の安定を図るというのもあります。さらに、裏付資産がないタイプの、アルゴリズムで取引を行って需給の調整を行うことで価値の安定を図るというものもあります。

質問　権利を表章しないトークンについて、真の権利者から無権原保有者に対する物権的返還請求権が認められるか否かについて争いがあるということですが、金銭に近いものならば、当然、否定されると思ったのですが、認められるとする見解はどういう法的構成なのでしょうか。

答　この議論の背景にあるのは、取引所などが倒産した場合に、そこの利用者が取戻権を行使できないのはおかしいのではないかという発想があるわけです。物権的返還請求権がある場合は、取戻権が行使できて顧客保護が図られるということで、財産権がある、物権に関するルールが適用ないし準用されるという考え方をする人は、金銭でない以上は物権的返還請求権があっていいのではないかという考え方をしているのではないかと思います。

財産権があるとする考え方のなかでも、人によって考え方が違うのですが、たとえば実態としてビットコインは支払手段として使われていない、投機の対象なので、別に支払手段と同じように扱う必要はないのではないかという考えもあります。他方、支払手段であるとの認識のもとで、金銭と同じ扱いをすべきだという考え方もあります。

質問 **権利を表章しないトークンの法的性質について争いがあるというお話でしたが、財産権や物権などについてどういう考えがあるのでしょうか。**

答 まず、ビットコインに対する物権が存在しないということはあまり争いがありません。比較法的にいうと、日本に限らずドイツ法の影響を受けたいくつかの国で採用されているルールですが、所有権の対象は有体物に限られるということになっています。この場合、スイスや韓国は、有体物に加えて管理可能な自然エネルギーも所有権の対象とされています。ビットコインというのは当然有体物ではなく、あくまでデータ上観念されるものにすぎないわけですから、民法でいう所有権の対象ではないということについてはほぼ争いがない状況です。

債権かというと債権でもない、知的財産権かというとそうでもない、社員権かというとそうでもない。既存の財産権のカテゴリーのどれにも当てはまらないというなかで、どう考えるかというところで、何にも当たらないのだから財産権ではないという議論がなされることがあり、私を含め特に実務家にそのような傾向があります。

学者を中心に、より自由な立場で、そういったものも新たなカテゴリーの財産権として認めようという議論もされています。その場合に物権と同様に扱おうといわれることがあります。ただ、物権については、民法上、物権法定主義というのがあるわけで、法律に根拠のない物権ないし物権類似の権利を認めていいのかというような議論はあります。

つまり、民法でいうところの所有権に当たらないというところにはあまり争いがなくて、民法や商法などどの法律にも規定されていない新たな財産権として認めるかどうか、その場合にどういうルールを当てはめるかというところについて議論があるというのが現状です。

これに対して、米国とかフランスとか、所有権の対象が有体物に限らない法制の場合には、こういった議論はなく、むしろ所有権の対象と考えられているようです。ただ、法体系の仕組みが違いますので、一概には比べられません。

質問　権利を表章しないトークンについての論点や課題について、積極的に立法で手当していこうという動きなのでしょうか、それとも、裁判例や学説、実務上の取扱いなどの形成を待とうという動きなのでしょうか。

答　ビットコイン等の権利を表章しないトークンについて、法改正で手当しようという動きは、世界的にもほとんどないと思います。まず、そもそも現行法上どうなるのかというところの議論が不十分で、まだ確立した見解もありません。しかも、国際私法上どう扱うべきかよくわからないまま、自国法だけ整備して意味があるのかということもあります。ただ、それぞれの国で、国際私法のところはよくわからないが、とりあえず自国の私法を適用するとどうなるかといった議論はされていて、米国だと担保権が設定されたまま流通するのではないかといった議論がされたりしています。

質問 **権利を表章するトークンのところで、たとえばセキュリティ・トークンに基づく資金調達を考えるときに、会社法上、発行規制みたいなものはどう扱われるのでしょうか。**

答 会社法上、株式に当たるものとして発行する場合、それは当然株式として会社法では扱われます。社債に該当するということであれば社債として扱われます。ただ、実は会社法上の社債の定義はどこまで入るのかよくわからないというのが現状で、不明確な点はあります。

他方で、そうでないものとして発行する場合にはどうなのかということですが、たとえば組合の持分だとか、なんらかの法的な性質を明確にしたうえで、そういう説明が十分成り立つようなかたちの契約の内容にして発行することになるのだと思います。法的性質を明確にしないと、どのような法的取扱いになるのか投資家にも説明できませんし、予測可能性も低いので困ってしまうためです。

第2部

金融資本市場における論点と課題

第5章 金融資本市場の変遷と最近の企業金融の抱える課題

本章のねらい▼わが国の金融資本市場の特徴と変遷、そして最近のわが国の金融資本市場の抱える課題について、各論に入る前に、概説的・包括的に理解するために講義していただきます。

ポイント▼金融資本市場は、企業や投資家など多様な参加者による資金仲介の場であり、企業にとっては、M&Aや資本調達等の財務戦略を行うための重要な市場です。ただし、現在は企業全体では資金余剰にあることやマイナス金利政策にあることから、金融資本市場は大きく変化しています。また、少額でもきめ細かな資金ニーズに対応するかたちで、プライベート市場での資金調達も増加しています。政府の成長戦略においても、企業の稼ぐ力を高めることが求められるなか、ROEを高める財務戦略や事業ポートフォリオの再編が進んでいます。コーポレートガバナンスとスチュワードシップの重要性が高まり、投資家の立場からも非財務情報やESGを重視する動きが強まる状況です。

〈ナビゲーター〉柴崎　健（しばさきたけし）
みずほ証券株式会社市場情報戦略部長

一橋大学経済学部卒業、一橋大学大学院国際企業戦略研究科修了。1989年日本興業銀行入行、同札幌支店、興銀証券市場営業第一部、同投資戦略部、みずほ証券金融市場調査部、みずほ総合研究所等を経て現職。主な著書に『詳解　バーゼルⅢによる新国際金融規制［改訂版］』（共著、中央経済社）、『2020年　消える金融』（共著、日本経済新聞出版社）、『金融緩和のもとでの国債リスク』（単著、中央経済社）等。

（2019年11月6日講義）

1 金融資本市場の変遷

資本市場とは何か

本日は、金融資本市場とは何か、その特徴と変遷、そして最近のわが国の金融資本市場の抱える課題について概説的に説明したいと思います。図表5－1の真ん中に資本市場とあります。ここで何をするかというと、基本的には、お金が余っている人がお金の足りない人にお金を流す、それを誰でも参加できる資本市場という場所で行います。この意味では、資本市場の参加者は、個人から機関投資家、それから国内から海外にまでたくさんいます。資本市場では、需要と供給を一致させて、取引にあたっての適正な価格を決め、それを世の中に知らしめる役割をもっています。図表5－1でいきますと、右側の個人、企業から機関投資家を通って、資本市場を通じて一般の企業や政府にお金が流れていきます。そして、たとえば株式や債券などのさまざまな金融商品というかたちをとりながら資金仲介を担っています。

企業活動とコーポレートファイナンス

では、企業としては、資本市場をどのように使っていくのでしょうか。図表5－2は資金調達者からみたコーポレートファイナンスの概要です。左側から右側に向かって、当然、企業は何かを売ることで利益を出し、儲かったお金が結果的には株主資本としていわゆる資本勘定に蓄積されて富が増えていきます。

図表5－1　資本市場の鳥瞰図

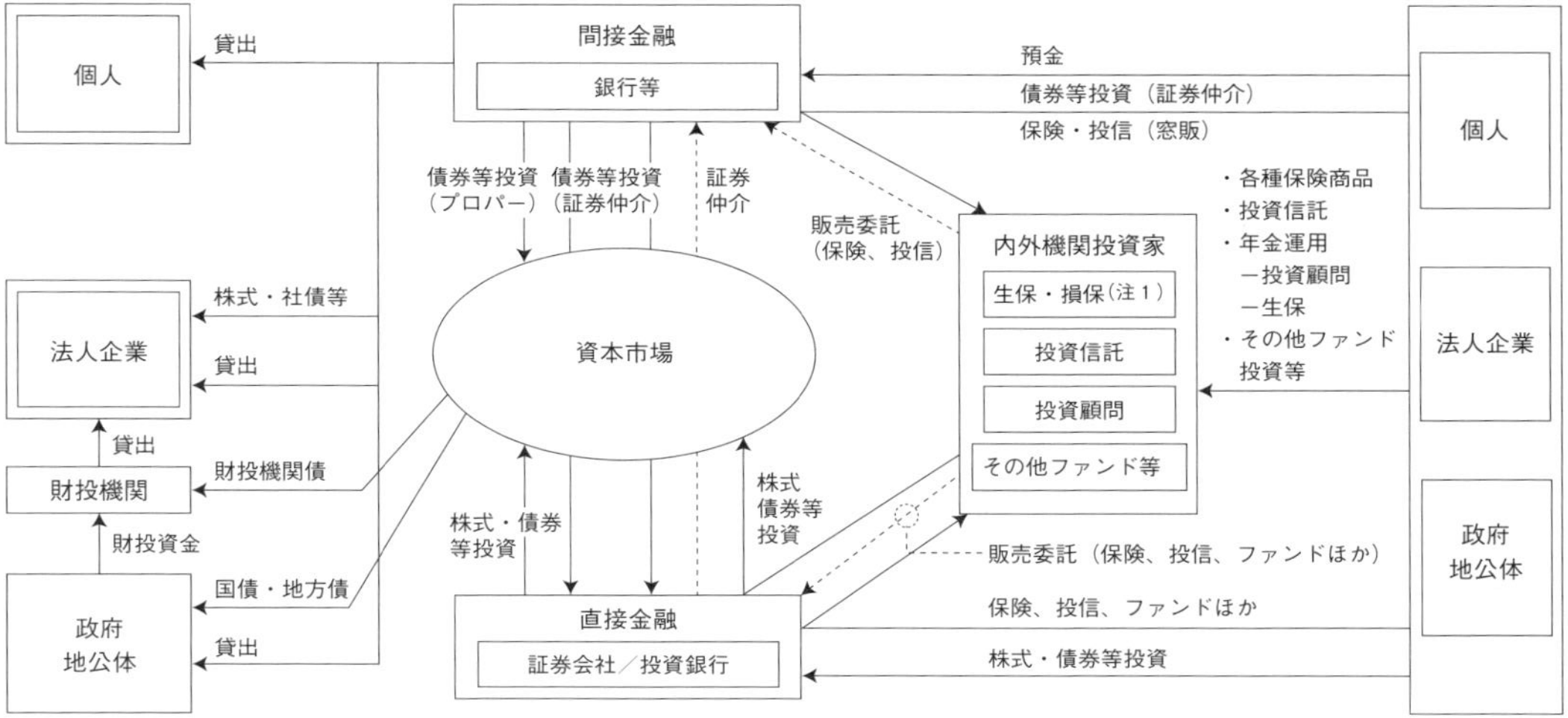

（注1）　生保等の一部機関投資家も、銀行同様に、企業向け貸出業務を行っている。
（注2）　実線矢印は資金の流れ、点線矢印は、販売等業務委託関係を示す。
（出所）　各種資料よりみずほ証券作成

図表5－2　企業活動とコーポレートファイナンス

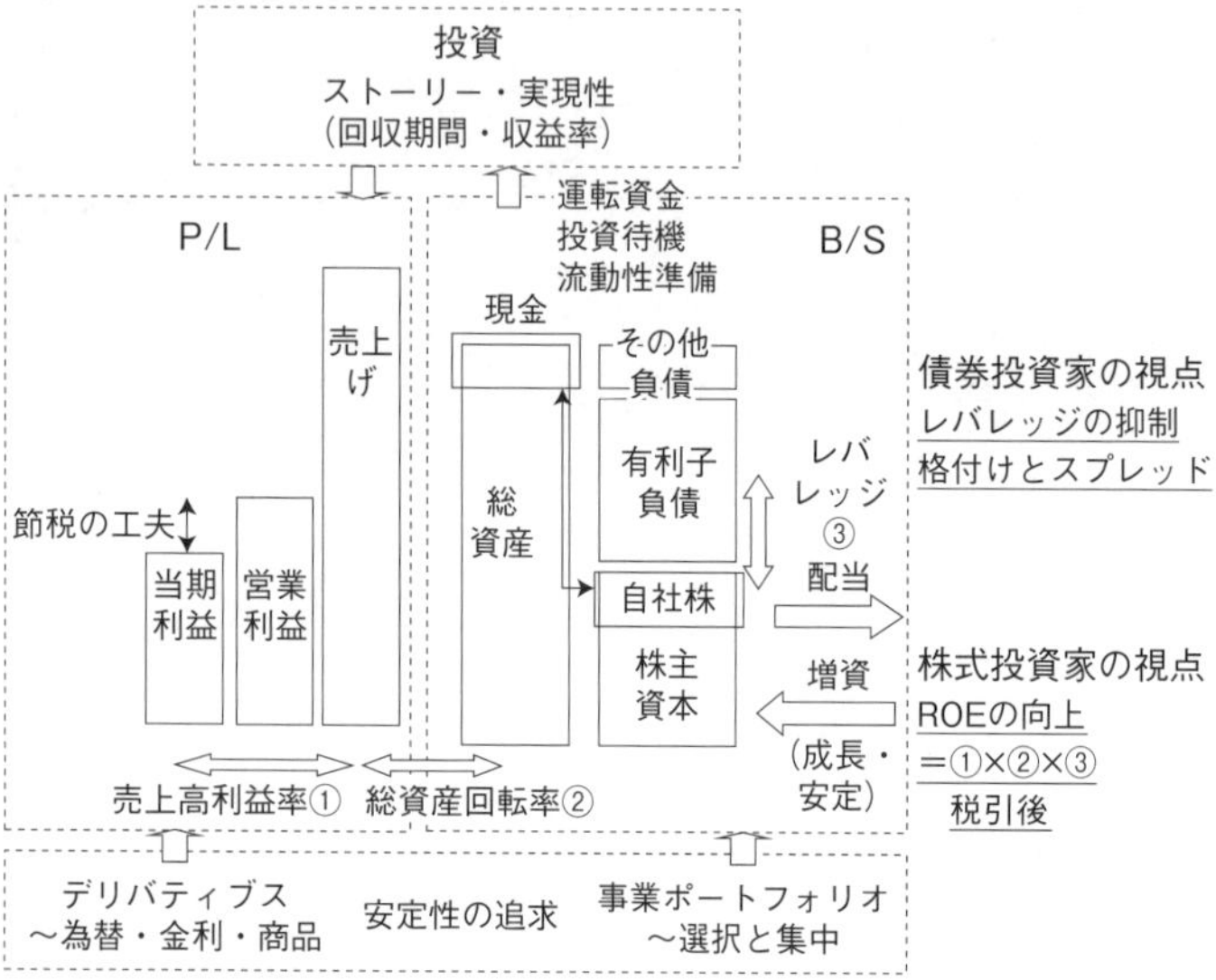

（出所）　みずほ証券作成

ここで、売上げと利益の比率が、①売上高利益率です。売上げを出すために、どういう財務活動をしたのかについて効率性という点で考えますと、少ない資金（総資産）を使って多くの売上げを上げたほうがいいので、その比率でもって効率性を評価するのが、②総資産回転率です。そして、いまの企業価値のなかには借金の部分もあるので、その意味では、株主資本からみると、借金をして総資産をつくっていくということになります。ですから、どれだけ外部からお金を借りて自分の企業価値を大きくしているかが、いわゆる③レバレッジです。これらの、①売上高利益率、②総資産回転率、それから③レバレッジ、の3つの要素を使いながら収益をあげていくというのが企

図表5－3　各種ファイナンス手法の効果と課題

	低　資本（エクイティ）性　高				資産を利用したファイナンス	
	SB（社債）	CB（転換社債）	ハイブリッド証券	株式公募増資	証券化	事業売却
効果	➢希薄化影響なし ➢機動的な資金調達	➢まとまった金額を一度に調達可能 ➢低コストでの調達 ➢ストラクチャーにより転換抑制も可能	➢デット性～エクイティ性まで多様なストラクチャー ➢ストラクチャーにより、一定の資本性が認められる場合も	➢財務体質改善の即効性 ➢まとまった金額を一度に調達 ➢公募増資実施によるアピール性	➢低コストでの調達も可能 ➢希薄化影響なし ➢財務体質は改善	➢事業の選択と集中推進によるアピール性 ➢希薄化影響なし ➢財務体質は改善
課題	➢財務面への影響（格付けスコアへのマイナス影響） ➢期間・金額の多寡にコストが左右	➢転換後には希薄化 ➢転換抑制時には、リファイナンスの検討も	➢シニア債務に対し、回収率、配当・利息繰り延べ影響等を勘案され、高コストとなる可能性	➢既存株主持分の希薄化	➢対象資産によっては収益力低下も ➢買い戻す際には、リファイナンスの検討も ➢必要調達額の確保が困難な場合も	➢対象事業によっては収益力低下も ➢資金調達の機動性は低い

（出所）　みずほ証券作成

業活動のモデルです。

企業とすれば、ROE（1株当りの利益率）を高めて企業価値を上げていくことを考えますが、そのためには、レバレッジを大きくして、有利子負債（借金）を増やして総資産を大きくして企業価値を高めることもできます。すなわち、売上高利益率と総資産回転率とレバレッジ、この3つを掛けたものがROEに当たります。企業からすれば、株、債券と有利子負債を使ってレバレッジをコントロールすることによって、ROEや企業価値を高めようとします。

ただ、最近、世の中はやや複雑になっていて、単純な株式・債券だけではなくなってきています。図表5－3にハイブリッド証券とありますが、これは社債と株式公募増資の間のところで、株式と債券すなわち有利子負債の両方の側面をもっている証券で、いま、資本市場では大きな役割をもっています。

日本企業による資金調達の状況

次に、実際に株や債券を使って、企業がどのくらいの資金調達をしているのかをみると、図表5－4のようになります。資金調達の合計金額をみると、2011年から50兆～60兆円ぐらいで推移し、足元では92兆円ぐらいです。そして、その下にある外部調達、いわゆるマーケットからどのくらいお金を企業が調達しているのかをみると、2011～2016年まで外部調達はほぼマイナスになっているのがわかります。すなわち、企業は、2016年まではお金を調達していないどころか、お金を市場に返しているのです。

外部調達の内訳をみると、増資は2017年までマイナスですので、自社株買いをして、資金を市場

図表5－4　日本企業による資金調達の状況（金融・保険業を除く）

（単位：億円）

	2011年度	2012	2013	2014	2015	2016	2017	2018
資金調達	550,922	614,903	753,731	835,464	641,254	484,502	1,125,452	929,449
外部調達	△64,635	2,506	△18,183	△33,099	△42,494	△371,931	116,160	173,645
増資	△67,718	△38,417	△36,446	△69,929	△78,574	△556,129	△37,615	15,461
社債	△28,329	△19,109	3,035	3,736	1,811	94,772	64,365	56,704
借入金	31,412	60,032	15,228	33,094	34,269	99,427	89,409	101,480
長期	29,980	33,824	32,204	51,089	4,159	110,295	33,230	65,383
短期	1,432	26,208	△16,976	△17,995	30,110	△10,868	56,179	36,097
内部調達	615,557	612,397	771,913	868,563	683,748	856,433	1,009,292	755,803
内部留保	239,030	258,573	417,032	492,171	286,205	476,085	627,561	375,310
減価償却	376,528	353,825	354,881	376,392	397,544	380,347	381,731	380,494

（出所）　財務省「年次別法人企業統計調査」よりみずほ証券作成

図表5－5　日本企業による株式関連オファリング

（単位：億円）

	2015年度	2016	2017	2018
募集・売出し	17,479	10,101	26,718	8,804
IPO	17,853	9,944	4,843	31,071
REIT	7,867	8,207	5,741	6,365
転換社債	9,678	5,949	5,301	5,836
総計	52,878	34,201	42,603	52,076

（出所）　みずほ証券調べ、条件決定日ベース

に返していることになります。2011年、2012年あたりは社債も買入消却して、市場にお金を返していたわけです。株式の調達部分のグロスの数字を示したのが図表5－5です。2018年度は、ソフトバンクIPOといった世界最大規模のビッグディールやユニコーンであるメルカリのIPOで、IPOが大幅増になりました。全体として、日本の株式市場は、年間5兆円程度の発行となっています。

また、図表5－4の内部調達が大きなプラスの数字になっていて、基本的には、企業は外部でお金を調達するのではなくて、自分の内部留保、要は儲かったお金が自分の資本勘定に残っていて、それを切り崩して投資をしているわけです。

全体としてのインプリケーションは、いまの資本市場は、足元はようやく企業からみて資金調達の場になっていますが、数年前までは資本市場で企業は資金を調達しているのではなくて資金を返済していたということです。

資本市場には2つの機能（市場）が存在

資本市場は、大きく分けると、発行市場と流通市場がありま

す。有価証券は、発行市場で生まれて、ここで発行された株式を流通市場（セカンダリーマーケット）で売買し、投資家が同じ株を売買して、そこで値段がつきます。そのついた値段をみながら、次の株式発行をすることになりますので、その意味では、価格面で発行市場と流通市場はお互いに影響を及ぼすというかたちになります。

ただ、実はお金を調達するということは、すごくむずかしいのです。やはり相手を信じなければいけません。信じるためには、その価値（株価）を皆が正しいと思わなければいけません。それを公明正大に評価するのが流通市場の大きな役割です。ですから、流通市場がない市場も実はあるのですが、大きくはならないというのがいまの状況です。ただ、プライベート市場も足元でだんだんふくれあがってきて、これをどうするかという問題はまた別にあります。市場の古典的な枠組み自体が、流通市場は本当にいるのか、という意味で少し揺らいでいます。

最近の株式市場の状況

２０１２年以降、日米欧の株価は、全体的には右肩上りです（図表５−６の上図）。特に、米国は飛躍的に伸びたものの、ＧＡＦＡ（Google, Amazon, Facebook, Apple）を除くと、米国市場はほぼ横ばい状態で、ＧＡＦＡの米国市場への貢献度は高く、実はそれ以外の株はそれほど上がっていません（図表５−６の下図）。日本の場合、失われた20年、バブル崩壊以降の割安感等々もあって、全体的に上がっているという評価にはなると思うのですが、米国のようにけん引している産業がないということはよく指摘されます。実際、バブルのピークと足元の世界の時価総額ランキングなどをみても、一目瞭然

図表5－6　日本企業の置かれている状況：株価の推移

日米欧の株価推移

（注）　日本：TOPIX、米国：S&P500、欧州：Bloomberg European500指数、ドイツ：HDAX指数。

GAFA時価総額とGAFAを除いた株価指数（米国）

（注）　GAFA（Google, Amazon, Facebook, Apple）。Facebookは2012年５月上場。
（出所）　Bloombergよりみずほ証券作成

で、足元の上位企業は、米国のテクノロジー系やプラットフォーマーばかりです。

日米の株式保有構造の差

日本の株式市場の大きな特徴は、実は株式の保有構造にあるともいわれています。図表5－7の上図は、日本の株式の保有構造の変化ですが、銀行と企業とが持合いをしていたのが解消されてきた一方で、逆に、銀行と事業法人が売った株を外国法人が買っているという構造になっています。

他方、米国の株式の保有構造をみるとまったく違う状況です（図表5－7の下図）。米国の場合には年金資金が結構もっていて、投資信託もだんだん増えてきています。それから、個人の直接保有が落ちてきていて、個人は、年金や投資信託を経由しながら株式に投資をするかたちになっています。
それから、日本との大きな違いは、外国人の保有比率が10％程度で非常に低いです。日本の株式市場は、外国人が売った、買ったというところで値段が大きく変わります。わかりやすくいえば、前の日にニューヨークダウが下がれば、同じような投資家が入ってくるので日本の株価も下がるわけです。

米国では、1970年代から約30年の長い年月をかけて、株式の保有構造が個人をベースとして機関化しました。米国でも、1970年代はいまの日本と同じように個人の金融資産は預貯金が中心でしたが、金利自由化や、ERISA法、401k、IRA（Individual Retirement Account：個人退職勘定）などの税制優遇のある投信・年金商品を導入しながら、預金から保険・年金にお金が流れていくなかで、結果的にはそれが株式投資に回っていく構成になりました。金融緩和に伴う金利低下も背景です。

図表5－7　投資部門別株式保有比率（上：日本、下：米国）

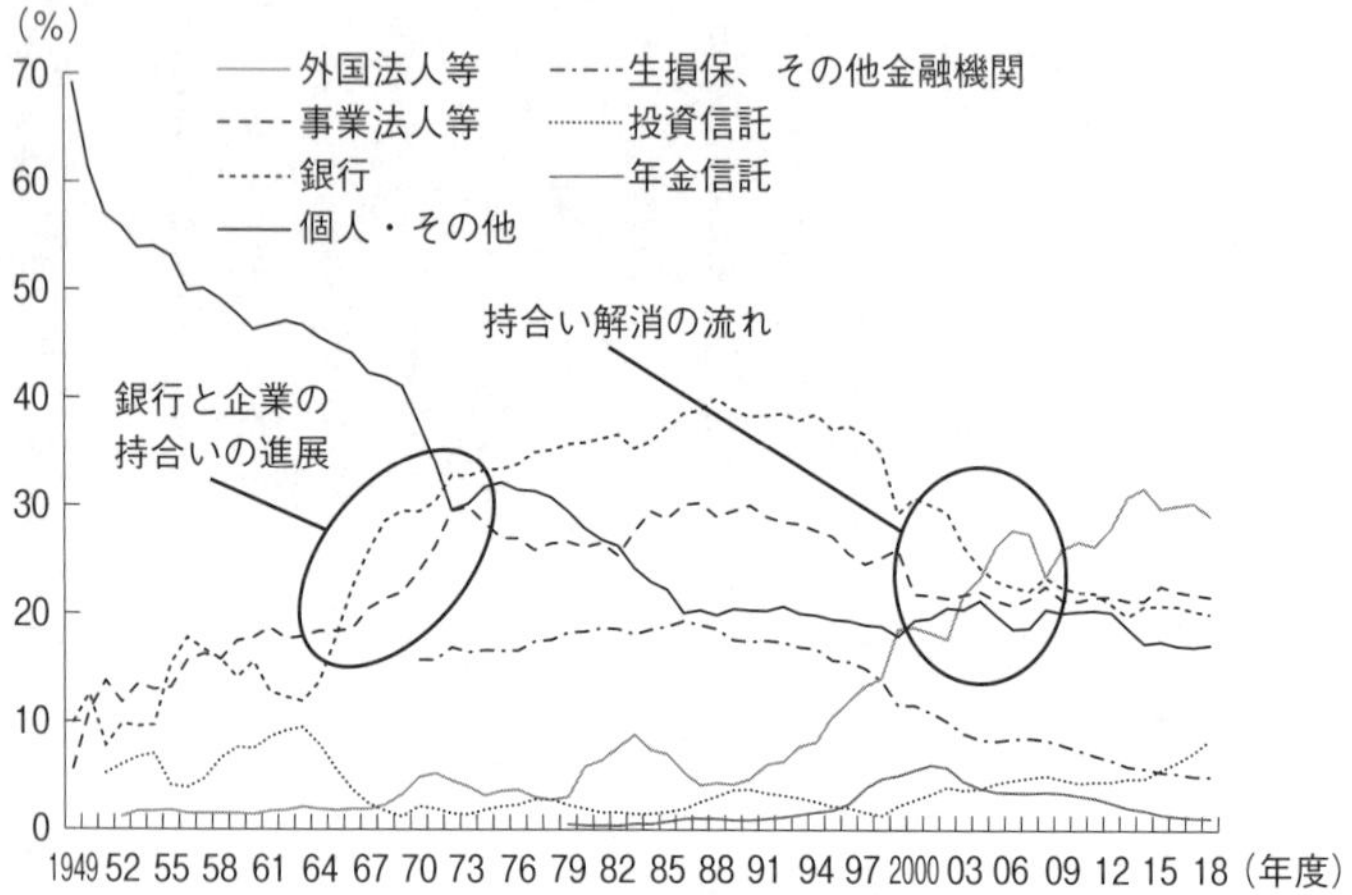

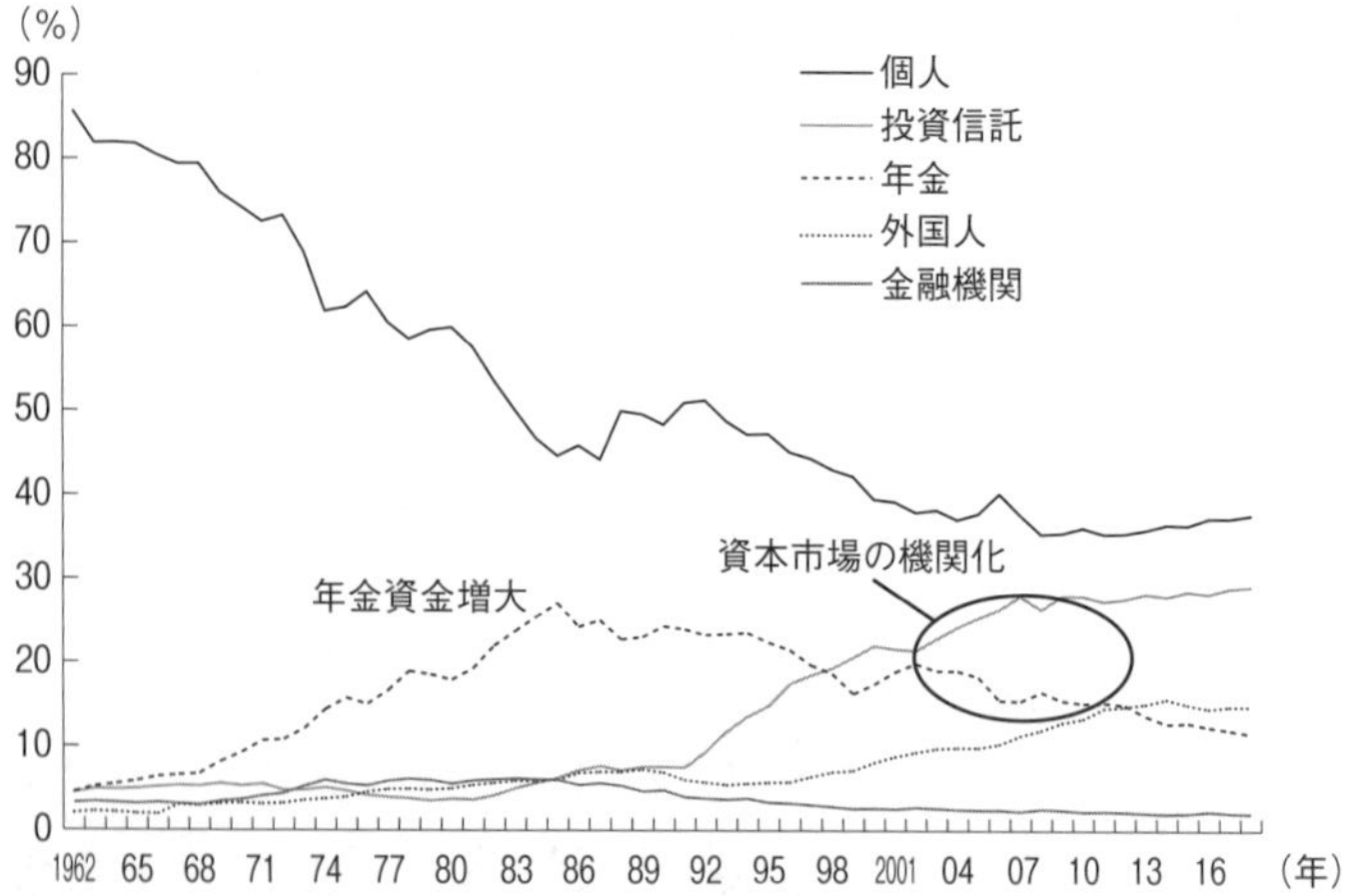

（注）　ストックベース、金額。

（出所）　日本取引所グループ、FRB, Flow of Funds Accountsよりみずほ証券作成ただ、いま、日本でも同じようなことが起こっています。すなわち、アベノミクスで金利も下がり、それからNISAなど税制優遇を入れながら、貯蓄から資産形成へという枠組みのなかで動いています。だから、このままいけば、米国みたいに株式の保有構造が安定する可能性はあると思います。

いま、日本では、「つみたてNISA」を、40代以下で7割、20代で15%、30代で24%と結構使っています。確定拠出年金のiDeCoも40代未満で6割ですから、着実に米国と同じような流れになってきています。

2 世界的な低金利と資本市場

いま、世界的にみて、資本市場、もっと大きな話をすれば資本主義自体がやや微妙な立ち位置に差しかかっています。普通は資金が余っている人が資金の足りない人にお金を融通していって、そのための市場が資本市場や間接金融の銀行ですが、いまはマイナス金利ですので、資金が余っている人はどんどんお金が目減りしていくという状況です。お金を貸すのに自分の貸したお金が目減りするということには、やはり世の中の人は感覚的に耐えられません。その意味では、マイナス金利の世界が広がっていくと、資本主義自体がどうなるのか、いま、生きているこの世の中はどうなのか、そもそもの株式市場や債券市場は本当に大丈夫なのか、という話になります。

米国の株式利回りと社債利回り

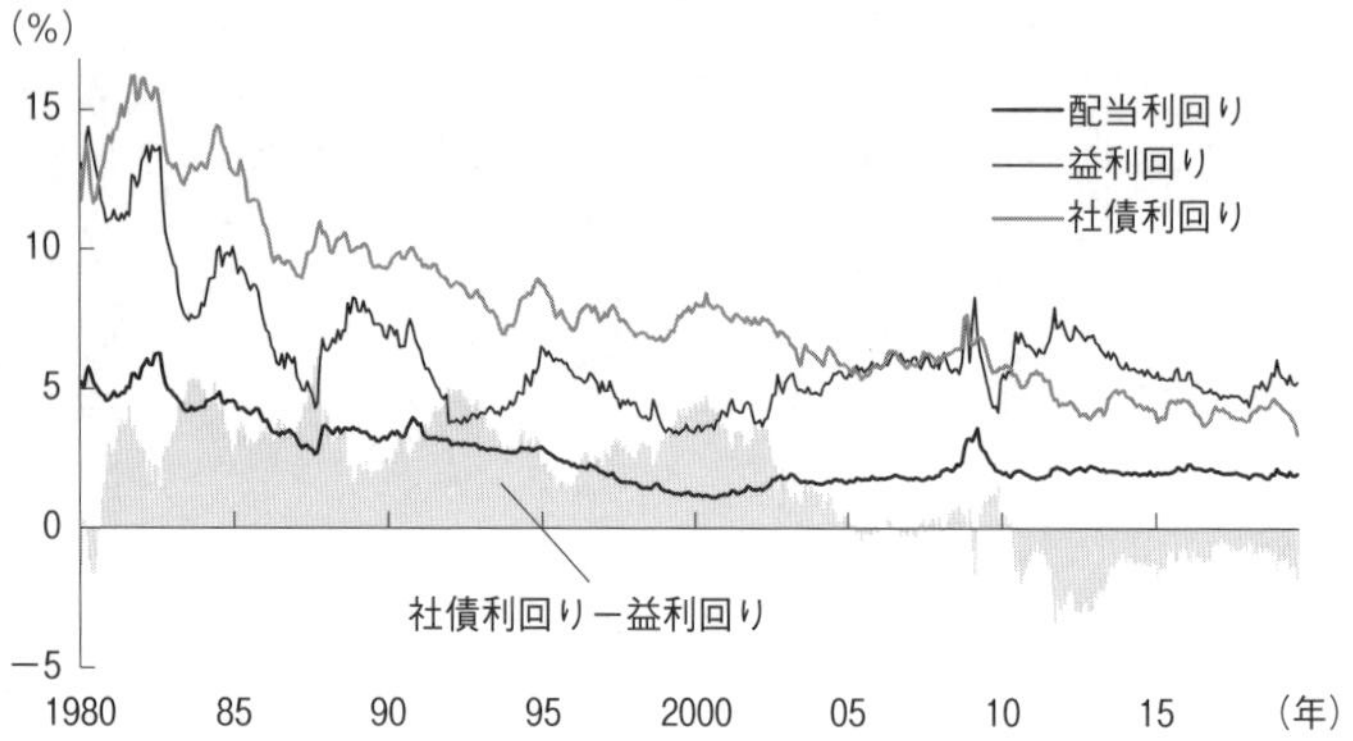

（注） 配当利回り、益利回りはS&P500。社債利回りはMoody's社債インデックス。

日本の株式利回りと社債利回り

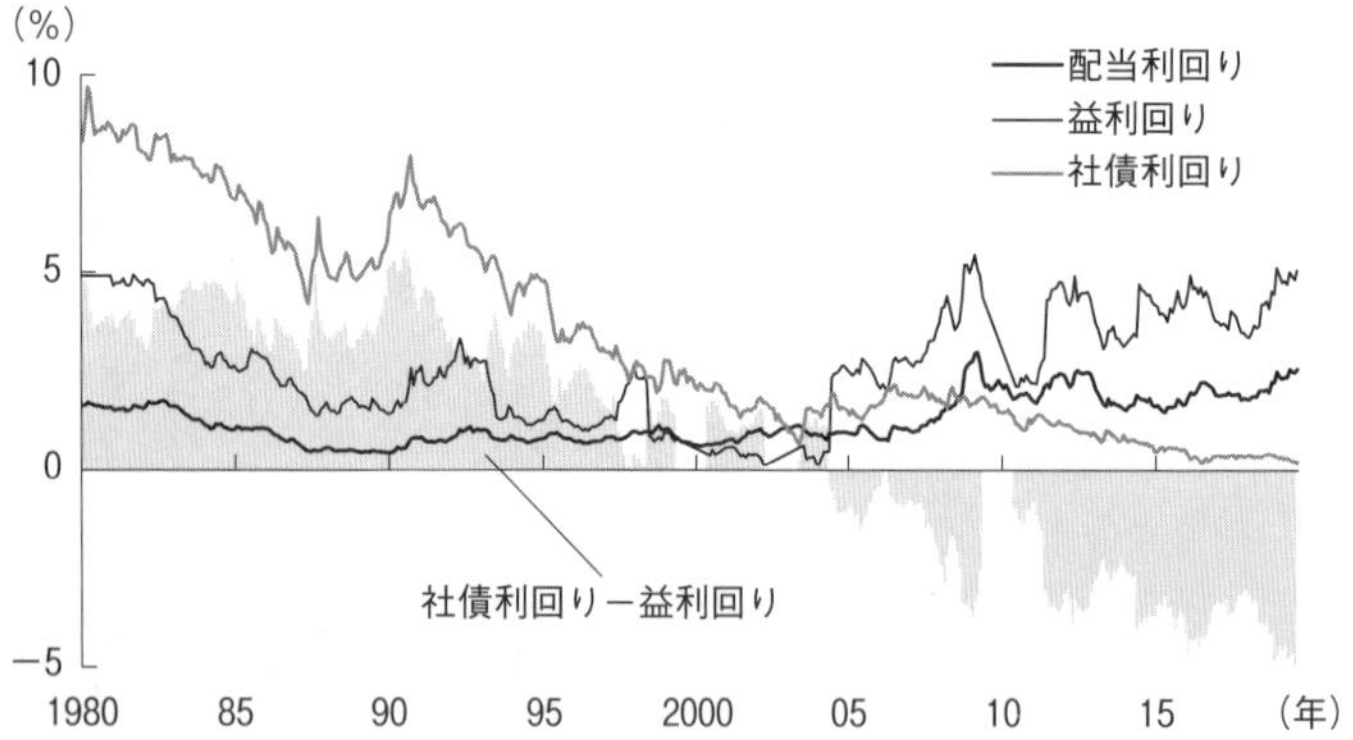

（注） 配当利回り、益利回りは東証一部加重平均。社債利回りは公社債インデックスおよびBloomberg（コンポジット、A格10年）の利回り。

図表5－8　逆利回り革命

米国の配当利回りと国債長期金利

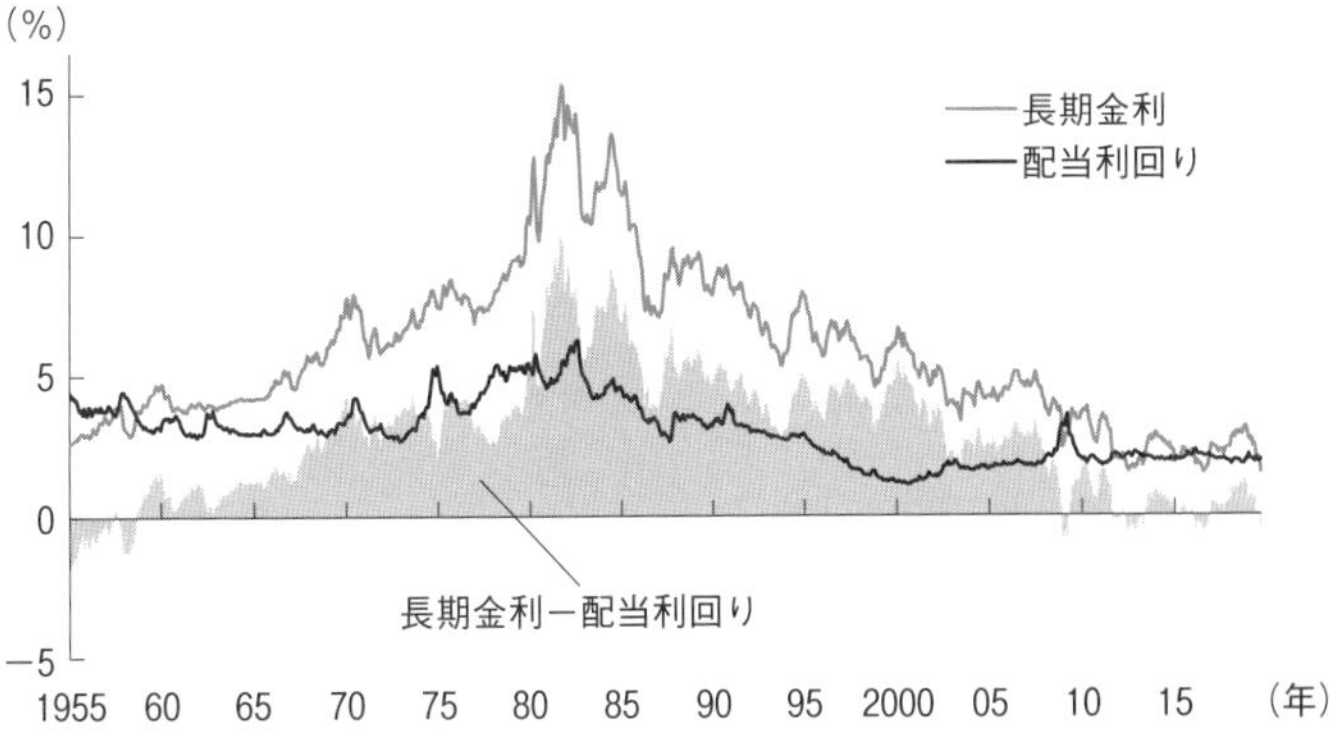

(注)　配当利回りはS&P500。長期金利は10年国債利回り。

日本の配当利回りと国債長期金利

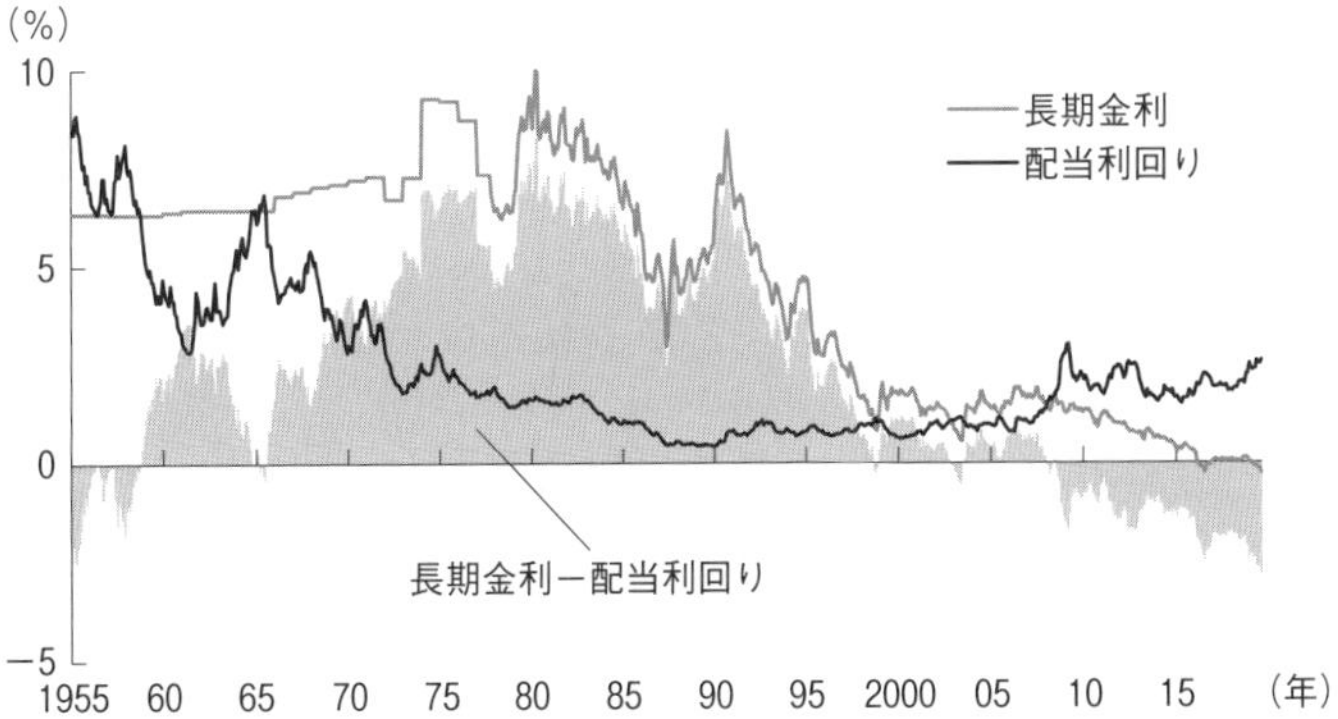

(注)　配当利回りは東証一部加重平均。長期金利は10年国債利回り。

(資料)　東証、Bloomberg等よりみずほ証券作成

逆利回り革命

まず、マイナス金利・低金利によって、株式と債券のバランスがずいぶん変わってきてしまいます。企業が資金調達をする際に、債券を発行するのか、それとも株式を発行するのか、そのバランスにも大きな影響があります。運用者にとっても同様です。

図表5－8の左上図は、米国の配当利回り（注1）と長期金利を示しています。普通はハイリスク・ハイリターンですので、たとえば、株式は年間20％ぐらい価格変動があり結構リスクが高いので、普通は株式のほうがリターンが高いです。

しかしながら、米国では、利回り革命が起こり、1960年代に入って株式の利回りのほうが下がってしまいました。いわゆるリスク・リターンが逆転した時期があって、しかも、これが通常の世界になってしまいました。

なぜかというと、この期間、基本的には株価が上がっていたので、配当利回りが低くてもいいとなったわけです。要は、キャピタルゲインという値上り分だけ実際の株式投資収益が上がるわけです。それが足元では、長期金利と配当利回りがほぼ同じぐらいの水準です。そうすると1970年代以降からみると、株式に投資したときの利回りはずいぶん高いことになります。

図表5－8の右上図には、米国市場における益利回り（注2）、配当利回り、社債利回りが示してありますが、株主からみたら、株式投資のほうが、固定利付債に投資するよりも利回りが高いので、株式のほうが、投資メリットがあります。

日本ではもっと如実な状況になっていて、株式の利回りのほうが高いというのが2010年頃からず

図表５－９　世界の上場企業数の推移

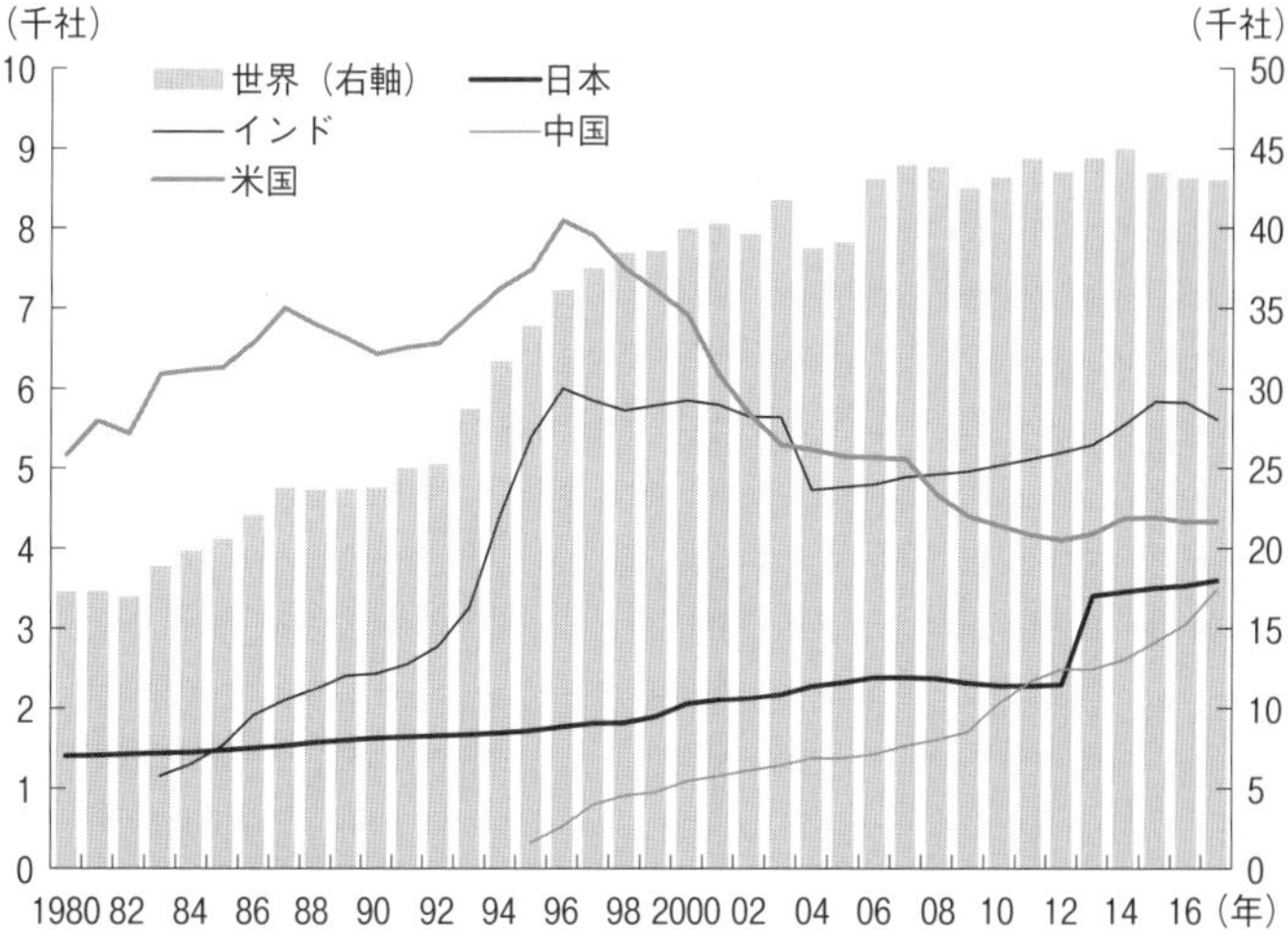

（出所）　世界銀行資料よりみずほ証券作成

いぶん際立っているかたちです。

世界の上場企業数の減少

投資家としては株式投資が割安になったので、株式投資をしたいということですが、他方で、企業からすれば、株式を発行したときの利回りが高い分だけ、コストの高い資金調達になります。株式による資金調達よりも、低金利で社債を発行して、場合によってはマイナス金利で債券を発行して調達すれば、お金も借りられるし、利息までもらえるという世界です。この結果、まず世界的に上場企業がだんだん減ってきました。如実なのが米国で、２０００年以降、大幅に減少しています（図表５－９）。日本は緩やかに増加してきていますが、世界的には押しなべて、だんだん上場から非上場にという流れになっています。

エクイティファイナンスの状況

こうした背景のもとで、米国の市場における、実際の株式の発行から自社株買い、M&Aの償却を減らしたネットの株式の発行額は、ずいぶんマイナスの状況が続いています（図表5－10）。日本の場合には、そこまでの状況にはなっていません。毎年5兆円ぐらい発行がありますが、ネットでみても、プラスとマイナスを行ったり来たりという状況です。2015年から2016年あたりはネットの発行額がマイナスになっているのは、後述する、コーポレートガバナンス・コードが入り、株主還元の意識が非常に高くなり、株主還元を積極化しようといったなかでネットの発行額がマイナスの状況になったものです。

3 企業金融の抱える課題と対応

伊藤レポートとROE

このように企業金融が、世界的な金融環境も含めて、少しずつ変化してきています。少子高齢化もあり、企業のダイナミズムもなくなってしまうことになりますので、それを構造的にどう変えていくのかという議論が起こりました。こうして、「伊藤レポート」と呼ばれる経済産業省の「持続的成長への競争力とインセンティブ」が発表されて、このなかで、企業は中長期的な企業価値の向上を目指すための、いろいろな課題が議論されました（図表5－11）。「伊藤レポート」のなかで、企業にとって一番影響が大きかったのがROEに焦点を当てたということで、企業価値を上げるためにはROEを上げなけ

図表5－10　米国（上）・日本（下）の株式発行額の推移

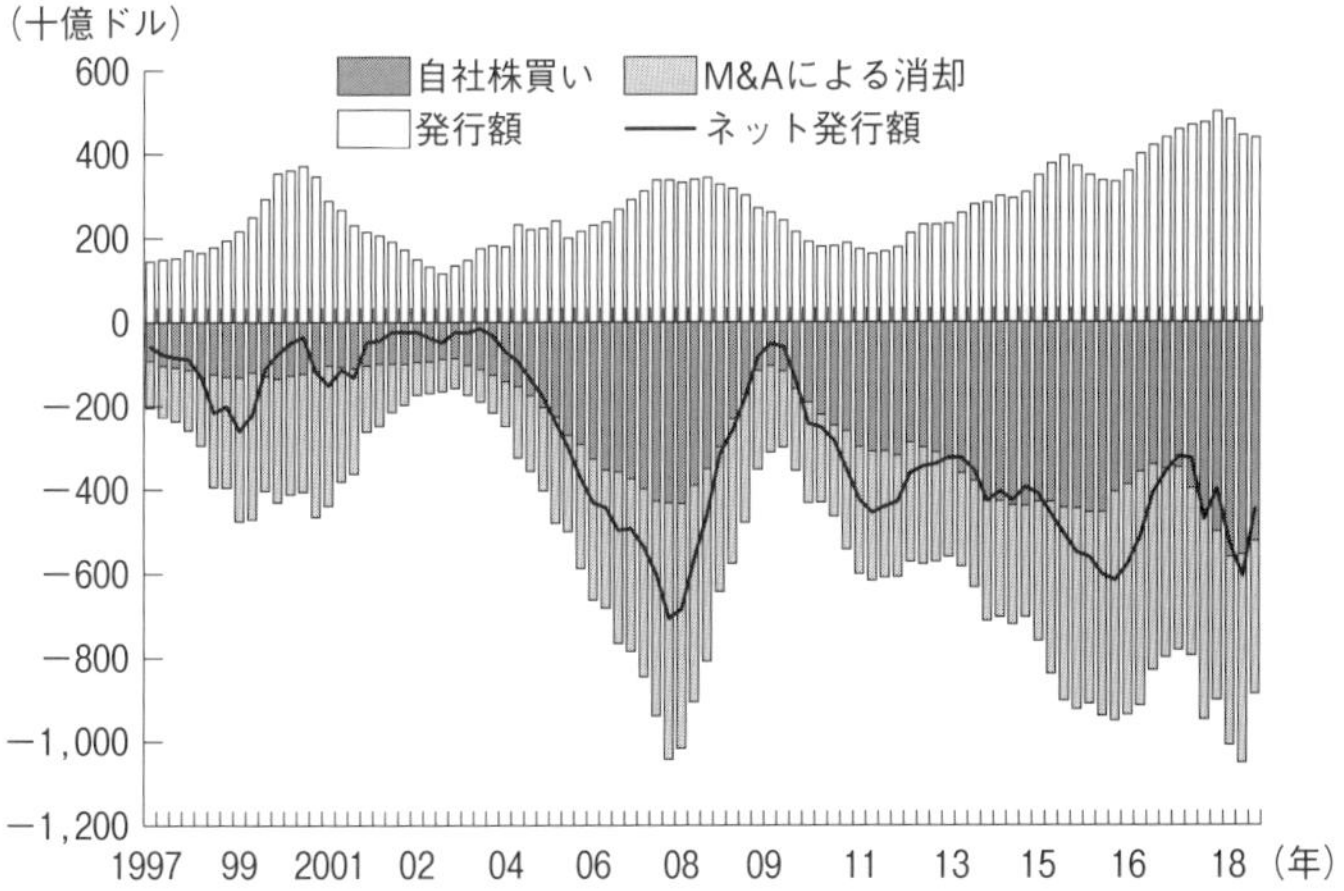

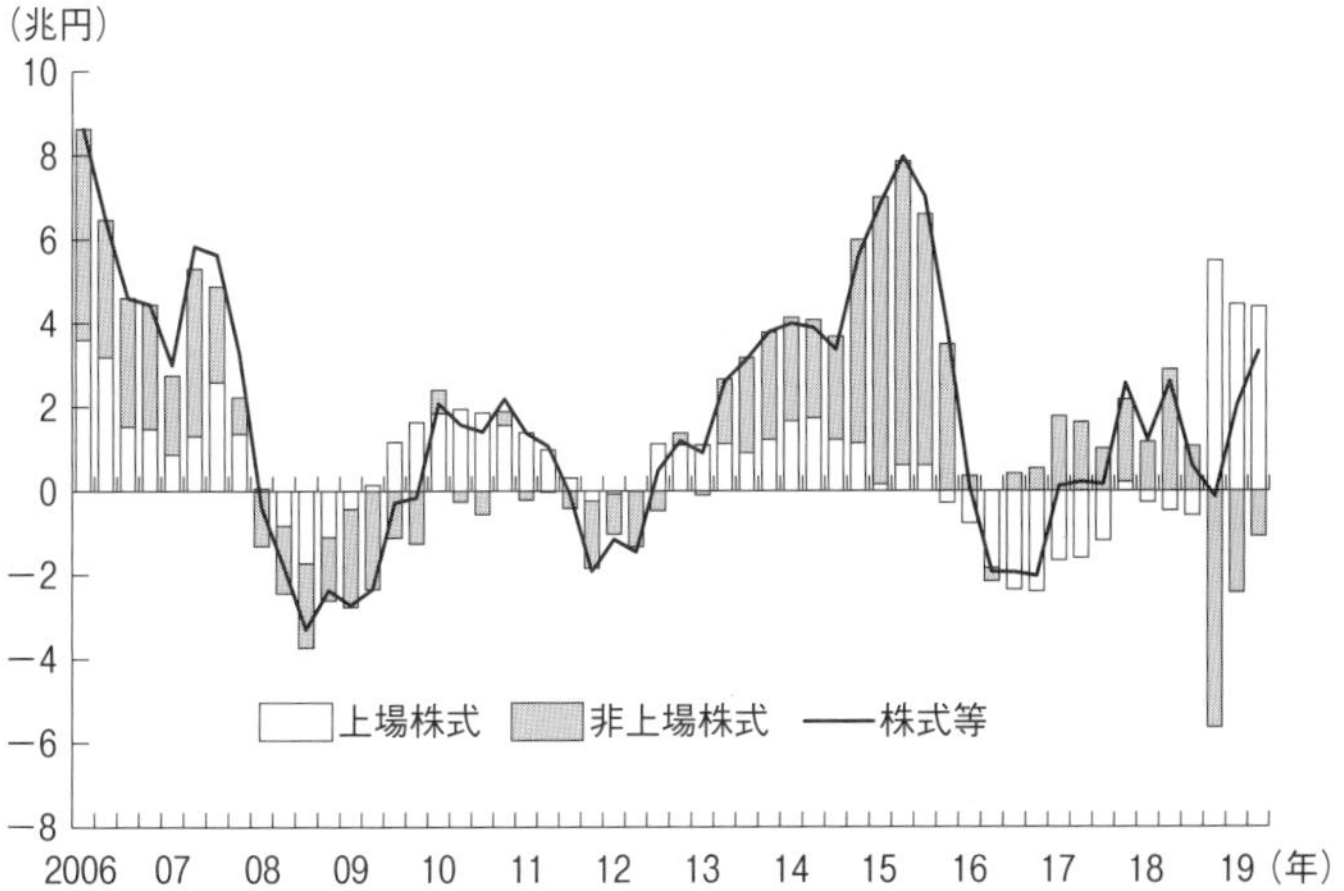

（出所）　FRB、日本銀行資料よりみずほ証券作成

図表５－11　経済産業省の伊藤レポートの概要

■経済産業省「持続的成長への競争力とインセンティブ～企業と投資家の望ましい関係構築～」プロジェクトの最終報告書（2014年８月６日公表）
- コーポレート・ガバナンス変革のグランドビジョン（見取り図）を示したもの

■「伊藤レポート」の主な提言
- インベストメント・チェーン全体最適改革が中長期の企業価値の向上につながる
- 企業と投資家は「敵対」するのではなく、「協創」して企業価値を持続的に向上させる関係にあるべき
- 投資家側は短期主義に陥らずに、企業の財務・非財務情報を深く分析して中長期的視点に立って投資すべき
- 長期にわたって低迷を続けた資本生産性（効率性）を大幅に引き上げるべきであり、資本生産性を表すROEに焦点を当て、少なくとも資本コストを上回る８％に引き上げることが喫緊の課題
- 今後、企業と投資家のそれぞれからのガバナンス改革の接点でもある「対話」を推進すべき

（出所）「伊藤レポート」最終報告書ほかよりみずほ証券作成

ればいけない、少なくとも資本コストを上回るＲＯＥ８％は最低レベルでクリアすべきだということです。

そのＲＯＥは、図表５－２で示したように、①売上高利益率、②総資産回転率（総資産の効率性）、③レバレッジ、の３つの要因に分解できます。これで分解すると日本企業はどこに弱点があるのかというのがよくわかります。日米で比較すると（図表５－12）、日本のＲＯＥは、足元は８％を超えていて、たしかに日米のＲＯＥの差も縮まりましたが、３要素に分解してみると、日本の利益率は上がってきているが、やはり日米で差はあることがわかります。

それから、レバレッジ、要するに有利子負債の多寡が米国と日本では方向

図表5－12　日米企業のROEと要因分解

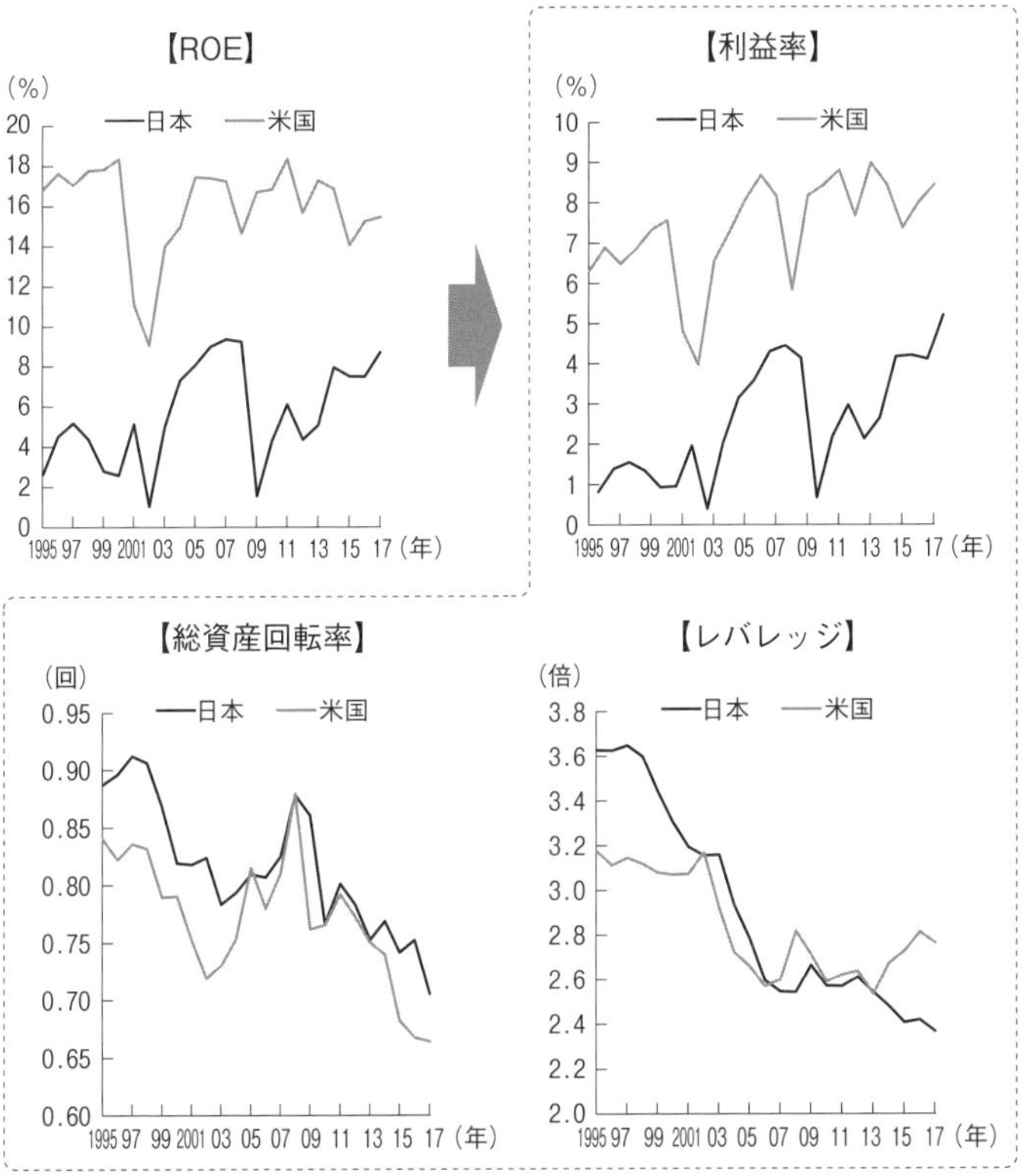

（出所）　Bloombergよりみずほ証券作成

性が逆になっています。すなわち、米国企業では、よく資本の再構成といったなかで、自社株買いをして、そのお金の原資として債券を発行するかたちでレバレッジを高めていますが、日本企業はそこまではやっていません。

日米株式市場のバリュエーションの差

米国市場でGAFAがだんだん株式市場を主導してきて何が起こったかというと、図表5－13にあるように、PERと株価の乖離が起こりました。S&P500、米国の株価のインデックスが大きく上昇したのに対し、PER（株価／1株当り利益）、いわゆる利益ベースの指標は実はそんなに変わっていません。ただ、EBITDA倍率（注3）というキャッシュフローベースの指標がだんだん上昇してきています。つまり、投資家の目線が当期利益からキャッシュフローに変わってきています。GAFA自体は利益がそんなに上がっている会社ではないですが、蓄積された利益を再投資して、新しい投資をする結果、コストが利益をふくらまさなかったというだけで、現実的にはキャッシュフローは生んでいたということです。

一方、日本は、キャッシュフローベースでみても、利益ベースでみても、実はそんなにバリュエーションが変わっていません。

第4次産業革命とSociety5.0の実現に向けた政府の成長戦略

このため、中長期的に企業が生き残るための政府の施策がつくられました。産業競争力会議が未来投

図表5－13　米国市場（S&P500）の株価バリュエーション

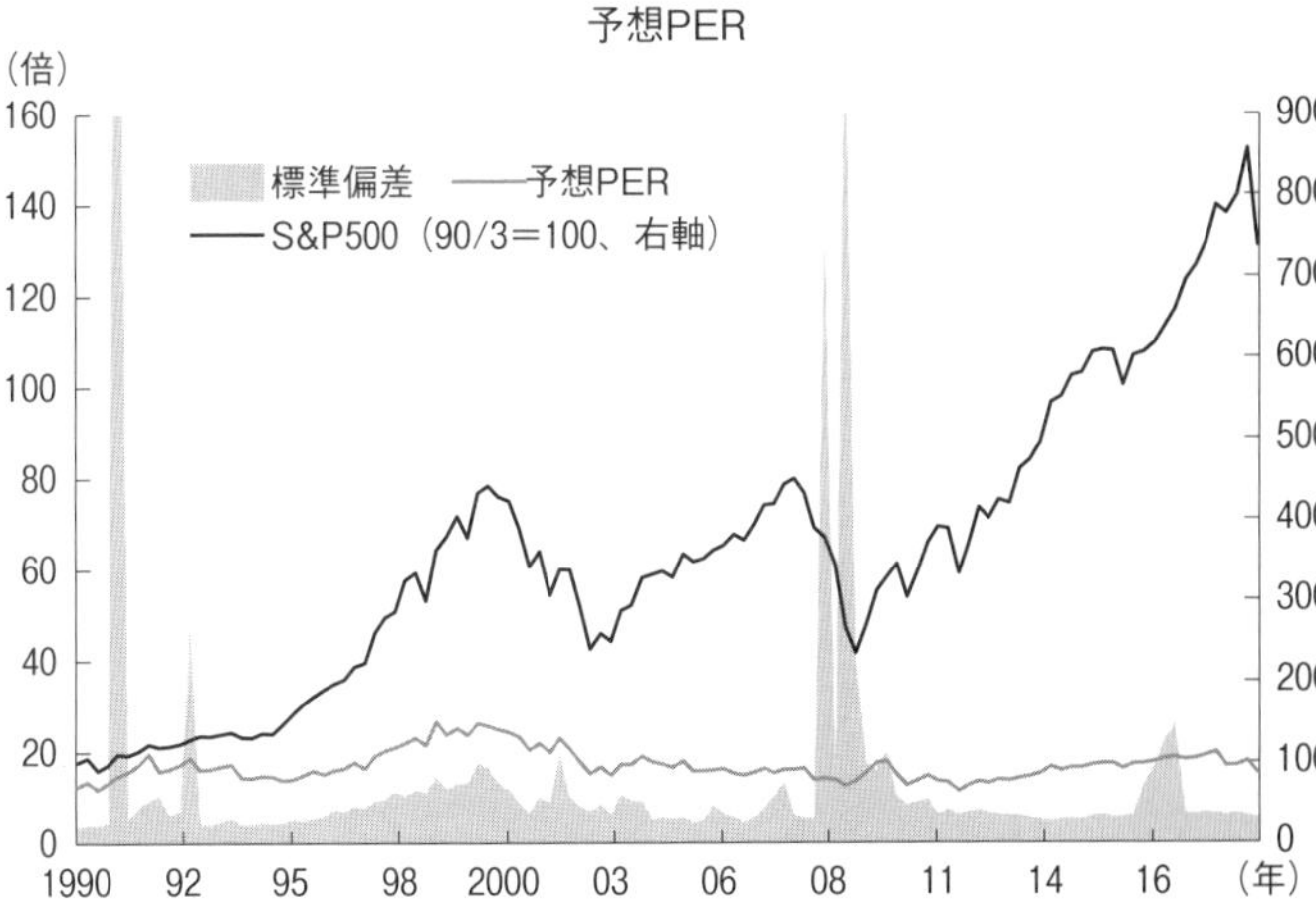

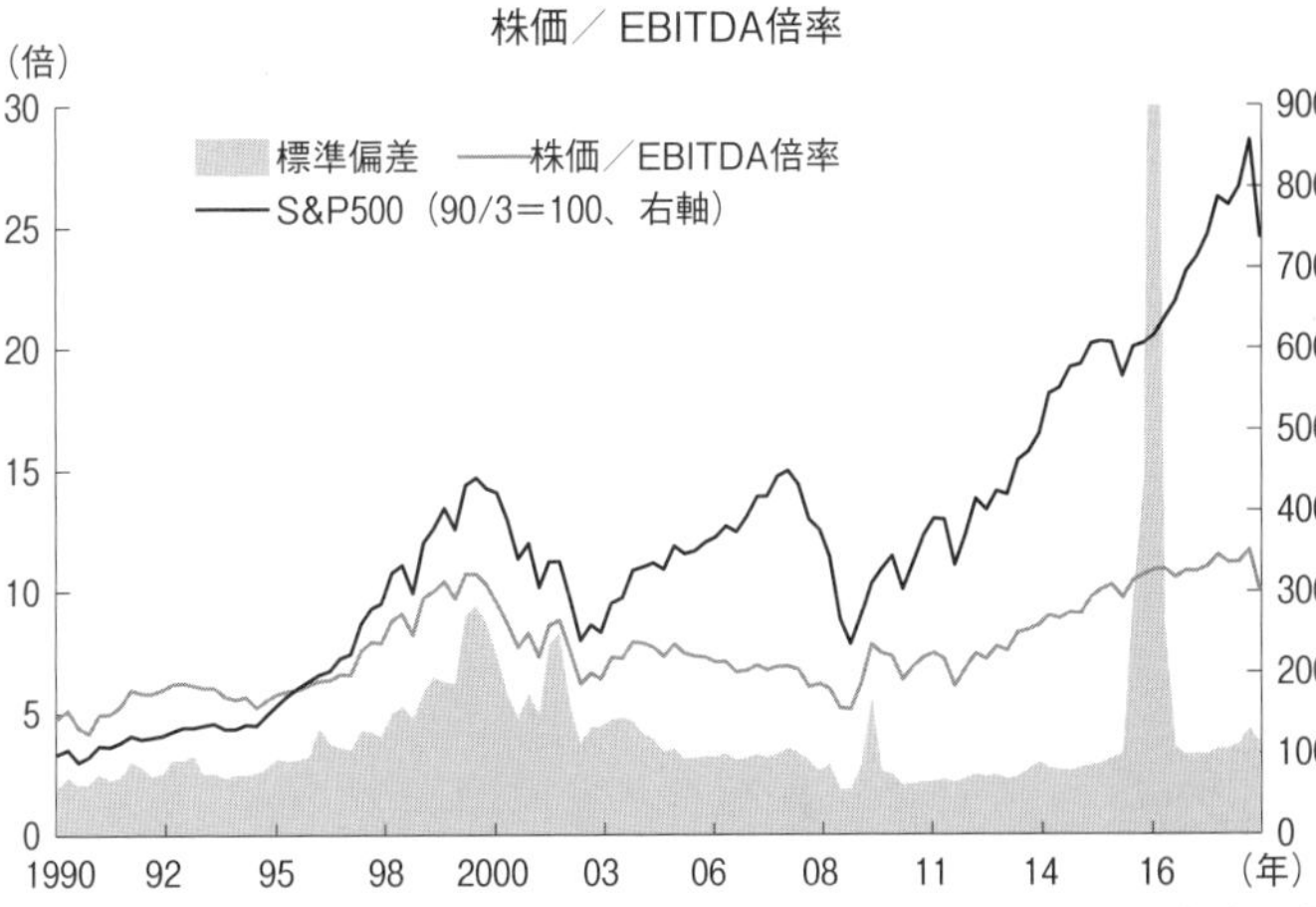

（注）　標準偏差は各時点における予想PERおよび株価／ EBITDA倍率の業種別分布のばらつき度を示す。

（出所）　Bloombergよりみずほ証券作成

図表5－14　政府の施策：産業競争力会議から未来投資会議へ

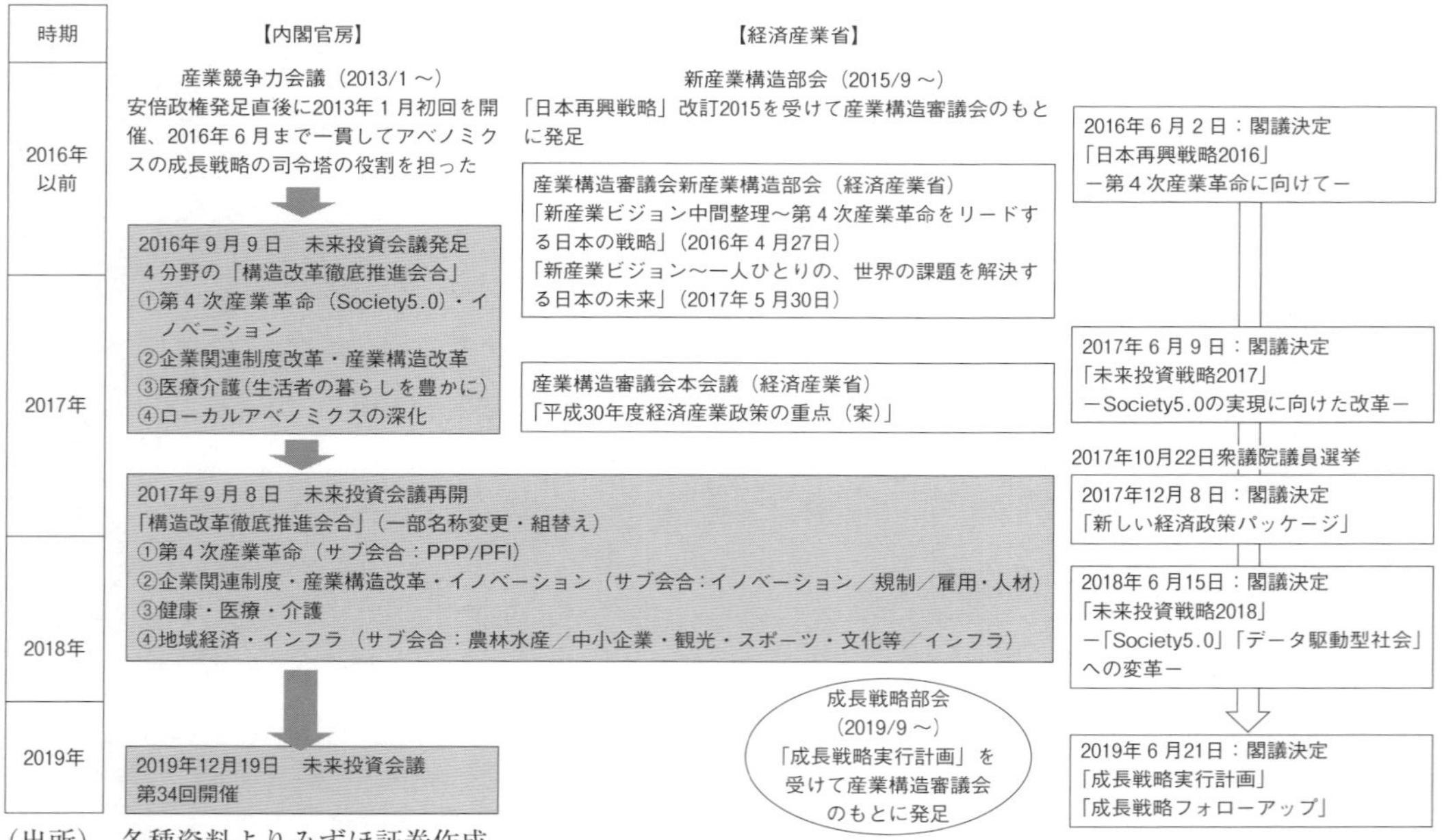
時期
2016年以前
2017年
2018年
2019年
【内閣官房】
産業競争力会議（2013/1～）
安倍政権発足直後に2013年1月初回を開催、2016年6月まで一貫してアベノミクスの成長戦略の司令塔の役割を担った
2016年9月9日　未来投資会議発足
4分野の「構造改革徹底推進会合」
①第4次産業革命（Society5.0）・イノベーション
②企業関連制度改革・産業構造改革
③医療介護（生活者の暮らしを豊かに）
④ローカルアベノミクスの深化
2017年9月8日　未来投資会議再開
「構造改革徹底推進会合」（一部名称変更・組替え）
①第4次産業革命（サブ会合：PPP/PFI）
②企業関連制度・産業構造改革・イノベーション（サブ会合：イノベーション／規制／雇用・人材）
③健康・医療・介護
④地域経済・インフラ（サブ会合：農林水産／中小企業・観光・スポーツ・文化等／インフラ）
2019年12月19日　未来投資会議
第34回開催
【経済産業省】
新産業構造部会（2015/9～）
「日本再興戦略」改訂2015を受けて産業構造審議会のもとに発足
産業構造審議会新産業構造部会（経済産業省）
「新産業ビジョン中間整理～第4次産業革命をリードする日本の戦略」（2016年4月27日）
「新産業ビジョン～一人ひとりの、世界の課題を解決する日本の未来」（2017年5月30日）
産業構造審議会本会議（経済産業省）
「平成30年度経済産業政策の重点（案）」
成長戦略部会
（2019/9～）
「成長戦略実行計画」を受けて産業構造審議会のもとに発足
2016年6月2日：閣議決定
「日本再興戦略2016」
－第4次産業革命に向けて－
2017年6月9日：閣議決定
「未来投資戦略2017」
－Society5.0の実現に向けた改革－
2017年10月22日衆議院議員選挙
2017年12月8日：閣議決定
「新しい経済政策パッケージ」
2018年6月15日：閣議決定
「未来投資戦略2018」
－「Society5.0」「データ駆動型社会」への変革－
2019年6月21日：閣議決定
「成長戦略実行計画」
「成長戦略フォローアップ」

（出所）　各種資料よりみずほ証券作成

資会議になり、毎年、日本再興戦略といった成長戦略を閣議決定しています（図表5－14）。

たとえば、経済産業省の産業構造審議会の成長戦略をみると、第4次産業革命、民間でいうSociety5.0の実現に向けて、企業としては生産性の向上が大事だと指摘しています。そのためには、まずは研究開発ということで、人材面、資金面を有効に活用し、イノベーションのためのエコシステム構築、スタートアップ・大学と大企業との協働、等々が必要とされています（図表5－15）。

第4次産業革命とSociety5.0の実現とは、狩猟社会から農耕社会、工業社会、情報社会と来て、Society5.0という超スマート社会、すなわちサイバー空間とフィジカル空間、リアルとバーチャルの世界が融合するというミラーワールドがSociety5.0で、日本としてはこれを目指そうということです。

こうしたなかで、世界のＣＶＣ（Corporate Venture Capital）という大企業による投資ファンドによるスタートアップ企業の買収が、足元で伸びています（図表5－16）。世界の流れも大企業がスタートアップをだんだん取り入れていくという、いわゆる「両利きの経営」（注4）が加速度的に進んでいることを示していると思います。要は起業の出口がＩＰＯ、新規株式公開ではなく、大企業に買収されるＭ＆Ａになってきています。

図表５－15　第４次産業革命とSociety5.0の実現

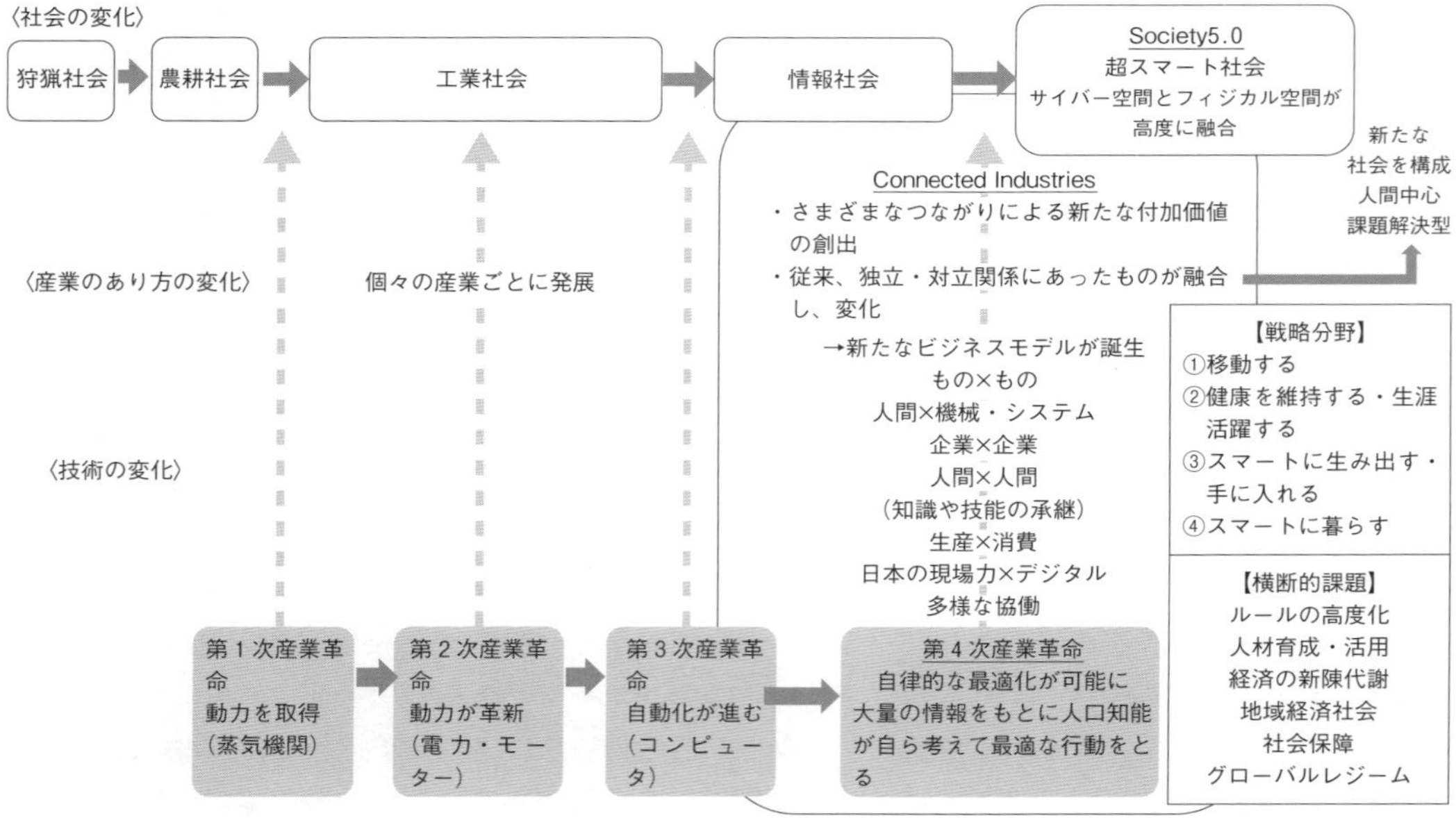

（出所）　産業構造審議会新産業部会事務局資料よりみずほ証券作成

図表5－16　既存企業とスタートアップとの協働・M&A

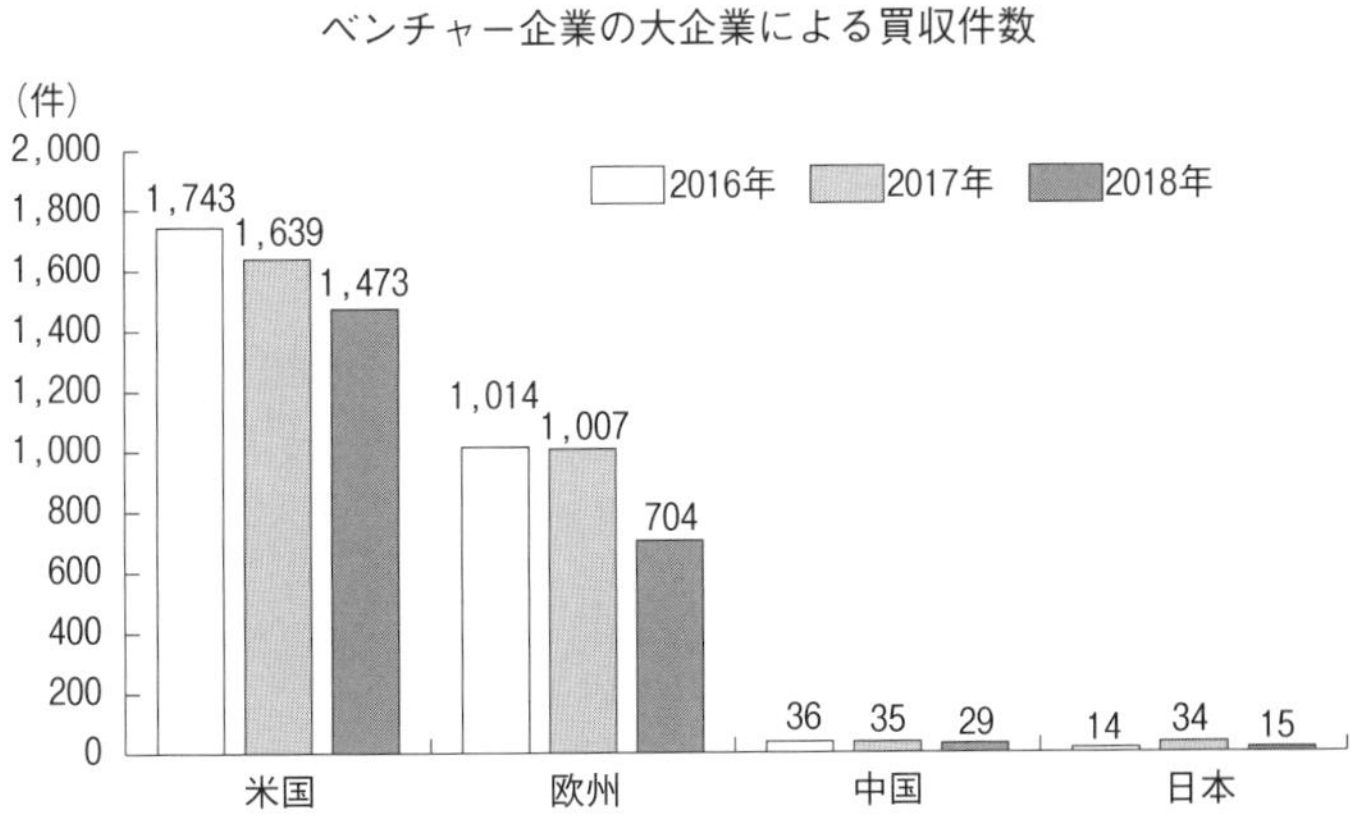

(注)　ベンチャー企業のM&A：創立から10年以内にM&Aされた案件。

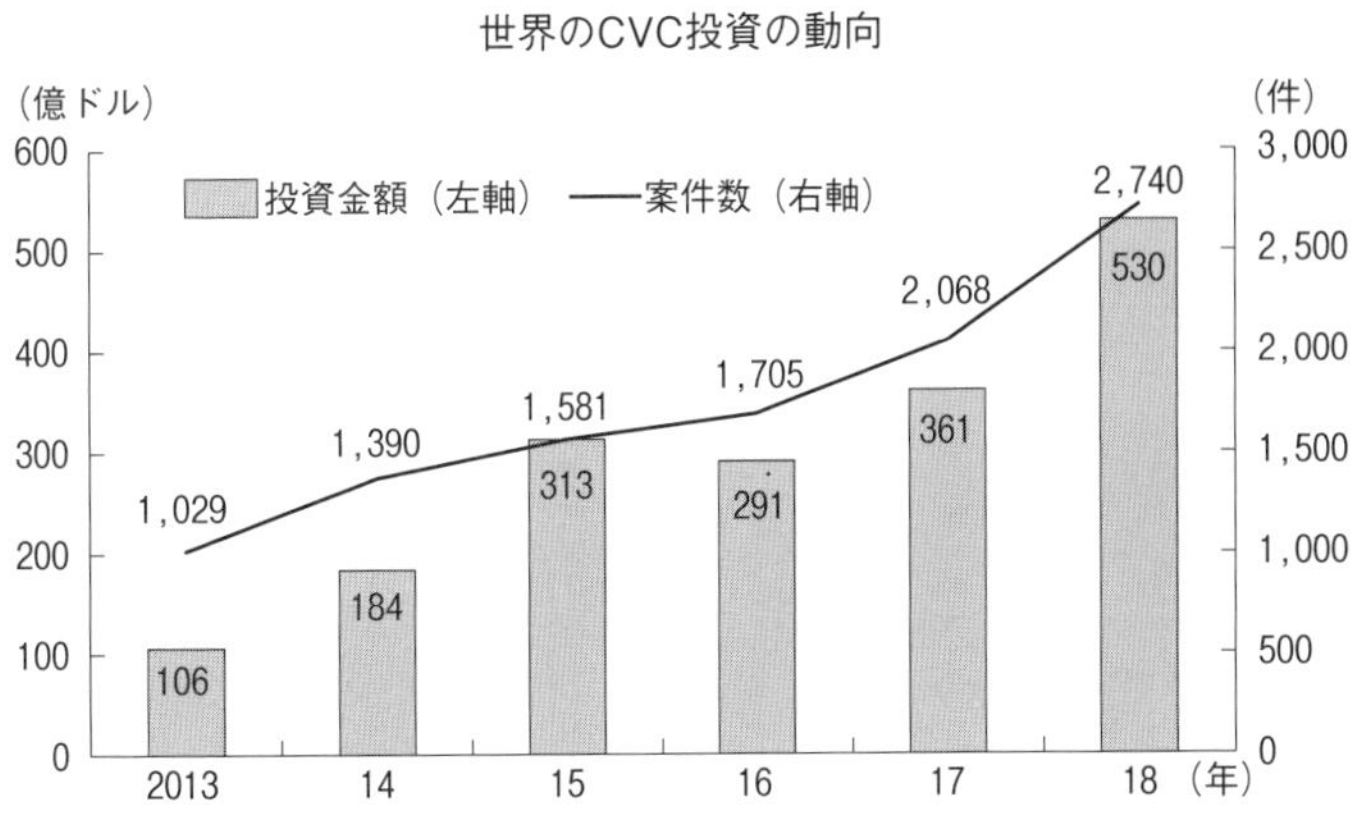

(出所)「第1回成長戦略部会　議論の参考資料」よりみずほ証券市場情報戦略部作成

図表5－17　日本における2つのコードが目指す価値向上の流れ

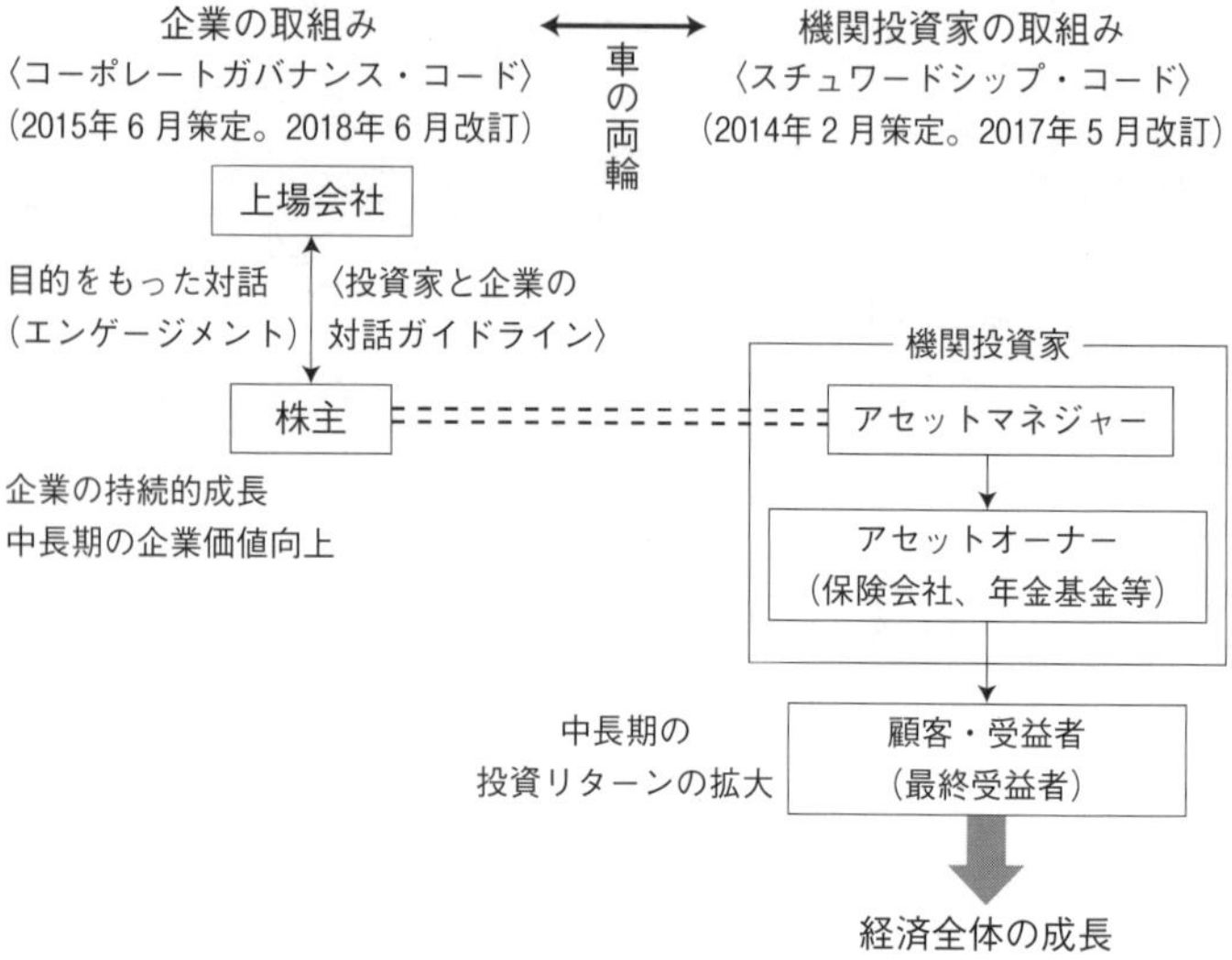

（出所）　みずほ証券作成

日本における2つのコードが目指す価値向上

アベノミクスのなかで、企業経営の規律を市場に求めたのがコーポレートガバナンス・コードやスチュワードシップ・コードです。上場企業に対してコーポレートガバナンス・コードを設定して、中長期的な企業価値の向上のためのガイドラインを策定しました（図表5－17）。

一方、市場という点でいきますと、株式に投資する機関投資家サイドから企業に対して、企業価値を高める議論をしていくのがスチュワードシップ・コードです。企業と機関投資家が対話をすることによってガバナンスを高め、企業価値を高め、結果的には、ステークホルダーである雇用者や日本経済全体の成長につながる、という流れで車の両輪になってきました。

これらの動きは、ガバナンス自体の構造が資本市場を核にしたものに変わってきたということです。リーマンショック前は、お金の出し手が銀行などの間接金融の人たち中心だったので、実はエクイティのガバナンスではなく、銀行などのデット・ガバナンスが大きかった時代でした。でも、市場を通さないので、議論はやはり外からみてもわからない。それを公明正大に株主として、それから場合によっては債券の投資家としてガバナンスをしていきましょうというのが、いまの資本市場に求められている役割といえると思います。その意味では、強い説明責任と、それが社会にどう貢献していくのかという視点が強く求められる時代になったわけです。

監査法人のガバナンス・コード

投資とか受け手だけではなくて、監査という面でも同じようにガバナンスが求められるのが、監査法人のガバナンス・コードです。企業とすれば、対話のために、企業の情報を投資家に開示する手段が有価証券報告書や統合報告書です。これらが正しいかどうかについても外部の監査を受けなければいけないという話になります。

それから、数字だけで本当にいいのかという話もあります。たとえば、先ほどのＧＡＦＡは毎期の利益ではなく、彼らが売っているものの将来の利益、ストーリー、つまりエクイティストーリーを売っていて、株価を高めています。株式投資家もそのエクイティストーリーに賛同してバリューエーションを高めていて、要は投資家からみているものは足元の数字ではないということです。いま注目されているのは、い

図表5－18　PRI署名機関数と署名機関運用資産残高の推移

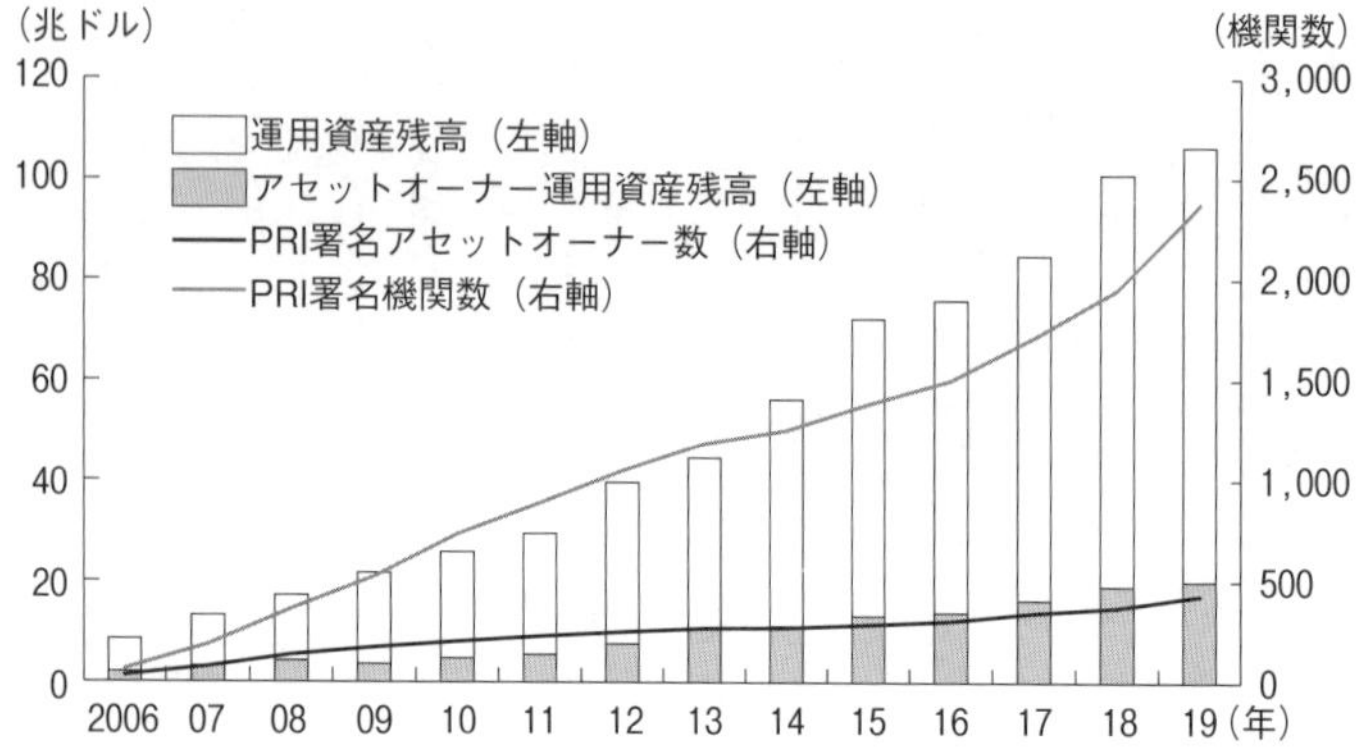

（注）　2013～2019年のアセットオーナー運用資産残高は、外部委託運用資産を含む。
（出所）　PRI「About PRI」をもとにみずほ証券作成

わゆる数字のB／S、P／Lだけではなくて、どうして企業の数字がこのようにできたのかとか、今後どうしていくのかという経営戦略、それから非財務情報といわれる数字にならないような、たとえばエシックス（倫理）みたいなものとか、それを経営者がどのように判断しているのか、このビジネスモデルでいくと将来こういうリスクがあるとか、そういったものを事業評価に入れ込んでいく、これを公開していくことが求められます。

メインストリーム投資に浸透するＥＳＧ投資

それとともに、ＥＳＧ投資といわれる新しい投資尺度も出てきました。ＥＳＧというのは、環境、社会、ガバナンスの3つの略です。世界的には、ＥＳＧ投資に賛同するＰＲＩ（責任投資原則）に署名している機関と運用資産残高は、大きな規模になってきています（図表5－18）。

パッシブ運用資産の成長とＥＳＧ投資に係る問題

こうした流れのなかで、米国の株式市場では、パッシブ運用資産残高が拡大し、Ｓ＆Ｐ５００の時価総額の45％を占めるまでに成長しています。米Bloombergによれば、２０１９年内にもパッシブ運用資産残高がアクティブ運用資産残高を上回るだろうとの見方を提示しています。パッシブ運用というのは、銘柄選択をしないで、市場インデックスに連動して運用することですが、このような流れのなかで、ＥＳＧ投資自体がパッシブ運用にも入ってくる状況になってきています。

ただ、そもそも、投資のスクリーニングをするときに、ＥＳＧ要因を考えなければいけないという条件をつけるＥＳＧ投資が増えてきた一方で、そういう資金は、パッシブ運用という、なるべくコストをかけないインデックス運用手法にもなってくるので、いろいろな問題が出てきます。

１つは、パッシブ運用自体は、実際にはお金をかけないインデックス運用になっているので、たとえば日本の株式市場といったらＴＯＰＩＸと同じような動きをしなければいけないにもかかわらず、ＥＳＧ投資を前提にしてくれといわれる場合にどうするかという問題です。日本株のＥＳＧ銘柄のインデックスというと、ＴＯＰＩＸとは結構違った動きになってしまい、それはパッシブ運用というのか、インデックス運用というのか、という根本的な問題になってきます。パッシブ運用はコストをかけない運用なのに、そもそもＥＳＧという条件をつけるという選択、それを推進するために対話をしなければいけないという、そのコストはどうするのか、という話になると、なかなか微妙になってきます。

図表5－19　日米のパッシブ運用残高の推移

米国：アクティブ運用およびパッシブ運用資産残高の推移

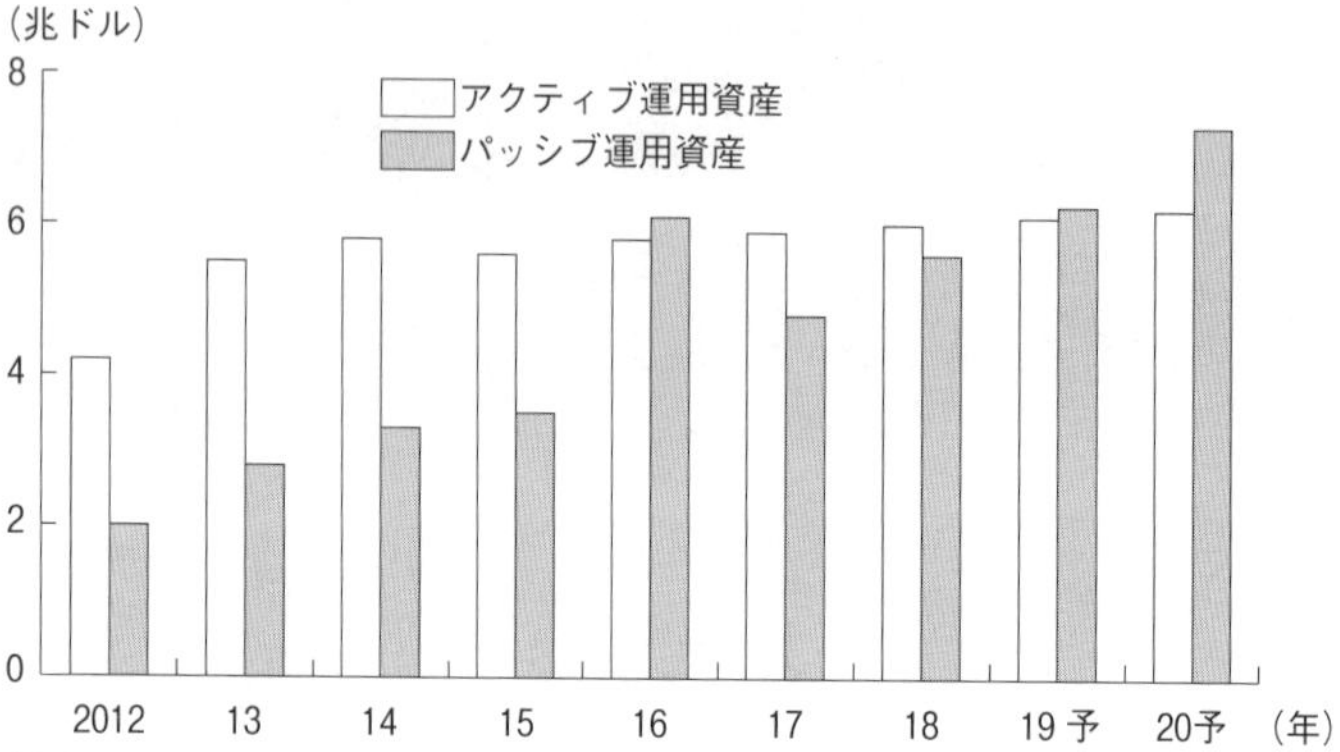

（注）　2019、2020年の運用資産は、2016～2018年の運用資産残高の年平均成長率を前提にBloombergが試算した予想値を使用。

（出所）　PRI資料をもとにみずほ証券作成

日本：パッシブ運用資産残高の推移

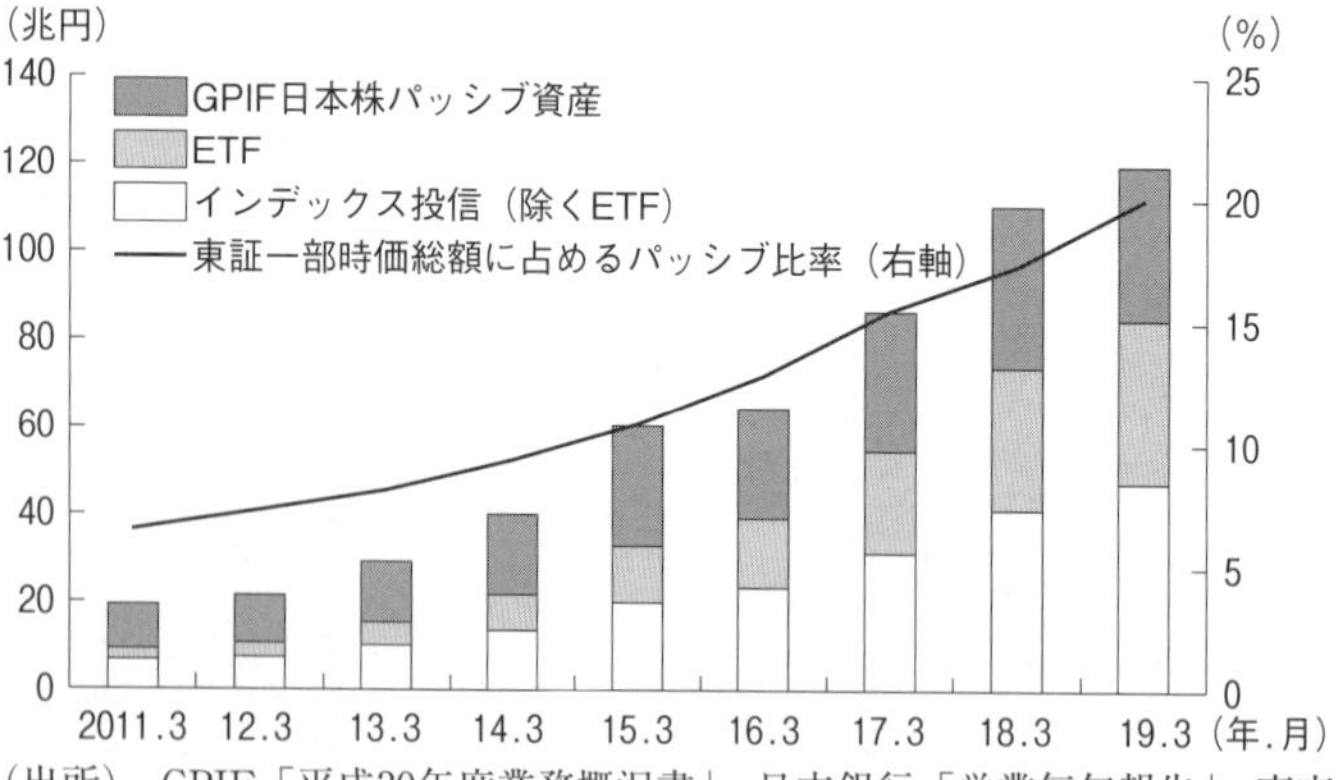

（出所）　GPIF「平成30年度業務概況書」、日本銀行「営業毎旬報告」、東京証券取引所のデータをもとにみずほ証券作成

プライベートキャピタルを通じた資金供給

いま、お金は余っているので、お金を調達するというインセンティブはだんだん少なくなってきています。すると、大きなお金はいらないが、プライベートに市場を通さずお金が必要な金額だけ調達できればいいという人もいます。いろいろなコストをかけて上場しなくても、少額のお金を調達して起業するなど、プライベート市場が増えてきています。

プライベート市場になってくると、ガバナンスをどうするのかという問題はやはり出てきます。たとえば、上場株式に対する投資は、スチュワードシップ・コードやコーポレートガバナンス・コード、そもそも上場するためには有価証券報告書を出さなければいけないという東証の規則、いろいろなものがあるわけですが、プライベート市場になってくると、相手がよければいいという相対の取引になってきます。

そして、そのお金はどこから出ているのかというと、足元は年金・保険会社、運用会社もあります。それがプライベートな市場に入ってきて、しっかりと運用されていくのかといったところは、投資家と実際それを使っていく人たちのモラルやエシックス、ガバナンスによります。それが効率的に使われない限りは、企業、社会は効率的なものにならないわけです。

多様な金融仲介を通じたリスクマネー供給

日本はオーバーバンキングだといわれていますが、たしかに銀行・信金・信組、それからノンバンク、消費者金融があります。いっぱいあるということは生き残っているということで、だから、細かいニーズをつかめば、金融というのは1本1本で存在価値があるともいえます。逆にいえば、金融というのは、そういう粒々のニーズをくみ取って資金仲介するものだと割り切るとすれば、たとえばクラウドファンディングというネット上で、一人ひとりが相対で資金仲介をする、もしくはサービスの仲介をするということも合理的だということです。2017年度の国内クラウドファンディング市場は、前年度比127・5%増の1700億円と推定されていて、2018年度も2000億円を超える見込みです。

ただ、資本市場に携わる人間とすれば、そうはいっても、のべつまくなしにというのもどうかという思いもあるわけです。ですから、クラウドファンディングには、日本証券業協会や第二種金融商品取引業協会などが自主規制を入れて、ある程度の行き過ぎを防止しています。

質疑応答

質問 **投資家と企業が対話・協働して企業価値を向上させていくのが重要とのことですが、逆にいうとこれまでの現実は対話・協働ができていなかったということでしょうか。その理由は何でしょうか。**

答 日本の株式の保有構造が1つ問題だったかなと思います。もともと日本の株式は企業や銀行の持合いで、お互いに取引先の株をもっているので、投資家として議決権行使で拒否をすると取引に悪影響を及ぼしかねません。だから、両コードが浸透するなかでも、いま、議論されているのは、たとえば生命保険会社が本当に議決権を行使したのかしなかったのか、いろいろな総合的な取引のなかで、純粋に判断できないことがかつてあったということかと思います。それが、次第に持合いを解消していくことによって、合理的な判断を下すようになってきたということかと思います。

質問　**近年はハイブリッド証券が盛んになっているとのことですが、これはどういう点でハイブリッドなのでしょうか。**

答　たとえば、債券投資は何がメリットかというと、倒産したときに、株式よりも早く回収できるというものですが、劣後債は、普通の債券よりも回収が劣後するものです。その意味では、倒産して残余財産の切り分けをするときに、劣後債は株と普通社債の間にあることから株と債券両方のリスク特性をもつ意味でハイブリッド債と呼ばれています。なぜ企業がこのような手段で資本市場から資金を調達するかというと、株式発行による議決権の希薄化などを避けるとともに、財務上は債券ですが、少しエクイティの色彩が強いお金を調達することで財務上のリスクを抑制しながら資本市場からの資金調達を目指すためです。

質問　**資産運用の世界で、日本が米国から30年遅れてしまった原因は、単純に日本での個人の資産運用が預貯金で問題なかったからでしょうか。世界的にみても、日本だけが後れをとってしまったのでしょうか。**

答　ご指摘のとおりで、日本の場合には、積極的に株式にお金を流さなかったという理由はあると思います。世界も1980年代まではそうでした。いまはＮＩＳＡで、株式・投信に投資するときには非課税枠がありますが、預金にはありません。1980年代は、預金は一定金額までは利息非課税でした。日本全体で資金不足でしたので、まずは預金にお金を吸収させて、銀行を仲介しながら企業にお金を信用創造で流していく、このビジネスモデルでした。ようやく2000年以降で株式・投信などの投資優遇策が出てきました。政策的な問題とすれば、このタイムラグはありました。

世界的には、少なくともドイツは、日本よりは少し進んでいる程度で、英国はもう少し進んでいます。米国と比べればずいぶん遅れているとみえるかもしれませんが、欧州系は同程度といえるでしょう。

質問　実際にコーポレートガバナンス・コードが策定されて以降、日本企業の企業価値が上昇しているという実態はあるのでしょうか。

答　コーポレートガバナンス・コードとスチュワードシップ・コードは効果があるかということですが、少しずつ効果があがってきていると思っています。いま、課題になっているのは、実質的な対話をしましょうということです。企業も自分のことは自分が一番よく知っているので、企業からすれば、少しめんどうかもしれません。だから上場もしたくないというのもわかります。そうはいっても、株式の投資家とか債券などの投資家だったら、いまの流れでいくと、やはり対話をやっていくということが必要なのではないでしょうか。いま、大手の機関投資家であるユニバーサルオーナーが意図しているのは、対話によって資本市場全体の底上げをすることです。このような動きが日本の企業全体のカルチャーを変えていくための取り組みであるとすれば、1つひとつは薄いかもしれませんが、少しずつ裾野が広がって底上げしていくという効果が長期的にはあるのではないかなと感じています。

質問　**経営戦略や非財務情報などを開示することで、株主が適切に判断したうえで投資することができるというメリットもあると思いますが、一方で、会社の将来のビジネスプランや、機密性の高いものも推察されるリスクがあると思いますが、どういう対策が話し合われているのでしょうか。**

答　そもそも、会社の将来のビジネスプラン等経営戦略を、非財務情報として有価証券報告書等の制度開示書類で開示する場合、企業側で秘匿する必要がないと判断していることになります。むしろ上場企業として、株主・投資家への説明責任を果たすうえで、当該情報を開示することが適当であると判断している範囲で開示しているわけです。また、監査報告書の透明化が進められていますが、そのなかで監査上の主要な検討事項（ＫＡＭ）の記載についても議論になりました。企業秘密に該当しなければ、監査人が業務上知りえた未公表の事項をＫＡＭとして記載しても、必ずしも企業の不利益とはならないと考えられています。

質問　**ＥＳＧ投資も投資である以上、リターンを求められるかなと思いますが、仮に2～3年たってＥＳＧ投資に悪いパフォーマンスが出た場合にはどうなるでしょうか。ＥＳＧ投資はもっと超長期的な観点からやっているので、10年、20年はＥＳＧを重視していくかたちが続くのでしょうか。**

答　ESG投資の成果は、ここ数年でわかるという話でもないと思いますし、ESG自体のインデックスパフォーマンスもバラバラなので、そもそも何をESGといっていいのかよくわかりません。もう少し収束する必要があるのかなと思いますので、結構長い話になると思います。

ただ、これからもESG投資はなくならないだろうと思います。世の中の流れとして、SDGsが注目されているように、安定的に世界が残るため、そういうコストも考えなければいけないという人たちが増えていることもあります。逆にいえば、そこに価値を求める人に対して、超過リターンがあるか否かという議論は違うと思います。

注1　配当利回りは、分母が株価、分子が配当で、株価が変わらないとすれば、株に投資すれば何％のリターンがあるかを示す。

注2　1株当り利益を株価で割ったもの。株主からみたときのリターンに相当する。

注3　株価／(利払い前・税引き前・減価償却前利益)：株価とキャッシュフローの比率。

注4　オライリー、タッシュマン（2016）『両利きの経営』（監訳・解説：入山章栄（2019）：既存企業のイノベーションを成功させるためには、①既存事業の効率化と漸進型改善（知の深化）、②既存事業の実験と行動（知の探索）の両者を同時に行う「両利きの経営」が必要との指摘。

第6章

コーポレートガバナンス・コードとスチュワードシップ・コード

本章のねらい▼アベノミクスによるコーポレートガバナンス改革の一環で、日本でもコーポレートガバナンス・コードとスチュワードシップ・コードが導入されました。こうした一連の政策は、金融市場ではどのように受け止められ、運用されているのか、第一人者の株式ストラテジストに講義していただきます。

ポイント▼コーポレートガバナンス改革が大きな注目を受けて、アベノミクス以降株価は大きく上昇しましたが、多くの課題は解決されず、日本市場は中国市場の〝おまけ〟のような位置づけに低下してしまいました。低い株主還元、世界で戦える企業の欠如、買収防衛のための政策保有株維持、アクティビストへの拒否感などどれをとっても後手に回り、市場の評価を得られていません。もっと外国人投資家やアクティビストに頑張ってもらい、日本のコーポレートガバナンスと企業経営が変わるきっかけになってほしいと考えています。

〈ナビゲーター〉菊地正俊（きくちまさとし）
みずほ証券株式会社チーフ株式ストラテジスト

東京大学農学部卒業。米国コーネル大学MBA。1986年大和証券入社、大和総研、メリルリンチ日本証券を経て、2012年より現職。日経ヴェリタス・ストラテジストランキング2019年1位。著書に『相場を大きく動かす「株価指数」の読み方・儲け方』『日本株を動かす外国人投資家の儲け方と発想法』（日本実業出版社）等。

（2019年11月20日講義）

本章は、菊地氏講義の速記録をもとに、編者の責任において編集したものです。

1　日本株の地位低下と外国人投資家の見方

安倍政権になってコーポレートガバナンス改革が強調され、これから説明しますスチュワードシップ活動、つまり各運用者による企業との対話が運用会社にとっての大きなミッションになりました。私も、コーポレートガバナンス改革について、政府がどのような観点から進めて、どのように運用に生かされたか、を分析しアドバイスしています。マーケットで注目されないことは基本的にしませんので、前の民主党政権の時にはコーポレートガバナンス改革にまったく注目していなかったので、ガバナンスの分析もあまりしていませんでした。

外国人投資家の動向

安倍政権になって日経平均が2倍以上に上がりました。外国人も、アベノミクスの3本の矢で、デフレを脱却して、構造改革も進展するという期待から、日本株を買ったのですが、2015年5月がピークでした。ピーク時には、20兆円くらい累積で買っていたのですが、それ以来ずっと売っていて、いまはその4分の3を売ってしまいました（図表6－1）。

世界に占める日本株の地位低下

日本は1960年代から1970年代にかけて資本市場を開放して、外国人の株式保有比率が急速に上がりました。ただ、1980年代の後半だけ外国人の保有比率が下がりました。日本がバブルで、と

図表６－１　安倍政権発足後の投資家別の日本株累積購入額

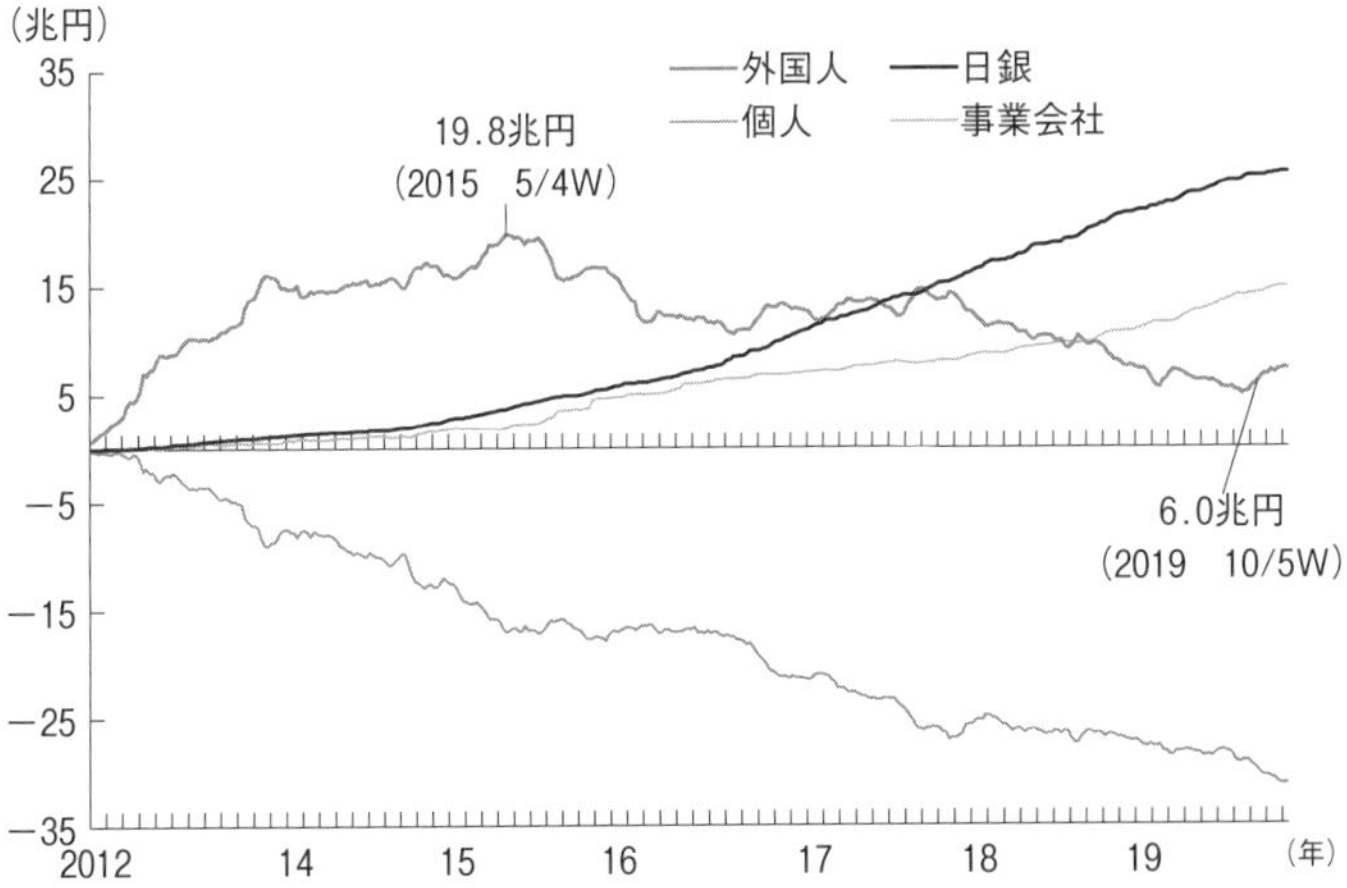

（注）２市場合計の現物のみ、個人は現金＋信用、日銀はETF購入額（設備・人材投資に積極的な企業のETFを除く）。2019年10月第５週時点。
（出所）日銀、東証よりみずほ証券エクイティ調査部作成

んでもなく高いバリュエーションがついていたので、割高だと思って外国人が売ったわけです。バブルが崩壊して、いま、世界中をみても、高値の半値の株価水準の国は日本くらいしかありません。私は大学を１９８６年に卒業して大和証券に入って、１９８９年末が日本株のピークで日経平均は３万８９１６円でした。いま、２万３０００円くらいで、約６割の水準です。ほとんどの国では株価が史上最高値を更新していますが、日本は、中央銀行が株を買っているという異常な状況ですし、株価も高値に比べて約半値です。

でも、米国株はずっと上がっていますので、バブル崩壊以降、相対的に日本株は割安にみえました。その結果、外国人投資家がどんどん日本株を買い集め、安倍政権になって日本が変わるという期待があったの

で、さらに外国人持株比率が高まりました。しかし、2015年がピークで、それ以来、アベノミクスに対する失望で外国人持株比率が下がりました。でも、いまだに約3割の株は外国人がもっていますので、一番影響力が大きいです。

あと、売買シェアをみると、外国人が6割くらい売買していて、個人が2割くらいです。日本の機関投資家は、そんなに売り買いしません。大手の運用会社はほとんど日本に拠点があって、世界最大手の運用会社はブラックロックで、運用資産は700兆円です。日本の大きな運用会社は三菱UFJ信託、野村アセット、日本生命あたりで、運用資産が60兆~70兆円です。すなわち、ブラックロックの10分の1の運用資産しかありません。ですから、どこの証券会社も、外国人にいかに営業するかというのが最大の課題になっているということです。

しかし、運用者のほうはベンチマークがあります。日本の投資家であれば、だいたいTOPIXが運用する際のベンチマークで、それが平均パフォーマンスですから、TOPIX以上の成績をあげることを目標にしているわけです。しかし、海外投資家は、MSCIのベンチマークを使うことが多いです。MSCIのベンチマークは2つあって、オール・カントリー・ワールド・インデックス（ACWI）と、EAFEという欧州・オーストラリア・ファーイーストのインデックスです。ただ、最近は、エマージングの国々や新興国も入っているACWIを使うことが多くなっています。このなかでの日本株ウェイトは、いま、中立で7％くらいですが、多くの運用者はそれをアンダーウェイトしていて、ベンチマーク以下のウェイトしかもっていません。日本の株価のピーク、1989年末には、日本株ウェイトは世界株価指数のうちでなんと4割でしたので、世界の株式市場における日本の比重がどんどん下がっています。

また、ほとんど前日のニューヨーク市場のミラー相場で、きのう米国株が上がれば日本は上がるし、下がれば下がる。あと、最近は中国の影響も大きくなって、上海市場が開くとその影響も受けるようになっています。理由は2つあって、1つは、外国人が6~7割売買するマーケットですから、外国人は自国、つまり多くは米国の市場動向によって外国株の運用を決めるためです。2つ目に、日本経済は内需が弱くて外需・輸出次第ですので、海外経済、特に米国の影響をものすごく受けます。

日本は中国の"Appendix"か?

中国のGDPは日本のGDPの3倍近くあります。米国は日本の4~5倍の規模です。表題の「日本は中国の"Appendix"か?」は海外投資家から最近いわれた言葉で、Appendixは、いい言葉でいえば「おまけ」で、悪い言葉でいえば「盲腸」です。ですから、日本は中国次第ではないかと思われているわけです。2015年以降、外国人が日本株を売った背景には、アベノミクスがうまく進展していないという見方に加えて、中国経済が減速しているので、中国の「おまけ」である日本株が売られた流れもあったと考えられます。

このように、もう日本株の直接的な運用をやめるという世界の投資家が増えています。ウェイトも5%くらいしかないなら、わざわざ日本の専門家を社内に抱える必要がない、もう日本株の運用はやめて外部委託に任せよう、といった動きが世界的に出てきています。われわれのような日本株のストラテジストはいらない、クビにするという動きも広がってきています。たとえば、私は以前メリルリンチに

12年くらいいたのですが、いま、メリルリンチにはもう日本株ストラテジストはいません。いまそれほど日本株の存在感がグローバルにみると落ちているという嘆かわしい状況にあります。

日本株のバリュエーション

株価は、一般的にはPER（株価／1株当り利益）、PBR（株価／1株当り純資産）が基本的なバリュエーションです。将来の利益が伸びると思うとPERは高くなり、いわゆるディスカウント・キャッシュ・フロー・モデルで考えると、割引率が下がるとPERが上がります。つまり、金利が下がるとPERが上がります。

世界でPERをみると、インドと米国が高く、日本と欧州と中国が低くて、二極化しています。2030年くらいにインドが中国を抜いて人口が世界最大の国になるといわれていますので、インドの成長期待が強いです。米国も先進国のなかでは断トツのポテンシャルな経済成長率があり、グーグル、アマゾン、アップルなど、グローバルで巨大な成長企業がいっぱいあります。一方、日本と欧州は人口がどんどん減って、成長期待が小さいです。あと、日本銀行も欧州の中央銀行のECBも金融緩和の余地がない、つまり、金利（ディスカウントレート）が下がる余地がないので、PERも低いです（図表6－2）。

ROEに対する見方

ROEは、会社は株主のものだと思っている外国人投資家が一番重視する指標です。株主資本を経営

図表6－2　PERの国際比較

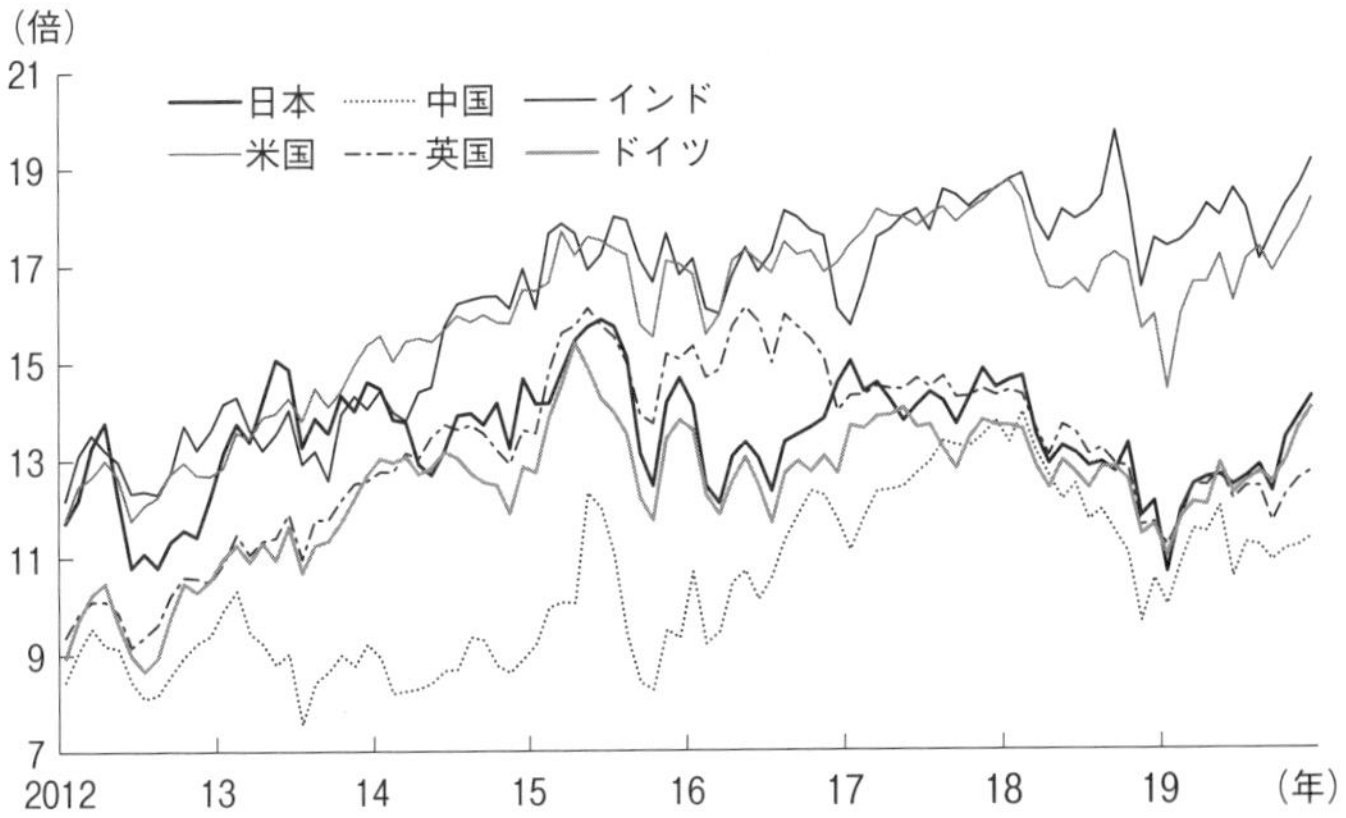

（注）　MSCI指数ベース、2019年12月末時点。
（出所）　Thomson Reuters Datastreamよりみずほ証券エクイティ調査部作成

者に預けて、複利で運用してもらうというのがＲＯＥの考え方です。しかも、いま、長期投資がいわれておりますので、銀行に長期的に預金するのと一緒で、しっかりと複利で、高リターンで回している会社に投資したいと思うわけです。ですから、企業が株価を上げる正当な手段は、ＲＯＥを上げることです。

ＲＯＥは利益を株主資本で割ったもので、理論的にもＰＢＲとＲＯＥは比例しているので、図表6－3のような回帰曲線ができます。米国はＰＢＲが3・5倍もあって、ＲＯＥが18％と高いです。つまり、米国企業は、株主資本を提供したら年率18％くらいで回してくれます。でも、日本企業は、平均的にいえば8％くらいでしか回してくれない。これはリスク資本ですから、減るときもあるので、いわゆるリスクプレミアムです。リスク性資金を提供するので、高いリターンで回

図表6－3　世界株のPBRと予想ROE

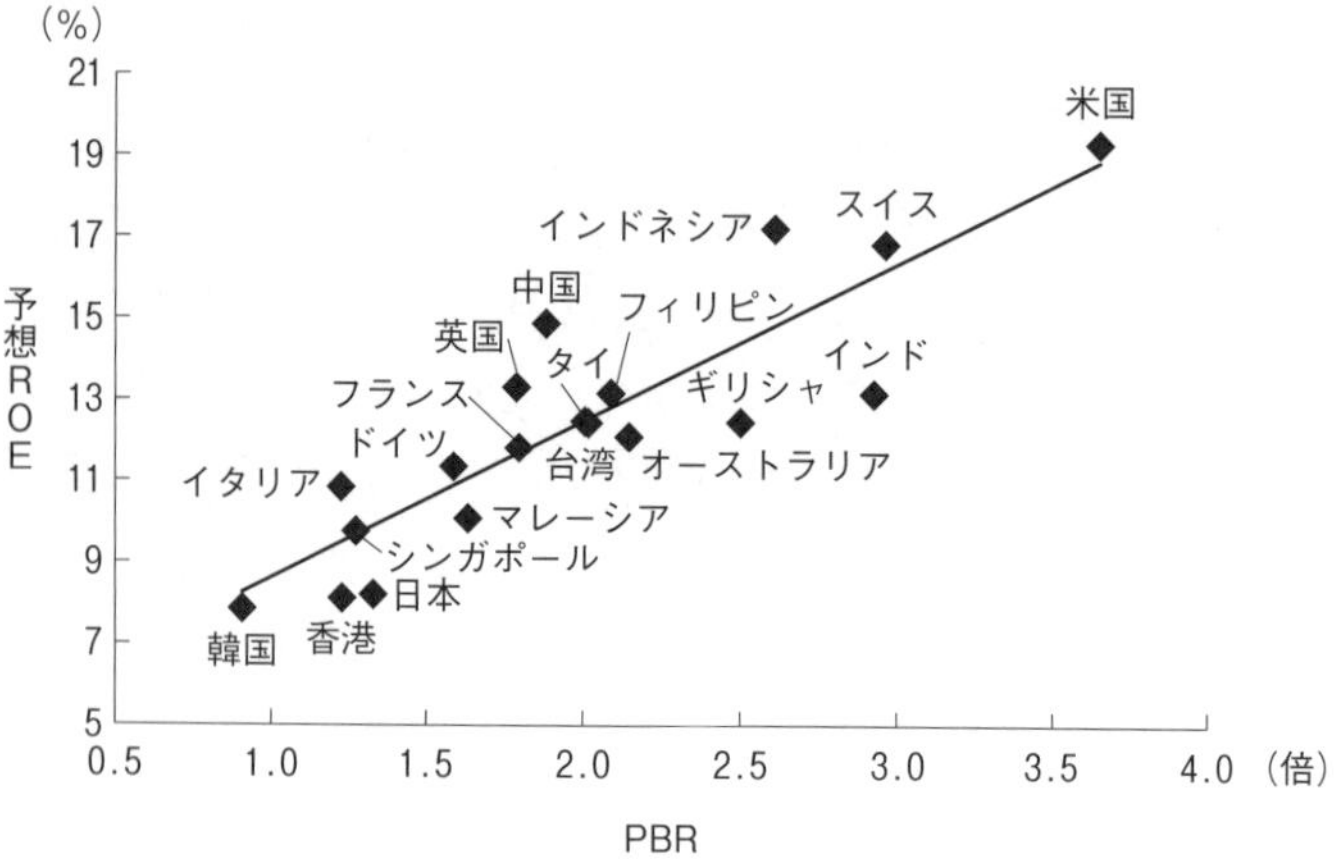

（注）　2020年1月20日時点、日本は東証1部のみずほ証券予想、その他はMSCI指数ベース。
（出所）　Bloombergよりみずほ証券エクイティ調査部作成

してくださいねというのが株主の希望であるわけです。

伊藤レポートとROE

図表6－3にあるように、PBRとROEは比例するので、ROEを上げればPBRが上がって、株も上がるわけです。安倍政権が始まった時に東証1部のROEは5％でした。それで、一橋大学の伊藤邦雄先生がROEを8％にしましょうという有名な「伊藤レポート」をまとめました。

そして、2017年度には、ROEが「伊藤レポート」の目標8％を上回る9％まで上がったのですが、9％をピークにまた下がってしまいました。9％が上値抵抗線で、なかなか2桁がみえてこない。欧米では、2桁のROEは経営者の果たす義務だと思われています。ROE10％以上を達

図表6－4　日本企業のROEの要因分解

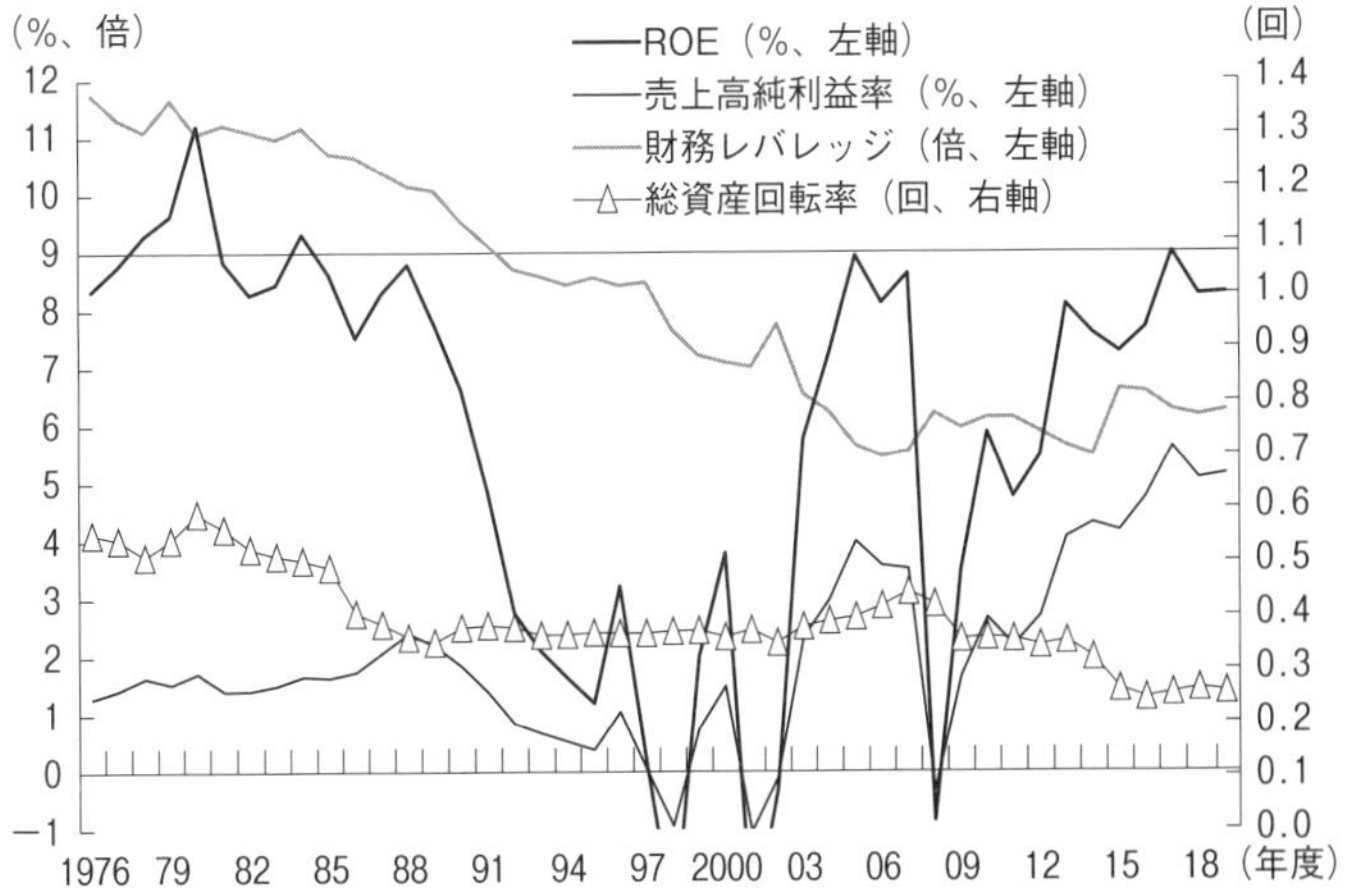

（注）　各年度末時点の東証1部上場企業対象、予想利益はみずほ予想、IFISコンセンサス予想、東洋経済予想の順に優先して使用。データは2019年11月28日時点。

（出所）　日経、東洋経済、IFISよりみずほ証券エクイティ調査部作成

成しない経営者は、特に米国においてはすぐにクビになります。米国では、経営者は株主から資本を委託されて、エージェントとして株主のために働くという有名なエージェンシー理論があるわけです。

ＲＯＥの要因分解からみた外国人投資家の見方

ファイナンス理論で、ＲＯＥは、いわゆるデュポンの3分解式で3つに要因分解されます。1つは財務レバレッジで、負債比率を上げるとＲＯＥは上がります。外国人がみんな理解できないことは、なぜ日本はマイナス金利なのにレバレッジが下がっているのかということです。なぜこれだけ金利が低いのに借金してＲＯＥを増やそうとし

ないのかということを疑問に思っています。

日本の社長は、営業出身とか工場出身が多いので、いわゆるファイナンス理論を理解していない人が多い。実際、「御社の資本コストはいくらですか」と聞いて、答えられない社長が半分以上いるのが日本の姿です。エーザイの柳良平CFOが、よく「エクイティ・スプレッド」といいますが、株主が出している資本コスト以上のROEを上げてください、それがエクイティ・スプレッドという考え方です。資本コスト以上のROEを上げられない社長は、ファイナンス理論上は株主資本を実質的に毀損しているということを意味します。ですから、株主資本を預かっているだけで、株主資本に対してしっかりと利益を出さないといけないわけです。だから、ROEを上げるために、米国企業は右肩上りでレバレッジが上がっています。

あと、いままでROEが上がった理由は利益率の改善です。安倍政権で利益率は右肩上りで上がりました。本当に自助努力で上がったのか、ただ円高から円安に戻ったから上がっただけではないかという批判もあることもありますが、ただ、利益率も欧米の主要企業に比べたら約半分です。利益率が低い理由の1つは、日本企業は、日本的な雇用なので、いらない社員をクビにできないから、なかなか利益率が上がりません。あとは抜本的な事業構造の見直し、つまり事業ポートフォリオの見直しが遅れています。いらない事業、儲からない事業をやっているというのが、日本の利益率が低い理由です。

2 株式市場からみるコーポレートガバナンスの現状

2つのコード

「伊藤レポート」がいうようにROEを上げるのを、後押しするためにできたのがコーポレートガバナンス・コードとスチュワードシップ・コードです。スチュワードシップ・コードは2014年にできて、コーポレートガバナンス・コードは2015年にできました。

スチュワードシップ・コードは企業と機関投資家の対話を促進するコード、いわゆるソフトローで、コーポレートガバナンス・コードは東京証券取引所のルールです。ですから、法律ではありません。守らなくても別にペナルティはありません。ただ、上場している企業は、コーポレートガバナンス・コードはコンプライ・オア・エクスプレインといって、上場している限り、守らなければ説明してくださいというものです。

コーポレートガバナンス・コードの趣旨は、株主重視の経営をしてください、ROEを上げてください、資本効率を考えて経営してくださいという指南書です。スチュワードシップ・コードは、機関投資家はどういった投資行動をとるべきか、企業とどう対話すべきか、しっかりと議決権行使をしてくださいというのが趣旨です。

安倍政権はコーポレートガバナンス・コードとスチュワードシップ・コードを制定して、企業と機関投資家が対話して、何が企業経営の問題なのか、なぜROEが上がらないのか、そういうことを議論して、ROEを自主的に上げてくださいという意図があったわけです。

図表6－5　スチュワードシップ・コードの受入機関数の推移

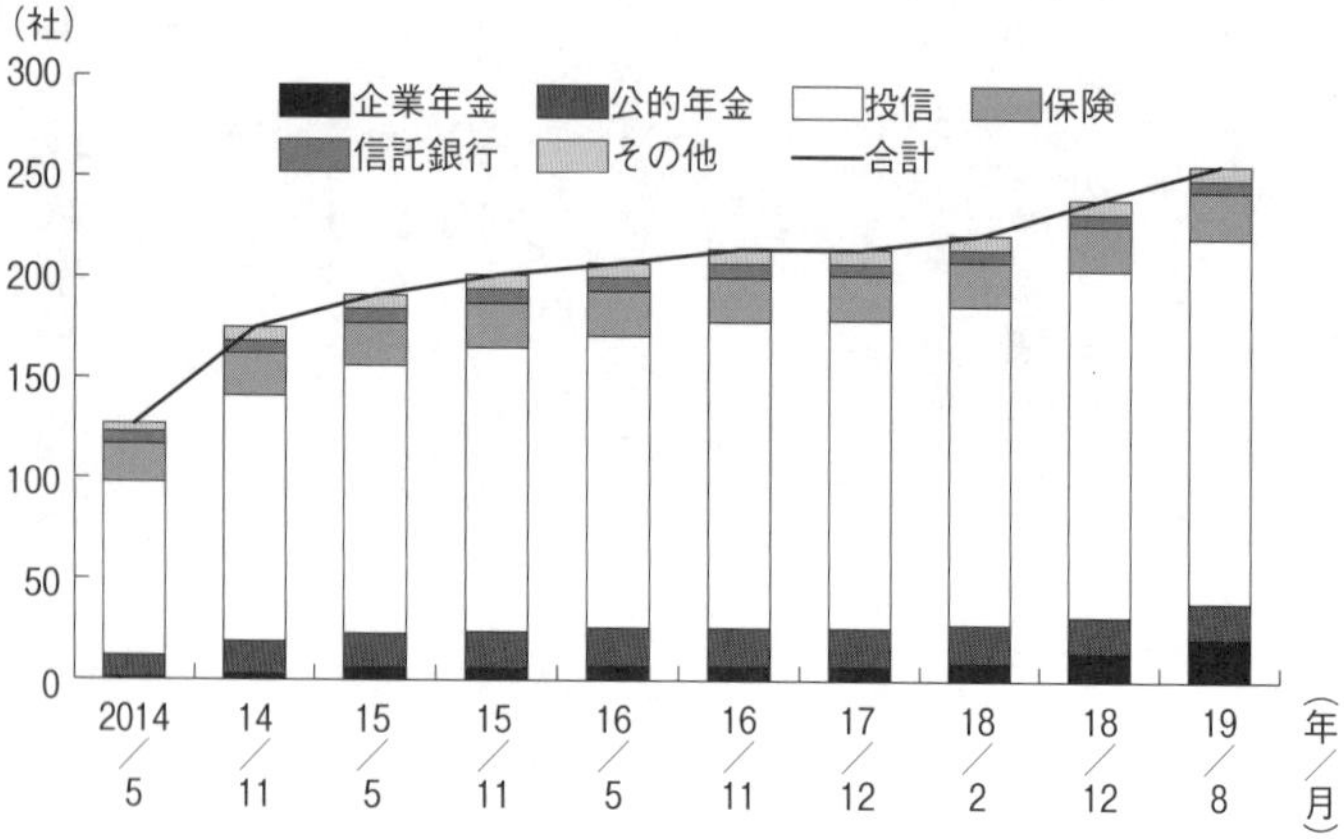

(出所)　金融庁資料よりみずほ証券エクイティ調査部作成

スチュワードシップ・コードの受入機関数

スチュワードシップ・コードの受入機関数は増えてきています。いま、260社くらいスチュワードシップ・コードにサインしています。

ただ、いま、世界的に日本株の地位がどんどん落ちていて、日本株をやめる運用会社が増えて、あと運用会社も合併とか再編が進んでいるので、証券会社のお客様になりそうな運用会社は、日本株では世界に100社くらいしかないなというのが私の実感です。本当に小さい運用会社も、ただサインしているだけというのがあるのかと思います。

アクティビストの要求

いま日本企業では、利益剰余金、つまり内部留保がどんどん増えています。これは日本企業に限らず世界的な現象ですが、特に日本企業の内部留保のため方が異常です。物いう株主であるアクティビストも、日本企業は金をためるだけであると問題視しています。賃上げも、設備投資も、増配も、自社株買いもしないで、なぜか現預金を積んでいる会社が多いので、マクロ的に考えても、なかなか経済全体もよくならない。アクティビストが批判するだけではなく、麻生財務大臣もなぜ企業は金を使わないのかと批判しています。

物いう株主の代表は、日本でいえば村上ファンドの村上世彰さんで、現預金を積んでいるだけ、あと株主構成が甘いと、そこにつけ込んで株をいっぱい買い占めて社長に迫るわけです。村上さんは1回インサイダー取引で逮捕されましたが、いまは復帰してアクティビスト活動を活発化しています。村上さんは基本的にお金を儲けたいだけだと思いますが、いつも最初にマクロ的なことからいいます。日本経済がよくならないのは企業が金を使わないからだ。あと、年寄りばかり金をもっていて、現預金ばかりしているからだ。企業がもっているお金と、お年寄りがもっている金融資産を動かさないと日本経済はよくならない。村上さんの話はそこから始まるのです。それで、たくさん現預金をもっている企業に行って、このようなポートフォリオだと従業員も不幸せだから、株が上がるように資産構成を変えろ、株主還元しろ、というわけです。

低い株主還元

一応、日本企業の利益は過去最高水準で、足元では少し減益ですが、配当と自社株買いを増やしていて、絶対額では過去最高です。しかし、外国人投資家は総還元性向、つまり純利益のうち何%を株主還元に回しているかを重視します。計算式は単純で、配当と自社株買いを足して純利益で割ったもので

図表6－6　株主還元の状況

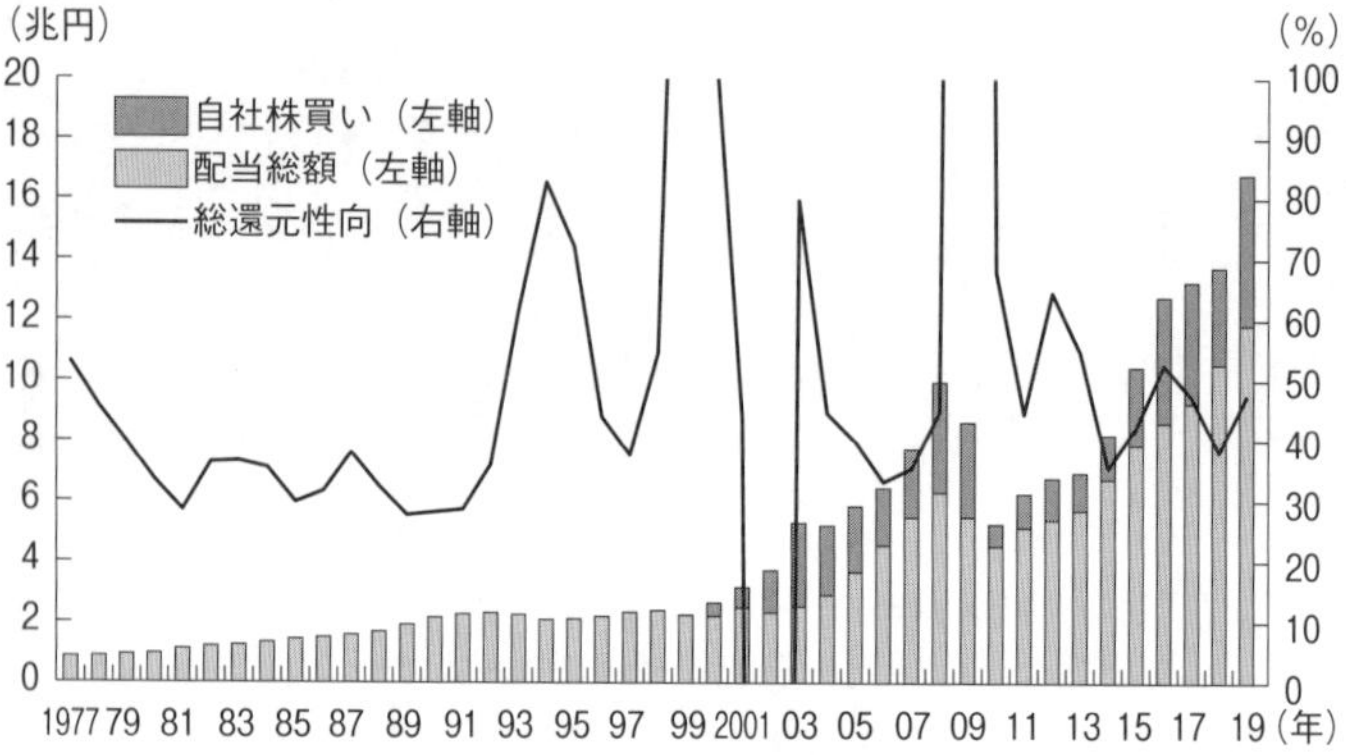

（注）　各年度末の東証１部上場企業対象（金融機関、日本郵政を除く）、取得から売却処分を引いたネットの買越額（キャッシュフロー計算書）。
（出所）　東証よりみずほ証券エクイティ調査部作成

す。それが日本はずっと50%ですが、米国企業は100%還元していて、儲かったものは全部株主に返すというのがいまの米国の姿です。欧州の総還元性向は70%です。外国人からみると、なぜ日本は成長性もないのに総還元性向が主要国で最低なのかという不満があるわけです。

あと、米国でいままで株が上がってきたのは結構自社株買いをしてきたからです。利益が出る一方で、いまグローバルに投資機会が少なくなっているので、金が余っていたら株主に返そうというのが米国企業の経営者の考え方なのです。日本も、年度のデータでいえば、昨年は前年比で3割増えて7兆円で、過去最高でした。

われわれも外国人に株を売る必要があるときには、「日本企業も努力していて、株主還元は増えていますよ。3割増えて自社株買いは過去最高の7兆円です」というのですが、米国企業に比べたら、「それは1社の金額ですか」と聞かれます。

なぜかというと、アップルは1社で8兆円の自社株買いをしています。日本は、上場企業3700くらいを全部足しても7兆円で、桁違いに小さいのです。

日本には世界で戦える会社がない

最近、ご承知のように、ヤフーとLINEが経営統合を発表したわけです。それで日本のプラットフォーマーになろう、アジアのプラットフォーマーになろうとしているわけですが、LINEとヤフーの親会社のZホールディングスを足して、時価総額は3兆円くらいです。世界1位はアップルの130兆円で、アマゾン、グーグルの親会社のアルファベットなどは100兆円クラスです。日本で一番大きいのはトヨタの20兆円で、あとソフトバンクの孫さんが頑張って10兆円です。中国のテンセントやアリババは50~60兆円です。先ほど世界の株価指数における日本のウェイトが小さくなったといいましたが、それは当然個々の企業の時価総額の合計ですから、日本の大手企業の時価総額が他の国の大手企業に比べて小さくなりすぎてしまったということです。

日本にも小さくてもよい会社はいっぱいありますが、時価総額100億円クラスです。私もスタートアップ企業の社長といろいろミーティングさせてもらいます。この前もギフティという会社の社長に会いましたが、いま、かなり伸びている会社です。時価総額100億円クラスではよい会社がいっぱいあるのですが、世界で戦える会社がないのが、日本の大きな問題です。

図表６－７　東証１部の配当伸び率と配当性向の推移

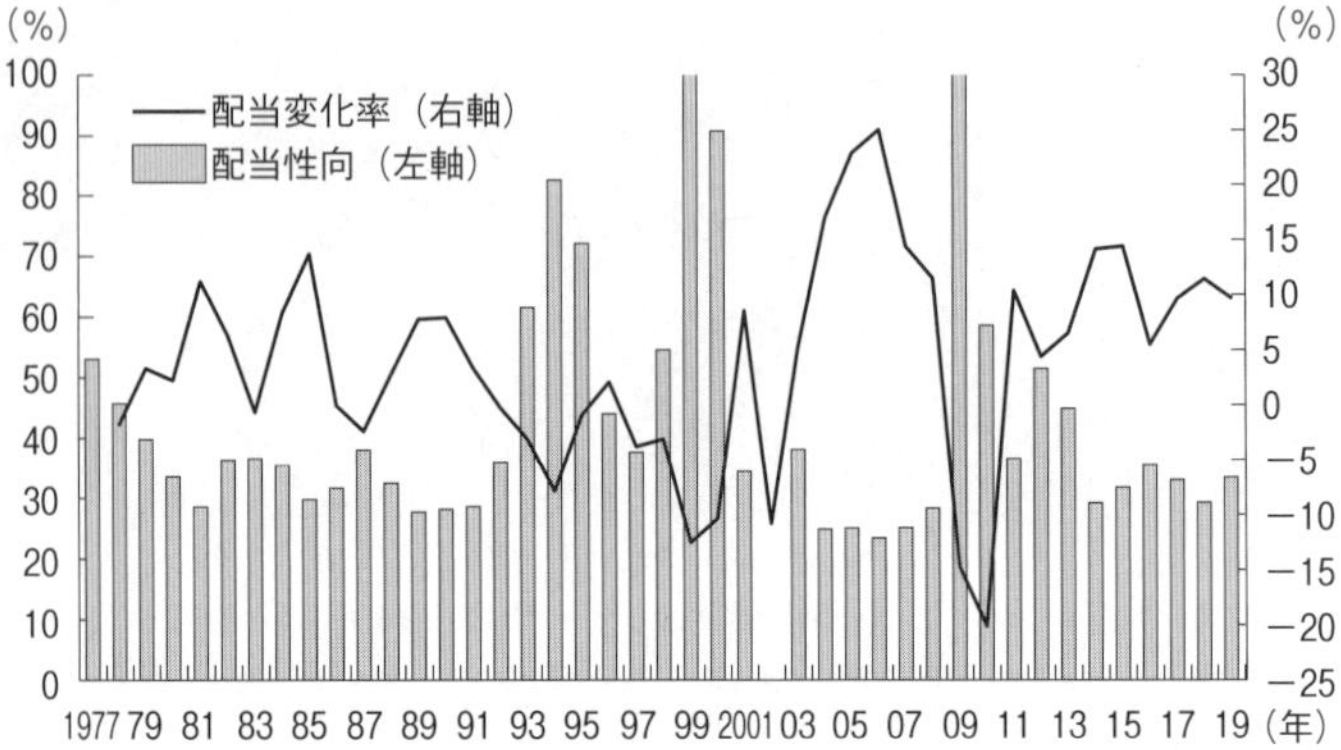

（注）　東証１部（金融、日本郵政を除く）。赤字企業を含む。配当金総額の伸び率は新規上場や上場廃止の影響を受けないように推計。2019年11月７日時点。

（出所）　日経、東洋経済、IFISコンセンサスよりみずほ証券エクイティ調査部作成

横並びの配当性向

日本企業の配当性向はずっと30％台です（図表６－７）。これは誰が決めているのかというと、もちろん各企業の経営者が決めているのですが、よくいうように、日本は横並び意識が強いです。とすると、これは実質的に誰が決めているかというとトヨタ自動車が決めているわけです。どの企業もトヨタがやっているからとはいわないですが、トヨタはずっと配当性向30％、自社株買いを20％入れて、総還元は50％です。本来であれば成長性がある企業は無配でいいし、成長性がない企業は米国みたいに100％株主還元すべきです。でも、多くの経営者は、自分のところの資本コストもわからないので、横並び意識でこういった株主還元を決めているところが多いのだと思います。

持合い株に伴う問題と政策保有株の減少

日本の大きい問題として、株式持合いがあります。昔、日本の資本市場を開放したとき、外資に買収されるのではないかという懸念が出て、お互いに事業会社が株を買い合って持ち合ったのが、持合いに関するいまに至る経緯です。あと、株式を持ち合っていると、相手の業績がいくら悪くても、持合いですから文句もいいません。だいたい取引先の株をもっているわけですから、お互いに傷をなめ合っているというのが持合いです。

この問題について、政府は、昔は何もいわなかったのですが、最近、方針を変えました。持合い株をもっていると、ポートフォリオの資産の効率性が下がるので、ＲＯＥが下がります。配当はもらえますが、日本の配当は平均2・5%くらいで、株主資本コストは平均8%です。ですから、持合い株をもっていても株主資本コストをカバーできなくて、実質的に株主価値を毀損していることになるわけです。ですから、２０１８年のコーポレートガバナンス・コード改定で、２０１８年12月末までに、持合い解消の計画をつくってください、しっかりとコーポレートガバナンス報告書に書いてくださいといいました。また、持ち合っているのであれば、持ち合っていることの経済的な合理性について説明してください、というのもコーポレートガバナンス・コードに入りました。

日本企業はまじめですから、多くの会社はしっかりと持合い解消の計画を書いて出しました。また、有価証券報告書の記載ルールも変わって、今年（２０１９年）6月から厳しくなり、いままではトップ30銘柄だけの開示でよかったのですが、60銘柄まで開示するように変わりました。また、持ち合っていることの経済的な便益の定量的な効果についても書いてくださいというのがルールになったわけです。

でも、実際に有価証券報告書をよくみると、いや、これは取引先のことだから書けませんといったエクスキューズ的な表現が多かったわけです。

当然、大企業はいっぱい持合い株をもっているので、減らす金額も大きいです。たとえば、図表6－8をみると、富士通が断トツに持合い株を減らしました。富士通はマイクロソフトに負けて業績が悪かったのですが、社長がかわってリストラする気になって、資産構成のバランスシートのリストラもするということで、いちごアセットという運用会社が富士通の株をかなり買って経営のアドバイス、エンゲージメントをして、富士通はよくなりつつあります。

一方、しっかりと持合い解消の計画もコーポレートガバナンス報告書に書いているのに、なぜか持合いを増やしている会社もあります。いつまでにというルールは別にないので、将来的に減らすというのかもしれないですが、特に住友不動産が思いきり持合い株を増やしました。なぜ増やしたかというと、住友不動産は外資による買収をおそれているのだと思います。いまの自社の株式時価総額が、保有しているビルの価値に比べて安すぎるのです。日本企業の時価総額は世界的にみたらかなり小さいので、外資の大きいファンドが来て買収されてしまうのではないかということをおそれていて、それで買収防衛策を通したかったのです。でも、いま、ほとんどの運用会社は買収防衛策に反対します。普通の機関投資家は買収防衛策に反対するから、持合いの株主でないと賛成してくれないのです。ですから、買収防衛策を通したいがために、新たに持合いをして、思いきり持合いを増やしました。

でも、そういう行為に対して投資家はすごく批判します。ガバナンス報告書に持合いを解消しますと書いていて、逆に思いきり増やしているから、嘘をついて、資産効率が悪くなる持合いを増やしている

図表6－8　政策保有金額を増やした主な企業（上）、減らした主な企業（下）

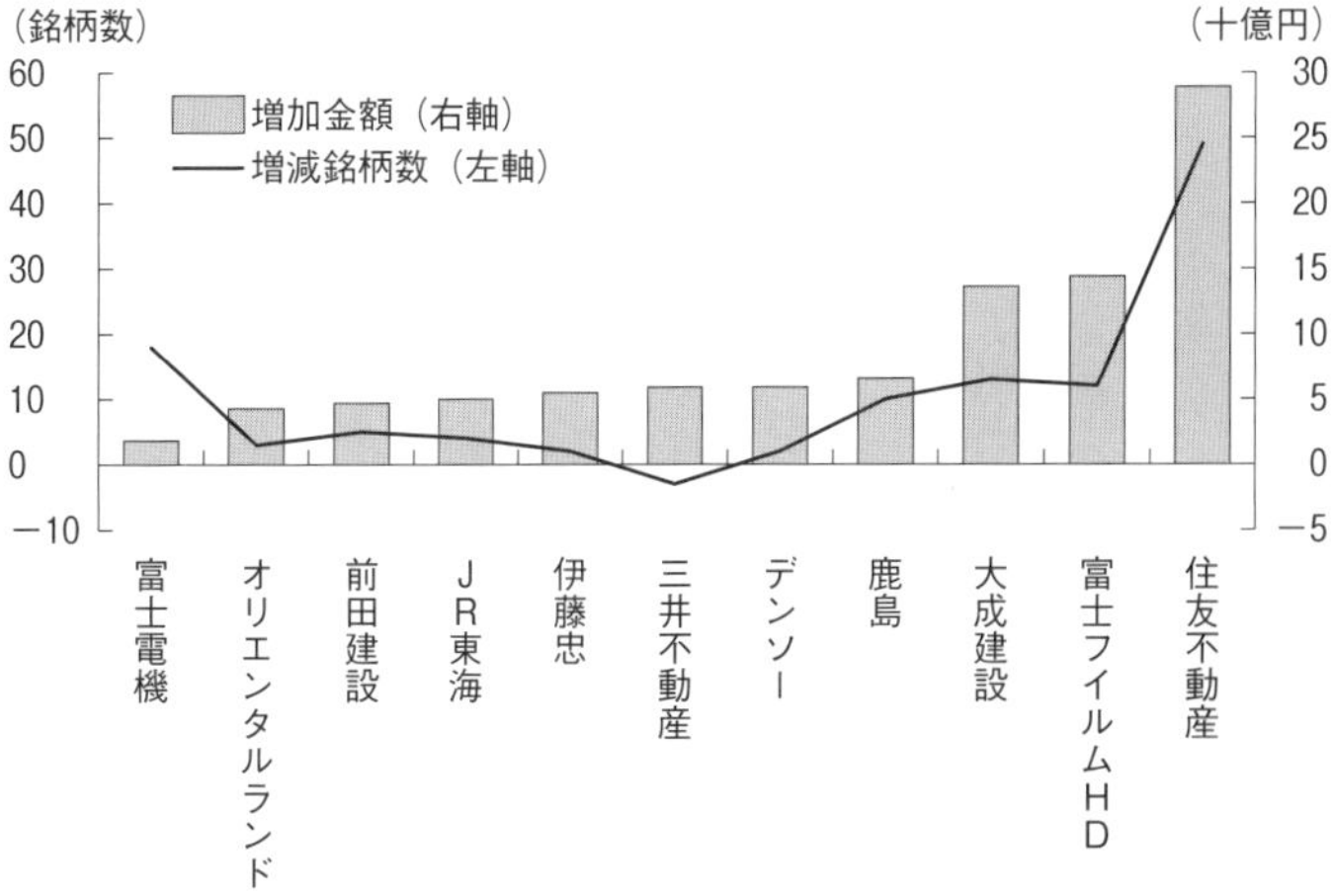

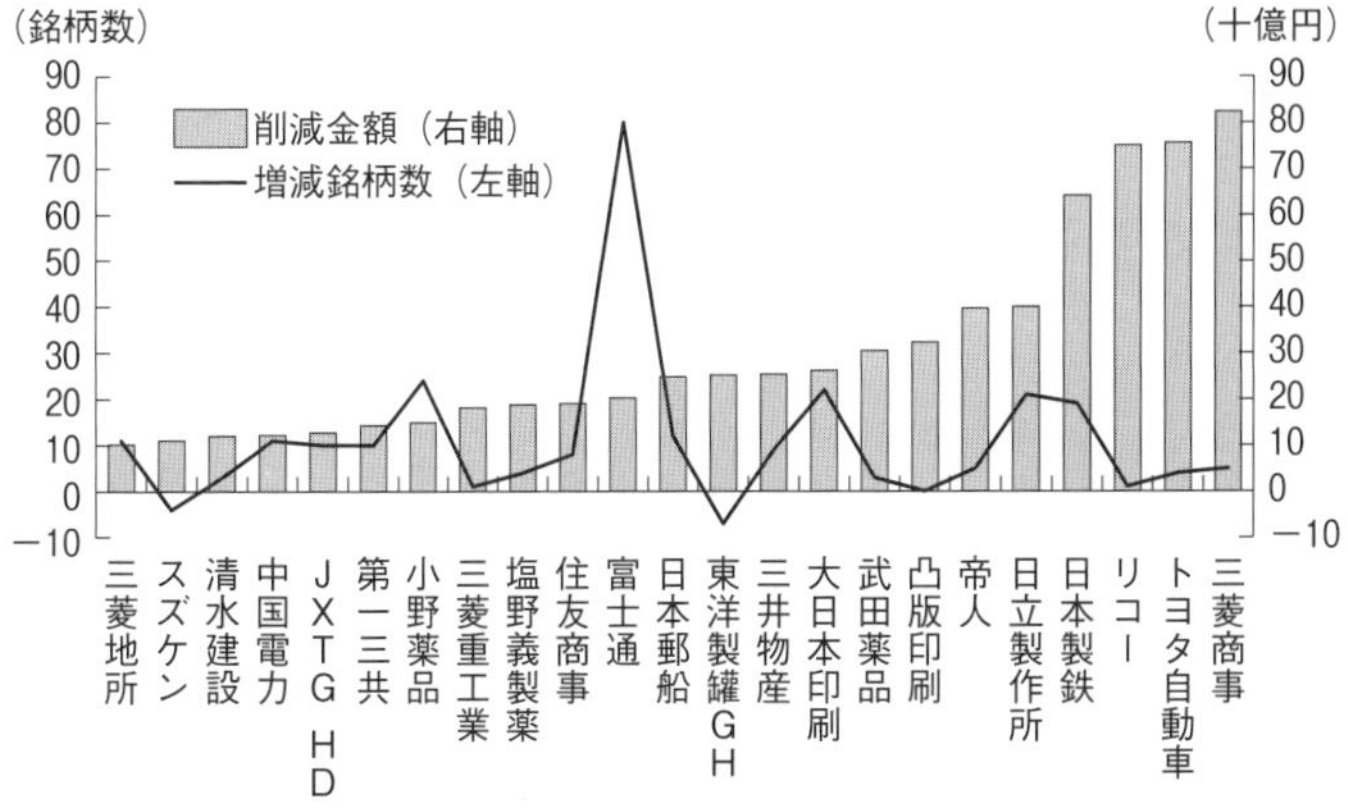

（注）　金融を除く3月決算企業、増加・削減金額および銘柄数はネット（上場株式のみ）、増減銘柄数のマイナスは減少を意味する。
（出所）　会社資料よりみずほ証券エクイティ調査部作成

わけです。逆にライバルの三菱地所は持合いを減らし、買収防衛策も廃止しました。今期、業績は住友不動産のほうがよいのですが、やはり株主はこういうところをみているので、株価は、三菱地所が上がり、住友不動産は下がるという現象が起きています。結論的には、企業や産業によって大分対応が違うということです。

親子上場に伴う問題

あと、断トツに親子上場が多いのも日本に特異な現象です。たとえばソフトバンクは、ソフトバンクグループという親会社があって、その子会社が携帯電話のソフトバンク株式会社やZホールディングス（＝ヤフー）です。あと、この前、社長をクビにして話題になったアスクルはZホールディングスの子会社ですので、ソフトバンクグループからみると孫会社です。

海外、特に米国や英国には、親子上場はほとんどみられません。なぜかといいますと、少数株主の保護の観点で問題が起きやすいので、すぐ訴訟になってしまうためです。米国は訴訟社会ですから、そういった少数株主の保護に関する訴訟をおそれて、親子上場はしないのが米国の企業経営です。

親子上場の典型的な事例は日本郵政グループ、ＮＴＴグループです。もともと全部政府がもっていた株を上場させて、その際に親子上場ができました。ですから、日本政府自ら親子上場をつくりだしているようなものです。

しかしながら、２０１９年6月になって経済産業省が急に「グループ・ガバナンス・システムに関する実務指針」として、親子上場する場合には少数株主の利益を保護してくださいという指針を出しまし

図表6－9　親子上場の国際比較

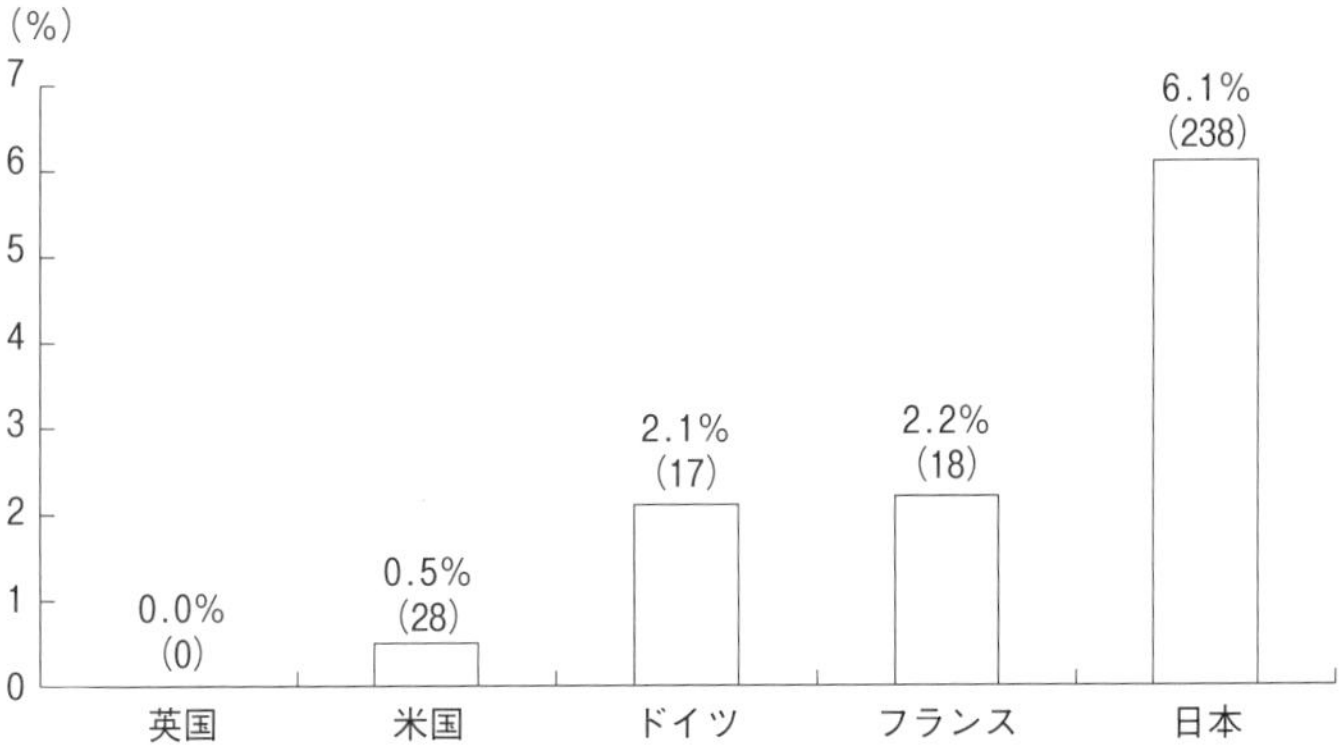

（注）　カッコ内は親子上場企業数、東証データとは定義が異なる。
（出所）　経済産業省資料よりみずほ証券エクイティ調査部作成

た。これも指針ですから、まったく強制力はなくて、上場子会社は社外取締役を増やしてください、とかしか書いていません。ただ、日本企業はまじめで、この指針を受けて、最近急に親会社による子会社吸収が増えています。東芝や三菱ケミカルホールディングスが上場子会社の完全子会社化を発表しました。投資家、特に外国人投資家は、政府が自ら親子上場をつくっておいて、なぜいまさらこんな指針を出すのか、（さらに内容も緩いと思ったのですが）思った以上に企業から反応がありました。

外為法改正に伴う問題

外為法改正がいまものすごく問題になっています。この問題は複雑で、いままでは政府が指定した業種で外国人投資家が10％以上の株を買うときに、事前の申請が必要でした。政府は日本の安全保障にかかわらないかどうかを判断し、いままでのところ、審査の結果、過去に政府が反対したのは1件だけです。1件というのは、2007年に英国のザ・チルドレンズ・インベストメントが電源開発（Jパワー）の10％以上を買いたいと申請したときに、英国のアクティビストに電力会社の株を10％も買われたら安全保障上問題があるということで、それを却下しました。その1件しか拒否された事例がないのです。

でも、その事前申請の基準を今回10％から1％に下げるということで、それが大問題になりました。普通の機関投資家なら軽く1％は買います。特に米国の運用会社は規模が大きいですから、5％くらい平気で買います。それをいちいち申請しないといけないのかというのが外為法の大きな問題です。

詳細は政令をまたないとわかりません。現在（2019年11月20日の講義日時点）の案では、要するにアクティビスト以外は勝手に買ってもかまいませんとなっています。財務省のホームページをみると、1％以上買って、①自分を取締役にしろという提案をするとき、②株主総会で重要資産の売却を提案するとき、③国家安全にかかわる情報を入手しようとするとき、その3つの条件を満たさない限り、自由に買ってかまわないという政令案が出ています。

一方で、安倍政権は、機関投資家と企業は、日本企業のROEが上がって株価が上がるように対話してくださいと促しているわけです。でも、日本企業の利益率がなかなか上がらないのは、儲からない資産をいっぱいもっているからで、それを売るべきだという提案は当然あって然るべきです。ただ、今回の外為法の改正では、増配の提案とかはまったく問題視されていません。あくまで株主総会で重要資産の売却を提案するときは、事前申請が必要になりそうだということです。いま、米国でも、中国からの投資を規制するためにいろいろなことをやっています。ただ、これは外国運用会社だけにかかるので不

図表6－10　日米の上場企業数の推移

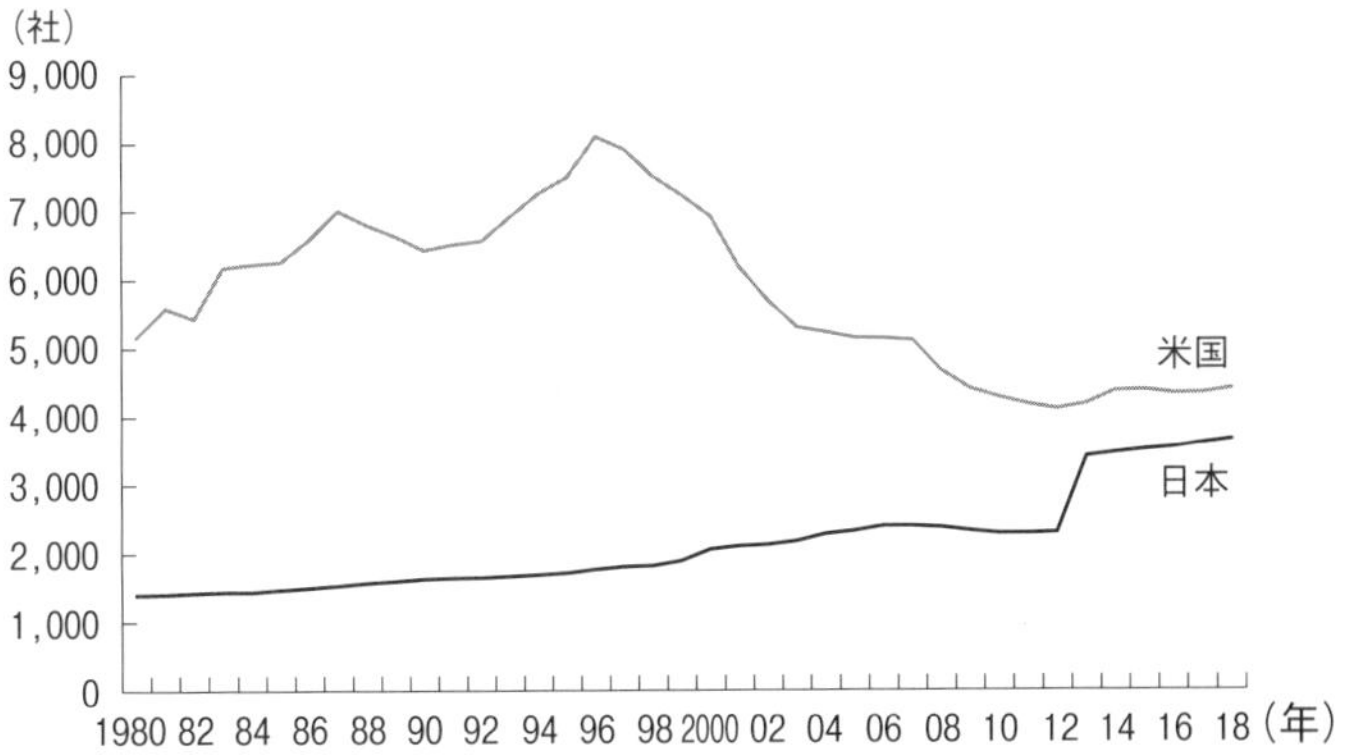

（出所）　世界銀行よりみずほ証券エクイティ調査部作成

公平ではないか、やっぱり日本の企業経営者はアクティビストからいろいろモノをいわれるのが嫌なのではないか、世界的にみても、1％で事前報告というのは厳しすぎるのではないか、という指摘があります。

日米の上場企業数

米国では、上場企業数がどんどん減っています。一方で、日本は毎年１００社くらいＩＰＯ、新規上場するので毎年１００社ずつ増えていますので、あと1～2年すると日本のほうが、上場企業数が多くなりそうです。日本は上場すること自体に目的がある会社が多いのです。別に資金調達が目的ではなくて、また他社を買収するために株券を使いたいわけでもありません。新卒学生を集めたい、オーナーがエグジットしたい、持株を売りたいという目的で上場することが多いので、オーナー以外の株主にとっては意味のない上場が多いといえます。

一方で、米国企業は、意味のない上場をしていると買収されたり、社長がクビになったりします。それで、上場する意味のない会社はマネジメント・バイ・アウト（ＭＢＯ）で市場から出ていったり、勝手に非上場化したり、倒産したりで、どんどん上場企業が減っています。あと、グーグルやアマゾンがＩＰＯ前に買収するので、ＩＰＯも少ないです。ニューヨーク証券取引所は実は上場企業数が減って困っています。米国は成長している経済なのに、こんなに上場企業数が減ること自体おかしいですが、日本は毎年増えています。

日本におけるアクティビストの状況

アクティビストは日本語で「物いう株主」といわれることが多いです。アクティビストが日本で盛り上がったのは12年前、２００７年頃で、そのときはホリエモンがライブドアの社長で、フジテレビを買収しようとし、楽天の三木谷さんはＴＢＳを買収しようとして、全部失敗しました。その少し前に、村上ファンドの村上さんは経済産業省の官僚からアクティビストになって活動を始めました。たとえば、ヒューリックという優良な不動産会社がありますが、もともとは昭栄という繊維会社でした。村上さんが最初にＴＯＢしたのはこの昭栄で、その後、阪急阪神ホールディングスという鉄道会社がありますが、あれは、もともとは阪神と阪急で別々の会社で、村上さんにねらわれたから合併しました。

そのときにはスティール・パートナーズという米国の有名なアクティビストが、ブルドックソースを買収しようとしたのですが、そのときにブルドックソースは日本で初めて買収防衛策を発動しました。そのときにスティール・パートナーズは増配などを要求していましたが、ブルドックソースは、それから12年後の今年になって配当を2倍に増やしました。12年間何もしなかったのに、配当を2倍にしたのは、社長がかわったからです。ブルドックソースの決算説明会で、私は何で12年前にスティール・パートナーズに提案されたことをいま頃やっているのかと聞いたところ、昔の経緯は知らないが、取締役会でいろいろ議論した結果、資本効率性を高めないといけない、中期経営計画でもROEの目標をつくったので、配当を2倍にすることを決めたといっていました。だから、実はアクティビストのいっていることは正しいことが多くて、それを数年たって実施するという会社が結構あります。

アクティビストは、日系では村上ファンドが有名ですが、昔のホリエモン事件や村上ファンド事件があって、日本でのアクティビストの評判はとにかく悪いです。村上さんは、昔、逮捕される前に、金儲けして何で悪いのか、上場しているということは誰が株を買ってもいいことを意味する、ということをいって社会的にひんしゅくを買いましたが、それは米国では当然のルールです。米国では、儲けた人が尊敬され、こういったアクティビストも尊敬されています。就職先としても、IT企業や投資銀行、コンサルと並ぶくらいアクティビストは人気が高いです。アクティビストは、エスタブリッシュメントとして、ウォール街の尊敬も集めています。でも、日本では、昔のイメージが悪いのと、やっていることが株主還元しろという要求が多くて、米国の大手アクティビストのような、事業構造の見直しに関する提案がいまいち苦手だという問題もあります。ただ、いま、東証でもPBRが1倍を割れている会社が半分あり、特に地銀などでは0・1倍くらいのものもあります。株主資本を毀損する可能性があるからPBRが1倍を割れているわけで、PBRがこれだけ低いのになぜ買収も起きないのか、なぜ市場から退出しないのか、という問題もあります。私は、もっとアクティビストに頑張ってもらい、日本の企業経営の北風になってほしい、日本企業が変わるきっかけになってほしいと思っています。

運用会社の議決権行使

2017年のスチュワードシップ・コードの改訂での大きな変更点が、スチュワードシップ・コードを受け入れた運用機関は、議決権行使の個別結果を開示するというものでした。たとえば、日本生命がトヨタの取締役の誰に賛成しました、誰に反対しましたというのを全部公表しないといけないというルールです。個別結果ですから、パッシブ運用をしていると2000社以上銘柄をもっているので、大手運用会社だとPDFで300ページくらいの分量を各社開示しています。一番すごいのは米国の大手運用会社のフィデリティで、700ページもあります。

たとえば、先ほど住友不動産が買収されることをおそれて、買収防衛策を通したいから持合いを増やしたといいましたが、買収防衛策はほとんどの運用機関が100%近く反対です。経営者の保身につながると思っているわけです。あと、外国人投資家からみたら日本企業の株主還元は小さすぎると思われているといいましたが、たとえば、キャピタルグループは米国の超優良な運用会社ですが、剰余金処分のところをみてもらうと、日本企業の株主総会での剰余金処分案が小さすぎるということで半分くらい反対しています。剰余金処分案が株主総会で通らなかったら配当がもらえなくて困るのではないかという反対論もあるのですが、キャピタルグループは行儀のよい会社なので、株主提案はしません。あくまで日本企業に対するメッセージとして、株主還元が不十分ですというために、反対しているということです。

あと、このほかにも、社長の賛成率が下がってくると、危機意識を抱いて方針が変わった会社もあり、それはスチュワードシップ・コードの効果だと思います。まじめに議決権行使をされるようになったので、ダメだった会社やその会社社長に対してもよい影響を与え始めたということです。
いま株式市場では、ユニゾに対するTOBがすごく注目されています。不動産会社ですが、含み資産が多いので、TOBをかけられているのです。でも、ユニゾは買収されまいと思っていて、買収するのであれば、TOBの値段だけではなくて、従業員を守るという条項を入れろといっています。ユニゾの顧問弁護士が有名な岩倉（正和）弁護士で、岩倉先生はブルドックソースの買収防衛策をつくった、日本でもトップ5に入る有名な弁護士で、どうしたら外資が嫌がるかということをよくご存じです。ですから、外資が嫌がる従業員の利益を保護しろという条項を持ち出してきて、いま、買収されまいとしています。これが、先ほどの外為法改正の問題と並んで、日本の企業は、外資に買収されようとすると嫌がる象徴としてみられています。日本企業は海外企業の買収ばかりしているのですが、自分が買収されようとすると、すごく抵抗します。本当に一方通行だと外国人からよく指摘されるということです。

質疑応答

質問　外為法改正はアクティビスト対策とのご指摘でしたが、日本企業の問題点を改善させようという傾向に反していると考えてよいのでしょうか。

答　財務省のホームページのQ＆Aにあるのですが、一応、日本政府の見解は、米国も同様だし、これはグローバルな流れとのことで、中国とは明確に書いていないですが、安全保障上の障害のある投資を排除するというのが最大の目的と書いてあります。

私は、外為法改正には基本的に反対です。いま、外国人投資家の日本株への関心が減っているなかで、日本政府はPRが下手です。米国の外為法改正は数値基準ではなくて、行政府の裁量権でいくらでも排除できる法律にしています。日本も同じようにすればいいのに、今回の韓国に対する3品目の輸出規制にしても、誤解ととられてしまうような法改正をやりがちです。こういう法改正をしたらどのように外国人投資家からみられるか、あとFinancial Timesも酷評していて、市場のことがわかっていない人が法律をつくるので、こういうことになるのではないかと思います。

たしかにほとんどの外国人投資家には、この改正は影響しません。パッシブ運用は関係ないし、自分から俺を役員にしてください、この重要資産を売却しろ、などと株主総会で提案しなければまったく抵触しません。実質上はそんなに障害にならないと思うのですが、そうみえてしまうような改正にしてしまったということが最大の問題だと思います。

質問 **米国では上場企業数が減っているのは、意味のない上場企業は買収されてしまうのも一因とのことですが、日本では企業が上場することは意味があるのでしょうか。**

答 意味のある上場か否かは、人によって定義が違うと思います。ただ、本当にやる気のある若い社長がリスクをとって会社をつくってＩＰＯさせて、それで金持ちになるというのはよいと思います。でも、日本の企業の経営者は、上場して時価総額１００億円になって、社長がもっている個人資産が10億円とか20億円になると、急に金持ちになった気になって、それ以上成長させる気がなくなってしまうようです。

フェイスブックやグーグルは、最初上場した頃は100億円くらいでしたが、いま100兆円で、そこから思いきり大きくさせたわけです。上場後のエクイティストーリーが重要であるとよくいわれていて、株主価値をいかに増やしていくかというエクイティストーリーがないと、本来であれば上場すべきではないといわれるわけです。

質問 **買収防衛のために持合い株を増やしている会社があるとのことですが、持合いは、資産効率を悪くしたり、ROEを下げたりすると将来は大丈夫なのかと思いますが、どうでしょうか。**

答 買収防衛策の原則は、別に買収阻止が目的ではなくて、株主が判断するための時間を稼ぐというのが買収防衛策のもともとの目的です。ですから、住友不動産も、自分が買収されるのが嫌で買収防衛策を自己保身のために入れたとは一言もいっていなくて、ただ株式市場やアナリストからそう指摘されているだけです。

ただ、法律ではなくコードですから、守らなくてもペナルティがありません。あくまでコンプライ・オア・エクスプレインで、趣旨は投資家と企業の対話を促進することなので、文句があるのであれば、機関投資家から住友不動産の社長にガンガンいえばいいということです。

ただ、外国人投資家も、日本はコーポレートガバナンス改革が遅いと指摘しているので、会社法改正で持合い株を制約したらいいのではないか、あとドイツも昔は持合いが多かったのですが、シュレーダー首相のときに3年間キャピタルゲイン課税を凍結して、3年間で持合い解消を推進しました。それと同じ税制上の優遇措置が必要ではないかという指摘もあります。

あと、企業年金連合会がやろうとしていることは、機関投資家に働きかけて、議決権行使基準に持合いの基準を入れさせようとしています。ただ、持合いの定義がむずかしいので、ルールで縛るのがむずかしくて現実には進んでいません。そういう議論があります。

質問 **日本企業の株主への還元率が低いという点について、日本では会社は従業員のものという考え方があるためかと思いますが、いかがでしょうか。**

答 日本は「三方よし」という考え方が昔からあって、会社に関する考え方が違うわけです。あと、社長は従業員の代表で、株主の代表ではないという考え方もあり、国によって資本主義の考え方が違うから、それはそれで受け入れるべきだと思います。

ただ一方で、やはり株価が上がれば、みんなハッピーで、財政だって年金も含めて、社会はよくなります。株主還元して株が上がれば、従業員だって従業員持株会で株をもっているのだから幸せになるだろう、そういう理屈で村上ファンドなどはいくわけですが、やっぱり株が上がればみんな幸せになります。

このためには、社長が資本コストをわかっていないのは問題です。自分の会社の資本コストをしっかりと理解してもらって、それ以上のリターンを上げるという考え方があれば、無駄な資金をもっていたらROEが下がってしまうわけですから、資本コストをカバーできません。社長にもっと資本コストを理解してもらうというのがカギかなと思います。

質問　日本企業は、海外企業をしばしば買収するにもかかわらず、海外企業から買収されることを嫌がるという指摘がありましたが、海外企業は、買収されることは厭わないスタンスなのでしょうか。

答　そのとおりです。ただ、日本企業の場合、買収されたくないと思っているのは社長だけです。従業員からみたら、能力のない社長がクビになって別の経営者に来てもらえば会社がよくなるかもしれないので、やっぱり社長の保身として買収されたくないというのがあると思います。

一方、米国の企業であれば、株価を上げるのが企業経営者の最大のミッションで、買収されるときにはプレミアムがついて買収されます。あと、いわゆるゴールデンパラシュート的なオファーもあるので、経営者としてみれば、株価を上げて自分は評価されたい、また、その結果として別の会社に行って経営することもできるので、経営者がそれを選ぶということだと思います。

質問　日本の機関投資家と違って、外国人投資家は、議決権行使を積極的に行い、それ以上に企業経営に対してアクティブにかかわることができる理由は何かあるのでしょうか。

答　米国では、それが前から当たり前で、日本と米国で違うのは、米国の場合には共同エンゲージメントです。1人の投資家で行ったらあまり効果がないので、ウルフパックという言葉も法律用語でありますが、何人かの機関投資家が一緒に議決権行使をして企業経営に影響を与えるというのが米国や英国では一般的です。日本には、大量保有報告の問題もあって、それができません。ただ、いま、日本でも、公的年金のGPIFの要望もあって、日本の機関投資家も本当に客観的な基準で議決権行使をしてよくなったと思います。単独での議決権行使はよくなりました。

第7章

金融資本市場における エンフォースメントをめぐる実務と課題

本章のねらい▼金融資本市場での公正な取引を確保するためには、市場監視やそのエンフォースメント（執行）を適切に行っていくことも必要です。今回は、不公正取引（インサイダー取引、相場操縦等）、開示規制違反等の市場監視の実務を担う証券取引等監視委員会の水口事務局次長に、その実際と課題について講義していただきます。

ポイント▼証券監視委は、1992年の発足以来、重大・悪質な事案に対する告発や法令違反事案等に対する勧告等の実績を積み重ねるとともに、調査・検査を通じた市場監視に積極的に取り組んできました。グローバル化、世界的な低金利環境、デジタライゼーションの飛躍的な進展等、大きく変わる資本市場のなかで、幅広い投資者が安心して投資できる市場を実現すべく、調査・検査の手法等についても常に進化させていく必要があると考えています。

〈ナビゲーター〉水口　純（みずぐちじゅん）
金融庁証券取引等監視委員会事務局次長

東京大学法学部卒業、米ハーバード大学ケネディスクール修了（MPP）。1987年大蔵省入省。下館税務署長、アジア開発銀行（マニラ）、国際決済銀行（バーゼル）派遣職員、国際局調査課長、金融庁証券取引等監視委員会事務局総務課長、監督局担当審議官、総合政策局担当審議官等を経て2019年７月より現職。

（2019年11月27日講義）

1 証券取引等監視委員会の活動について

委員会の組織・業務内容と定員

今回は市場監視をめぐるエンフォースメントの講義ということですが、まずはその実務を担う証券取引等監視委員会（以下、「証券監視委」という）についてご紹介します（注1）。証券監視委は、委員会組織であり、3名の委員から構成されており、現在（第9期）（注2）の長谷川充弘委員長は、検察官出身で広島高等検察庁検事長等を経験されています。ほか2名の委員のうち、浜田康委員は会計士のバックグラウンドをお持ちで、もう1名が引頭麻美委員で民間企業（株式会社大和総研）出身です。

証券監視委は、内閣府設置法54条、64条および金融庁設置法6条等に基づき設置された合議制の機関で、組織的には金融庁に属していますが、法令（金融庁設置法）上、委員長および委員は、独立してその職権を行使します。任期3年で、委員会の使命としては、基本的に、①市場の公正性・透明性の確保および投資者保護、②資本市場の健全な発展への貢献、③国民経済の持続的な成長への貢献を掲げています。行政処分を行う権限自体は証券監視委にはありませんが、基本的には現場を検査・調査して、法令違反行為等があれば金融庁に対して行政処分や課徴金納付命令の勧告、もしくは検察官に対して犯則事件として刑事告発を行ったりします。証券監視委が当時の大蔵省内に設立されたのが1992年です。その前年に大手証券会社の損失補てん問題等もあり、独立した証券監視機関が必要だということで設立され、当初は財務局等監視官部門をあわせた全体で200名、証券監視委本体では100名にも満たない組織でしたが（図表7－1の下図）、現在は合計で740名、当初の4倍弱まで拡大して日々市

図表7－1　証券監視委の組織・仕組みと定員の推移

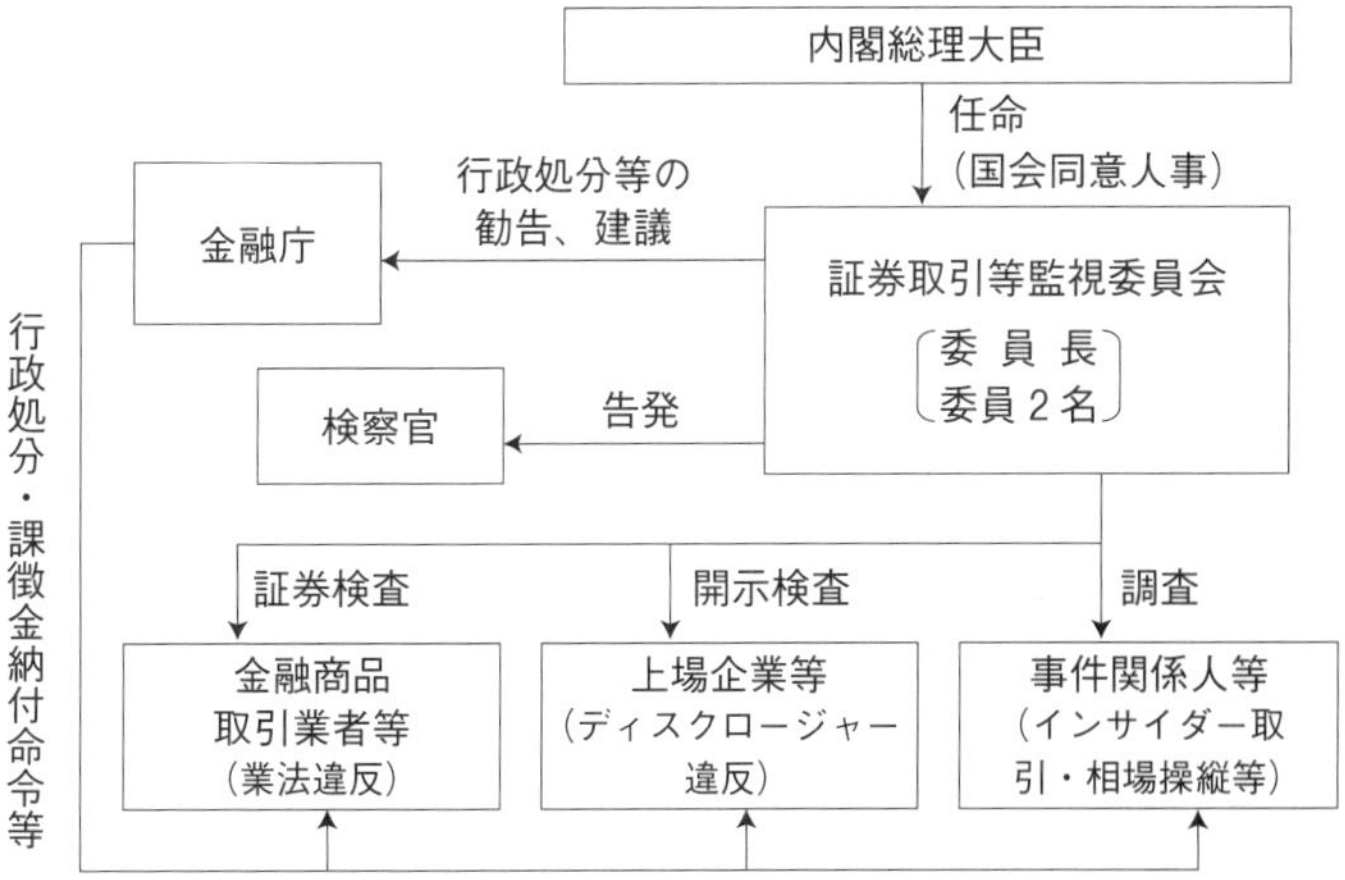

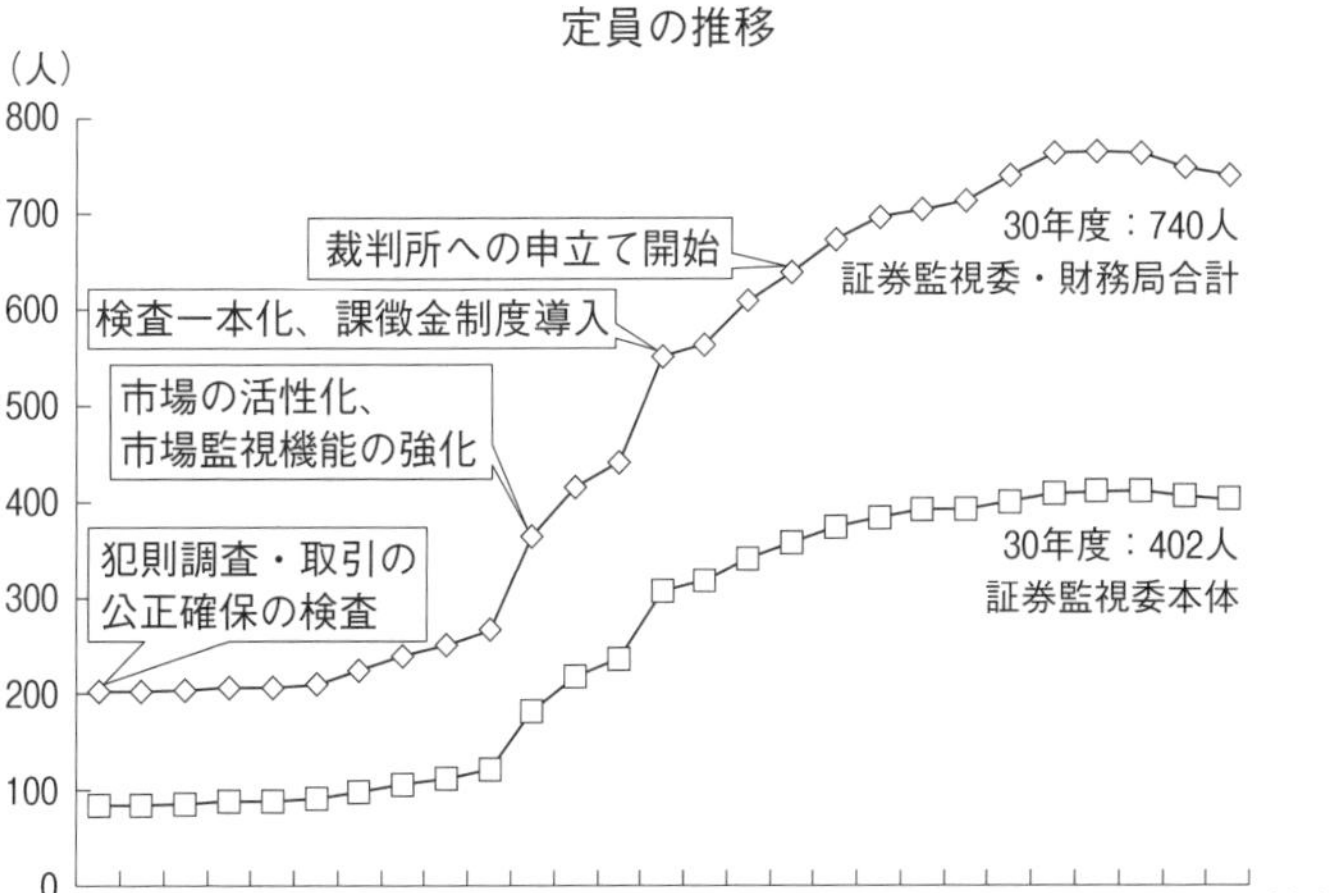

（出所）　証券監視委作成

場監視活動を行っています。2005年に課徴金制度を新たに導入したこともあり、定員が大幅に増えました。

第9期中期活動方針

3年ごとに新しい委員会体制になり、そのつど、中期活動方針を策定・公表しています（図表7－2）。特に、第9期における市場監視の戦略目標をみていただくと、「広く」「早く」「深く」とあります。金融商品には、仕組債的なもの、複雑な商品でなかなか内容の理解が容易ではない商品もあります。これらのさまざまな商品にどう「広く」対応していくか、また、個々の金融商品や取引を監視、チェックするだけではなく、全体にどのような影響があるかを考慮するという視点から、「部分から全体へ」とあります。木をみるだけではなくて、森をみるという発想をする必要があるのではないかという観点です。

さらに、「早く」ということで、問題が生じてから正すのももちろん大事ですが、後追いになりがちですので、どうすれば未然に不正の芽や問題の芽を摘めるかを機動的な市場監視を通じて日々考えなければいけません。

さらに、何か問題が起きたときに「深く」です。なぜその問題が起きたのかという原因が当然あるわけですが、表面的な原因分析だけでなく、なぜ起きたのか、その根本原因が何であるかに迫って、それを徹底的に直していただくという発想が大事になります。たとえば、経営者自身が問題なのか、経営者の指示を実行できなかった中間層に問題があるのか、または、職員に対するインセンティブの仕組みとして、たとえば違法行為を生み出すような給与・賞与体系になっていないか等、いろいろな要因がありうると思います。

2 市場監視業務の実際と主な法執行権限

(1) 市場分析審査

これからはいくつか個別の業務についての説明です。最初は市場分析審査ですが、大別して2つあります。まず第1は、木ではなく、森から入ろうという発想に基づき、たとえば、マクロ経済情勢、業態や個別企業の動向等の幅広い情報を収集・分析し、どのような問題が生じうるか、不正行為の可能性を含めて、しっかりみることです。また、たとえば、株や社債を発行する市場とそれらが流通する市場とがありますが、どちらか一方だけに着目するだけではなく、両市場を跨いだ不正スキームもありうるので、両市場を通じた網羅的な監視も必要となってきます。

第2に、こうした情報収集をベースに、株価が動いたときに、たとえば、ある重要事実が発表される直前にタイミングよく売買されているが、インサイダー取引の可能性がないか、また、急に株式相場が上下しているが、人為的な相場操縦の可能性はないか等について、取引の仲介者である証券会社や取引所から注文等データを入手して、いわゆる取引審査を年間1000件程度行っています（図表7－3の上表）。そのもととなる情報受付件数としては年間約6000～7000件で（図表7－3の下表）、現在はインターネット経由で受け付けるものが多いです。また、金融商品取引所や日本証券業協会等の自

図表7－2　証券監視委　中期活動方針（第9期）

～四半世紀の活動をふまえた新たなステージへ～

証券監視委の使命

1.　市場の公正性・透明性の確保および投資者保護
2.　資本市場の健全な発展への貢献
3.　国民経済の持続的な成長への貢献

証券監視委が目指す公正・透明な市場の姿

〈主な構成要素〉

1.　上場企業等による適正なディスクロージャー
2.　市場仲介者による投資家のための公正・中立な行動
3.　すべての市場利用者による自己規律
4.　プロフェッショナルな監視メカニズム

証券監視委における価値観

公正性 （公正・中立な視点）	説明責任 （全体像・根本原因の把握およびその対外的発信）	将来を見据えたフォワード・ルッキングな視点 （不正行為の予兆を早期に発見）
実効性および効率性 （資源の効果的な活用）	協働 （自主規制機関、海外・国内当局等との緊密な連携）	最高水準の追求 （監視のプロとして最高水準を目指す）

環境分析				
環境分析	グローバル経済の不透明化	市場のグローバル化の進展	ITの進展	国民の安定的な資産形成や投資の裾野拡大に向けた取組み

戦略目標	1.網羅的な市場監視（広く）	2.機動的な市場監視（早く）	3.深度ある市場監視（深く）
戦略目標	①新たな商品・取引等への対応 ②あらゆる取引・市場を網羅的に監視 ③全体像の把握（部分から全体へ）	①問題の早期発見・着手 ②早期の対応による未然防止の実現 ③迅速な実態解明・処理による問題の早期是正	①問題の根本原因の追究 ②横断的な視点による深度ある分析を通じた構造的な問題の把握

施策		
施策	⑴内外環境をふまえた情報力の強化	➢市場環境のマクロ的な視点での分析等によるフォワード・ルッキングな市場監視 ➢海外当局との信頼関係醸成による情報収集の強化および市場監視への活用 ➢市場監視の空白をつくらないための取組み
	⑵迅速かつ効率的な検査・調査の実施	➢不公正取引等に対する課徴金制度の積極的活用 ➢クロスボーダー事案への積極的な取組み ➢重大・悪質事案への告発等による厳正な対応 ➢リスクアセスメントを通じた効果的なモニタリング手法の確立
	⑶深度ある分析の実施と市場規律強化に向けた取組み	➢根本原因の追究 ➢検査・調査で得られた情報の多面的・複線的な活用 ➢情報発信の充実 ➢市場環境整備への積極的な貢献 ➢国際連携上の課題の問題提起を通じたグローバルな市場監視への貢献
	⑷ITの活用および人材の育成	➢市場監視におけるITのさらなる活用（RegTech） ➢FinTech等のITの進展をふまえた市場監視の変化への対応 ➢高度な専門性および幅広い視点をもった人材の計画的な育成
	⑸国内外の自主規制機関等との連携	➢自主規制機関とのさらなる連携強化による効率的・効果的な市場監視 ➢多様な市場関係者（ステークホルダー）と連携した市場規律の強化

PDCAサイクルによる市場監視態勢の不断の見直し

（出所） 証券監視委作成

図表7－3　市場分析審査での審査件数および情報受付件数

審査実施件数　（単位：件）

区分＼年度	2014	2015	2016	2017	2018（注）
合　計	1,084	1,097	1,142	1,099	798
価格形成	94	95	98	83	48
インサイダー取引	978	992	1,031	1,002	746
その他（偽計等）	12	10	13	14	4
（参考）実施主体別					
証券監視委	447	481	482	455	325
財務局等	637	616	660	644	473

情報の受付状況　（単位：件）

区分＼年度	2014	2015	2016	2017	2018（注）
受付件数	5,688	7,758	7,600	6,147	5,695
受付方法別					
インターネット	3,733	5,510	5,569	4,551	4,190
電話	1,375	1,689	1,370	1,092	1,151
文書	458	451	475	358	250
来訪	54	32	34	26	20
財務局等から回付	68	76	152	120	84
内容別					
個別銘柄	3,904	5,448	5,661	4,496	4,565
発行体	410	441	354	236	153
金融商品取引業者の営業姿勢等	652	1,032	798	599	411
その他（意見・問合せ等）	722	837	787	816	566

（注）　2018年度については、2018年4～12月の件数。
（出所）　証券監視委作成

主規制機関とも随時情報交換を実施しています。そういう意味で、幅広い情報収集・分析とそれに基づく不公正取引等の端緒の発見が市場分析審査の重要な業務となっています。

(2)　証券検査

検査対象

金融商品取引業者（以下、「金商業者」という）と一口にいっても、その規模やビジネスモデルは多種多様であり、第一種金商業者には、野村證券、大和証券、外資系証券会社といったいわゆる証券会社のほか、外国為替証拠金取引業者、いわゆるＦＸ業者も含まれます。

投資運用業者は、たとえばインデックス等の公募の投資信託を設定し、運用するような会社ですが、これも登録業者です。第二種金商業者は流動性の低い有価証券の販売、たとえばファンド持分の勧誘や自己募集を行う業者です。その他、投資に関する助言やアドバイスを提供する会社も登録業者です。

これらの金商業者は、基本的に登録制です。以前は免許制や認可制もあったのですが、１９９０年代後半以降の金融ビッグバンのなかで、基本的には登録制となり、登録の拒否要件に該当しなければ登録する仕組みとなっています。

他方、登録後に行う業務に対して、法令上さまざまな行為規制が設けられています。行為規制のなかには、たとえば、契約締結前や契約締結時に顧客に所要の書面を交付してください、顧客に商品に関して虚偽の説明を行ってはいけません、さらに、顧客の知識、経験などに沿って商品の勧誘を行わなければいけません、といった法律上の規定など、多様な行為規制が規定されています。

検査の概要

証券検査では、その対象が７０００社超もあるので（図表７－４）、モニタリングに際して、優先順位をつけながら何がリスクかを、まずオフサイト、つまり報告徴取、ヒアリング、関係先との意見交換等を通じた情報収集を中心にチェックして、検査が必要な先についてリスクベースで選定し、オンサイトの実地検査に入っていきます。オン・オフ一体といっています。

会社本部の文書、場合によっては支店も現場検査しながら、法令違反行為等が見つかればその旨を

図表7－4　証券検査における対象業者数の増加

約7倍に増加

発足当時（1992年）
・約1,100社（延べ）

・国内証券会社	216（92年12月）
・外国証券会社	49（92年6月）
・金融先物取引業者	216（93年5月）
・証券業務（窓販）の認可を受けた金融機関	619（93年7月）

・約7,000社（延べ）
2018年12月（注）

・第一種金融商品取引業者	295
・登録金融機関	1,035
・投資運用業者	374
・投資法人	101
・投資助言・代理業者	983
・第二種金融商品取引業者	1,193
・金融商品仲介業者	871
・適格機関投資家等特例業務届出者	2,341

（注）適格機関投資家等特例業務届出者のみ2018年10月末時点。
（出所）証券監視委作成

しっかりと指摘していきます。仮に法令違反とまではいえなくても、たとえば、複雑な商品を十分に理解していない高齢者の顧客に一方的に売り付けて、それを短期間に何回も繰り返しながら手数料を得るといったような行為は不適切であるという指摘もしながら、その根本原因を追究していきます。重大な法令違反等の場合には、金融庁長官に対して行政処分等を求める勧告を実施し、それに基づき金融庁が業務停止命令や業務改善命令などの行政処分を行っていきます。

関係機関との連携

次に、重要なのは、証券監視委は法令上検査権限をもって金商業者に対して検査を行うわけですが、証券監視委のみで市場監視がすべて完結できるわけではなく、ほかの市場関係者の役割も大変重要となります。たとえば、企業の監査役であれば、会社の業務にどう目を光らせていくか、会社の株主であれば、株主としてのエンゲージメントをどう高めていくかということでしょう。また、財務諸表監査を受ける会社の場合には、会社自身による適切な財務諸表の作成、監査法人への情報提供、監査法人との十分な対話はもちろんのこと、監査法人においても、しっかりと財務状況をみていただくことも大変重要となります。証券会社は、たとえば発行有価証券の引受けという市場仲介者としての大事な役割もあります。さらに、証券監視委と、金融商品取引業協会、金融商品取引所等の自主規制機関との緊密な連携も重要となります。もう少し広い意味では、会社法務に関する助言やアドバイスを行う法律事務所等との連携も重要となるでしょう。このようにさまざまな役割を担うステークホルダーの方々と十分に連携をしながら、全体として市場の公正性・透明性を高めていくということが重要であると思います。

最近の事例と主な特徴

たとえば証券会社の場合、その営業員が顧客に対して虚偽の表示をしたり、リスク情報を適切に伝えず、顧客に誤解を生じさせるようなかたちで商品を販売したりするようなケースが残念ながら少なくありません（図表7－5）。

たとえば、ある事例では、多数の営業員が外国株式の乗換取引の勧誘に応じてもらうために、損失額を実際の額よりも過少に伝えたり、損失が発生しているのに利益が発生していると伝えたりといった虚偽表示や誤解を生ぜしめるべき行為を行っていました。結局、このような事態を招いた根本原因としては、証券会社は手数料収入低下という最近の厳しい経営状況のなかで、顧客の利益よりも会社の収益獲得を優先するという営業を是正せず、経営陣も改善に向けた指示をしてこなかったということで、行政

図表7－5　金商業者等に対するモニタリング

規模・業態別の業務運営上の課題およびリスク（例）		
大手証券会社		グローバルな業務展開を支えるリスク管理態勢のさらなる高度化が必要
うち銀行系		銀証連携の営業推進に伴う利益相反等の潜在的リスク
地域証券会社等		収益拡大を図るにあたり、十分な販売管理態勢を構築しないまま多様な商品（外国株式等）を取り扱うことに伴うリスク
金商業者等に対する行政処分勧告（11件）		
主な事例	証券会社	多数の営業員による虚偽表示や、誤解を生ぜしめるべき表示
	第二種金商業者	貸付型ファンドの取得勧誘に関して、虚偽の表示
	投資助言・代理業者	グループ会社と一体となって、買い推奨を行った銘柄の株価を急騰させる等の目的で、同時に複数の顧客に対し買い推奨

（出所）　証券監視委作成

処分を勧告した事例があります。

また、貸付型ファンドの取得勧誘に関する行政処分勧告事案もあります。最近、クラウドファンディングという制度を利用して、投資家の方々から出資を募ることができます。この事例は、特定の太陽光発電所やバイオマス発電所等の再生可能エネルギー事業の開発資金等にファンド資金を支出すると表示した貸付型クラウドファンディングであり、そこから得られた収益を分配するかたちをとる、いわゆる第二種金商業者の事例です。ただ、この業者は、ホームページ上で出資対象と説明していた事業と異なる事業等へ実際に支出している事例が多数認められたものであり、当該業者に対して行政処分勧告を行っています。

図表7－6　裁判所の禁止または停止命令

裁判所への禁止命令等の申立て

・捜査当局等と連携し、無登録で金融商品取引業を行う者による詐欺的行為に伴う被害の拡大防止のための調査を実施
・調査の結果をふまえ、裁判所に対して法令違反行為の禁止・停止命令を申立て
・必要に応じて違反行為者の名称等を公表

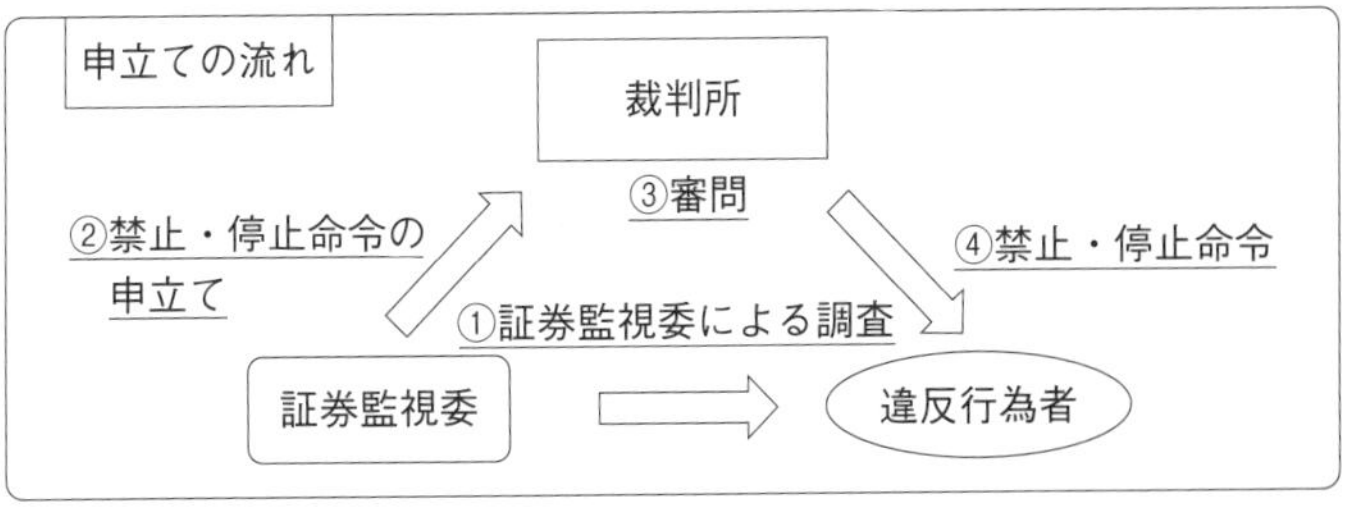

（出所）　証券監視委作成

最近、低金利下において利率5％以上といった高利回りを掲げるソーシャルレンディング等もあるようですが、いま申し上げたような違法行為もあるので注意喚起を行っています。

裁判所の禁止または停止命令

さらに、証券検査の関連では、裁判所による禁止命令等発出の申立てを行うこともあります（図表7－6）。通常、金融庁・証券監視委は、登録業者が法令違反行為をした場合に、行政処分を行い、たとえば業務を停止させることができますが、無登録の業者の場合は金融当局には基本的に権限がなく、罰則適用という意味では捜査当局の領域になります。ただし、公益上差し迫った危険があって、行為を停止させなければいけないという場合には、法令上の調査を行い、裁判所に差

止めの命令発出を求めることができる権限をもっています。たとえば、無登録で投資家から資金を集めたり、出資を募る業者については、金融商品取引法（金商法）192条で緊急の必要があって公益および投資者保護のため必要かつ適当な場合には、裁判所に対して禁止・停止命令発出を求めたりすることができます。過去にもいくつか例があります。

(3) 取引調査

不公正取引の類型

インサイダー取引や相場操縦取引は、個人も含めて、残念ながら後を絶たない状況で、取引所等と連携しつつ証券監視委が、いわゆるタイミングのよい取引があった場合等に審査を行った結果、どうも怪しいという場合には質問調査などにより本格的調査等を行います。不公正取引防止のための規制の類型を示したものが図表7－7で、主には、不正行為の禁止、風説の流布や偽計、つまり虚偽の情報を流して投資者を欺く行為等の禁止、さらに、相場操縦行為等とインサイダー取引の禁止、そして情報伝達・取引推奨行為の禁止からなります。

課徴金納付命令等の行政処分の勧告

課徴金は、違反行為を抑止して規制の実効性を確保するという観点から、インサイダー取引や相場操縦等を行った者に対して金銭的負担を課す行政上の措置ということで、違反者に対して経済的利得相当額を水準として賦課することを基本的な考え方としています。いわば不当に儲けた部分を吐き出しても

図表７－７　不公正取引防止のための規制

不正行為の禁止（金融商品取引法157条）	不正行為、詐欺行為等包括的な規定
風説の流布、偽計等の禁止（158条）	虚偽の情報を流して投資者を欺く行為等
相場操縦行為等の禁止（159条）	相場を人為的に変動させているにもかかわらず、あたかも自然の需給によって形成されたものであるかのように他人を誤解させるなどによって自己の利益を図ろうとする行為
インサイダー取引の禁止（166条、167条）	上場会社の関係者等が内部情報（重要事実）を使って、その公表前に、当該上場会社の株式の売買を行って利益を得る行為
情報伝達・取引推奨行為の禁止（167条の２）	・情報伝達：上場会社の関係者等が内部情報を、その公表前に外部の者に伝達することで利益を得させる行為 ・取引推奨：上場会社の関係者等が内部情報を察知し、その公表前に（内部情報は伝えずに）取引を推奨する行為

（出所）　証券監視委作成

らうというのが基本的な考え方であり、そういう意味で行政上の措置となります。

課徴金制度導入以前は罰則に基づく告発という制度のみであり、重大で悪質な不公正取引等について、捜査当局等とも連携のうえで刑事告発を行うのですが、いわゆる犯則調査は、任意調査のほか、裁判官の発する許可状による臨検、捜索および差押えといった強制調査を行うなど、厳格な手続を踏む必要があり、どうしても時間がかかります。また、刑事罰は対象者に与える影響がきわめて大きいため抑制的に運用する必要があること、刑事告発ができないなら何もやらないといった、オール・オア・ナッシングの判断ではなく、

図表7－8　課徴金納付命令に至る流れ

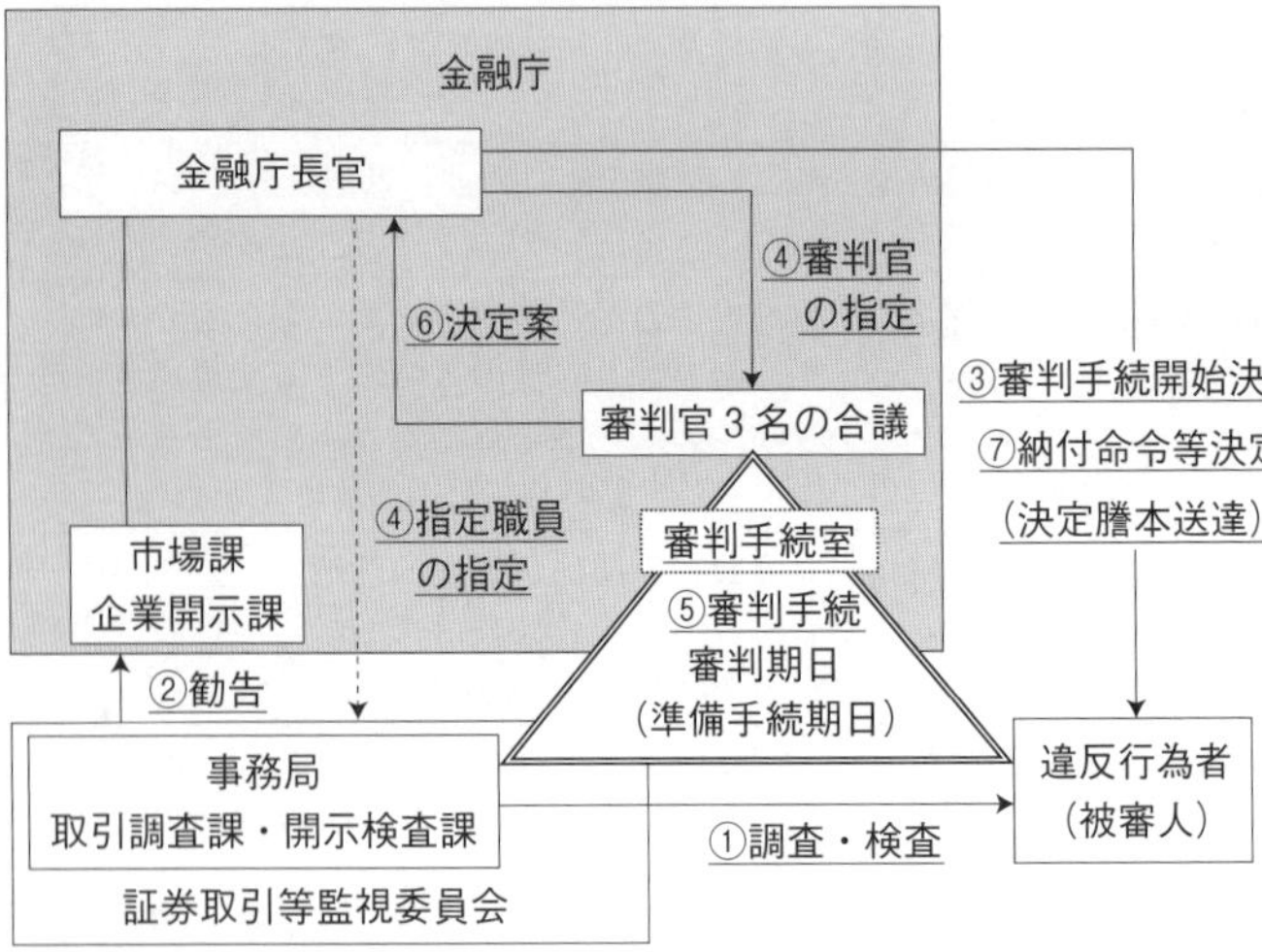

（出所）　証券監視委作成

違反行為の程度や態様に応じて迅速・効率的に実施できる課徴金制度も活用していくことで、実質的な監視能力の向上と市場への信頼性向上が期待できることから、2005年に課徴金制度が導入されました。同一事案について課徴金を課し、さらに刑事罰を科すことも可能ですが、行政上の措置と、反道徳性・反社会性等に基づく重大・悪質な場合の刑事罰とは趣旨が違うので、一定の調整規定が設けられています。

図表7－8は課徴金納付命令に至るフロー図ですが、まず証券監視委が調査をして金融庁長官に課徴金に関する勧告を行います。その後、金融庁において審判という手続が行われます。3名の審判官の合議制で、被審人に対して事実関係等を確認しながら審理し、その決定をふまえて金融庁長

官が納付命令を命ずるかどうか決定するという適正手続が課徴金制度のなかに設けられています。

課徴金の水準の計算方法は細かく定められており、その基本的な趣旨は行政上の措置として、一般的・抽象的に想定しうる経済的利得相当額を基準としつつ、具体的な算定方法が決められています。たとえば、インサイダー取引の場合は、重要事実公表後2週間経過したときの最高値が実際売り付けた価格より高かったとしても、つまり実際には最高値で売っていないにしても、その最高値に買付数量を乗じた額を課徴金として課すという方式になっています。

なお、開示規制違反の場合の課徴金の額は、発行開示と継続開示の場合で異なるのですが、たとえば、発行開示の場合、株券等以外の有価証券の発行開示書類の場合には、発行価額総額の100分の2・25、株券等発行の場合には約2倍で100分の4・5になっています。

また、課徴金には加算・減算制度があります。違反行為を的確に抑止する観点や、再発防止および自主的なコンプライアンス体制の構築の促進の観点から、たとえば、過去5年以内に課徴金の対象になった者が再度違反した場合には、課徴金の額を1・5倍に加算する措置等がとられます。

不公正取引における重要事実別の類型

不公正取引の類型については、公開買付けや業績修正等を重要事実とする事案が昨年同様多数みられましたが、過去に適用例のなかった重要事実（事業譲渡の例）の事案や、情報伝達・取引推奨行為に関して取引推奨規制違反のみの事例での初めての勧告、海外の金融機関による市場デリバティブ取引の相場操縦などがみられました（図表7－9、後述する告発分も含む）。

図表７－９　不公正取引の勧告・告発における重要事実等別の構成割合

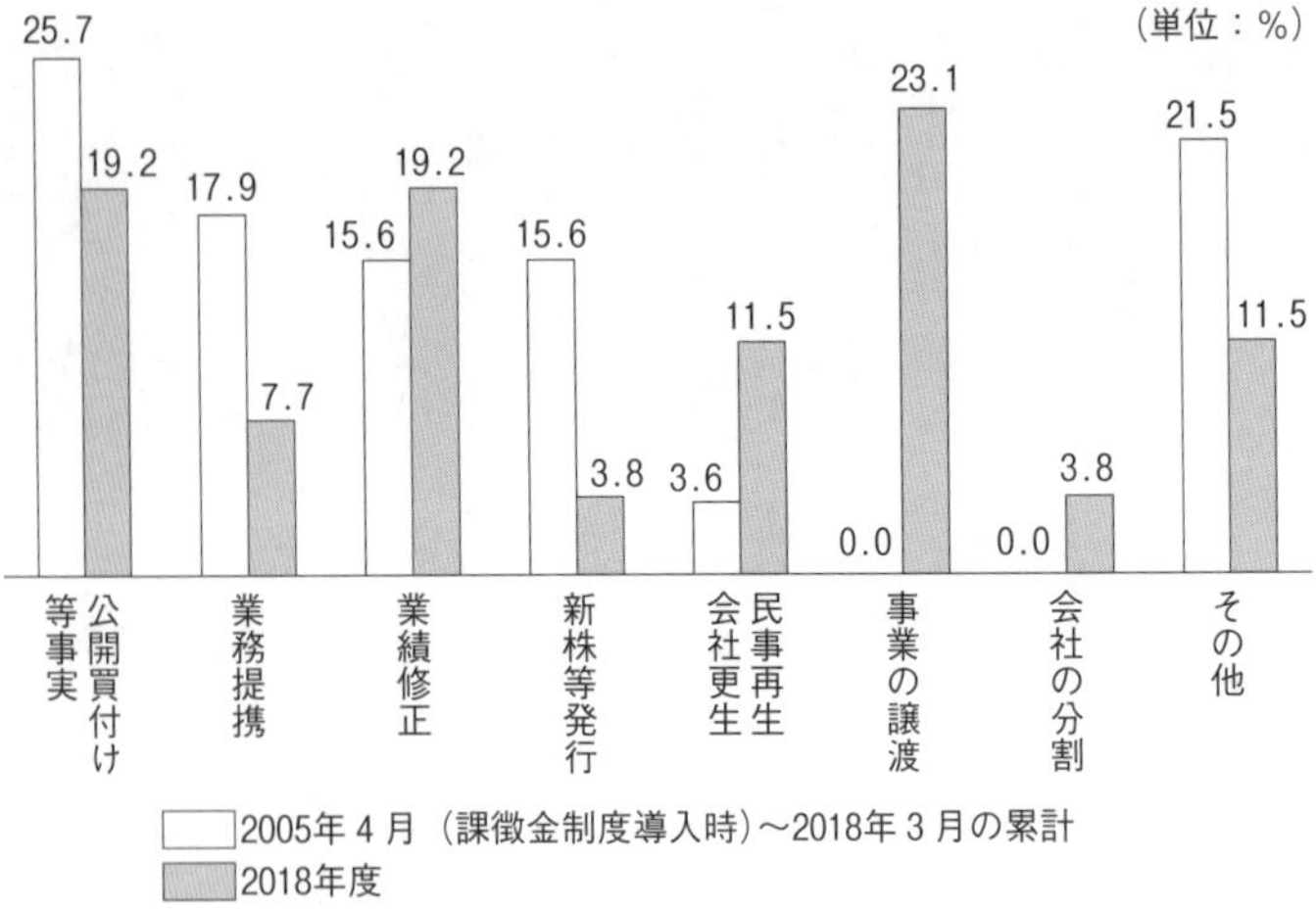

（出所）　証券監視委作成

たとえば、最近では、ある上場企業によるデータ偽装不祥事の際に、その事実を公表する前に、それを知っていた者が自社の株を売買していたというインサイダー取引事例や、相場操縦事案では、いわゆるデイトレーダーと呼ばれる個人投資家がインターネットで取引している事例もありました。

クロスボーダー事案

２０１０年頃に公募増資インサイダーという機関投資家絡みのインサイダー事案があり、さらに、海外とのクロスボーダー取引の監視の必要性が高まったので、専門の調査担当室を設置しました。クロスボーダー取引という性質上、たとえば外国からのインサイダー取引の場合、外国の行為者に対する調査が必要となるわけですが、日

図表7－10　情報伝達・取引推奨行為の禁止（金融商品取引法167条の2）

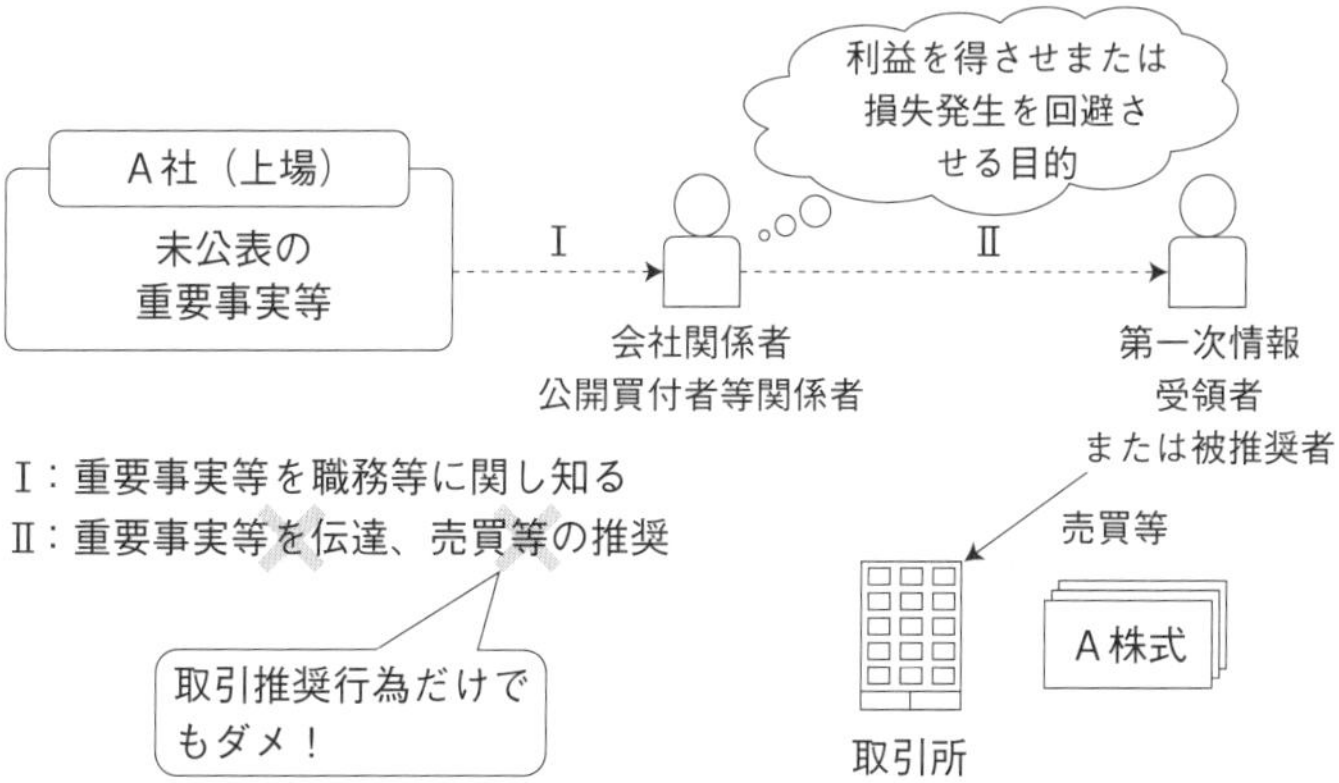

（出所）　証券監視委作成

本市場の公正性を確保するためにも外国からのインサイダー取引の監視にしっかり取り組んでいく必要があり、外国の当局とも緊密に連携・情報交換しながら市場監視を行っていきます。

情報伝達・取引推奨行為の禁止

インサイダー取引の場合には、通常はインサイダー情報を得て株の売買を行った者を規制するのですが、利益を得させる目的をもつ等、一定の要件のもとで、インサイダー情報を伝達した者または、相手方に対してたとえば「この株は上がると思うよ、取引したら」と、重要事実を伝えないまでも取引を推奨する行為をした者を規制する目的で、2013年金融商品取引法改正において情報伝達・取引推奨行為の禁止が導入されました。

ただ、いかなる場合にでも取引推奨行為を規制すると正当な取引推奨業務まで規制される可能性があるので、先ほど述べたように、相手方に「利益を得させまたは損失発生を回避させる目的」をもったうえで、たとえば、これを買っておくと将来上がるからなどといって、情報受領者がそれに基づいて売買をするという場合には取引推奨行為者に課徴金がかかるという規定になっています。インサイダー情報自体は相手方に伝えなくても、一定の目的をもってこれは儲かるといった取引推奨行為だけでも違反になるというように法律構成している部分が特徴的かと思います。

(4) 開示検査

金融商品取引法（金商法）の開示規制

金商法の開示規制は、株や社債等の発行市場と、取引所等における流通市場において、一般投資者が十分に投資判断を行うことができるような資料を提供されるようにするための規制です。発行市場でいうと、有価証券届出書をはじめとする各種開示書類の提示を発行者に義務づけて、これらを公衆縦覧に供するということになります。特に、上場会社は、有価証券発行企業の事業内容、財務内容等を記載した有価証券報告書の提出といった継続開示の制度もあります。

また、市場外で株式を買う場合には公開買付制度がありますが、買付けにあたって公開買付届出書等を提出する必要があり、また、株券等の大量保有を行う際、発行済株式総数の5％を超える場合には大量保有報告書を出してくださいといった法定開示書類の提出義務がいくつか設けられています。

開示検査の概要

開示検査では、主に、上場企業の投資家に対する開示書類のディスクロージャーが適切になされているかを検証していきます。現在上場企業だけで3000社以上もあるので、企業に関するさまざまな情報を収集・分析し、さらにそのなかで優先順位づけをして、必要なオンサイト検査を実施していきます。そして、開示書類の重要な事項について虚偽の記載があるときには、課徴金納付命令を金融庁長官に勧告し、課徴金を納めていただきます。また、必要に応じ自主的な訂正を企業に慫慂しています。

主な事例と最近の特徴

近年、グローバル企業による不正会計や、海外子会社における不正会計等の開示規制違反事案が多く発覚しています。2018年度は開示規制違反の行政処分勧告は10件行っています。よくある事例としては、架空取引により売上げを過大に計上したり、または費用を過少に計上したりするといったものですが、経営が厳しく業績不振のなかで、経営陣としては、架空売上げを計上して財務開示上少しでも見かけをよくしたいという動機が働く場合があります。

図表7－11は、架空仕入れと架空販売を行い、販売代金が入ってくるように見せかけながら、実は資金が還流していたという事例です。これは仕入れ先と販売先の間に入っている当社が、その取引実態を適切に確認・検証しないまま、実在しない架空取引の商流に加わり、架空取引の計上といった不適切な会計処理による開示規制違反が認められた事例です。「証券取引等監視委員会の活動状況」（年次報告書）のなかで「取引を始める際、その実態を確認されていますか」といった注意喚起を行っています。

図表７－11　架空取引による架空売上げ計上の事例

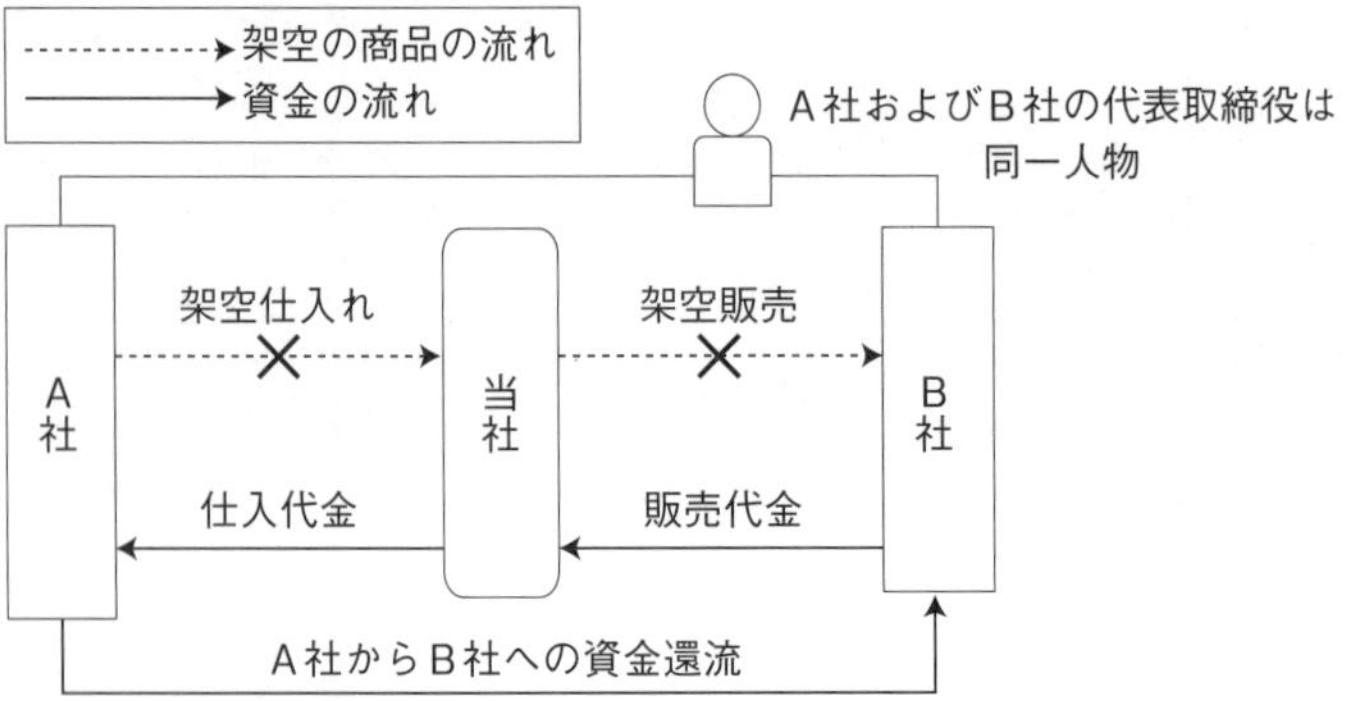

（出所）　証券監視委作成

このほかに、ある大手電機のグローバル企業の事例ですが、リーマンショックを契機に業績が落ちて映像事業やパソコン事業等が厳しいという状況のなかで、たとえば工事損失に対する引当金を過少に計上したり、もしくは費用を過少に計上したりということで、当社は、過去最高額の課徴金納付命令を受けました。

(5)　犯則調査

犯則調査は、証券監視委設立当初からある権限で、相場操縦やインサイダー取引等の金融商品取引法（金商法）のなかで罰則がついている一定の違法行為のうち、重大・悪質な違反行為の真相を解明し、告発により検察官に対して刑事訴追を求めるための調査です（図表７－12）。特別調査課という部署において、そのような重大・悪質な事案について、必要に応じ裁判官の発する許可状による強制調査を行い、関係資料を差し押さえます。さらに、デジタル・フォレンジックによりパソコンやスマートフォンのなかの関連データも押さえて、そ

図表7－12　犯則調査

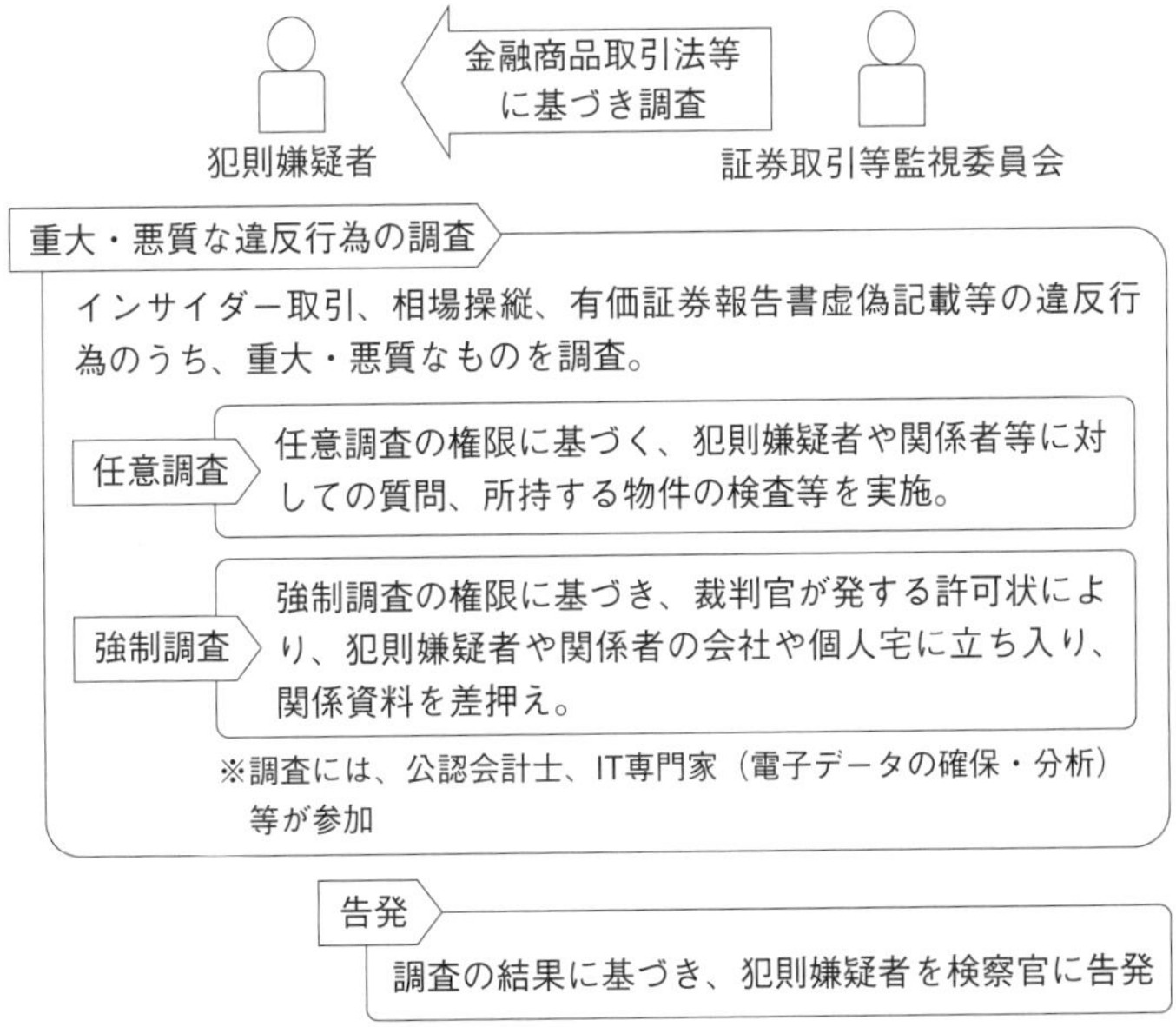
金融商品取引法等に基づき調査
犯則嫌疑者
証券取引等監視委員会
重大・悪質な違反行為の調査
インサイダー取引、相場操縦、有価証券報告書虚偽記載等の違反行為のうち、重大・悪質なものを調査。
任意調査
任意調査の権限に基づく、犯則嫌疑者や関係者等に対しての質問、所持する物件の検査等を実施。
強制調査
強制調査の権限に基づき、裁判官が発する許可状により、犯則嫌疑者や関係者の会社や個人宅に立ち入り、関係資料を差押え。
※調査には、公認会計士、IT専門家（電子データの確保・分析）等が参加
告発
調査の結果に基づき、犯則嫌疑者を検察官に告発

（出所）　証券監視委作成

の結果、犯則の心証があるときには検察官に犯則嫌疑者を告発します。

刑事告発の最近の事例としては、開示規制で求められる経営者の役員報酬を有価証券報告書に適切に記載しておらず、金商法違反（虚偽有価証券報告書提出）として、東京地検に犯則嫌疑者2名および犯則嫌疑法人1社を告発したという事案があります。役員報酬については法令により1億円以上は開示が義務づけられています。役員報酬に関する具体的な情報については、会社または個々の役員の業績に見合ったものとなっているのか、個々の役員に対するインセンティブとして適切か、会社の

ガバナンスがゆがんでいないかなどの観点から、投資者が会社のガバナンスを評価し、投資判断を行ううえで重要な情報であることから適切な情報開示が求められているところです。

(6) 行政処分勧告と刑事告発の実績

証券監視委のこれまでの活動実績をみると（図表7−13）、若干のアップダウンはありますが、2017〜2018年度において勧告が減っているのは、オフサイトでの情報収集・分析をしっかり行うことに重点を置いた時期があったこと等が要因です。現下の方針としては積極的にオンサイト検査を実施するという方針です。また、課徴金の金額ベースでみますと（図表7−14）2013年度に課徴金額が一気に上がっています。これは、ある海外事案で大きな課徴金案件があったためで、その意味ではばらつきはありますが、件数でいえばインサイダー取引（内部者取引）が一番多いということがいえると思います。犯則事件の告発数は勧告ほど多くありませんが、これもインサイダー取引（内部者取引）件数が一番多い結果になっています。

(7) 建議の活用事例

証券監視委は建議という権能をもっており、これは、金融の制度や運用に関して金融庁長官に対して必要な施策について建議できるというものです。たとえば、貸付型ファンドの販売業者において、複数の金融商品取引法（金商法）違反事例や投資者被害が発生しており、資金使途等についての虚偽表示、貸付先、担保等についての誤解表示、貸付先がファンドからの借入れを返済することが困難な財務状況

図表7－13　行政処分勧告と刑事告発の実績

区分＼年度	1992～2013	14	15	16	17	18（注1）	合計
勧告	774	66	59	91	38	28	1,056
証券検査結果等に基づく勧告（注2）	480	16	18	35	10	7	566
課徴金納付命令勧告	290	50	41	56	28	21	486
開示書類の虚偽記載等	80	8	6	5	2	6	107
相場操縦	37	11	12	8	5	5	78
インサイダー取引	172	31	22	43	21	9	298
偽計	1	0	1	0	0	1	3
訂正報告書等の提出命令に関する勧告	4	0	0	0	0	0	4
犯則事件の告発	167	6	8	7	4	6	198
開示書類の虚偽記載等	36	2	3	0	0	1	42
風説の流布・偽計	23	1	2	2	0	0	28
相場操縦	23	2	1	3	2	0	31
インサイダー取引	74	1	2	2	2	5	86
その他	11	0	0	0	0	0	11
適格機関投資家等特例業務届出者等に対する検査結果等の公表	25	17	17	23	4	0	86
無登録業者・無届募集等に対する裁判所への禁止命令等の申立て	8	6	3	1	2	2	22
建議	23	1	0	0	0	1	25

（注1）　2018年度については、2018年4～12月の件数。
（注2）　金融商品取引法改正（2016年3月施行）に伴い、2016年度以降は、適格機関投資家等特例業務届出者等に対しても勧告を実施。
（出所）　証券監視委作成

図表７－14　不公正取引における課徴金勧告件数と金額

年度	勧告件数（件）・課徴金額（万円）							
			内部者取引		相場操縦		偽計	
	件数	課徴金額	件数	課徴金額	件数	課徴金額	件数	課徴金額
2005	4	166	4	166	0	0	0	0
06	11	4,915	11	4,915	0	0	0	0
07	16	3,960	16	3,960	0	0	0	0
08	18	6,661	17	5,916	1	745	0	0
09	43	5,548	38	4,922	5	626	0	0
10	26	6,394	20	4,268	6	2,126	0	0
11	18	3,169	15	2,630	3	539	0	0
12	32	13,572	19	3,515	13	10,057	0	0
13	42	460,806	32	5,096	9	46,105	1	409,605
14	42	56,334	31	3,882	11	52,452	0	0
15	35	19,183	22	7,550	12	10,409	1	1,224
16	51	37,140	43	8,979	8	28,161	0	0
17	26	16,896	21	6,083	5	10,813	0	0
18	33	41,210	23	3,665	7	37,340	3	205
合計	397	675,955	312	65,547	80	199,374	5	411,034

（出所）　証券監視委作成

にあることを認識しながら募集を継続していた事例に関して、建議を行いました。

　この背景としては、貸付型ファンドの販売業者の法令等遵守態勢が不十分であったこともありますが、貸金業登録制度の運用上の取扱いとの関係から、貸付先の特定につながる情報の明示を控えた運用となっていた可能性も考えられました。借りた資金を貸付先に貸し付ける場合には、貸金業法上、貸金業の登録が必要となりますが、貸付型ファンドの出資者は、出資したお金がファンドを通じて貸し付けられていても、貸金業の登録が不要となっています。これは貸付型ファンドにおいて、出資者が貸付の実行判断を行っているとみなされないよう、貸付先を匿名化（借り手を特定することができる情報が明示されないこと）・複数化（複数の借り手に対して資金を供給するスキームであること）する措置がとられているためです。他方で、投資する側からすると、投資先の名前がわからないと誰に投資しているかわからないではないか、それが投資者保護の観点からの金商法の要請ですが、そこが両法の間で衝突するようなかたちになっていたので、そこを改善してほしいということで、「貸付型ファンドに係る投資者保護の一層の徹底を図る観点から、投資家がより適切な投資判断を行うための情報提供や説明の拡充などの適切な措置を講ずる必要がある」旨を金融庁に対して建議しました（注3）。また、金融庁は、貸付先に関する情報開示が可能となる解釈（いわゆるノーアクションレター）を公表しました（2019年3月公表）（注4）。

3 今後の課題

中小証券会社への対応

2019年9月に公表した証券モニタリング基本方針では、7000社を超える検査対象業者があるなかで、さまざまな情報を収集分析のうえ、適切なリスクアセスメントを行い、リスクベースでしっかりと問題を発見していくことが必要となりますが、オンサイトで立入検査をすることが重要であるとの認識のもと、積極的に立入検査を行うという方針です。特に、一口に証券会社といっても、大規模証券会社か中小証券会社かによってビジネスモデル等も異なるので、どういう経営戦略か、どのようなビジネスモデルかをまず十分に把握したうえで、何がリスクかの評価を行い、そのリスクに応じて、立入検査が必要なのかどうかを検討していきます。特に、地域の証券会社の場合には、株式の売買委託手数料等が下がってきている現状のもとで経営状況が厳しい会社もあり、そのビジネスモデルの持続可能性等についてオフサイトでいろいろと議論をさせていただいています。

企業価値の向上につながるコンプライアンス・リスク管理

登録業者は仮に法令違反でなければ何をやってもよいのかという論点については、われわれとしては、決してそうではないと思っています。法令というミニマムスタンダードに違反してはいけないというのは当然ですが、先ほどのいくつかの例でもありましたが、会社には各々の経営理念や経営方針があり、そこから出てくるさまざまな経営戦略やビジネスモデルをどう立てていくかということになります。その際、経営戦略やビジネスモデルはコンプライアンスと表裏一体であり、経営トップが考え方を間違えると企業全体がおかしな方向に行ってしまう可能性があります。

たとえば、前にインセンティブに関する話をしましたが、顧客に多くの商品を売れば売るほど給料を上げますというような仕組みのもとでは、顧客の利益に関係なく短期間に売買を繰り返して手数料等を稼ぐという、いわゆる回転売買がなされる可能性も高くなります。これらが直ちに法令違反になるかどうかはともかく、このような顧客本位ではない営業を行ってよいのかというと、おそらくそうではないだろうということで、まず経営陣、そして中間管理職も含めて、何が企業の対外的な信頼や企業価値の向上にとってリスクとなるのか、何が顧客のためなのかをしっかり考えてくださいという趣旨のことを、金融庁のコンプライアンス・リスク管理基本方針では強調しています。最近の厳しい経営環境のもとでは、ややもすれば会社の収益優先ということになりがちですが、何が顧客本位の業務運営なのかをしっかり考えてくださいというメッセージを出しています。

クロスボーダー事案への対応

国境を越えたクロスボーダーでの不公正取引等の監視は、国内事案と比べていくつかハードルもありますが、1件1件をしっかりと取引実態を解明し、必要な行政上の措置をとっていくことが、違法行為の抑止という観点からも大事であると思います。たとえば、最近のあるインサイダー取引事案では、A国居住の者が日本の市場でインサイダー取引を行いましたが、これはA国、B国、C国の3カ国・地域の外国当局の協力を得て摘発しました。その観点からは、海外証券当局と必要な情報交換を行いつつ、当局間の人的ネットワークもあわせて構築していくことが重要となります。

AI等の先進的技術の活用に向けて

近年、ITシステムや技術はまさに日進月歩であり、いかに効果的・効率的に市場監視を実施していくかが重要な課題となります。たとえば、膨大な発注・取引データのなかから不公正取引の疑いのあるものをどう的確に抽出・分析していくか、予算の制約と限られた人員のなかで、AIの活用を含めた新たな市場監視システムの導入に向けた検討をしっかり進めていかなければならないと思います。

質疑応答

質問　クラウドファンディングやベンチャー企業は、かなり小さい会社も多くて、法務がしっかりとしていない会社もあります。こういう会社には、行政処分を行って適切に措置を講ずるようにとの勧告を行っても、実効性を確保することができるのでしょうか。

答　比較的規模が小さなクラウドファンディング業者等において問題が起こった際にどのように問題を改善させていくかについては、その問題の性質等によっても対応は異なってくると思います。ただ、事例であげたクラウドファンディング業者のケースは、ホームページ上で投資しますと開示していた先と異なる先に資金が行っているのに、その実態を把握せず、放置していたということでした。もし、十分に把握できない可能性があるような場合には、そもそもそのような先には貸付すべきではないということではないかと思います。現状の態勢で対応できる以上の業務を無理やり行おうとするとどうしても無理が生じがちなので、もしそのような業務を行いたいのであれば、まずは十分な態勢をしっかりと整えてくださいということであろうかと思います。

質問　課徴金制度のところで、告発の場合には証拠等のハードルが高くて、その面で迅速な措置が可能な課徴金制度を導入したとのことですが、行政処分でも十分な証拠がないと処分できないという点では同じだと思うのですが、どのように異なるのでしょうか。

答　刑事告発の場合も課徴金勧告の場合も、各々の趣旨・目的に照らし、十分な証拠がないと告発または勧告できないという点は同じです。また、たとえばインサイダー取引規制違反ならば、重要事実の公表の前で売買をするなどいくつかの法定要件があり、それらは当然満たされる必要があります。

ただ、刑事罰は対象者に与える影響がきわめて大きいため、刑事罰を科すに足る違反行為かどうかは、厳正に判断される必要があり、金銭的負担を課す課徴金制度とはおのずと異なります。課徴金制度というのは、違反行為を抑止し、規制の実効性を確保するという行政目的を達成するために行う行政上の措置で、刑事告発は、重大で悪質な不公正取引等について、犯則調査の権限を適切に行使し、捜査当局等関係機関とも連携のうえ、厳正に対応していくものです。犯則調査は、裁判官の発する許可状による臨検、捜索および差押えといった強制調査を行うなど、厳格な手続を踏む必要があり、どうしても時間がかかるので、なかなか迅速な措置がとれないということはあるかと思います。

質問　**新しく導入された取引推奨行為の禁止に関して、要件に目的要件というのがあるとのことですが、利益を得させる目的があったという主観的な要件は、どういった客観的事情から実務上認定しているのでしょうか。**

答　結局は客観的証拠を総合的に勘案するということかと思いますが、主観要件ですから、行為者自身の供述のほか、たとえば、関係者の供述、伝達・推奨を行った経緯、取引資金、取引利益の流れなどを総合的にみて、目的があったことを認定するということかと思います。個別事案の事実関係によるかと思います。

質問　法令違反にとどまらず、経営方針についてあまり積極的に調査や勧告などをしてしまうということは、経営者側の立場からすると、そんなことまでいわれたくないと感じると思うのですがどうでしょうか。何を基準にして、どの程度行われているのでしょうか。

答　経営方針や経営理念自体について調査や勧告をしているということではなくて、会社の業務運営や業務体制等を検証する際には、どのような経営方針やビジネスモデル等で業務を行っているかという理解が前提になるということです。

企業の一定の経営方針やビジネスモデル等があるなかで、たとえば顧客に対して金融商品や取引に関して虚偽の説明をしたという行為があったとします。その虚偽説明が法令違反行為に当たるとして、なぜそのような行為が行われたのかというのを、経営陣と議論しないといけません。個々の行為自体が法令違反であると指摘するだけでは根本的な問題解決にならないので、当該行為が生じた根本原因の追究にあたり、どのような経営方針やビジネスモデル等になっているかを念頭に置いて議論をするということが重要となります。経営方針等自体は経営者側の判断であり、それ自体が間違っているのではないかという検査や調査ではありません。

質問　AIによる市場監視システムの導入についてですが、たとえばインサイダーとか相場操縦には、AIで見つけることができるような定型的な特徴みたいなのを示すものが結構あるのでしょうか。

答 そこはなかなかチャレンジングなところがあります。近年、ミリ秒、もしくはそれよりも短い時間で高速に大量に取引をするような高頻度取引が行われていますが、そういう状況下で、たとえば相場操縦をいかにして見つけるかという点ではＩＴシステムの力は必要であろうと思います。インサイダー取引の場合には、デジタライゼーションが進む現状のなかで、どのようなＡＩの導入ないしＩＴシステム化が必要かつ効果的なのか、限られた予算と人員のなかで、まさに今後の重要な検討課題であると思っています。

質問 **国際的な市場監視の場合、外国の監視当局との調整などをしながら、適切な課徴金制度を運営していくということでしたが、実際に課徴金を課すという場合において、どのような調整がされるのでしょうか。**

答 まず、調査段階においては、たとえば海外当局との間で、ＩＯＳＣＯにおける証券規制当局間の多国間情報交換枠組み（注５）等を通じて情報交換等を行い、違反行為に対し、適切な法執行を行っています。

また、課徴金納付命令を行う際の、違反行為者へ命令関係文書の送達等において、外国当局と連携・協力しています。

質問 **金融機関がただ法令を守っているだけでは十分ではないというお話がありましたが、そうはいっても、法的な強制力がないと、体力のない中小の会社では、最低限、法律だけ守っていればみたい**

な感じになってしまうのではないかと思いますが、実効性についてはどうなのでしょうか。また、これまでにも法的強制力なしに金融庁が一定の方針を示すことで課題が解決した事例はあるのでしょうか。

答 プリンシプルベースの金融行政といっているのですが、あるプリンシプルがあったときに、それをどう金融機関に遵守してもらうかという点で、1つは「見える化」を推進するという方法があります。

たとえば、2017年に金融庁が公表した「顧客本位の業務運営の原則」では、それへの取組方針を各金融機関で作成・公表していただくことを奨励しています。顧客としては、しっかりとした取組みを行っている金融機関のほうを選ぶと想定されます。会社の対外的な信頼や名声をどこまで高めていくか否かは、会社のビジネスにも大きな影響が出る場合もあるかもしれません。

また、ローカルな会社か、グローバルな会社か、でも異なるかもしれません。グローバルに活動する会社は、日本の法令だけを遵守すればよいわけではなく、その外国子会社は現地の法令を守らなければいけません。たとえば、海外で法令違反や不適切な行為が行われ、海外当局から処分等を受けると、それが直ちに日本国内のビジネスにもレピュテーショナル・リスクというかたちで跳ね返ってくる可能性もあります。

狭義の法令等のルールを遵守していれば足りるという発想から抜け出し、市場の公正性への悪影響やレピュテーショナル・リスクの観点も含めて、コンプライアンス・リスクの概念を広くとらえ、実効的なコンプライアンス・リスク管理態勢を構築することが大事であると思います。

質問　**証券監視委の組織について、弁護士が出向のようなかたちで働いている方がいると思いますが、全体的にどれくらいいるのでしょうか。逆に証券監視委からほかの機関に職員を派遣するなどの交流はあるのでしょうか。**

答　証券監視委には、弁護士に限らず、検事や裁判官を含め法曹資格をもっている人は、20名以上在籍しています。また、公認会計士も多数おります。たとえば、開示検査の場合には公認会計士の職員が活躍しています。もちろん自分のような行政官も多数いますが、職員の半分程度は外部採用またはほかの組織の経験者で、法曹、会計士、もしくは任期付採用といって金融機関での業務経験者も多く、かなり多様性に富んだ組織となっています。証券監視委の外部との交流に関しては、たとえば、自主規制機関や他省庁と行っています。

注1　証券監視委の活動状況等の詳細は、証券監視委ウェブサイトにある２０１８年度（２０１８年４月１日～２０１９年３月31日）の「証券取引等監視委員会の活動状況」を参照。

注2　２０１９年12月13日より第10期が発足。長谷川充弘委員長、浜田康委員、加藤さゆり委員で構成。

注3　証券監視委プレスリリース「貸付型ファンドの投資家への情報提供について」（２０１８年12月7日）を参照。

注4　このほかに２０１９年5月に公表された「貸付型ファンドに関するQ＆A」（日本貸金業協会と第二種金融商品取引業協会）において、投資者に提供・説明すべき貸付先の情報を明確化。

注5　Multilateral Memorandum of Understanding Concerning Consultation and Cooperation and the Exchange of Information.

第8章

アルゴリズム・AIを活用した投資助言・投資運用と法的課題

本章のねらい▼現在、第3次AIブームといわれていますが、これに伴い、AIを用いた金融取引や金融商品も見かけられるようになってきました。法的観点からは、AIの進展に金融規制はどう対応しているのでしょうか。また、対応できていないとしたらどういう法的課題や論点があるのでしょうか。その考え方について講義していただきます。

ポイント▼金融分野でAIを利用する事例が増えており、投資助言や投資運用の分野でもAIの利用が広まっていくことが見込まれます。AIには判断過程は「ブラックボックス化」されるという特性があり、また、将来的には人間が関与することなくAIが自律的に判断して投資助言や投資運用のサービスを提供するようになるかもしれません。そのような状況は従来の法制度が想定をしていなかったものであり、金融規制の適用や私法上の権利関係に関して新たな論点を生じさせることになります。本章では、投資助言や投資運用の場面でAIを利用することにより、法的な課題としてどのようなことを検討する必要があるか概観します。

〈ナビゲーター〉 有吉尚哉（ありよしなおや）
西村あさひ法律事務所弁護士
東京大学法学部卒業。2002年弁護士登録（55期）。2002年西村総合法律事務所入所後、金融庁総務企画局企業開示課専門官（出向）等を経て現職。金融法委員会委員、武蔵野大学大学院法学研究科特任教授、京都大学法科大学院非常勤講師、日証協「JSDAキャピタルマーケットフォーラム」専門委員等も務める。

（2019年12月４日講義）

1 投資運用におけるアルゴリズム・ＡＩの利用

この講義では、ＡＩが進展していくなかでＡＩを投資運用や投資のアドバイスに利用することを考えたときに、どのような法的問題が生じうるのか考えてみたいと思います。つまり、いま現在、起きている問題というよりは、将来的にＡＩの利用が進み、ＡＩが自動的に投資運用を行う、あるいはＡＩが自動的に投資アドバイスをしてくれる、そんな時代が来たときにどのような法律問題が生じるのか、ということについての話が中心です。そのため、現実の世界で起きているダイナミックな話ではなく、少し理論的で抽象的な色彩の強い話になります。

(1) アルゴリズム・ＡＩの利用例

金融運用分野におけるアルゴリズム・ＡＩの利用例

ＡＩ（artificial intelligence）という言葉はだいぶ以前から使われているものですが、ここ数年のＡＩの進展というのは第3次のＡＩブームといわれます。いわゆるビッグデータの処理技術が進み、ディープラーニングなどの機械学習の手法が進展し、金融の分野でもアルゴリズムを活用したり、さらには自律的に活動するようなＡＩを利用したりする事例が現れている状況です（図表８－１）。

たとえば、銀行がお金を貸すときに、この人にお金を貸してよいのかどうか、どういった条件で貸せばよいのか、について、回収可能性はどれくらいか、といったことを考えながら、融資の是非を判断するわけですが、その融資判断にＡＩを利用するという事例が実際に登場しています。

図表8－1　金融・投資運用分野におけるアルゴリズム・AIの利用例

・金融分野でのアルゴリズムやAIの活用
　➢融資判断
　➢保険金の支払査定
　➢不正取引の検知
　➢コールセンター業務でのチャットボットの活用
　➢RPA　など
・投資助言・投資運用の分野でのアルゴリズムやAIの活用
　➢高頻度取引（HFT：high-frequency trading）
　➢AIを利用した公募投信
　➢ロボアドバイザー
　➢市場予測での活用　など

（出所）筆者作成

保険の分野でも、保険会社が保険金を支払う場面において、どういった条件でその支払いを認めるかという査定などで、ＡＩを活用する動きがあります。

さらに、金融機関の営業担当者が不正な取引をしていないかどうか、不正取引の検知手段としてＡＩを活用するということも広がっています。具体的には、電話でＮＧワードを話していないか、不正の端緒になるようなメールのやりとりをしていないか、などについてＡＩを活用して、どういった言葉が使われていれば不正の可能性が高いかをチェックするといったものです。最終的に問題があるかどうかは、人間が判断するわけですが、ＡＩが怪しいとピックアップしたデータだけを集中的・重点的に人間がチェックすることで、事務負担を削減し、不正検知の実効性を高める取組みです。

コールセンター業務のチャットボットというのもＡＩを活用する事例の１つです。コールセンターでお客さんの苦情や質問を金融機関が受ける場面で、ＡＩに学習させて質疑を定型化し、この種の質問に対してはこういう回答をするということを自律的・自動的にＡＩが示すようにします。そして、その示された内容をコールセンターの担当者がお客さんに回答するといったことも行われるようになっています。

また、ＲＰＡ（Robotics Process Automation）といって、日々の事務作業、たとえば、右の書類に書いてある項目を左の書類の所定の欄に転記するといった作業などが、金融機関に限らないですが、企業にはまだたくさんあり、こういった作業を自動的にＡＩが行って作業効率を高める取組みも進んでいます。

投資助言・投資運用分野におけるアルゴリズム・ＡＩの利用例

投資助言や投資運用の分野でも、アルゴリズムやＡＩを活用した商品・サービスが徐々に登場してきています（図表８－１）。

たとえば、高頻度取引（HFT：high-frequency trading）と呼ばれるものは、アルゴリズムによって自動的に取引が執行されるものです。０・０何秒という、１秒に満たないきわめて短い間で自動的に判断して、所定の戦略に基づいて取引をすごいスピードで行うかたちで投資運用をしている業者がいます。

それから、ＡＩを利用した公募投資信託も登場しています。ＡＩが自動的に株式の売買を判断して運用を行うわけではないものの、ＡＩによって大量の情報を処理することにより、ＡＩを一種のアドバイザーとして、投資信託の運用で利用している事例も出てきています。聞くところによると、ＡＩを利用した公募投資信託は、ほかの商品に比べて成績が優秀のようです。

それから、ロボアドバイザーと呼ばれているサービスも登場しています。年齢・保有資産といった属性情報、どれくらいリスクをとりたいか、何年後にどういう資金計画があるかといった投資目的などいくつかのデータを入力すると、ＡＩによりその投資家に適したポートフォリオを示してくれるといったサービスです。

また、一般的に投資運用を行うにあたって、特定の業種やセクター、市場の将来の状況を、ＡＩを利用して予測し、投資判断の参考にすることも投資運用の実務では広がっています。

(2) ＡＩとは何か

ところで、いったいＡＩとは何でしょうか。日本語では一般に人工知能といわれますが、法律上、人工知能やＡＩの定義があるわけでありません。実務的には、有力で、一般的によく使われている定義がいくつかあるのですが、完全に標準化された定義があるわけではありません。

ＡＩの特徴の１つは、ＡＩを利用することにより出されるアウトプットが予見しにくいことがあげられます。この特徴により、法的な観点からも、いままで存在しなかったような論点が生じることになります。

投資運用の場面におけるアルゴリズムやＡＩの利用方法も、いろいろなレベルでの利用方法がありえます。究極的には、ＡＩに尋ねると、ＡＩが自動的にいま投資するのはこの株式がよいと判断してくれる、あるいはＡＩが適切だと判断した商品を投資家のかわりに自動的に売買してくれるということもありえるでしょう。すでに、ＨＦＴでは、アルゴリズムによって自動的に売買の取引執行まで行っています。

ＡＩが自立的・自律的に判断する可能性

現時点では、ＨＦＴを除けば、ＡＩやアルゴリズムを投資運用に利用する場合でも、基本的には人間が最終的に判断をして投資運用をしたり、ほかの投資家にアドバイスをしたりし、最終判断のための１つの参考資料としてＡＩを活用している事例が多いようです。

ただ、機関投資家による投資運用においては、人間の判断では到底追いつかないレベルまでＡＩが情報を仕入れて、分析を行って、その時々で最適と思われる結果をＡＩが導き出すと、基本的にそれに従って投資を行うという動きも徐々に広がってきているようです。特に、資産規模の巨大な機関投資家が優秀なＡＩを利用しているケースもあり、市場でのＡＩの影響力は日々高まっているといえると思います。たとえば、近時、トランプ大統領の一挙手一投足で株価が大きく変動するようになっているといわれます。こうした動きは、ＡＩがないとしても起きうるとは思いますが、海外の機関投資家の多くがＡＩのアドバイスをなんらかのかたちで利用しており、ＡＩが同じような判断を行い、その判断の影響を受けて行われる投資運用の比率が高まっていることが、特定のニュースが株価に与える影響を増幅させているという指摘もあるようです。

将来的には、投資運用においてＡＩの領域がどんどん広がり、逆に人間が関与する度合いがどんどん小さくなり、最終的にＡＩが自立的・自律的に、自分自身で情報収集と分析も行って、投資判断も自動的に行うようになるかもしれません。ひとたびＡＩを野に放てば、後は自動的に金融商品を売買し始めて、気がつくとしっかり儲けているといった時代が来るかもしれません。

「ブラックボックス化」

ＡＩについて理解しなければならない特性の１つが、ＡＩの判断過程は「ブラックボックス化」されているのではないかということです。すなわち、ＡＩにその情報を入れるとなぜそのアウトプットが出てくるのか、ということがよくわからない、ＡＩがなぜその結果を出したのか、について人間が説明することができない、そして、なぜＡＩがそのような結果を出したのかを事後的に検証することも困難となるのです。

このあたりをＡＩの技術的な専門家の方に聞くと、その時点時点での結果を出すためにＡＩが導き出した経過について、一定の算式を抽出することはできないわけではないようで、その意味で事後的に検証することが不可能ということではないようです。ただ、その計算式も非常に複雑で、それが随時変動していくなかで、そのつど検証していくのは現実的には不可能に近いようです。要すれば、ＡＩがなぜその結果を出したのかを検証することは、理論的にはできるのかもしれませんが、事実上は非常にむずかしいということになります。

(3)　ＡＩ社会における既存の法制度の限界

既存の法制度を考えた場合、何が意思決定をし、行動をすると想定されているかというと、これは人間が意思決定を行い、行動するということが当然の前提とされているわけです。既存の法制度は、基本的に人間の意思あるいは行動によらないで、サービスが提供されることは想定していません。投資助言や投資運用に関する法規制も同じです。これがＡＩの場合は、究極的には人間ではないＡＩが自分で判断をして自分で行動する可能性があります。

そして、先ほどの「ブラックボックス化」にも関連しますが、たとえば、ＡＩを用いて投資運用を行った場面で、金融商品取引法（以下、「金商法」という）にはインサイダー取引規制などの不公正取引規制がありますが、人間による取引を前提にルールがつくられていますので、人間の判断が介在しない、あるいは人間の判断の介在の度合いが低い取引が現れたときに、どのように規制を適用するのかがはっきりしないことになります。

それから、人間が判断をすることを前提にいろいろなルールがつくられているなかで、機械が勝手に判断するという場面では、従来の利用者保護、投資家保護のための規制がうまく当てはまらない、その結果、必要な規制がうまく適用されない場面が生じることがありえます。また、私法の領域においても、機械が自動的に行った取引の権利関係や、機械のせいで損害が生じてしまった場合の権利関係をどのように考えるべきかについて、いままでの民法の議論だけでは答えが見つけ出しにくいという場面がありえます。

ＡＩがどんどん活躍していくことになると、自動的に機械が意思決定まで行うということもありえますし、その場合にはなぜその意思決定をしたのかを説明してもらえないことがあります。そのことにより、法令の適用関係がよくわからなくなったり、あるいはいまの法令が適用できない結果、法制度の落とし穴のようなものが生じてしまう状況にあります。

解釈性（Interpretability）の研究

ＡＩの技術的な研究のなかで最近注目されている分野の１つとして、解釈性（Interpretability）の研究があります。解釈性とは、要すれば、なぜＡＩがその結果を導き出したのか、ということについての研究です。感覚的にこの結果が出てきそうだということを研究するのではなくて、どの要素が影響して機械が判断を導き出したのかということを分析するのが解釈性の研究です。

たとえば、画像解析などはＡＩの利用が非常に進んでいる分野で、顔認証は、かなりの精度で当てることができるようになっています。しかしながら、人間がみると本当に微妙な少し違うだけの要素がノイズとして含まれていることで、ＡＩの判断結果が大きく異なってしまう場合もあるようです。なぜそのような小さいノイズで結果が大きく異なるのかということは、技術的にも解明できていないため、どのような要素により結果が大きく異なるのかということを技術的に研究する取組みが盛んになっているようです。

裏を返すと、解釈性の研究が重視されるのは、ＡＩを利用することにまだ不安があるからかもしれません。すなわち、ＡＩも１００発中99は当たるのかもしれませんが、最後の１個は、人間が１００人みればどうみてもリンゴだが、ＡＩが判断するとミカンあるいは犬など、リンゴではないものといってしまうことがまだ生じうるのです。なぜそれが起きるのかがうまく解明できていないので、わずかなノイズで結果が変わる部分が解明されることによって、さらにＡＩの利用可能性が高まっていくことにつながるわけです。１つひとつの判断が「ブラックボックス化」されているので、なぜリンゴにみえるはずのものをミカンといったのか答えてくれません。この判断の過程が検証できないという課題であり、特徴がＡＩにあるということを、まず理解していただきたいと思います。

2　ＡＩによる投資助言・投資運用と金融規制上の課題

(1)　業規制の適用対象（投資助言業と投資運用業）

具体的に、規制の適用関係や民事的なルールの適用関係をみていきたいと思います。まず、ＡＩによって投資助言や投資運用を行うという場面での規制、そのなかでも業規制の適用関係を整理してみたいと思います。

図表８－２は金商法の条文で、有価証券に対する投資一任を受託する場合、あるいは投資に関するアドバイスを行う場合には、登録を受けることが必要となるなど同法の規制対象になることを示しています。２条８項11号のほうは、投資助言のサービスを行う場合に規制対象になると規定しており、投資助言業の対象を定めるものです。12号のほうは投資一任であり、助言をするだけではなくて、業者がお客さんから預かったお金の投資運用の判断まで行う場合で、投資運用業の対象となるものです。

そして、この２つ、投資助言行為や投資運用行為は金融商品取引業に該当して規制対象となりますが、これまでは人間がアドバイスしたり、人間の判断で投資をすることが前提であり、投資運用の分野でＩＴを用いることに関して、特別の規制が定められているわけではありません。ＡＩを使って投資のアドバイス、あるいは投資運用を行うとなったときに、たとえば、そのＡＩをつくった人や、ＡＩのメンテナンスをする人、ＡＩが記録されたプログラムを販売する人などがはたして金融商品取引業に当た

図表8－2　投資助言・投資一任

金融商品取引法2条8項11号・12号（抜粋）
8　この法律において「金融商品取引業」とは、次に掲げる行為…のいずれかを業として行うことをいう。
十一　当事者の一方が相手方に対して次に掲げるものに関し、口頭、文書（新聞、雑誌、書籍その他不特定多数の者に販売することを目的として発行されるもので、不特定多数の者により随時に購入可能なものを除く。）その他の方法により助言を行うことを約し、相手方がそれに対し報酬を支払うことを約する契約（以下「投資顧問契約」という。）を締結し、当該投資顧問契約に基づき、助言を行うこと。
（以下、略）
十二　次に掲げる契約を締結し、当該契約に基づき、金融商品の価値等の分析に基づく投資判断に基づいて有価証券又はデリバティブ取引に係る権利に対する投資として、金銭その他の財産の運用（その指図を含む。以下同じ。）を行うこと。
（以下、略）
イ　（略）
ロ　イに掲げるもののほか、当事者の一方が、相手方から、金融商品の価値等の分析に基づく投資判断の全部又は一部を一任されるとともに、当該投資判断に基づき当該相手方のため投資を行うのに必要な権限を委任されることを内容とする契約（以下「投資一任契約」という。）

（出所）　筆者作成

ることになるのかどうかは、明確ではありませんが、現行法では、これらの行為は、投資助言行為や投資運用行為の対象にはなりにくいと思われます。

アルゴリズムやAIを投資判断を行う際の1つの参考資料として利用している限りは、使った人間が規制の対象になるので、これまでとあまり状況に変わりはないと思います。ただ、AIやロボットが自動的に投資助言、投資運用を行うようになった場合には、ロボット自体に規制を及ぼすという考え方もありえるのかもしれません。規制を及ぼしてどうするのかということもあります。ロボットやＡＩをつくった人、開発した人に規制が及ぶのかというと、少なくとも現行のルールでは、開発しただけで投資助言、投資運用と評価するのはむずかしいと思います。政策的には、将来、どういった範囲で、誰を規制の対象にするのかということが論点になる可能性があります。

金融庁の監督指針における取扱い

現行のルールのなかで手がかりを探しますと、金融庁が金商法に基づく業規制の解釈運用の指針（監督指針）を公表しています。そのなかで投資助言との関係で、一般の書店で投資運用の指南書を売ること、これも一種の投資助言だといえばいえなくもないわけですが、一般の人が誰でも買えるようなものを売る行為は投資助言の規制対象外であると整理されています。

それでは、インターネットを通じて一般的な投資アドバイスの情報を販売するサービスはどうなのかというと、本を売ることと個別にアドバイスを提供することの中間形態のような問題となり、規制の対象になるかならないか、微妙なところです。たとえば、インターネット等を利用することにより個別・相対性の高い投資情報等を提供する場合、あるいは会員登録等を行わないとその投資情報を購入・利用できない、すなわち単発で購入したり利用するようなことは受け付けない場合には、投資助言の規制の対象になると金融庁の解釈運用の指針で示されています（図表８－３参照）。

さらに、その一例として、投資分析ツール等のコンピュータソフトウェアの販売は、原則として投資

図表8－3　投資助言・代理業の該当性

金融商品取引業者等向けの総合的な監督指針Ⅶ－3－1(2)②イ．B ②　投資助言・代理業に該当しない行為 イ．不特定多数の者を対象として、不特定多数の者が随時に購入可能な方法により、有価証券の価値等又は金融商品の価値等の分析に基づく投資判断（以下「投資情報等」という。）を提供する行為 例えば、以下aからcまでに掲げる方法により、投資情報等の提供を行う者については、投資助言・代理業の登録を要しない。 ただし、例えば、不特定多数の者を対象にする場合でも、インターネット等の情報通信技術を利用することにより個別・相対性の高い投資情報等を提供する場合や、会員登録等を行わないと投資情報等を購入・利用できない（単発での購入・利用を受け付けない）ような場合には登録が必要となることに十分に留意するものとする。 b．投資分析ツール等のコンピュータソフトウェアの販売 （注）販売店による店頭販売や、ネットワークを経由したダウンロード販売等により、誰でも、いつでも自由にコンピュータソフトウェアの投資分析アルゴリズム・その他機能等から判断して、当該ソフトウェアを購入できる状態にある場合。一方で、当該ソフトウェアの利用に当たり、販売業者等から継続的に投資情報等に係るデータ・その他サポート等の提供を受ける必要がある場合には、登録が必要となる場合があることに留意するものとする。

（出所）筆者作成

助言の規制の対象にはならないのですが、そのソフトウェアをただ売るだけではなくて、ソフトウェアを利用するにあたって、販売業者から継続的にデータとかサポートの提供を受ける必要がある場合には投資助言の規制の対象になると示されています。

これらの場面は、必ずしもAIの文脈ではないですが、AIの利用が進んだときに、どこまで規制の対象にし、どこからは金融規制ではとらえないで、一般的な市場規律に委ねるかということは、政策的な判断として問題になってきます。

自動売買システム提供に対する行政処分の事例

今度は金融商品取引業者が、投資運用業には該当せず、規制対象にはならないと思って株式の自動売買システムのサービスを提供していたところ、当局から規制対象ということで処分を受けた事例を紹介します（図表8－4参照）。

I社としては、自動売買システムを提供することで、お客さん自身がI社のシステムを使って自分で売買をしている、おそらくこのような整理をしようとしたのではないかと思います。これに対して当局は、システムの利用にあたって、I社がお客さんの口座情報などを取得しているので、むしろI社がお客さんのために売買の発注などを行い、お客さんの金銭の運用を行っているという認定をしたわけです。

具体的にこのI社の事例が、本当に規制潜脱的なものだったのか、微妙な事例だったのか、事案の詳細を把握しているわけではありません。ただ、おそらくI社の担当者が個別に売買の発注をしていたのではないと思いますが、自動売買システムを用意して、それをお客さんが利用して、システムが自動的に発注行為を行っていたことをもってI社がお客さんの財産を運用していたと当局が整理した事例があるということになります。

AIを利用する場面でも、AIが自動的に投資運用を行うということは、そのAIを用意した人が投資運用業を行っていると評価される可能性があるのだろうというのが、この事例から導き出せる帰結ではないでしょうか。そのうえで、AIの開発と、AIを使った投資運用のサービスの提供との間に、どこで線を引くのかということはむずかしい問題になるように思います。

図表８－４　沖縄総合事務局による株式会社インベストメントカレッジに対する行政処分事例（2015年10月20日付）

- 以下の事情から、インベストメントカレッジ（Ｉ社）による自動売買システムを利用したサービスの提供を投資運用業に該当すると認定
  - ➢顧客のために、Ｉ社が管理する自動売買システムを介して、顧客が取引に使用する口座のある証券会社に対し直接、日経225先物取引に係る売買の発注を行っていること（投資判断の一任）
  - ➢顧客からＩ社に対し、証券会社の顧客口座のIDおよびパスワードを通知させており、Ｉ社は当該IDおよびパスワードを用いて、顧客のために、Ｉ社が管理する自動売買システムを介して日経225先物取引に係る売買の発注を行っていること（発注権限の委任）
  - ➢Ｉ社が管理する自動売買システムを介して、顧客口座のある証券会社に対して日経225先物取引に係る売買の発注を行い、顧客の金銭の運用を行っていること

（出所）　沖縄総合事務局プレスリリースより筆者作成

(2)　体制整備義務の考え方

金商法により、登録を受けた金融商品取引業者に対して、行為規制などさまざまな規制が適用されることになります。その１つとして、顧客保護や、市場の健全性を害さないようにするといった観点から一定の体制整備が求められます。投資助言や投資運用のサービスを提供する場合も、多様な体制整備義務が業者に課せられることになっています。しかしながら、業者がＡＩを含めてＩＴを活用してサービスを提供する場合に、特殊な体制が必要かというと、現行の法令では特別のルールは設けられていません。今後、投資運用の場面でアルゴリズムやＡＩを用いていろいろなサービスを提供する場合に、明文の規定で何か特別な体制を求める必要がないかということは政策的な課題になります。

参考になるものとしては、クラウドファンディングに関する規制があります。インターネットを

図表8－5　クラウドファンディング業者に求められる体制整備義務

・金融商品取引業等に関する内閣府令70条の２第２項（抜粋）
➢金融商品取引業等に係る電子情報処理組織の管理を十分に行うための措置がとられていること。
➢標識に表示されるべき事項（略）に関し、金融商品取引業者等の使用に係る電子計算機に備えられたファイルに記録された情報の内容を電気通信回線を通じて公衆の閲覧に供するための措置がとられていること。

（出所）　筆者作成

介して不特定多数の者から資金調達を行うクラウドファンディングのためにウェブサイト上のプラットフォームサービスを提供することに対しては、金商法の規制が適用される場合があります。規制上、クラウドファンディングによって、株式を販売する場合には、証券会社と同等であると、ファンドの持分を販売する場合は、一般のファンドを販売勧誘する業者と同等であると、それぞれ整理をされています。位置づけは通常の対面販売を行うような金融商品取引業者と同等と評価されていますが、特にクラウドファンディングのプラットフォームサービスを提供するような業者に対しては、追加的な体制整備義務が求められています（金融商品取引業等に関する内閣府令の70条の２第２項です（図表8－5））。

こういったサービスを提供する金融商品取引業者は、電子情報処理組織の管理を十分に行うための措置をとらなければいけない、業者が標識として店舗に掲示しておかなければならない事項について、ウェブサイト上の自社のホームページにも掲載しておかなければならない、といった体制の整備が求める規制が適用されています。

このように、金商法上、インターネットを利用したサービスを提供する場合には、特有の体制整備が求められる場合があります。これに

図表8－6　適合性原則の考え方

・金融商品取引法40条1号
　金融商品取引業者等は、業務の運営の状況が次の各号のいずれかに該当することのないように、その業務を行わなければならない。
　一　金融商品取引行為について、顧客の知識、経験、財産の状況及び金融商品取引契約を締結する目的に照らして不適当と認められる勧誘を行つて投資者の保護に欠けることとなつており、又は欠けるおそれがあること。
　（以下、略）

（出所）　筆者作成

対して、AIを活用するサービスには、いまのところ、規制上、AI特有の体制整備が求められるようなことにはなっていません。

(3)　適合性原則の考え方

適合性原則とは何か

　金融商品取引業者には適合性原則というルールが適用されます（図表8－6）。適合性原則の具体的な内容は、顧客の知識、経験、財産の状況や取引を行う目的に照らして適切に勧誘行為をする必要があるということであり、特に金融取引にそれほど知識や経験を有していないような人にサービスを提供する場合には、しっかり説明などを行わなければいけないということになります。

　加えて、いくら十分な説明を行うとしても、その種の商品を提供することがおよそ適切ではないという類型のお客さんに対しては、そもそもサービスを提供してはいけないということも適合性原則の考え方に含まれています。たとえば、どんなに説明を尽くしたとしても、非常に複雑なファンドを高齢の一般投資家に販売するようなことは適切ではないという考え方です。

このように、顧客の知識や経験、財産の状況、あるいは取引の目的などをふまえて、販売・勧誘の体制をとらなければいけないというルールが金融商品取引業者には適用されることになっており、適合性原則といいます。

AIを用いた場合に適合性原則はどう考慮すればよいか

投資助言や投資運用のサービスにＡＩを用いた場合、この適合性原則について特別の考慮をすることが必要となるかが論点です。まず、ＡＩやアルゴリズムを用いることが、直ちに適合性原則に違反するものではないと思われます。そのうえで、お客さんがＡＩの意義や仕組みを十分理解できない場合に、ＡＩを使ってよいかどうかということが問題になります。もっとも、投資の専門家でも、ＡＩの技術的な仕組みを正確に理解しているかというと、投資とＡＩ、両方の専門家というのは世の中でもそれほど多くないのではないかと思います。

そもそも、人間のファンドマネジャーに投資助言や投資運用を頼んだ場合であっても、その判断の過程まで顧客がしっかり理解しているのかという疑問があります。たとえば、あるファンドマネジャーがクオンツ運用を行う場合に用いる理論をお客さんが十分理解したうえで投資運用を頼んでいるのかというと、むしろ通常は、そこまでの投資の専門的な内容がわからない、あるいは理解が十分ではないからこそ、プロの投資運用の業者に任せるわけです。すなわち、判断の過程についてお客さんがすべて把握していなかったとしても、そういったサービスを提供できないということではありません。

以上を前提に、金融商品取引業者が投資運用の場面でアルゴリズムやＡＩを用いる場合、適合性原則について、通常の人間が判断をして投資助言や投資運用を行う場合と違う考慮が必要になるかどうかが論点になります。特にＡＩの特徴として、一定の情報をインプットすると、なんらかのアウトプットが出てくるわけですが、その判断理由について説明が困難になるということがあり、このＡＩの特徴によって適合性原則について考え方が変わってくるのかどうかが新しい論点になるわけです。

もっとも、人間が判断をする場合、判断理由がはっきりするのかというと、むしろ人間がこの株式に投資すべきというアドバイスをするときのほうが、その判断理由は直感的なものだったり、理論的には説明しがたいものだったりすることも多いと思います。ＡＩの場合、判断過程はわからないのですが、なんらかの計算式、アルゴリズムに従って答えが導き出されているはずです。こういった意味で、客観性が高いということもできます。ただ、人間の判断過程がわからない場合と、ＡＩの判断過程がわからない場合とで、その意味合いは異なるものであり、どこまで同様に考えてよいのかは理論的な整理が必要になっていくところだと思います。

このようにＡＩは「ブラックボックス化」されているわけですが、人間の判断にしても決してすべてが透明ということではないですし、その過程について理論的に説明できるとも限らないという点では、ＡＩが判断する場合も人間が判断する場合も違わないともいえます。そういった意味で、ＡＩだから特殊なのかというと、必ずしもそうではないというのが適合性原則の１つの考え方だろうと思います。

(4) AIによる不公正取引の考え方

インサイダー取引規制違反の場合

次に、AIが勝手に投資判断を行い、そのAIが不公正取引をした場合、どうなるのかということについて、いくつか論点を紹介します。

1つは、金商法166条のインサイダー取引規制です。上場会社の一定の関係者が、未公表の重要事実と呼ばれる、いわゆる会社のインサイダー情報を知りながら、その会社の株式の売買を行うことはインサイダー取引となり禁止されています。こういった取引が横行してしまうと市場の公正な価格形成がゆがめられてしまう結果、誰も市場で取引したくないとなってしまいかねず、規制違反となっているわけです。

このインサイダー取引規制ですが、166条1項で誰がインサイダー取引をしてはいけないことになっているのかをみると、「会社関係者」はインサイダー取引をしてはいけないという条文の構造になっています（図表8－7）。もちろん、「会社関係者」というのは人間です。つまり、人間による取引であることが大前提になっています。

それでは、AIが勝手に取引をした場合にインサイダー取引規制違反になることがありえるでしょうか。たとえば、AIが自社のデータベースに勝手にアクセスして、あるいはAIがそのデータベースに保存されている情報を次から次に集めて、そのなかにはインサイダー情報も含まれていたとします。AIがそのインサイダー情報を取り込んで、まさにその情報を使って株式の売買を行ってしまった場合です。

図表8－7　金融商品取引法の不公正取引関連規制の条文

金融商品取引法166条1項（インサイダー取引規制）
1　次の各号に掲げる者（以下この条において「会社関係者」という。）であつて、上場会社等に係る業務等に関する重要事実…を当該各号に定めるところにより知つたものは、当該業務等に関する重要事実の公表がされた後でなければ、当該上場会社等の特定有価証券等に係る売買その他の有償の譲渡若しくは譲受け、合併若しくは分割による承継…又はデリバティブ取引…をしてはならない。当該上場会社等に係る業務等に関する重要事実を次の各号に定めるところにより知つた会社関係者であつて、当該各号に掲げる会社関係者でなくなつた後一年以内のものについても、同様とする。

金融商品取引法159条2項1号（相場操縦禁止規制）
2　何人も、有価証券の売買、市場デリバティブ取引又は店頭デリバティブ取引（略）のうちいずれかの取引を誘引する目的をもつて、次に掲げる行為をしてはならない。
一　有価証券売買等が繁盛であると誤解させ、又は取引所金融商品市場における上場金融商品等（略）若しくは店頭売買有価証券市場における店頭売買有価証券の相場を変動させるべき一連の有価証券売買等又はその申込み、委託等若しくは受託等をすること。

（出所）筆者作成

こういった取引もいろいろな段階があって、たとえば、インサイダー情報が社内のデータベースに保存されている、AIをここに解き放てば勝手にその情報を取り込んで、きっとうまく取引してくれるだろう、こんなことを予想しながら運用担当者がAIを用いた場合はどうでしょうか。この場合、状況によっては、AIをいわば道具として使っている運用担当者がインサイダー取引を行っていると評価されることがあるかもしれません。

そうではなくて、自律的に投資判断を行うようなAIが、日々取引をしているなかで、ある日その会社のデータベースに保存されていたインサイダー情報を勝手に取り込んで取引を行ってしまった場合はどうでしょう。ＡＩを使った運用担当者自身は、よもやインサイダー情報を取り込むことなど考えもしなかったという場合です。このようなＡＩの取引について、インサイダー取引規制違反だと評価できるのかということが論点になりうるところです。

誰が刑事罰の対象になるのか

仮にＡＩによる取引が、インサイダー取引規制違反だと評価すべきときに、誰が刑事罰の対象になるのかということも論点となります。ＡＩ自身、すなわち機械に懲役といっても意味がありません。機械に罰金というのも、機械に支払能力があるわけではないので、しようがありません。ＡＩを設置した人がインサイダー取引規制違反だということは1つの考え方としてあると思いますが、設置した人には、過失はあるかもしれませんが、インサイダー取引を行う故意を認めることはむずかしいものと思います。また、ＡＩを設置したといっても、どの時点の誰の行為をもってインサイダー取引と評価するのか、非常にむずかしい問題になります。加えて、そもそもＡＩがはたしてインサイダー情報を使って取引をしたのかをどうやって立証するのかは必ずしも容易なことではありません。

それでは、そのようなＡＩによる取引を放置してよいでしょうか。現行の法制度でも、積極的にＡＩにインサイダー取引をさせようと仕向けた運用担当者がインサイダー取引を行ったと評価できる場合もあると思います。そこまで意図しないで、ＡＩをとりあえず放置しておいて、その後、インサイダー情報を社内であまり厳格に管理もしない、こういう状況をつくりだしたときに、うまくいけばＡＩがインサイダー取引して儲けてくれるだろう、この程度の意図で行為がなされたような場合、現行の金商法の人間の行為を前提とするようなインサイダー取引規制では、誰かを処罰することは容易ではありません。一方で、そういった行為を放置してしまうと、ＡＩを介してインサイダー取引が横行してしまうことにもなりかねません。

それでは、この場合に誰のどういった行為を処罰の対象にすべきでしょうか。罰則を適用することがむずかしいとしたら、どういったルールによってそのような不公正な取引を抑止すべきでしょうか。このようなことは、今後、ＡＩが自律的に投資判断を行うような状況が広まっていくと検討しなければならない論点になるかもしれません。

チャイニーズウォール（情報遮断）の活用可能性

参考として、人間による取引を前提とすると、いわゆるチャイニーズウォール（情報遮断）の措置によって、法人内の情報の利用がされている、されていないということの整理がなされています。たとえば、証券会社はいろいろなビジネスを行っており、投資銀行部門に所属する人が、ある上場会社のM&Aのサポートをしていることがあります。片やディーリング部門の担当者は、すべての上場会社の株式の売買を自分で行っている、あるいはお客さんのために取次を行っています。つまり、証券会社という法人レベルでみると、片や投資銀行部門にインサイダー情報があり、片やディーリング部門でインサイダー情報の対象になる会社の株式の売買が行われていることになります。証券会社という法人レベルでみればインサイダー取引的にみえるわけですが、いまの考え方としては、投資銀行部門とディーリング部門の間に適切に情報遮断の措置がとられており、ディーリング部門の人がインサイダー情報には触れられない、触れることはできなかったであろうという状況が達成されていれば、個人のレベルでみてインサイダー取引をしていることにはなりません。ＡＩによる場合も、情報遮断の措置をとっていればあまり問題にはならないと思いますが、そういったものを怠っていて情報を取り込んでしまった場合、どうなるのかということが、ここでの問題意識になります。

相場操縦規制違反における主観的要件とＡＩ

もう1つの論点として、相場操縦規制をみてみます。上場株式などの取引において、株価を変動させるような可能性のある一定取引を、他の投資者を誘引する目的をもって行うことは、相場操縦規制の対象になります（図表８－７）。

これは相場を動かすような意図的な取引を行うことによって、その変動した相場に乗じて収益をあげようという不公正取引を抑止する規制です。ただ、この規制の構成要件をみると、相場を変動させる行為という客観的な行為要件に加えて、ほかの投資者を取引に誘引する目的という主観的な要件も構成要件になっています。

目的要件というものは、金商法に限らず、刑事的なルールでは一般的な考え方ですが、誰の主観を考えるのかというと人間の主観です。機械やＡＩの主観をルールのなかで考えていくという発想は、少なくともこれまではありませんでした。ところが、ＡＩが自律的に取引をするような場面で、いろいろな取引方法を学び、こうやると利益があがると学習していくなかで、相場操縦的な取引を学んでしまい、それによって利益を得る取引を実際に行ってしまった場合、はたして相場操縦規制違反になるかどうかです。

この場合もいろいろな段階があって、ＡＩを解き放つと相場操縦ができそうだという誘引目的をもって運用担当者がＡＩを利用した場合には、運用担当者のＡＩを利用したという行為が相場操縦規制の対象になっているととらえられる場合もあるかもしれません。

一方で、運用担当者としては、ＡＩに自律的に投資運用をしてもらえばよいということで、不公正な取引を意図することなく取引を委ねていたところ、ＡＩがなんらかのきっかけで相場操縦的な取引がうまくいくということを学んでしまった、そして、実践してしまったということが想定されます。すなわち、担当者の意思によらずにＡＩが勝手に相場操縦の取引を行ってしまった場合に、はたして規制違反となるのかという論点です。

一般論としては、人間の意思が介在しない場合に、主観的な要件を充足すると刑法的に評価することは非常にむずかしいと思われます。そうだとすると、先ほどのインサイダー取引規制と同じで、今後、ＡＩによる相場操縦取引について、なんらか立法的な手当が必要だということになった場合、どのようなルールが望ましいかが論点になってきます。

アルゴリズム取引による市場の不安定化

このほか、一般論として、アルゴリズムを用いて自動的に大量の取引がなされた場合、取引の連鎖によって一方的な値動きが生じたり、取引量が増えすぎることによってシステムトラブルに至ったり、そのシステムトラブルのなかで誤発注が生じたり、このようなことで市場を不安定にさせる可能性があるということが論点として指摘されています。

なかでも典型的なものがＨＦＴ（高頻度取引）です。この高頻度取引については、２０１７年の金商法の改正によって、新しく高速取引行為者というカテゴリーを設けて、高速取引行為者に対する規制が導入されています。あくまでも高速取引行為者、高速取引行為という金商法で定義したところのＨＦＴで、これに該当するようなものだけが規制対象です。すなわち、アルゴリズムやＡＩを用いた取引一般に適用されるわけではありません。

今後、アルゴリズムを用いた投資運用がどんどん広がっていって、どのＡＩも似たような判断を下すということになると、１つのイベントをきっかけに急激に価格が変動したり、大量の取引が発注されてなんらかのトラブルが起きる可能性があると思います。こういったアルゴリズムを用いた投資運用一般について、市場の不安定化を抑止する観点から規制を導入する必要がないかどうかも将来的に論点になるかもしれません。おそらくまだそこまでアルゴリズムを活用した機械の判断による投資運用が、高速取引行為者による取引を除けば多くないということから、現在は、一般的な規制にまでは至っていないということかと思います。

3 ＡＩによる投資助言・投資運用と私法上の課題

⑴ 損失が生じた場合の責任関係

最後に、規制ではなくて民事的なルールについてです。ＡＩを用いた投資助言や投資運用のサービスを受けて、それに従って投資を行ったところ損失が出てしまった。この場合、この損失についてなんらかの責任追及ができるかという論点について説明します。投資助言や投資運用サービスは、一般的に民法の契約類型でいけば委任、あるいは準委任と考えられますので、サービスを提供する業者は、民法上、善管注意義務を負います。

まず、基本的には投資というのは投資を行う者の自己責任が原則であり、業者が結果責任を負うものではありませんので、法令違反や、指示された方針に違反するような投資行為を行うような場合を例外とすると、業者に認められる運用裁量の幅は広いと考えられています。よほど運用が下手で、およそ業者であれば誰もそのような取引はしないだろうといったような極端に不適当な投資運用や投資アドバイスをした場合には、善管注意義務違反ということで損害賠償責任を問われる可能性があるかもしれませんが、そのような例外的なケースに限られます。

そのうえで、「ブラックボックス化」するアルゴリズム・ＡＩを用いた投資助言、投資運用において、善管注意義務違反をどのように判断すべきかが論点になります。人間が投資判断を行う場合も、先ほど、適合性原則に関して説明したとおり、ブラックボックスであることに変わりはないわけです。この株式に投資したほうがよいという理論的な判断過程が必ずしも目にみえるかたちになるわけではありません。したがって、両者の投資判断の場合で、質的な違いがあるかというと、あまりないともいえるかもしれません。

別の論点として、AIに欠陥があった、AIの判断がおかしかったということにより善管注意義務の違反となるとして、どういった場合であればAIの判断がおかしい、すなわちAIに瑕疵や欠陥があったと評価できるのかという点も非常にむずかしい問題です。さらに、それを立証することもむずかしい問題になります。

この場面では、「ブラックボックス化」が影響することになり、結果的に損失が生じたという事実はあるわけですが、なぜそういった結果になったかわからない、なぜ損失が生じたのかがはっきりしないのです。まさに投資の結果、うまくいかなかったのか、それとも、その運用ないしアドバイスに不適当な点があったのか、この理由を考えようとしても、AIがなぜその結果を出したのかがわからない、「ブラックボックス化」されているということで、AIに落ち度があったということを証明することがむずかしい可能性があります。

加えて、AIは、投資助言や投資運用のサービスを提供する業者が自分でつくるのではなく、システムベンダーが開発していることが一般的かと思いますが、その場合、システムベンダーという当事者の責任の範囲も整理する必要があります。お客さんからみたら、業者と取引をしているだけであって、システムベンダーは業者の背後にいるのが通常だと思いますので、直接AIを開発した人が、お客さん、すなわち、最終的な投資家に責任を負うことはあまり想定されていないと思います。ただ、投資家もそのシステムないしAIの開発に関与している場合には、投資家とシステムベンダーの間に契約関係があったり、時には不法行為責任といったことが論点になる場合もあるかもしれません。

ＡＩの開発委託の契約に従ってシステムが構築されている分には、システムベンダーには債務不履行責任は生じないはずです。ただ、ＡＩはデータを学習することによって変容していくという性質があるので、どのようなシステム・ＡＩであれば契約に従ったものといえるのかが、通常のシステム開発よりも不明確になりやすいという問題があります。そういった意味で、特にシステムの開発契約のなかで責任関係を明確にしておくべきという要請が強いといえるでしょう。

(2) 説明責任の考え方

民事的な責任としては、説明責任の問題もあります。投資助言、投資運用のサービスを提供するにあたって、お客さんに対して、そのサービスについての説明をしっかり行う必要があるわけですが、ＡＩを用いることで判断過程が「ブラックボックス化」されることをふまえたうえで、通常の人間が投資判断を行う場合と何か異なる説明をする必要があるのかということが論点になります。

投資の運用方針や、投資対象が何か、ということについては、人間が判断する場合とＡＩが判断する場合とで質的な差異はないと思いますが、一方で、ＡＩの限界についての説明は必要になるように思います。逆に、「ＡＩは万能で、このＡＩに任せれば何でも儲かりますよ」、このような説明をしたら、それはむしろ虚偽説明ということで、その言葉にだまされて取引をしてしまい、損失を被ったということになれば、業者が損害賠償責任を負うことも十分想定されます。

ＡＩを使って投資のアドバイスをする業者のなかには、アルゴリズムを公開するという対応をとっている業者もいるようです。アルゴリズムを公開することにより、しっかりと説明どおりのアルゴリズムになっているかどうかを事後的に専門家が検証する役には立つのかもしれません。ただ、アルゴリズムを公開したからＡＩについては何の責任もとらないという業者の態度もおそらく成り立たないものと思います。一般の投資家がアルゴリズムをみたからといって、ＡＩが適正かどうか、契約あるいは想定に従った内容になっているかどうか、こういったことを判断できるわけでは必ずしもないはずです。

このように、説明すべき内容がＡＩを使うことによって大きく変わるものではないと思いますが、ＡＩ特有の事情についてはやはりきちんと説明をしないと、その説明が不足したこと、あるいは虚偽の説明によって誤解を生じさせたことによってなんらかの損害が生じた場合には、業者側に責任が生じることもあるものと考えられます。

質疑応答

質問　アルゴリズムやAIを、システムベンダーが投資運用業者からの委託を受けて開発した場合には、投資運用業者がシステムベンダーに対して損害賠償責任を追及することはできるのでしょうか。

答　答えは、できる場合もあって、できない場合もあって、契約の内容次第となると思います。システムベンダーとの間のAIを開発する契約において、どのようなAIをつくるか、ベンダーがどこまでの責任を負うのか、といったことの内容によります。ベンダー側が責任を負うべきトラブルが生じて、顧客に損害賠償することによる損害が業者に生じていれば、ベンダーは損害賠償責任を負うと思います。一方で、ベンダーが業者の指示を受けたとおりのAIをつくって納入し、そのとおり使っていたにもかかわらず、AIが何かおかしな取引をしたという場合には、仮に業者が顧客から責任を追及されたとしても、ベンダーは契約に違反していないことになりますので、業者がベンダーに損害賠償を請求することはできないと思います。結局、開発契約において、どこまでがベンダーの責任なのかをはっきりさせておく必要があり、その限度ではベンダーが責任を負うことになると思います。

質問 **AIを用いたときに善管注意義務違反をどう判断するかに関して、AIも人間の場合と判断過程が「見える化」されていない点で同じとのことですが、人間なら、どういう情報をもとに判断したかみたいなことは一応認定ができると思うのですが、違いはないのでしょうか。**

答 そのとおりですが、人間の判断にも程度問題があります。直感で、この株式が上がると思った、この会社は何かよさそうだと思った、あるいは、この社長は信じるに値する、といったことで判断することも人間の判断としてありえますが、この場合、何の情報によるかというのはたしかにわかるものの、それがなぜよいか悪いか説明できるのかというと、これを理論的に検証するのはおそらく不可能だと思います。

ポイントは、人間が判断する場合であっても、何でも理論的に説明できるのか、あるいは常に事後的に判断の経緯がわかるのかというと、そうではありません。この点で、AIだけが「ブラックボックス化」されていて、判断の過程が目にみえないというわけでは必ずしもないのです。

質問　**自律的に投資判断を行うAIが勝手にインサイダー情報を取り込んで取引を行った場合について、たとえば役員の理解不足で、過失に基づいてシステムが構築された場合は、どのように法令が適用されるのでしょうか。**

答　まず、罰則としてのインサイダー取引規制違反は故意犯であり、過失による場合は刑事罰の対象ではないので、そもそも過失なのか故意なのか、その事実認定が問題となります。故意が認定されなければ、罰則としてのインサイダー取引規制違反の適用はありません。ただ、行政処分の課徴金については、議論もあるところですが、故意が必ずしも必要ないという考え方もありえるので、会社として課徴金の対象にはなる可能性はあるかもしれません。

そのうえで、実際に誰の行為を過失なり故意の売買だととらえるのかは、それはそれで非常にむずかしい問題です。担当役員なのか、AIのシステムを実際に設置した人なのか、投資の責任者なのか、投資に関していろいろな人が関係しているので、インサイダー取引規制違反の要件に当てはめて認定していくというのは、簡単ではないように思います。

質問　**説明責任の考え方のところで、アルゴリズムを公開した場合、アルゴリズム自体が技術の粋を集めた知的財産権のようなものなので、説明責任として公開することとトレードオフだと思いますが、いかがでしょうか。**

答　日本でロボアドバイザーとしてサービスを提供している業者のなかには、実際にアルゴリズムを公開している業者もあります。私にはアルゴリズムを公開することによって、知的財産やノウハウにどれくらいの影響があるのか想像がつかないですが、おそらく公開してもビジネス上の問題はなかろうということで公開しているのだと思います。

アルゴリズムを公開することで、実際に透明性が高まるのかどうかは、何とも言いがたいですが、顧客に対する透明性を高めて公正なものだということで利用を促すことと、アルゴリズムのなかにノウハウ的なもの、知的財産的価値があるものがあって、それを秘匿することによって、その分、ビジネスをほかの業者よりも優位に進めること、の2つの観点を比較しながら、アルゴリズムの公開の是非をビジネス判断として決めることになると思います。

質問　AIについて金融規制上の課題がいろいろとあるなかで、現行制度をこのまま維持して解釈によって対処していくのがよいのでしょうか。あるいは、新たな制度をつくる方向に進めたほうがよいのでしょうか。

答　現時点で、自律的なAIを想定したルールが金商法にないのはなぜかというと、実務的に問題になっていないからです。将来的にはそのようなAIが投資運用の場面でも登場する可能性はあると思いますが、少なくとも現在はそのようなAIはまったくないか、ほとんどないので、規制まで設ける必要もないという状況なのだと思います。今後、たとえば10年後にどうなっているかはわからないですが、そこまでの新たな規制は必要ないという状況のままかもしれません。あるいは、問題がどんどん積み重なって、実際にインサイダー取引を行うAIも登場するとなったときには、既存の法令の解釈だけではおそらく限界があるので、なんらかの立法的な手当が必要になる可能性が高いと思います。その場合に、インサイダー取引規制の規定を変えるのか、AIを使う業者に対してなんらかの行為規制や体制整備の規制を新たに加えるのか、対処するための方法は、その時点で考えるべきだと思います。

いままでとおよそ状況が変わったということであれば、新しい法制度をつくったほうがむしろ効率的なこともあります。その場合の切り口は、金融でのAIの利用を対象とするのがよいのか、あるいはAI一般を対象として、たとえばAIに法人格のようなものを認める法制度がよいのか、状況次第と思いますが、そういったAIに関する一般的な、いままでとは考え方が違う法制度をつくるほうが、適切であるという時代が来ることもありうるのではないかと思います。

ただ、この数年という期間を考えると、たとえばAIを使った取引や、AIを使った活動だけ独立に取り出して新しい制度をつくるというよりは、いまの規制の延長線上で対応していくのが現実的なのかなと思います。金融の場面では、いまの金融規制の解釈によって対処できない課題が生じてきたら、AIの場面についての特則を加えるべきかどうかといった制度的な検討をしていくのが現実的なところかと思います。

第9章 ベンチャーファイナンス、イノベーション促進に関する公共政策と課題

本章のねらい▼イノベーション創出を掲げるわが国にとって、ベンチャー企業の成長サイクルであるベンチャー・エコシステムがいまこそ必要です。また、2020年代は、わが国にとって、大きな社会・経済構造の変革が見込まれます。そのために必要なベンチャーファイナンスは、はたして十分に機能しているのでしょうか。制度と実際の状況とのミスマッチはないでしょうか。本章では、わが国のベンチャーファイナンスの現状と課題について講義します。

ポイント▼世界のなかでの日本の競争力が下がってきている現在において、日本は、イノベーションに取り組む重要性が高まってきています。さらに、人口減少、高齢化など、わが国が取り組むべき社会構造変化に係る課題が山積みになってきています。そうしたなかで、イノベーションを創出していくためには、スタートアップ企業の課題を解決していくだけではなく、金融面におけるファイナンスサイドの課題に取り組み、ファイナンスの機能が、十分に発揮できること、特に、エクイティ資金供給の量の拡大と質の面の向上が重要になってきます。

〈ナビゲーター〉 幸田博人（こうだひろと）
京都大学経営管理大学院特別教授・大学院経済学研究科特任教授
　一橋大学経済学部卒。1982年日本興業銀行（現みずほ銀行）入行後、みずほ証券総合企画部長、常務執行役員企画グループ長等を経て、2016年代表取締役副社長。現在は、株式会社イノベーション・インテリジェンス研究所代表取締役社長、リーディング・スキル・テスト株式会社代表取締役社長、一橋大学大学院経営管理研究科客員教授、SBI大学院大学経営管理研究科教授、株式会社産業革新投資機構社外取締役などを務める。
（2019年12月11日講義）

1 イノベーション創出と日本の社会・経済構造変化

社会・経済の構造／国内金融構造の変化とPEの位置づけ

本日の講義のテーマであるイノベーションとベンチャーファイナンスを考えるにあたり、社会・経済構造の変化のなかで、プライベート・エクイティ（PE）の位置づけに関係するものとして、図表9－1の左側に3つのポイントを記載しています。

1つ目は、大企業が企業価値向上を図っていくなかで、事業の再編、選択と集中などを進めていくことを通じて事業の選別を行い事業の切り出し等が動きだしています。これが経済・社会の成熟・産業構造改革のなかでPEを後押しします。

2つ目に、オーナー経営者の高齢化が急速に進展しているなかで、中小企業を中心に、廃業・休業せざるをえないというところが増えていて、どう事業承継するかという点です。

3つ目が、いわゆるコーポレートガバナンス・コードやスチュワードシップ・コードの要請との関係で、リスクマネーの提供が重要だという観点です。

他方、国内の金融構造は、デットからエクイティへの流れがある一方で、旧来型の金融機関の組織運営では、リスクをとってエクイティを出す流れはなかなか広がっていないところに、フィンテック等もあり、金融機関では、必ずしもそうしたニーズに対応できていません。これらのなかで、日本でもPEと呼ばれるファンドが非常に広がってきています。

図表9－1　社会・経済の構造／国内金融構造の変化とプライベート・エクイティ（PE）の位置づけ

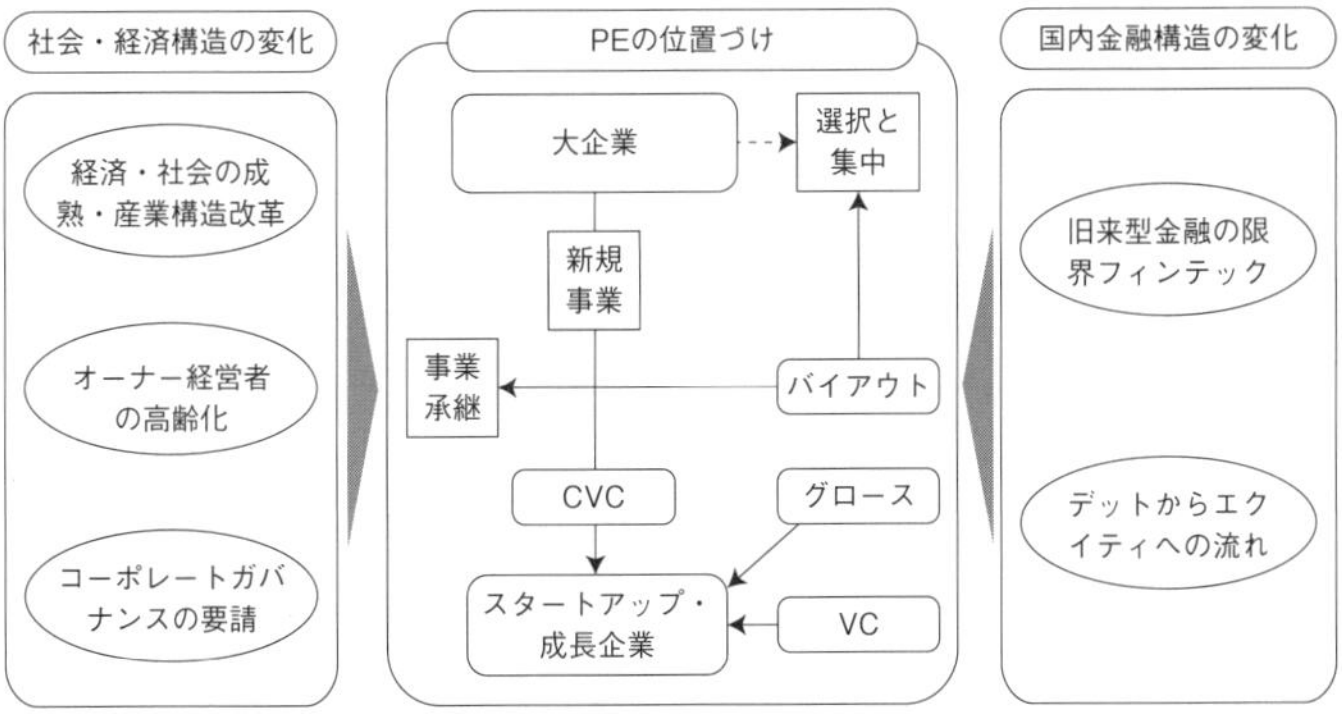

（出所）　筆者作成

ファンドの構造（GP／LP方式）

ファンドの構造を簡単に説明します（図表9－2）。基本的には、GP（General Partnership）というファンド運営者が、LP（Limited Partnership）と呼ばれる投資事業有限責任組合で投資家のお金を集めて、その資金拠出について、指図をしながら投資をする仕組みです。

ファンドの運営者自体（GP）は、基本的に無限責任で、投資家のほうは有限責任で、投資資金の損失以外は被らない構造になっています。１９９８年に中小企業等投資事業有限責任組合契約に関する法律が施行しています。一般的にGP／LP方式と呼ばれる仕組みです。ファンドの期間は10年が多くて、10年の間に、投資資金を回収して投資家に分配していきます。

ファンドの流れとしては、最初の契約時は、たとえばいくつかの投資家が総額１００億円をコミットするわけですが、実際には投資をするタイミングでキャピタルコールがかかって資金を提供することになりま

図表9－2　ファンドの関係当事者（上図）と仕組み（下図）

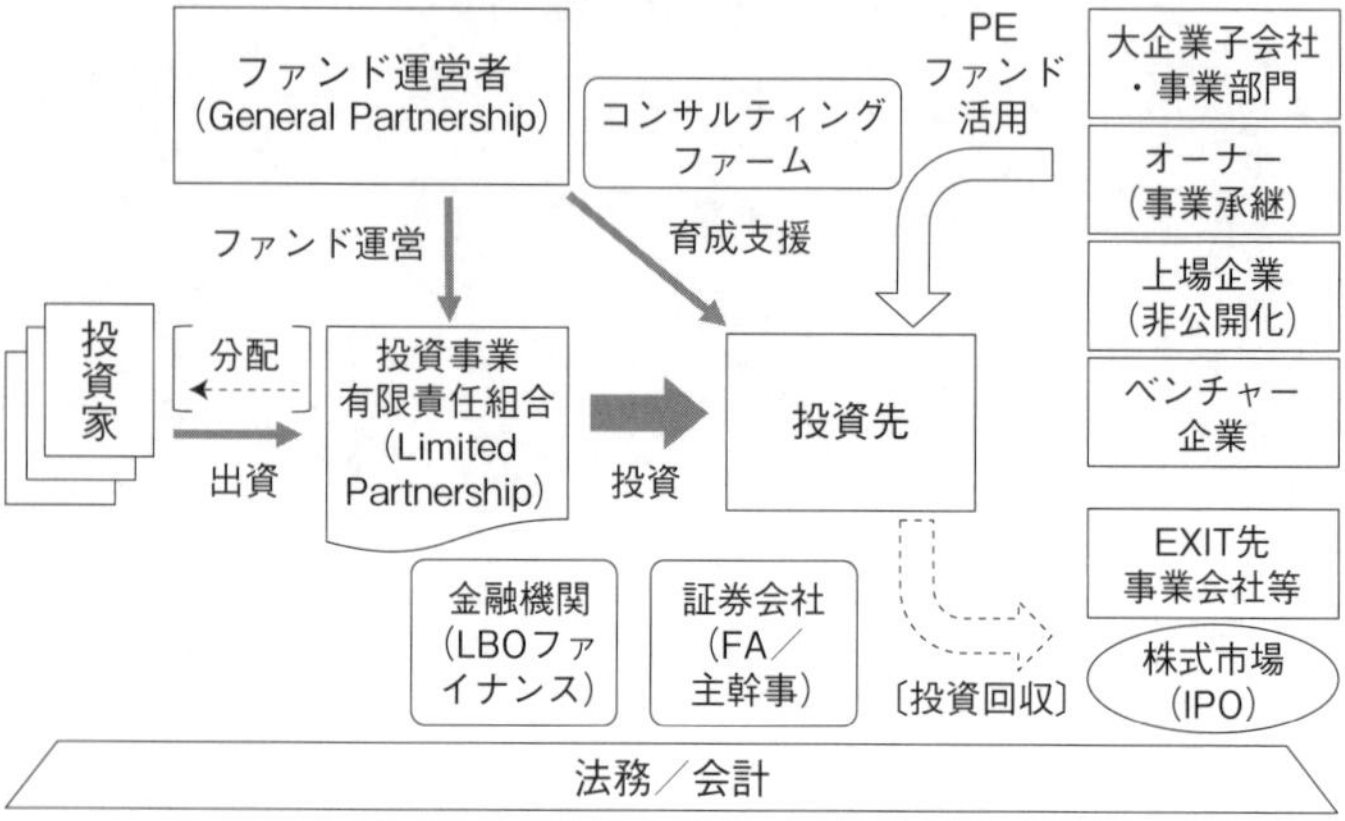

（出所）筆者作成

す。キャッシュフロー上は、当初の4年間ぐらいが投資期間で、スタートアップ企業、カーブアウトの案件などに投資を行い、残りの期間で投資回収をするという仕組みです。投資回収をするまでに、企業価値を上げて、事業会社への売却や上場（IPO）などを通じて、投資を回収するというエグジット（EXIT）を行うということになります。

ファンドの成功報酬

2018年に官民ファンドというファンドの報酬問題が大きな話題になりましたが、ファンドには成功報酬という概念がこの仕組みのなかにあります。

まずは、ファンド運営会社の原資自体は、投資家がコミットをした投資金額について、ファンドの規模や投資目的などで異なりますが、一般的には、1・5～2・5％程度のいわゆる管理報酬が、投資家から支払われます。たとえば、100億円の規模のファンドの場合は、年間管理報酬が2・5億円だとしたら、その収入をベースに、ファンド運営会社が人材を雇い、オフィスなどをもって運営します。そのうえで、投資を回収していき、100億円まで回収すると、そこで初めて投資金額が全額投資家に戻ってくることとなります。そのうえで、たとえば、100％を超えて107％まで回収できたら、107％を超えたところは、2割程度をファンド運営会社などで、成功報酬として受け取る仕組みになっています。

プライベート・エクイティ（PE）

PEは、プライベートのエクイティということなので、上場されているもの（パブリックのもの）以外のエクイティの投資は、基本的にはすべて入ります。ファンドを念頭に置いて、類型に分けていくと、スタートアップ投資とバイアウト投資の大きく2つに分けることとなります。基本的には、5割超の株式の支配権を握る投資をバイアウト投資といい、スタートアップ企業向けのベンチャー投資は、リスクも高いので、マイナーのシェアをもつ投資として、多くのベンチャーキャピタル（VC）の場合は、たとえば10％や20％程度のエクイティをもつことにして、5割以上を1つのVCでもつことはありません。リスクが高いから5～6社集まって出します。このため、VCは基本的にはマイノリティの投資の位置づけで、VCとバイアウトで投資のスタイルが全然違います。プライベート・エクイティ（PE）というと、どちらかというと、支配権を握る投資のバイアウト投資をいうのが業界では一般的なので、「狭義のPE」と書いています（図表9－3）。

ベンチャー投資は、起業するほうが、スタートアップとして新たな事業を始めようとするときに、エ

図表9－3　プライベート・エクイティ（PE）の類型と機能

<table>
<tr><th></th><th></th><th>類　型</th><th>機　能</th><th>現状の日本の投資家</th></tr>
<tr><td rowspan="4">広義のPE</td><td rowspan="2">VC</td><td>VC</td><td>・スタートアップに出資（マイノリティ）
・新規事業の拡大を資金面で支援
・IPO志向</td><td>・銀行・保険・事業法人</td></tr>
<tr><td>CVC</td><td>・事業会社が運営するVC
・戦略的リターンと財務的リターン</td><td>・事業法人（単独）
・銀行・保険</td></tr>
<tr><td colspan="2">グロース系</td><td>・VCとバイアウトの中間
・成長企業への投資（マイノリティ）</td><td>・銀行・保険</td></tr>
<tr><td>狭義のPE</td><td>バイアウト</td><td>・成熟企業への出資（マジョリティ）
・経営への関与を通じ企業価値向上
・レバレッジの活用</td><td>・機関投資家・銀行・保険</td></tr>
</table>

〈企業の発展段階とVC投資・バイアウト投資〉

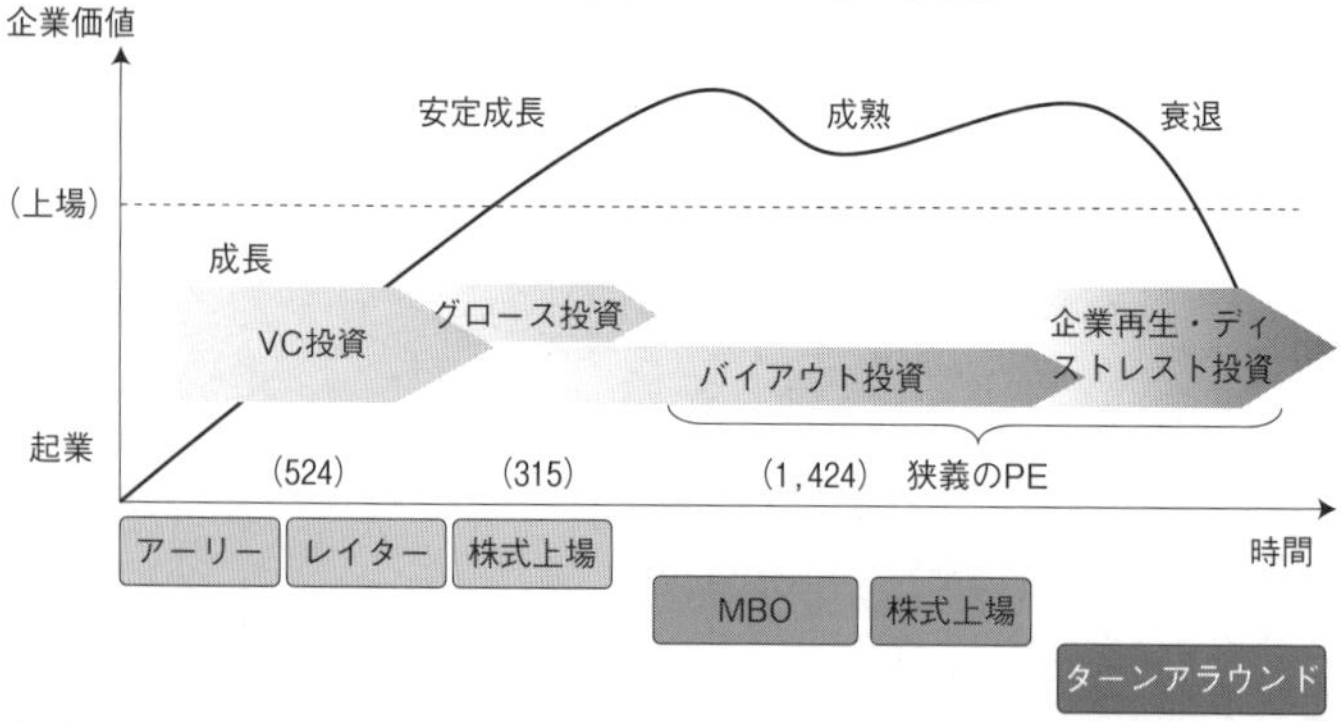

（注）　カッコ内の数値は、2016年12月末時点のグローバルな運用資産。単位：十億USドル。

（出所）　筆者作成

クイティのお金を出すのがＶＣ投資で、まだ事業を始めた段階のアーリー、ある程度キャッシュフローが出てきた後に投資するレイターの段階などに分けて対応します。事業の成長段階に応じてＶＣ投資がカバーしていきます。

一方で、企業が成熟した後、大企業が事業部門を切り出すための投資や後継者がいないのでその事業を別のかたちで引き継いでいくなどの投資は、５割以上の支配権をもって企業価値を早期に上げていくバイアウト投資です。

主要なベンチャーキャピタル（ＶＣ）ファンド

わが国の主要なＶＣファンドは図表９－４で、比較的大きいのは独立系のジャフコなどで、１回当りのファンド組成金額は、５００億～１０００億円規模です。それ以外の独立系では、グロービス・キャピタル・パートナーズやグローバル・ブレインが１回当りの調達金額で５００億円程度調達をして、４年程度の投資期間のファンドです。独立系は機関投資家や金融法人から資金を集めます。金融系は、基本的には、すべて自分の金融グループの資金で投資します。なぜ金融系がＶＣをやるかというと、金融系、特に銀行は、本来はいわゆる銀行業としての貸出を行いたいわけですが、スタートアップやシード、アーリーの企業は、リスクが高すぎて、デットの貸出は必ずしも十分にはできないのが一般的です。金融系は、その傘下のベンチャーキャピタル（ＶＣ）でエクイティ資金を提供することで、将来その企業の成長に応じて、メインバンクになれる入り口をもてるということです。同じＶＣでも、独立系と金融系では考え方と手法は違います。

図表９－４　主要なベンチャーキャピタル（VC）ファンド

独立系	金融系
ジャフコ 日本ベンチャーキャピタル（NVCC） 日本アジア投資（JAIC） SBIインベストメント Incubate Fund アーキタイプ グロービス・キャピタル・パートナーズ グローバル・ブレイン WiL	三菱UFJキャピタル みずほキャピタル SMBCベンチャーキャピタル 池田泉州キャピタル ニッセイ・キャピタル DBJキャピタル
CVC	**政府系**
YJキャピタル GREE VENTURES TBSイノベーション・パートナーズ	JIC／INCJ 東京中小企業投資育成
大学系	
東京大学エッジキャピタル 京都大学イノベーションキャピタル 慶応イノベーション・イニシアティブ	

（出所）　筆者作成

政府系ファンド（いわゆる官民ファンド）については、去年、産業革新機構（ＩＮＣＪ）が改組して、産業革新投資機構（ＪＩＣ）ができました。ＩＮＣＪはＶＣ投資を相応に行い、国の政策目的のサポートや民間資金の呼び水をもたらすべく取組みをしています。官民ファンドは、さまざまな議論がありますが、今後も一定の役割が期待されています。

ＣＶＣ（Corporate Venture Capital）は、事業会社が自分の資金でファンドをつくって、自分の事業との関係性で、戦略的なイノベーションをつくりだそうという投資の形態です。この3年ぐらい、大ブームとなっています。現在、100億円ぐらいの規模のCVCが多いです。また、東大や京大などの大学の研究成果を活用する大学系ファンドもあります。

2 スタートアップ企業とVC

ベンチャー企業の資金調達状況

スタートアップ企業を中心にしたベンチャー企業の調達金額は、2018年は約4000億円になり、リーマンショック直後と比較して5倍ぐらいに大きくなりました。1社当りの調達金額もそれなりに拡大しています（図表9－5の①）。

セクター別にみると（図表9－5の③④）、フィンテック、ヘルスケア、ロボティクス、AIなどのスタートアップ企業の調達が多いです。また、調達額の中央値をみると、Automotive Tech、いわゆる自動運転、宇宙、セキュリティ、バイオケミカル、フィンテック、ロボット、IoTなどで日本の技術力をベースとした競争力を上げていきたいエリアで調達の規模が比較的大きいです。

もっとも、ベンチャー投資の日米の比較では（図表9－5の②）、約50倍の格差があり、日本でも調達金額が増えてきてはいるものの、大きな違いがあります。

また、ベンチャー企業の資金調達は、すべてVCから調達しているわけではなくて、事業会社自身からの投資も多いです。VCの投資部分は、約2000億円で、過去からみてもすごく増えているわけで

③　ベンチャー企業セクター別調達額

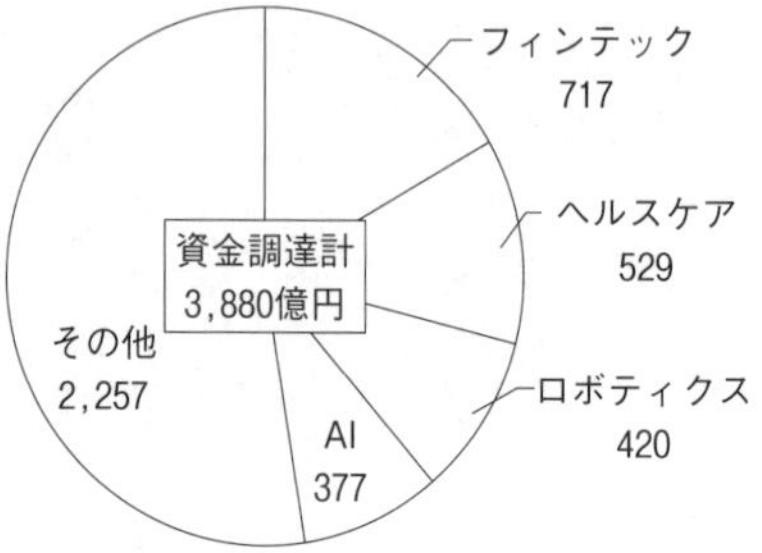

④　同上セクター別調達額中央値

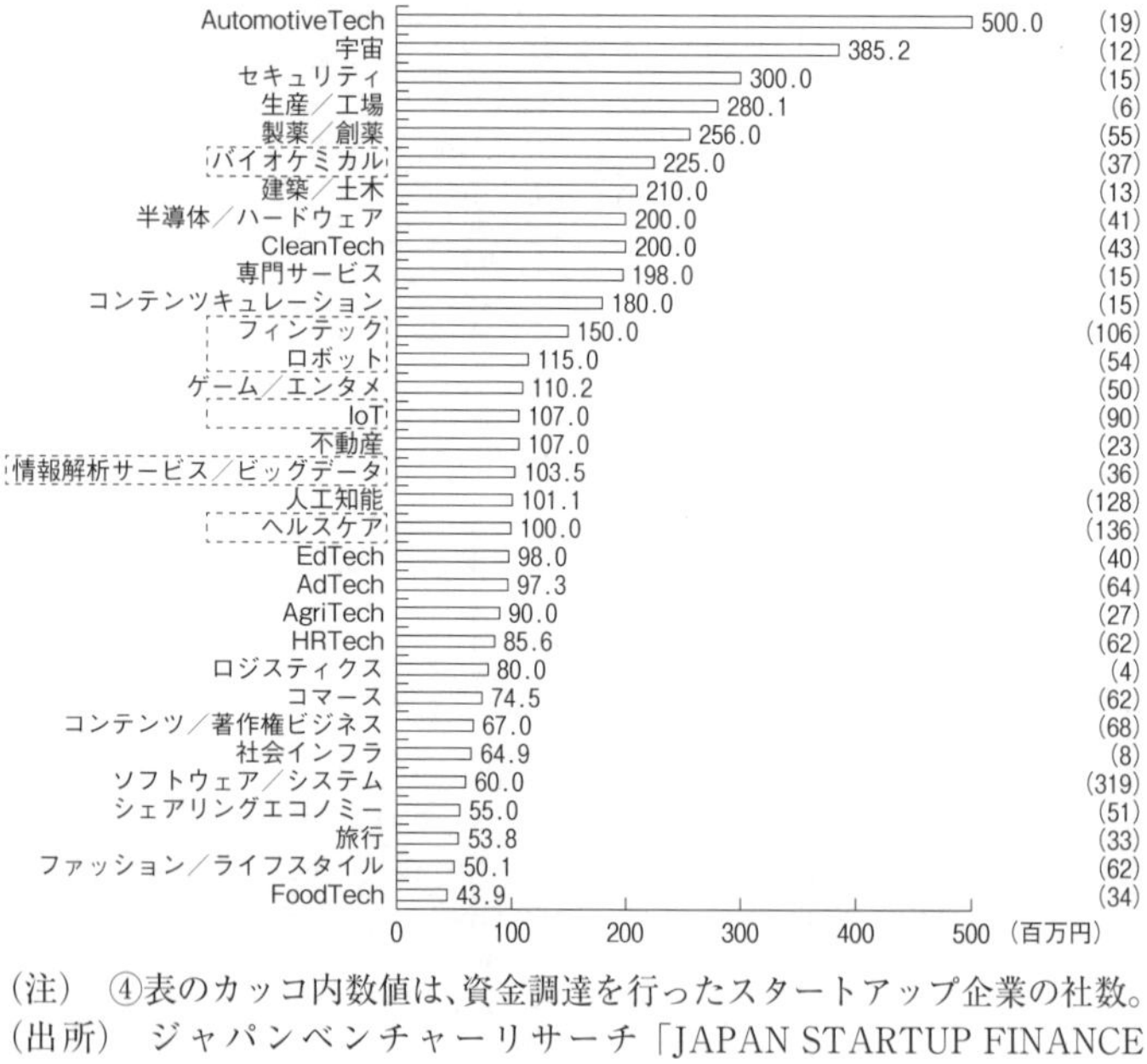

（注）　④表のカッコ内数値は、資金調達を行ったスタートアップ企業の社数。
（出所）　ジャパンベンチャーリサーチ「JAPAN STARTUP FINANCE REPORT2018」

図表９－５　ベンチャー企業の資金調達状況、日米比較

① 日本のベンチャー企業の資金調達状況

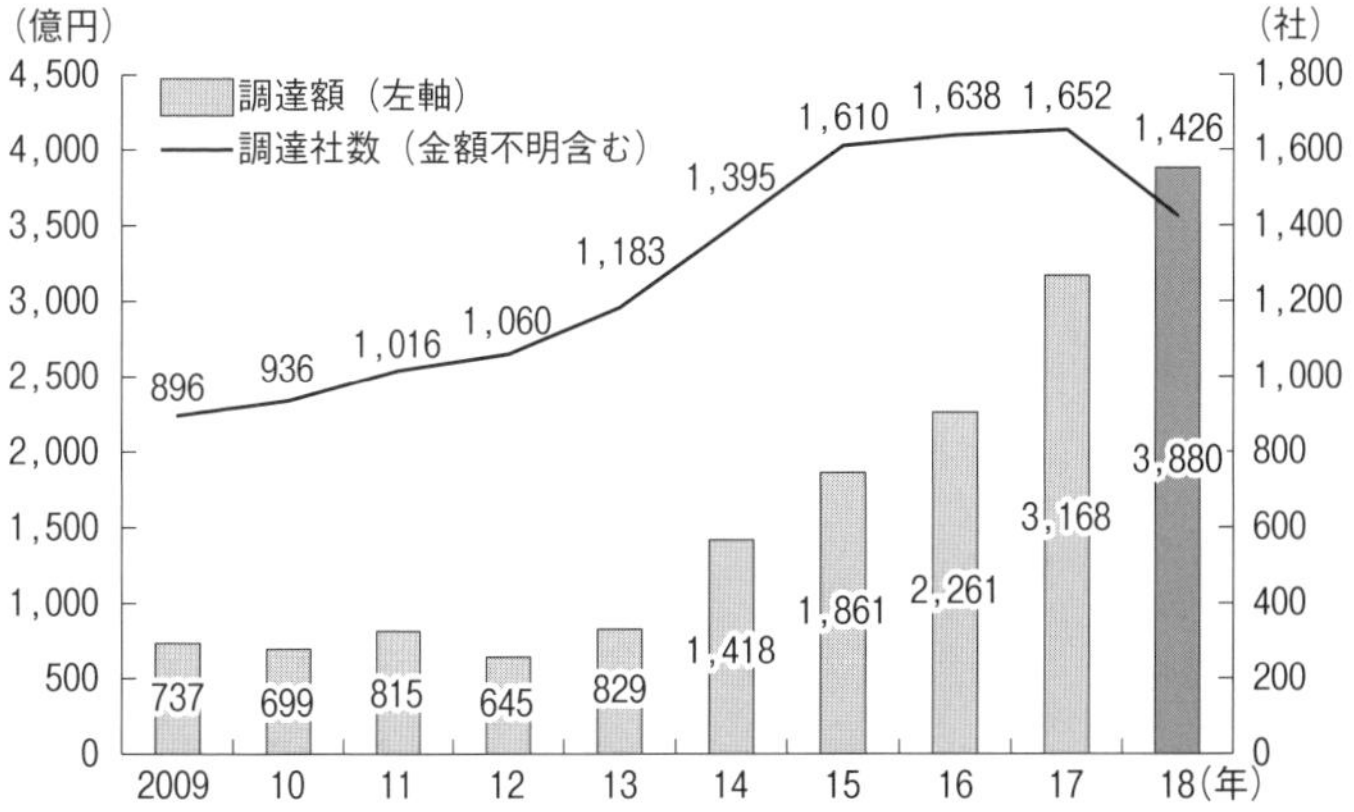

（出所） INITIAL

② ベンチャー投資の日米比較（金額）

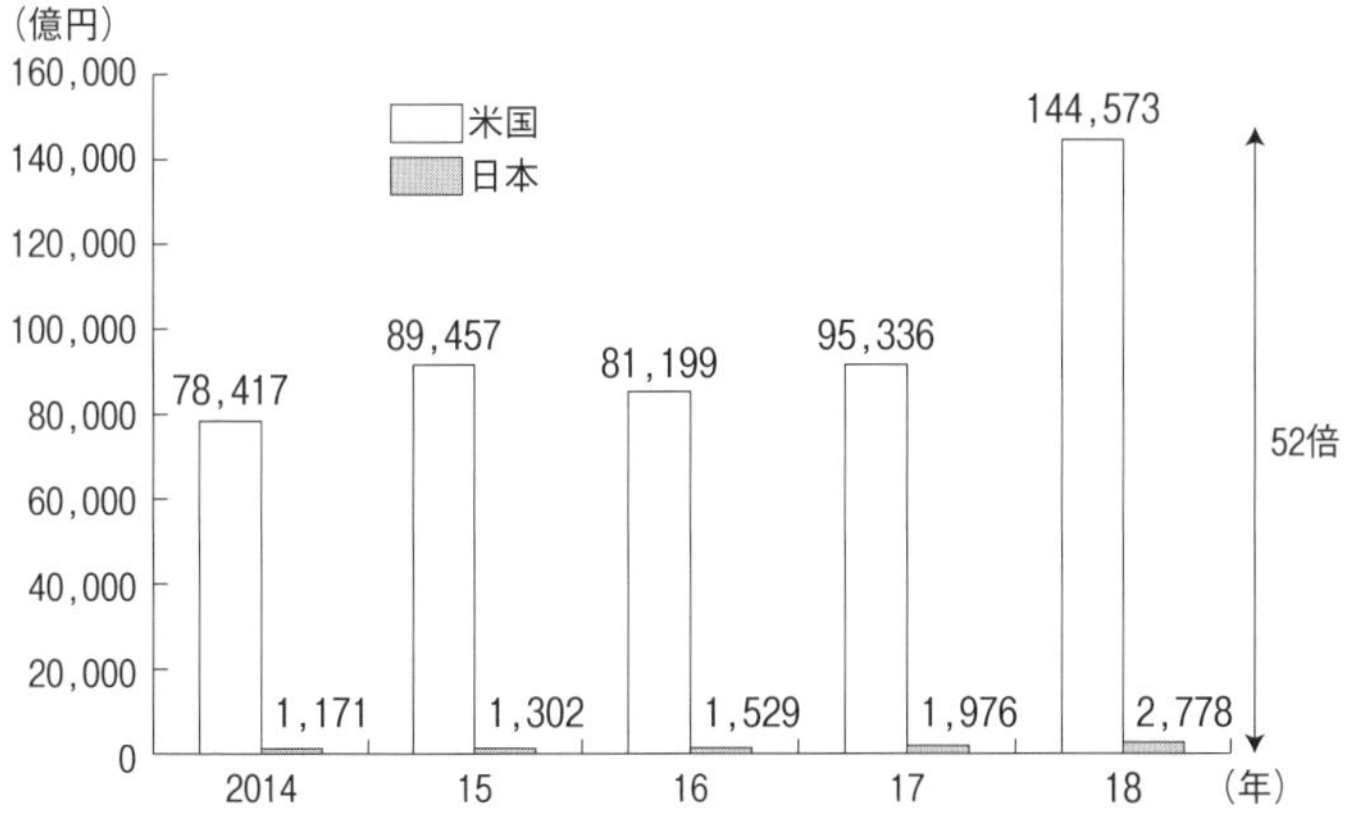

（注） 日本は年度ベース。
（出所） 「ベンチャー白書2019」より筆者作成

図表9－6　VCによる投資額（上）、ファンド組成額・件数（下）

〈VCによる投資額〉

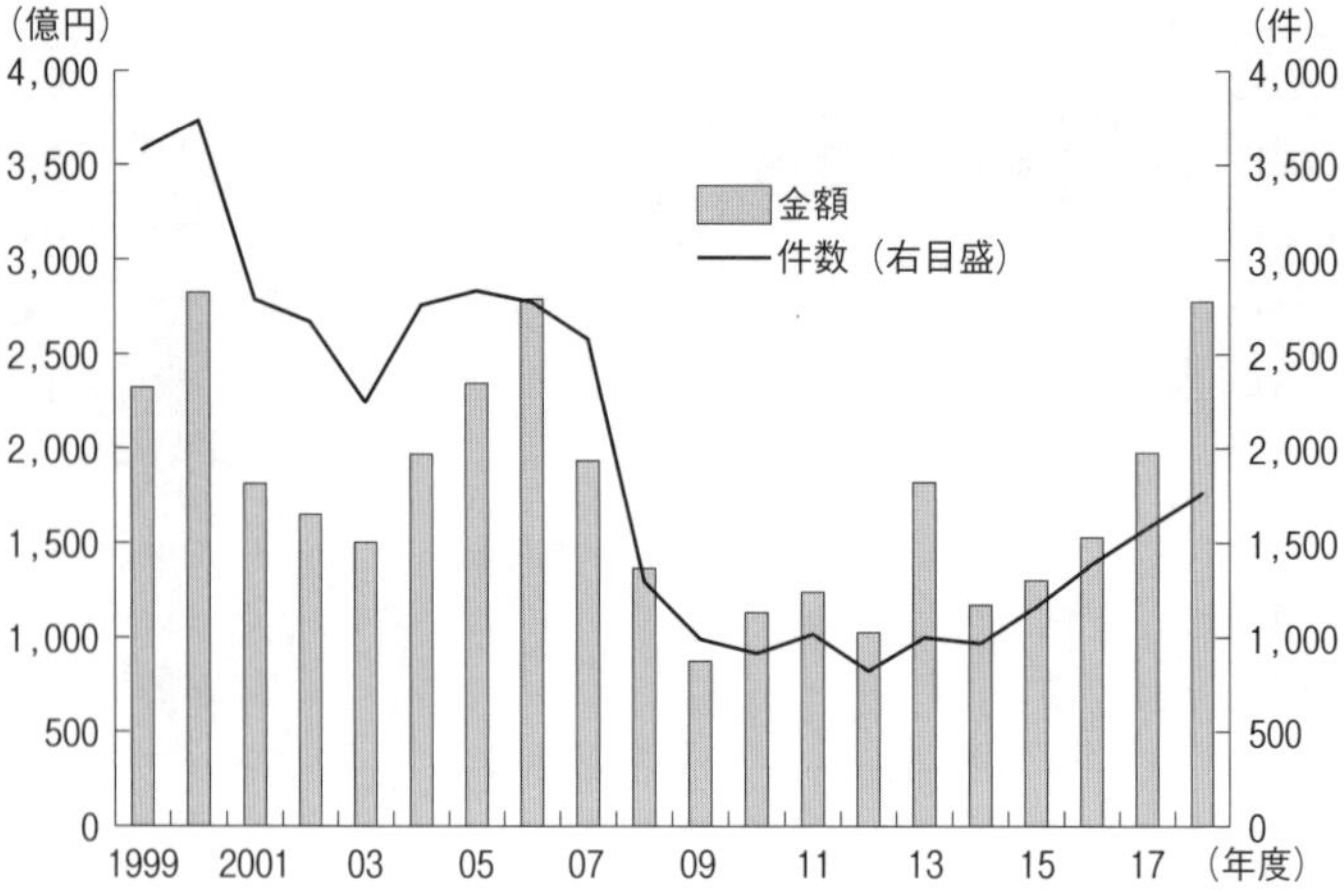

〈VCファンド組成状況〉

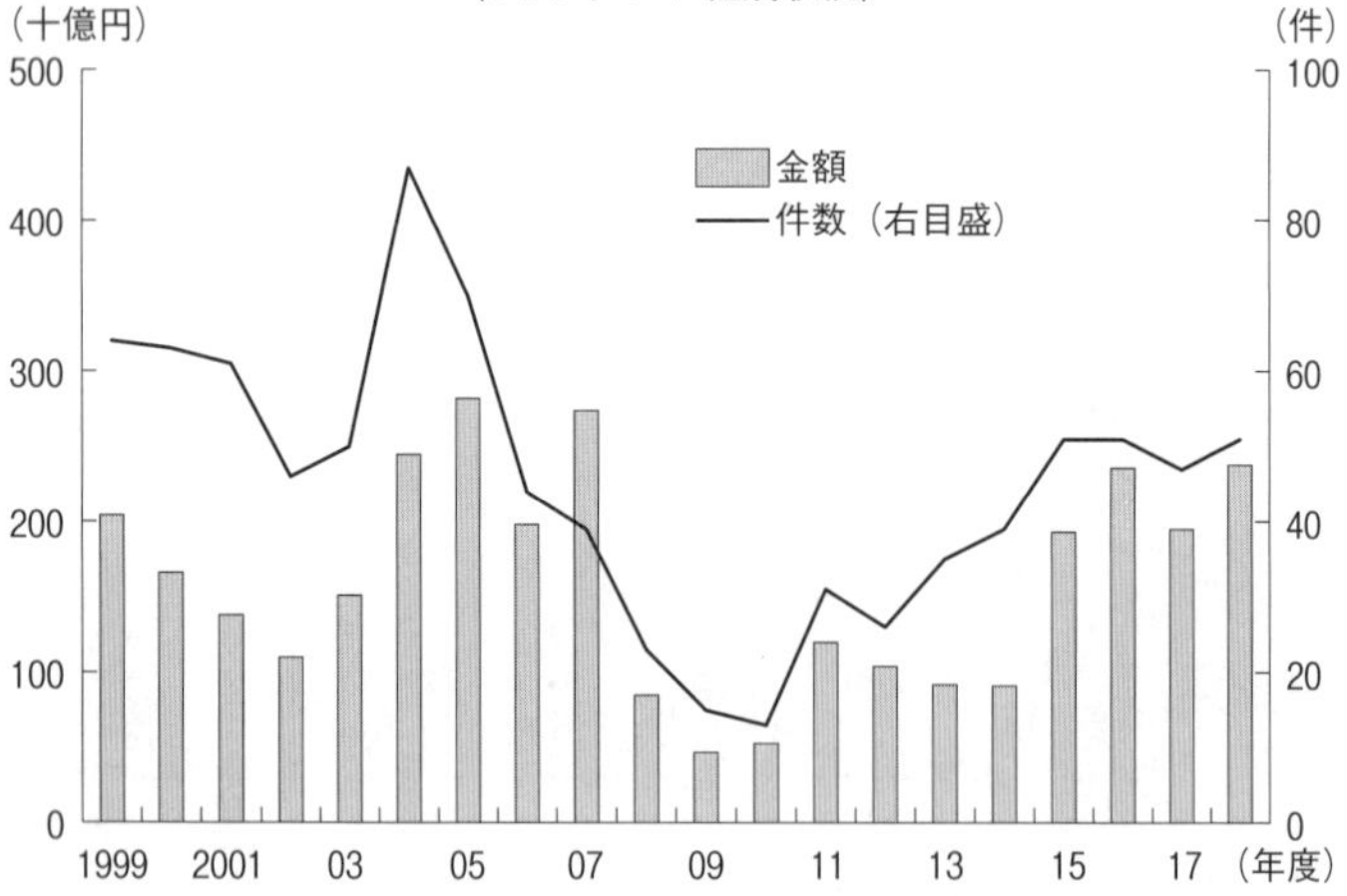

（出所）「ベンチャー白書2019」より筆者作成

図表9－7　日本のVCのエグジット

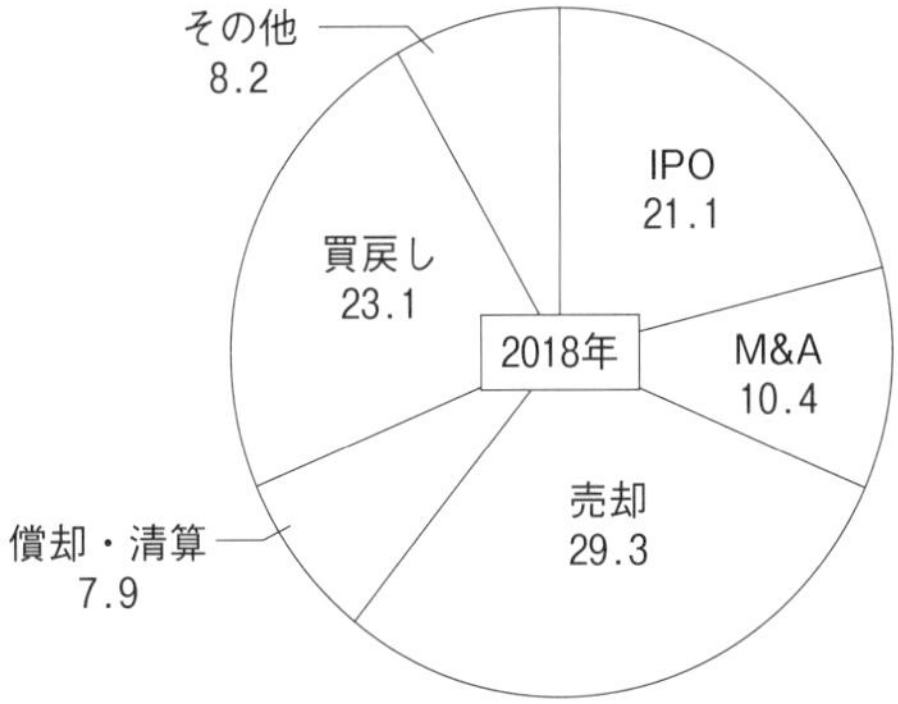

（出所）「ベンチャー白書2019」より筆者作成

もありません（図表9－6）。ファンドの単年度の組成規模ベースでみても、2000億円ぐらいなので、（図表9－6の下図）、VC投資にかかる量（規模）の問題は、まだ十分ではないとも考えられます。

日本のVC投資のエグジット

エグジットについては、米国の場合は、IPOからM&Aにかなりシフトしています。これは、グーグルやアマゾンなどの大企業が、毎年、多数のベンチャー企業を買収しているわけですが、日本では、M&Aを通じたベンチャー企業の買収は、あまり増えていません。日本は、まだまだIPOを通じたエグジットが中心です。なお、価値の上がらないまま外部売却するケースやリビングデッドと呼ばれる塩漬けになったままの先も相応にあります（図表9－7）。

VCにとっては、1回100億円規模のファンドの場合、30社程度のベンチャー企業に投資します。そのなかでIPOができて投資回収がそれなりのプラスで行うこ

図表9－8　日本のIPO企業の時価総額増加（IPO後）

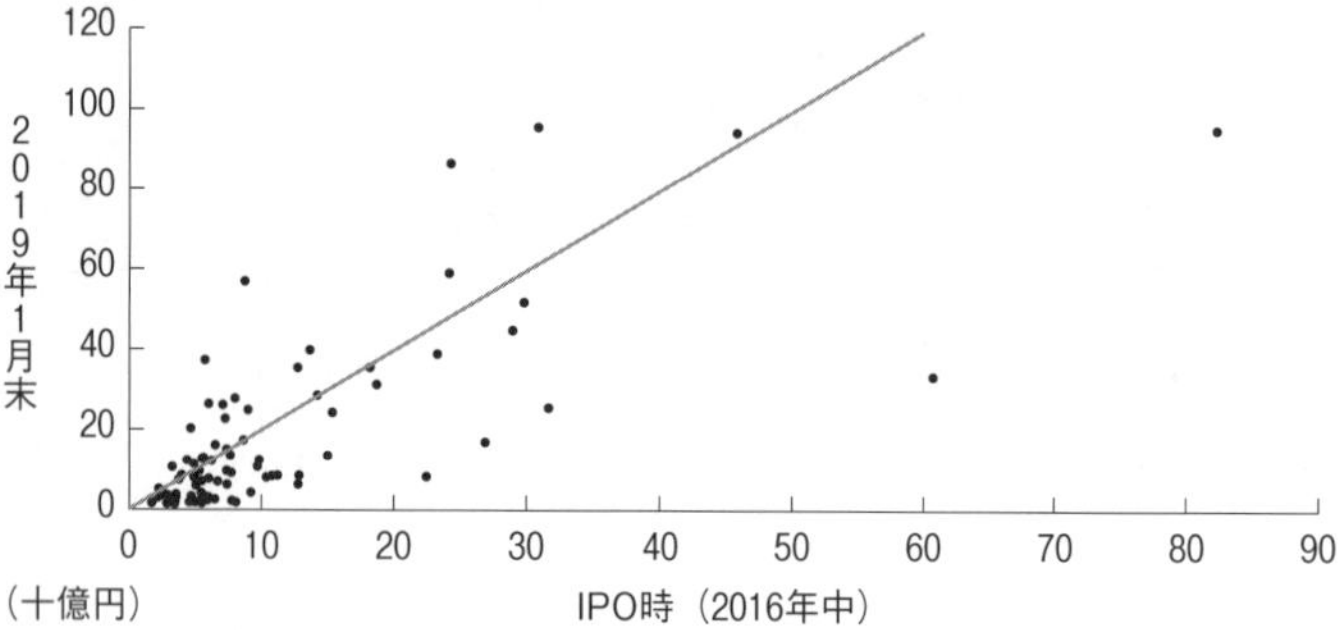

（注）　外れ値（時価総額の大きいLINEとSGHD）は非表示。
（出所）　Bloomberg等

とができるものは4～5社ぐらいです。なぜ、30社中、4～5社でいいのかというと、VCとしては、そういう4～5社の取引先がIPOをして、何十倍になったものを回収して、それ以外の損を埋め合わせて運営をしているということです。非常にリスクが高いビジネスとして、金融機能の提供をしていることになります。

IPOの小粒化に伴う問題点

日本においてIPOを行った企業が、IPO後に、その企業の時価総額がどの程度増大しているかについて、図表9－8に示してあります。図表9－8は、2016年中にIPOをした企業が約100社弱あり、IPO時の時価総額と2019年1月末の時価総額を、散布図として作成したものです。斜めの回帰罫線が、上場IPO時から2倍の時価総額以上になっている先について、区分けしてみることができるようにしたグラフです。2倍以上の時価総額になっている先は、かなり少ないというのがこのグラフでみてとれると思います。

同時に、もう1つの課題は、ＩＰＯ時の時価総額が１００億円以内の先が非常に多いということです（横軸の0～10の部分）。要するに、ＩＰＯ時点では、５００億円とか１０００億円規模での上場ではなく、小粒な上場になっています。ベンチャー企業サイドやＶＣサイドに、ＩＰＯ至上主義的なことがあること、また、主幹事証券会社が早期に上場させようと勧誘して、件数主義のようなところがあります。いずれにしても、上場時の時価総額が小さいということと、上場した後、企業価値が大きくは増大しないという問題が、日本の産業全体の活性化を停滞させている面があります。

日本でM&Aのエグジットが少ない理由

日本の大企業では、ベンチャー企業を自社内に取り込むようなＭ＆Ａを行うことは、多くはありません。なぜ買収が少ないのかというと、自社内で事業化を進めていくことがベースとなっており、自前主義で研究所をもってさまざまなイノベーションに向けた取組みをしているので大丈夫という意識が強いからです。また、内部的な意思決定にも時間がかかり、外部を取り込むプロセスは、時間がかかること、仮に買収したとしてもベンチャー企業のマネージができないことなどが、こうしたベンチャー企業とのＭ＆Ａが進まない理由にあげられます。大企業のルールにあわせようとして、そのベンチャー企業でやってきた人たちが辞めてしまうという事態もあります。ＶＣにとっては、Ｍ＆ＡでエグジットしてもＩＰＯでエグジットしても、どちらであっても、投資家に対して期待リターン以上を返せれば一義的にはいいわけなので、そういう意味ではＭ＆Ａのほうが機動的であるというメリットもあります。

大企業の自前主義も、最近では、ある程度変わりつつあるのですが、実質的に変わっているのかが問われています。大企業とベンチャー企業で何が違うのかというと、日本の大企業は画一的で同質の文化を尊重して、衝突を回避しながら成長してきた面が強いので、事実上の年功序列型での終身雇用的な側面が大変強いです。そういうなかで、ベンチャーの価値観をもって新しい事業をつくろうというのは、なかなかうまくいきません。これからの日本の大企業は、オープンイノベーションで、また、ダイバーシティという多様性を重視することなどが非常に大事で、このあたりの状況を本質的に変えられるかどうかが、重要な論点になっています。

ベンチャーキャピタル（VC）の日米比較

VCについて日米比較をしたものを、図表9－9に示してあります。1件当りの投資の規模の違いも大きく、米国では投資先のベンチャー企業に役員を派遣する、あるいは兼務をして事業の成長のサポートをしていくなどのスタイルで、企業価値の向上を行っていますが、日本のVCの場合は非常に弱いです。このように、米国では、VCが主導して、スタートアップ企業と一緒に企業成長に向けて取り組むという仕組みが完全に定着しています。また、日本のVCは報酬も成功報酬型になっているところとなっていないところがあり、専門的な人材の確保も含めて、人材面の課題も、さまざまにあります。

VCに投資家として参加している構成者をみると（図表9－10）、米国であれば、年金から大学の基金まで含めて機関投資家の資金が多いです。日本の場合は、年金から入っている部分が0・6％ということで、ほとんど入っていません。

図表9－9　日米のベンチャーキャピタル（VC）比較

	日　本	米国
設立形態	株式会社主体	パートナーシップ
設立母体	銀行・証券・生損保が中心が変化。独立系も	独立系が大半。金融機関系・事業会社系も
会社数	200社程度	970社
キャピタリストの経歴	金融機関出身者、金融機関からの出向が多い 新卒以来、同じVC一筋の人材も	起業家・経営者・事業会社
キャピタリストの報酬	給与中心主義	成功報酬
投資の原資	VC自己資金とファンドが約半分ずつ	ファンドが大半
出資者の構成	金融機関中心、ほぼ国内の投資家	機関投資家が半数以上、海外投資家も3割程度
ファンドの規模	平均42億円	平均168億円。10億USドルを超えるファンドも
1件当りの投資規模	平均1億円	平均11億円
出資割合	マイノリティ（数パーセント程度）	マジョリティ～マイノリティ。リード投資家を志向
役員派遣	常勤はまれ。非常勤は増加傾向だが、半数程度か ―1994年まで役員派遣禁止のガイドライン	一般的
エグジット手法	IPO主体 （IPOに至らない場合、創業者・経営陣の買戻し主体）	大企業へのM&A主体

（出所）　筆者作成

図表9－10　日米VCの出資者構成の比較

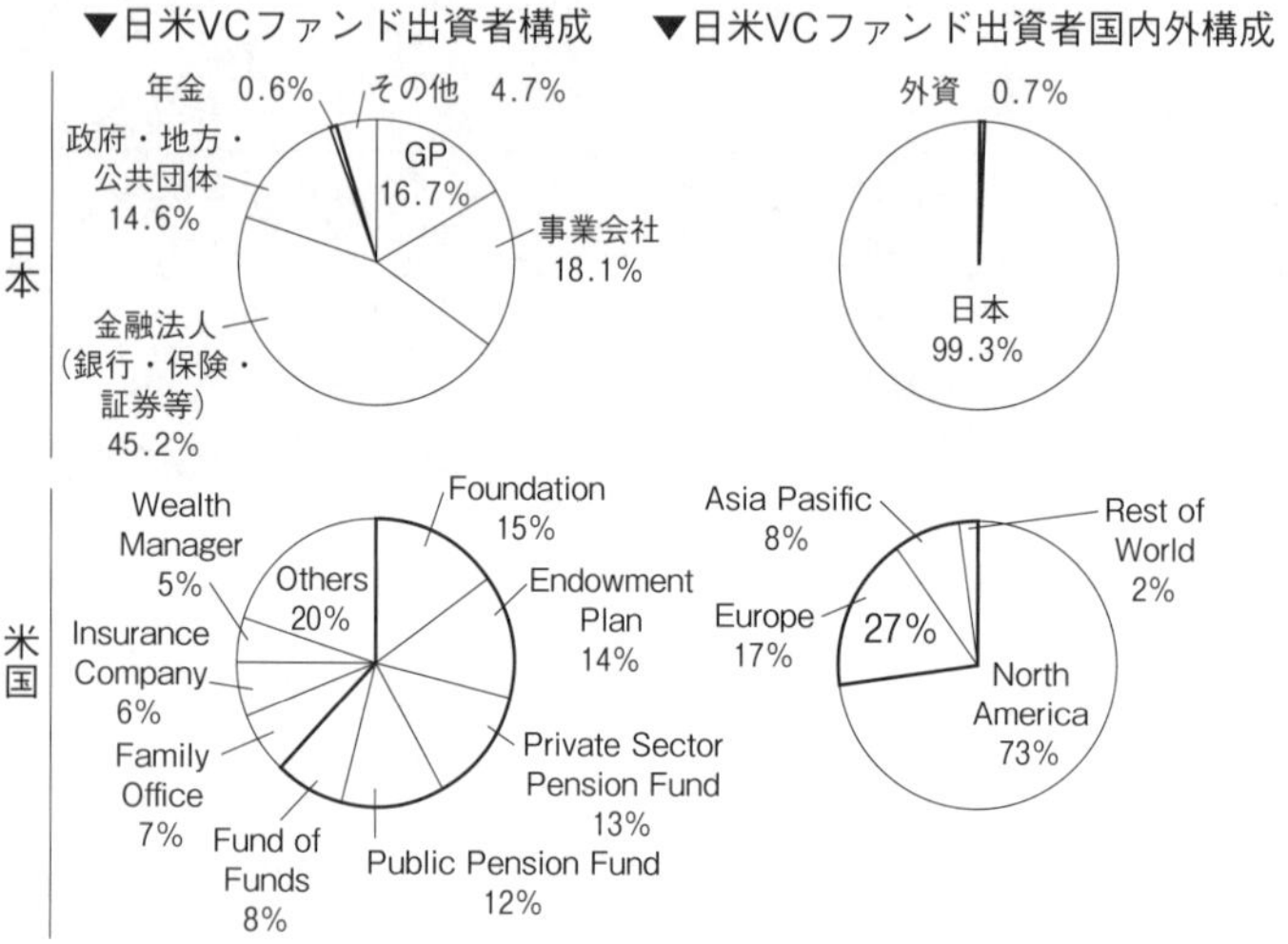

（出所）　官民ファンドの活用推進に関する関係閣僚会議幹事会（第9回）、一般社団法人日本ベンチャーキャピタル協会資料（2017/12/6）

年金基金のプライベート・エクイティ（PE）投資の状況

内外の年金基金で、PE投資の組入比率をみると（図表9－11）、カナダが上限2割ぐらいまで投資をしています。米国で、約10％です。日本は、運用ルールの規制緩和後、比較的早く（2002年以降）PE投資に取り組んでいる企業年金連合会で、4000億円弱という規模です。まだまだ日本の機関投資家がプライベート・エクイティを、積極的に行うという状況になっていないわけです。

機関投資家がプライベート・エクイティ（PE）投資に向かない背景

PE投資は、基本的には、伝統的な株式や債券と違って、流動性がありません。流動性がないから、1回出資すると

図表９－11　内外年金基金PE投資の組入比率

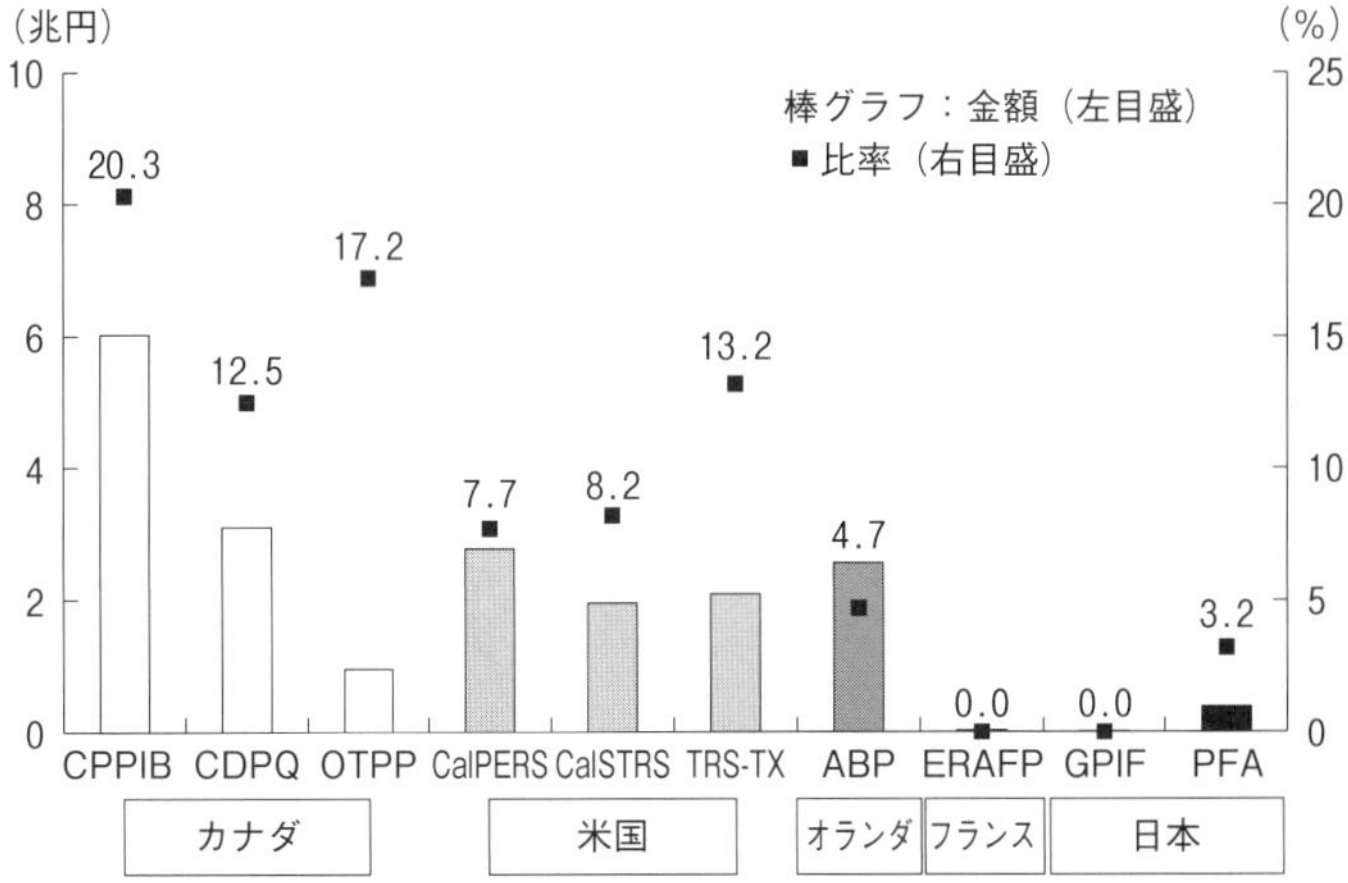

（注）　各基金の直近数値を2018/3末の為替レートで換算。
（出所）　年金総研「海外年金資金等のPE投資に関する調査研究」

10年程度は投資したままで換金したい事情が生じても、簡単には換金できないことになります。流動性がないから、ある程度、ＰＥのポートフォリオを構成してキャッシュフローが回る状態にしていくことが必要です。最近の低金利・マイナス金利で、債券で運用しても利回りが出ない、あるいは株の運用はリスクが高いなどの理由から、米国や欧州の機関投資家は、ＰＥを含めたオルタナティブ投資（代替投資）と呼ばれているアセットクラスに相当シフトしています。このオルタナティブ投資は、典型的にはＰＥ、ヘッジファンド、不動産、インフラ系に対する投資です。これらの投資はリターンもそれなりに上がるので、投資成果も出ている結果もあり、日本と米国の運用面の差は大きいということになります。

もちろん、日本の機関投資家がＰＥ投資を

増やしていくときに、海外のＰＥ投資と日本のＰＥ投資を、どの程度の組合せで行うのかなどの課題もあります。まだまだ日本のＰＥファンドの経験は浅く、パフォーマンスとしてのトラックレコードも、海外のＰＥファンドとは歴史が違うということなどもあり、今後、日本の機関投資家が、日本ＰＥファンドへの投資を増やしていくには、相応の時間が必要になるということなども、課題です。

ちなみに、米国の有力なＶＣは、歴史的に40年ぐらいの経験があるなかで、たとえばフェイスブックやグーグルなどのベンチャー企業時代の投資をはじめ、高いパフォーマンスを上げ続けているところが多数あります。そうした米国の有力なＶＣは、世界中の投資資金が集まるので、必ずしも日本の機関投資家の資金は必要としません。こうしたことから、日本の機関投資家は、ＰＥ投資に関し経験度が十分に高くならないという面もあります。日本の投資家サイドのプロフェッショナリティについて課題が相応にあります。

プライベート・エクイティ（ＰＥ）投資のＪカーブ効果

機関投資家からみたときのメリットは、分散投資の意味合いに加えて、最近の低金利状況のなか、パフォーマンスが上がる可能性があるということですが、デメリットとしては先ほど申し上げた流動性が乏しいこと、さらにはＪカーブ効果といわれている投資の当初の段階はマイナスのパフォーマンスということがあります。図表９－12をみると、入り口は投資をするだけで、管理報酬がかかるだけですので、パフォーマンスはマイナスとなり、その状態がしばらく続きます。

新しくＰＥ投資をしたいと考える機関投資家や金融法人は、投資当初の１～３年目ぐらいはマイナス

図表９－12　PE投資のＪカーブ効果

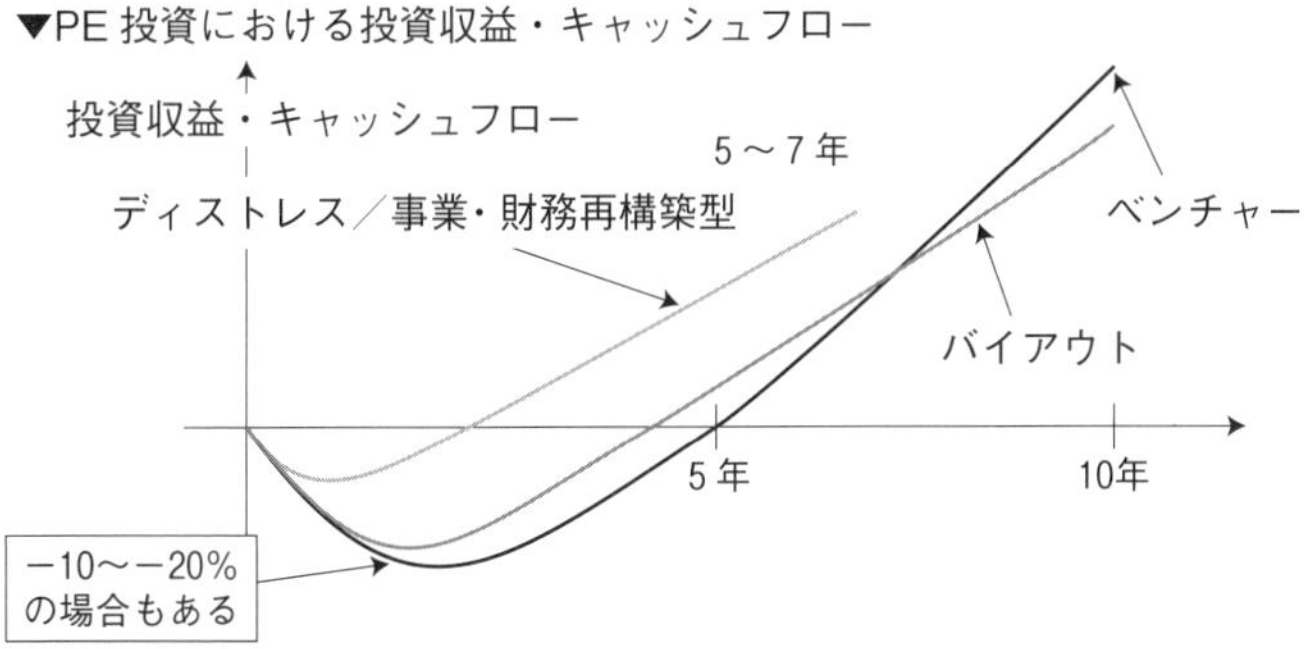

（出所）　三菱UFJ信託銀行「プライベートエクイティの新潮流」（2008年８月）

になるわけです。短期的に投資収益を求める投資家は、単年度のマイナス収支ということに直面し、また、全体の運用のパフォーマンスにはマイナスに働くので、たとえば、内部的には、「いまこんなに運用全体では苦しいのに、もっとすぐにリターンが得られるものに投資すべきではないか」などというような議論が起きて、投資が進まない悪循環になりやすいということもあります。

もちろん、時間がたつとリターンが上がるようになるというトラックレコードで、相応に検証されているのですが、「10年でみれば、かなりのパフォーマンス」といっても、「それは10年先の話だから、すぐにパフォーマンスが上がるものでない限り、投資はできません」という投資家も多いです。このあたりも、ＰＥ投資のむずかしさです。

CVC（コーポレート・ベンチャー・キャピタル）の増加

最近、事業会社によるＣＶＣ（コーポレート・ベンチャー・キャピタル）の設立も増えています（図表９－

図表９－13　CVCの設立状況

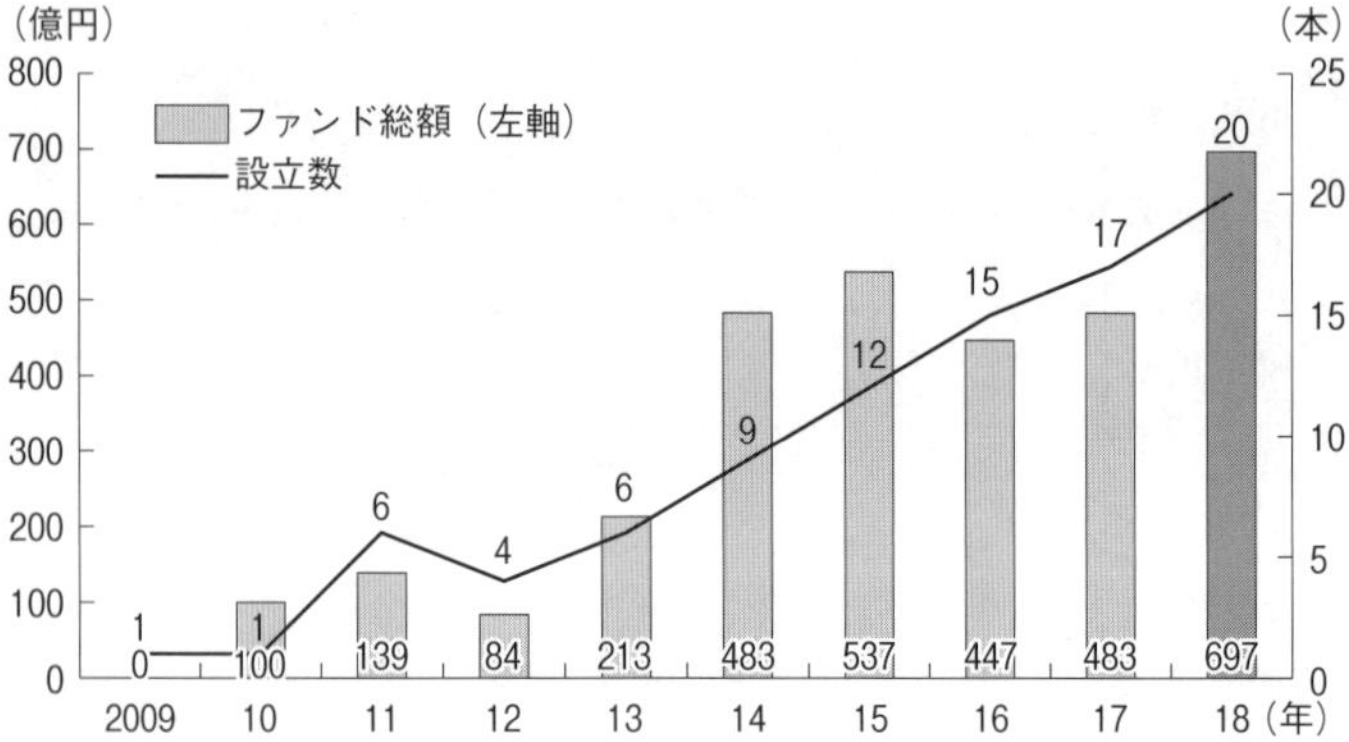

（出所）　entrepedia

13）。軒並み大企業がＣＶＣの設立を行い、ベンチャー企業への投資をファンドの形態を活用して行っていますので、オープンイノベーションがいかに重要かという意識が高まってきています。ようやく時代は変わり始めているという感じがします。

ＣＶＣをどうとらえておくかということですが、ＣＶＣと独立系ＶＣを比較すると何が違うでしょうか。ＶＣは、投資家から預かった資金を何倍かにして返すという財務的リターンの確保が目的です。他方で、ＣＶＣの場合は、大企業がベンチャー企業に投資をするための仕組みとして行いますので、財務のリターンというよりは、むしろ自社事業の研究の代替や、自社事業とのシナジーなど戦略的リターンをより求めるということで運営するケースが多いということです。その場合、大企業は、自社の事業との関係で、戦略的なシナジーやリターンをとりに行くので、自社事業とのシナジーのみに焦点を当てる傾向が強く、そのベンチャー企業のポテンシャリティや総合力など、

図表9－14　CVCとVCの比較

	CVC	VC
主体	ベンチャー企業に投資する（大）企業	VCがGP（無限責任組合員）としてファンド運営
手法	①自己勘定投資 ②ファンドの単独設立 ③ファンドの一部外部資金調達 ④VCへの委託 ⑤VCファンドへの出資	投資家であるLP（有限責任組合員）から資金調達し、GPがベンチャー企業に投資、育成
目的	戦略的リターン（自社事業とのシナジー）と財務的リターン	財務的リターン
投資回収	特定期間での、投資回収の必要性は低い	LPのために一定年数で、資金を回収
取締役会への関与	取締役会オブザーバー	社外取締役
ベンチャー企業への提供価値	協業、業界・製品のアドバイス、顧客開拓・販売支援	経営チーム組成、戦略や経営指標の策定・管理、次回ラウンド投資家の確保と選定、業界・製品のアドバイス、顧客開拓・販売支援

（出所）　筆者作成

ベンチャー企業の全体をとらえることが薄くなる傾向が強いです。戦略シナジーがうまく広がればいいのですが、大企業本体の関係セクションとの間で、ベクトルがあわないケースも相応にあり、CVCのあり方がうまく定着するかどうか、課題は多いと思います。今回のCVCブームもどうなるかということもあるので、今後、定着できるかどうかがポイントとなります。

3 課題としての人材について

ベンチャーキャピタリストの日米比較

次に、ＶＣを担う人材の問題について考えたいと思います。ベンチャーキャピタリストの日米比較ですが、典型的にいうと、米国はプロフェッショナル、日本は中途半端な状態になっています。米国では、ベンチャーキャピタリストと呼ばれる人たちが、スタートアップ企業の立ち上げを行う人と同じぐらいリスペクトされている面があります。また、人材面で、ＶＣのベンチャーキャピタリストと起業家が、相互に行き来がある状態で、うまく循環しています。日本の場合は、ＶＣのベンチャーキャピタリストは、金融系の出身者、大手ＶＣから独立した人たちが多く、起業家との循環的な関係は生じていないということがあります。日本の場合は、層が薄いことと、経験度合いの幅が狭いという問題があります。

スタートアップ企業側の人材不足

一方で、スタートアップ企業も、主要なポストの人材が基本的には足りていません。特に、事業アイデアをもって事業化を進めている中心的な役割を担っている人以外の層が薄く、特に、管理系のＣＦＯ、ＣＯＯなどのポストに不足感があります。外部からのふさわしい人材がなかなか見つからないこともあることに加え、スタートアップ企業なので処遇が相対的には標準より低いこともあり、まだまだ人材が、十分には集まらない状況です。

日本は、大企業になればなるほど賃金は多いという構造になっており、また、勤続年数が増えるほど賃金が上がるという状況で、諸外国と比べても、そういう傾向が強いです（図表9－15）。

また、ＯＥＣＤの調査でみると、ＯＥＣＤの他の国と比べて、日本の場合は圧倒的に失敗をおそれている人が多くて、起業の機会を受け入れたいという人が少ないです（OECD, Entrepreneurship at a Glance 2015.）。また、「日本で起業が少ない最大の理由は？」と問うと、「失敗すると再チャレンジがむずかしい」「学校の教育の問題」「世間の風潮」などを理由にあげており、このあたりも、文化的要素もあり、構造的にも、なかなか改善はむずかしいところです。

大企業のなかを改革しようというオープンイノベーションマインドも、まだまだ弱いので、こういう人材の問題をふまえると、イノベーションやスタートアップ、さらにはＶＣの人材の層を厚くすることがむずかしい面があります。

リカレント教育

ただ、最近、少しずつ変わり始めています。年功序列型で大企業は変わらないとされていたのが、人材の多様性を重視するという流れも出てくるなか、雇用の流動性も出てきて、30代での転職も増えつつあります。昔は、終身雇用のもとで、50代でのリカレント、再教育的なことを意識していたのですが、いまは30代でリカレントが必要という世の中に変わり始めています。企業サイドも、専門性の重要性について、相当後押しをし始めています。会社に就職して得られる専門性とは違う別の専門性、たとえばＩＴやデータ分析などのリカレント教育のニーズが広がり始めています。そうしたことを通じて、ス

図表９－15　賃金格差－大企業志向・長期勤続のインセンティブ

▼企業規模別賃金格差（2014年）

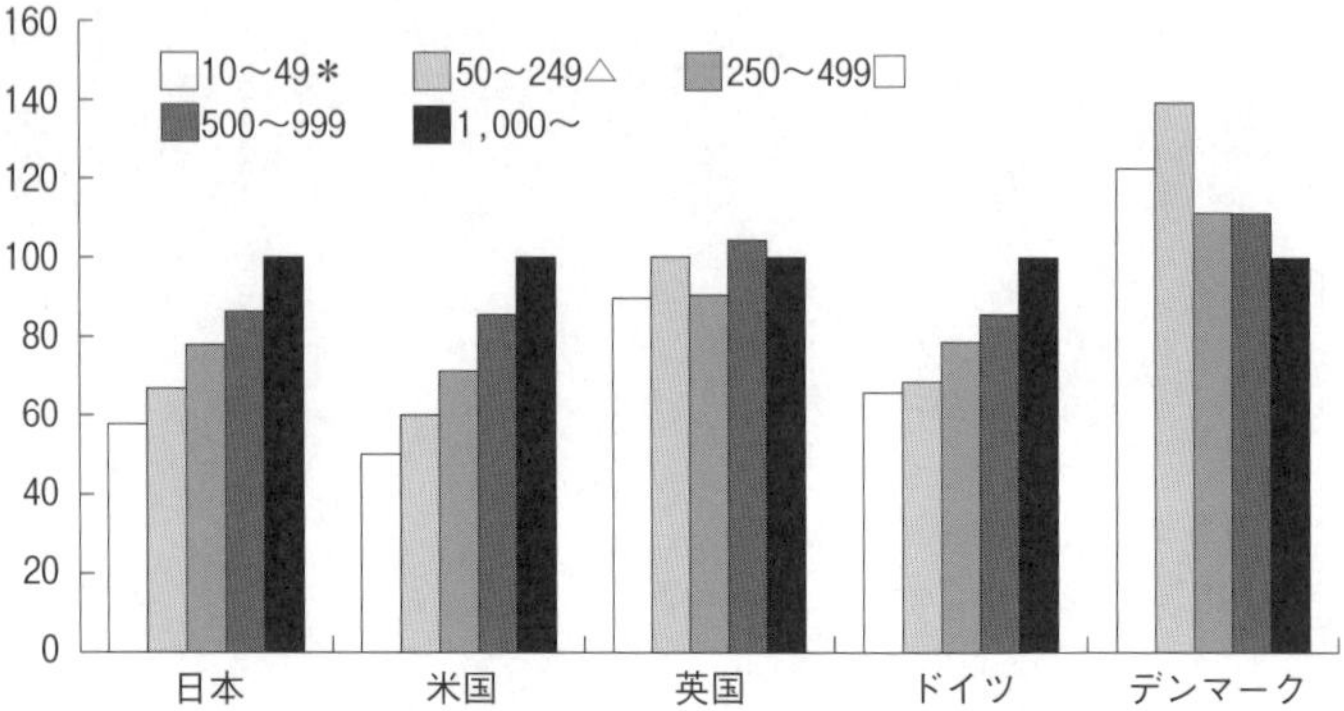

（注）　企業規模1,000人以上の賃金水準を100として指数化したもの。日本は、＊５〜29人、△30〜99人、□100〜499人。
（出所）　日本：「毎月勤労統計調査」、米国：Quarterly Census of Employment and Wages、欧州：Structure of Earnings Survey 2014

▼勤続年数別賃金格差（2014年）

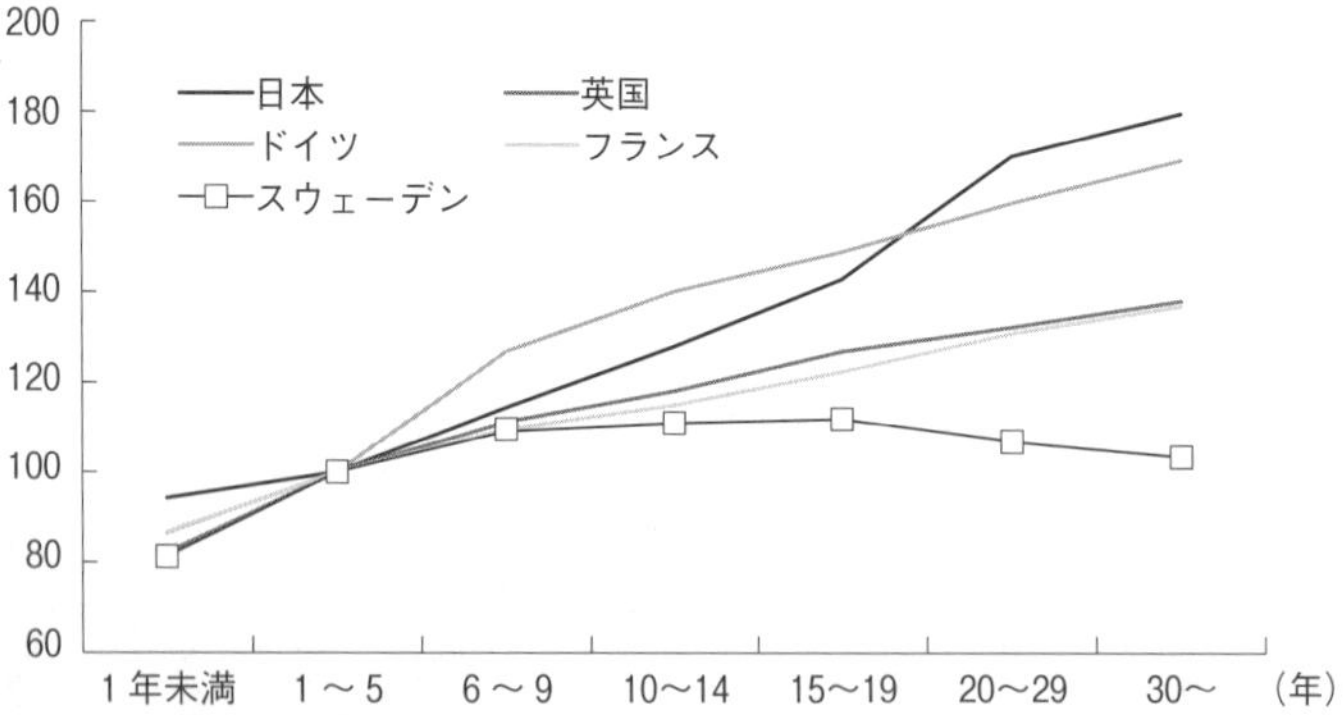

（注）　勤続年数１〜５年の賃金水準を100として指数化したもの。
（出所）　日本：「賃金構造基本統計調査」、欧州：Structure of Earnings Survey 2014

図表9－16　大学発ベンチャー企業の増加

▼大学別創出数

順位	大学名	2016年度	2017年度	2018年度
1	東京大学	227	268	271
2	京都大学	103	154	164
3	筑波大学	80	104	111
4	大阪大学	80	102	106
5	東北大学	76	86	104
6	九州大学	74	88	90
7	早稲田大学	63	79	82
8	慶應義塾大学	57	69	81
9	名古屋大学	49	81	76
10	東京工業大学	65	69	66
11	デジタルハリウッド大学	44	53	51
12	北海道大学	48	51	50
13	広島大学	41	46	45
14	龍谷大学	36	43	43
15	九州工業大学	44	44	42
16	会津大学	32	32	33
17	岡山大学	29	32	30
18	立命館大学	34	28	29
19	名古屋工業大学	21	27	28
20	神戸大学	27	32	28
21	グロービス経営大学院大学	25	26	26
22	静岡大学	20	22	25
23	同志社大学	17	25	25
24	熊本大学	13	19	23
25	電気通信大学	13	27	22
26	三重大学	22	23	21
26	徳島大学	13	22	21
26	横浜国立大学	17	19	20
29	東京農工大学	22	23	20
29	日本大学	14	21	20

▼業種別創出数

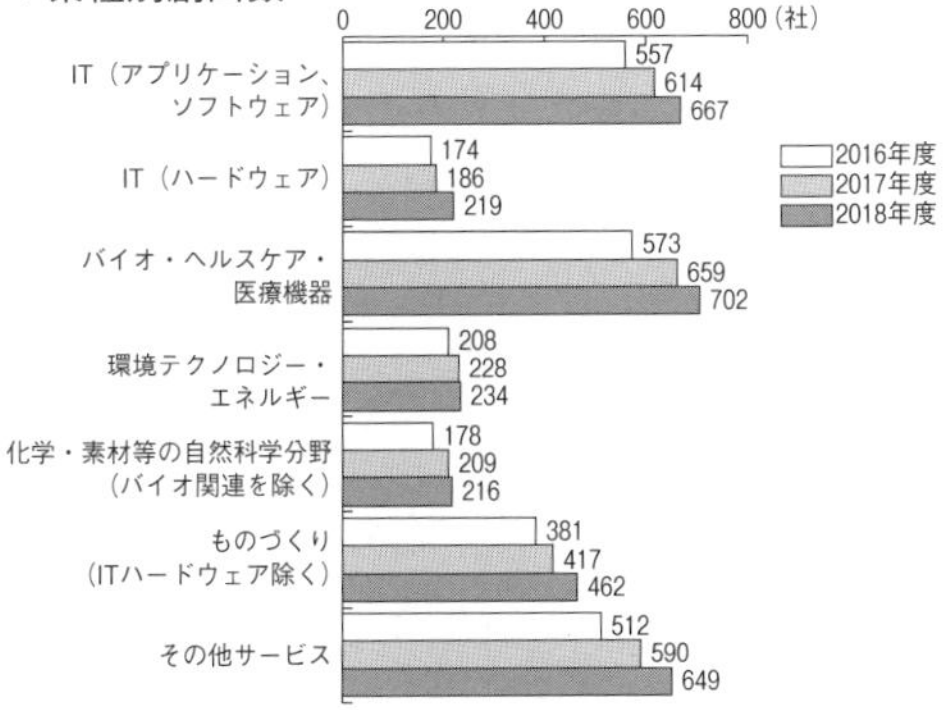

（出所）　経済産業省「平成30年度産業技術調査事業（大学発ベンチャー実態等調査）」より筆者作成

タートアップ企業へのチャレンジも増えてくるのではと期待しています。

大学発ベンチャー

大学発ベンチャーも増加し始めています。２０１８年度は、東大で２７１社、京大で１６４社と相応の数となっていますし、筑波大学、ＩＴだけの専門公立大学である会津大学などをベースとした大学発ベンチャー企業も増えてきています。今後の日本の競争力上、大学発ベンチャーは、バイオ・ヘルスケア、ものづくり系、環境テクノロジーなど大学で培ってきた技術を活用して事業化を進めていくことから、日本の優位性のある産業を創出することにもつながると思います（図表９－16）。

4　公共政策の取組みについて

政府系ファンド（官民ファンド）

最後に、政府系ファンド、いわゆる官民ファンドについて考えたいと思います。エクイティとしてのリスク性資金が必要ということで、官民ファンドがたくさん組成されています（図表９－17）。官民ファンドの位置づけは、政策目的として必要なリスクマネーを供給するということです。ファンドにふさわしいプロフェッショナルが相応にいるのかどうかという人材の問題があり、また、財務のパフォーマンスとも両立していくことが、ファンドとしての存続性のベースになるということも重要だと思います。

図表9－17　政府系ファンドの支援決定額

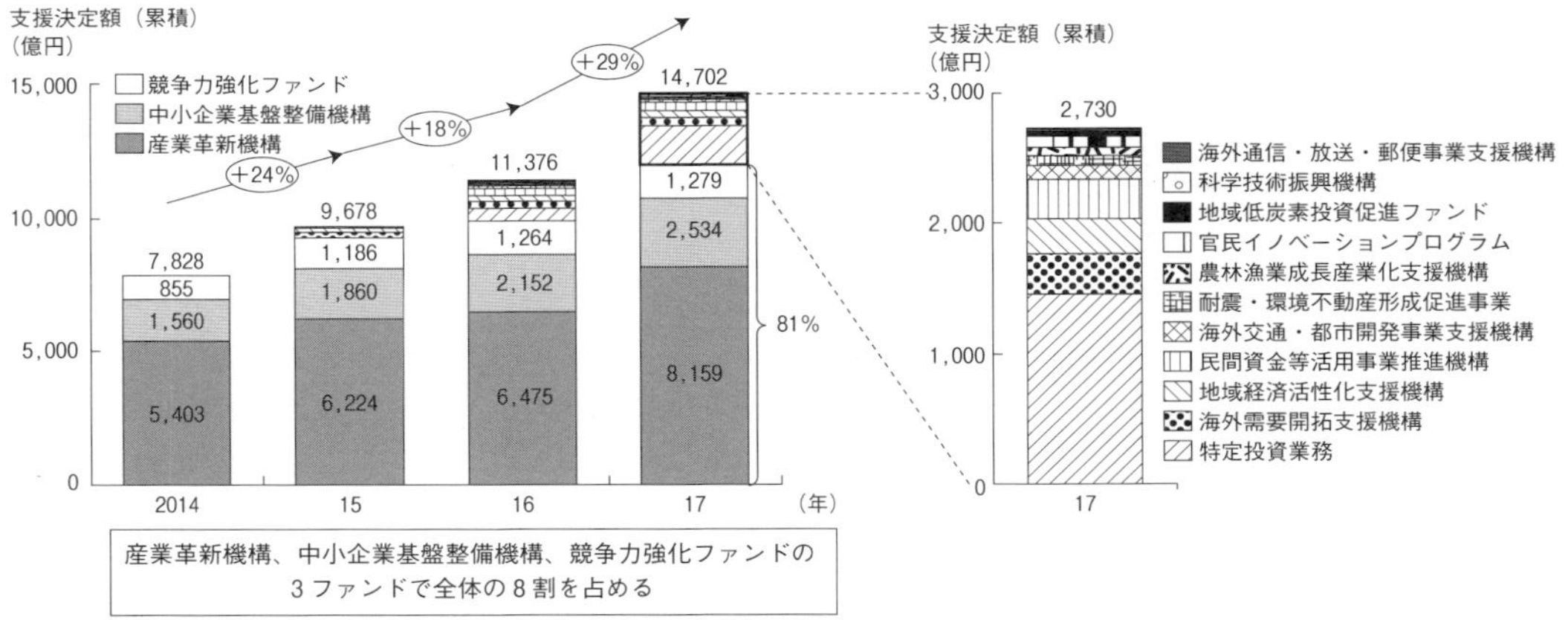

（出所）　経済産業省平成29年度委託事業「第4次産業革命におけるグローバル経済の動向とリスクマネー供給の在り方について最終報告書」ボストン コンサルティング グループ（2018/3/30）より筆者作成

このため、ベンチャー企業への投資を考えるときに、呼び水効果が非常に大事だという議論があり、私もそのとおりだと思います。たとえば、民間事業体が宇宙に対する事業を始めようとしたときに、民間のVCは、ある程度長期の投資になる案件、パフォーマンスがすぐには上がりにくいものには二の足を踏むわけです。政府系ファンドが一定金額を出すと、民間の資金も一定程度ついていくということが生じます。宇宙、AI、サイバーセキュリティなども含めて、比較的息の長い案件、要するにキャッシュフローが本格的に出てくるまで時間がかかるものについては、ある程度国の資金の後押しが必要かと思います。

地域金融機関の方向性

地域金融機関は昨今のマイナス金利のなかで、新たなビジネスモデルを構築することが求められています。人口減少や少子高齢化が相当進むといった社会構造の変化も、地方を直撃しています。このため、地域金融機関もコスト削減に加えて、地域の課題にどれだけ踏み込んでいけるかということが問われていると思います。地域金融機関には、地域に詳しい人材、金融面でのノウハウを有している人材が相応にいますので、事業性評価やコンサルティング力、あるいは最近金融庁が規制緩和した地域商社のような話を含めて、地域のエコシステムをつくって非金融との間をつないでいくことが、重要となると思います。地域金融機関を含む〝産官学金〟という枠組みも1つのヒントになるかと思います（図表9－18）。

図表9－18　地域金融機関にとっての社会課題解決に向けた体制整備

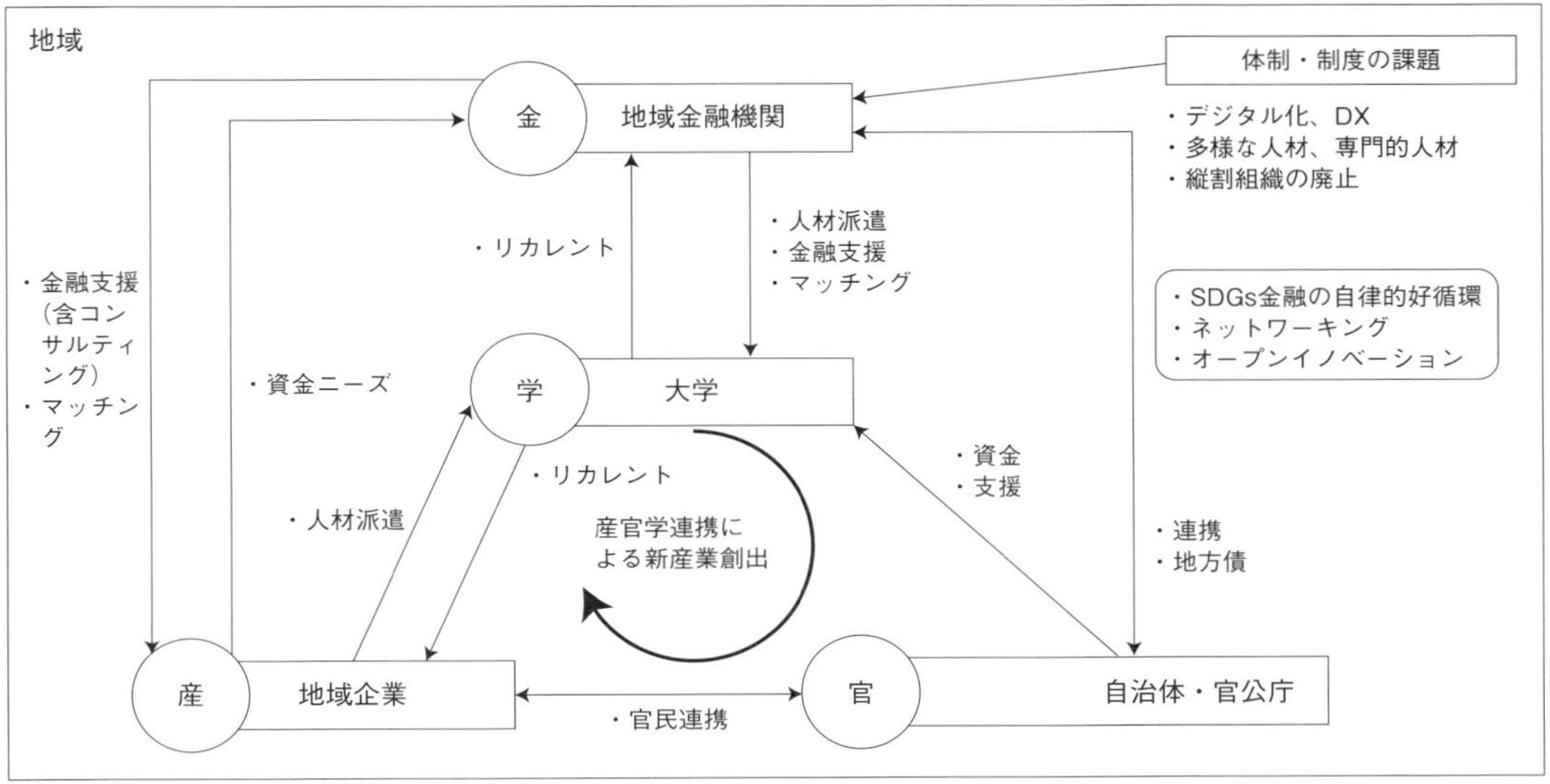

（出所）　筆者作成

質疑応答

質問 **米国ではＩＰＯが減って、Ｍ＆Ａが増えているというお話がありましたが、米国の企業であってもＩＰＯをしたら、あまり利益をあげられないというのは日本と同じ状況なのでしょうか。**

答 一番わかりやすい例でいえば、ＧＡＦＡに代表されるように、ＩＰＯ後、企業価値を何十倍にも上げています。

ＩＰＯの前後で何が違うのかというと、1つは、上場すれば当然それなりのコストがかかります。業績開示、ガバナンスやコンプライアンスなどのルールへの対応などいろいろなコストがかかります。規模の小さな企業でＩＰＯをすると、思った以上に大変です。他方で、それがプライベート、つまり上場していない会社であれば、機動的に戦略上の意思決定ができ、業績開示の負担は小さく、この差は大きいと思います。時価総額が小さい段階の上場よりは、一定の企業規模の段階でのＩＰＯが本来は望ましいと思います。

質問 **では、米国でＭ＆Ａが多いのは、ＩＰＯが儲からないからではなく、コストがかかるからというのが核心的な理由なのでしょうか。**

答 ＧＡＦＡに代表される企業は、シリコンバレーの技術系、ソフト系の企業などを継続的に買収しています。スタートアップ企業も、ＧＡＦＡのような大企業とのシナジーがあるかたちで一緒に仕事ができるので、大企業の傘下に入ることのプラスはあっても、マイナスはあまりないという判断ができる土壌、ある種のエコシステムが米国の場合はできているわけです。
他方、日本の場合、大企業に買われると、大企業の組織運営や文化のもとで、違和感が生じているケースも多いです。それは双方にとって不幸で、両サイドからちょっと二の足を踏んでいるように見受けられます。ただ、日本の大企業も、変わりつつあります。

質問 **政府系ファンドの問題ですが、いまもＡＩや宇宙分野など新しい分野がどんどん出てきているので、今後も、政府系ファンドはどんどん増えていくのではないでしょうか。**

答 官民ファンドに関して、世の中一般からの見方は厳しいと思います。また、政府としての検証も行っています。新しい分野が出てくるからということで、官民ファンドが、さらに増えていく局面にはないと思います。
政府全体としては、政策目的ということを重視して、やや省庁ごとの縦割りになっているという面があるので、省庁間の縦割りから政府全体としての横断性をどうもたせるかという観点も必要になってくると思います。

質問 **米国や中国に後れをとっているとのことでしたが、これらの国は自国需要も大きくてまだ伸びています。日本でユニコーン企業がどんどん創出できるようなキャッチアップの仕方というのは、産官学金による地域創生で日本国内のマーケットを拡大していくなかで、日本のなかで体力をつけていくというかたちなのか、グローバルにどんどん世界進出させていくという方向性なのか、どういうかたちで**

のキャッチアップが考えられるでしょうか。

答　もちろん後者で、グローバルでないといけないと思います。ただ、たしかに米国や中国の大きなマーケットとは違いますが、日本のマーケットもそこそこあるのも事実です。日本のマーケットだけをターゲットにしても、スタートアップ企業としてある程度のキャッシュフローがあり、ＩＰＯできる世界があります。そこで安住してしまう世界があるわけです。ただ、ユニコーンを目指すとなると、グローバルにチャレンジしないとさらなる成長にはつながらないでしょう。

　一方で、産官学金連携の重要性は何でしょうか。米国のシリコンバレーのエコシステムは、たとえばスタンフォード大学には全世界からの留学生がたくさんいて、常にグローバルが意識されるということです。

　他方、日本の大学は、相対的にいうと留学生の数が少ない、地域の偏りがある、など問題もあり、グローバルなアクションで、米国とは大きなギャップが出てきます。大学も多様性を広げて、ネットワークをつくるというなかで、新しいビジネスをグローバルに進めるチャンスを増やすことがさらに必要となると思います。

　要するに、グローバルでしか多分生き残る道がないですが、そこに対する基盤が弱いのを何とかしないといけないと思います。

質問　地域金融機関はお金はあるけれどもパフォーマンスは全然よくないのが現状で、その活用にもハードルが高いように思います。今後、地銀が具体的に変わるうえで必要な外部環境や方策はあります

でしょうか。

答 地域金融機関ができることは何かと考えたときに、やはり地域に非常に詳しくて、あるいは地域のなかでネットワークをもっているのが強いです。これらを地域のエコシステムのなかでうまく生かせると、地域の状況とか課題解決がうまく支援できるのではないかと思います。

地域金融機関の人材を、地域のなかで、生かしていくことが重要だと思います。たとえば地域で大学との関係を含めて、ベンチャー企業やスタートアップ企業が出てくれば、その出てきた企業を地域金融機関を含めた地域がどうやって支えるかということはもちろん、グローバルな視点も入れていかないと、多分地域にとどまって、だんだん縮小していくということになりかねません。うまく地域で連携することが必要ではないかなと思います。

第10章 ESG投資と受託者責任に関する議論

本章のねらい▼近年、ESG投資が潮流となっていますが、特に、受託者責任を有する機関投資家にとっては、その投資パフォーマンスとの関係が気になるところだと思います。本章では、ESG投資と受託者責任の関係についての内外の考え方やESG投資のパフォーマンスに関する既存研究のサーベイについて講義します。

ポイント▼環境や社会に配慮するESG投資を行うことによって、経済的リターンが棄損してしまった場合には受託者責任に反するのではないかという議論は、長らく「ESG投資と受託者責任のジレンマ」として議論されてきました。他方で、欧州を中心とした最近の風潮としては、長期的なサステナビリティを考慮したならば、ESG要素を考慮しないこと自体が受託者責任に反するのではないかという見方も出てきています。いまは、両方の観点からの受託者責任を求められる方向にあり、受託者責任を有する投資運用者としてはよりむずかしいミッションを課されたといえるかもしれません。また、これまでのESG投資のパフォーマンスに関する見方に統一的な見解を見出せていませんが、少なくとも有意にマイナスであったという証拠も得られていません。

〈ナビゲーター〉**湯山智教（ゆやまとものり）**
東京大学公共政策大学院特任教授
早稲田大学大学院修了（商学研究科博士後期課程）、博士（商学）。慶應義塾大学大学院修了（SFC政策・メディア研究科修士課程）。株式会社三菱総合研究所研究員等を経て2001年金融庁入庁。監督局、証券取引等監視委員会事務局、日本銀行金融市場局、財務省理財局（財政投融資）、米国OCC等を経て2017年より現職。日本証券アナリスト協会認定アナリスト。
（2020年1月8日講義）

1 受託者責任とは

なぜESG投資で受託者責任が論点となるのか

近年、環境（E）・社会（S）・ガバナンス（G）のESG要素に着目した投資（以下、「ESG投資」という）が潮流になっており、ESG投資残高（サステナブル投資残高）はわが国で231・9兆円（2018年3月末、全投資残高の41％、前年比1・7倍）を占めるに至っています（注1）。ただ、特にフィデューシャリー・デューティーとして、いわゆる受託者責任を有する年金基金・保険会社・信託などの機関投資家の場合は、その投資パフォーマンスを気にすることも多いと思います（注2）。仮にESG投資の結果として、パフォーマンスが市場平均よりも劣ることになり、将来の年金支払金額に影響が生じてしまうようなことになれば、受託者責任の観点からも重要な論点になります。今回は、この問題について考えてみたいと思います。

受託者責任とは何か

受託者責任として、ESG投資の文脈でよく言及されるのは、資産運用に際して資金の信託を受ける側、すなわち「受託者（Fiduciary）」が、「受益者（Beneficiary）」の意向を受けて忠実かつ賢明な方法で運用を行っているかという点です。「21世紀の受託者責任（最終版）」というレポート（後述）にある定義をみますと、他人の資金を管理・運用する者（受託者）が、自らの利益ではなく受益者の利益のために行動することを保証するために存在するものをいいます（注3）。

たとえば、わが国でＥＳＧ投資が注目されるきっかけをつくり、世界最大の年金基金として１６０兆円近くの資産を運用するＧＰＩＦ（年金積立金管理運用独立行政法人）は、年金受給者の将来の年金資産の運用の受託を受けているという意味で受託者であり、その意味で受託者責任を有すると考えられます。この場合、当然のことながら、年金加入者・受給者が受益者になります（注4）。

そして、この際に、最も重要な責任は「忠実性」と「慎重性」の2つであるといわれています。「忠実性」とは、受託者は、受益者の利益のために誠実に行動し、受益者間の利益相反に対して公平なバランスをとって、利益相反を避けて、自らの、あるいは第三者の利益のために行動してはならないということです。「慎重性」は、受託者は、相当の注意、スキル、配慮をもって行動し、「通常の慎重な者」が投資するように投資しなければいけない、つまりプルーデント（Prudent）・インベスターにならなければいけない、ということで、博打をするような投資をしてはいけないということです。

他方、わが国では、金融庁が２０１７年に「顧客本位の業務運営の原則」を、いわゆるソフトローとして策定しました。この際にも、英米のフィデューシャリー・デューティーに関連する議論が行われましたが、その策定過程で、主に、金融商品の回転売買や保険販売などの手数料問題が念頭に置かれて議論が展開されたこともあり、「フィデューシャリー・デューティーの概念は、しばしば、信託契約等に基づく受託者が負うべき義務を指すものとして用いられてきたが、近時ではより広く、他者の信任に応えるべく一定の任務を遂行する者が負うべき幅広いさまざまな役割・責任の総称として用いる動きが広がっており、わが国においてもこうした動きを広く定着・浸透させていくことが必要である（注5）」として、「顧客本位の業務運営」を「最終的な資金提供者・受益者の利益を第一に考えた業務運営」として、やや広い概念で用いられています。

ESG投資の文脈での3つの受託者責任

ただ、ESG投資における受託者責任には、大きく2つの考え方、細かくいえば3つの考え方があり、微妙に方向性が異なるように思われます。

1つ目は、ESG投資の結果として、環境や社会への取組みを組み込むことに伴い、経済的利益を犠牲にしてしまう可能性が考えられますが、この場合、仮に本来の投資目的とはやや異なるESG要素に着目した投資の結果として、通常投資で想定される以上の損失を出した場合には受託者責任に反するのではないか、という考え方です。まさに、「ESG投資と受託者責任のジレンマ」で、特に年金基金等の運用者などのわが国の機関投資家にとっては、ESG投資と受託者責任の関係は、外部のステークホルダーとの間や組織内部の者においても、最も議論の多いポイントといえます。この考え方を、ここでは便宜的に「①市場平均リターン達成義務としての受託者責任」といいます。

2つ目に、長期的にサステナブルな社会実現のためには、投資家もESG要素を考慮する必要があるので、この場合、むしろESG要素を考慮しないで投資すること自体が、受託者責任に反するのではないか、という考え方です。究極的には、環境や社会に悪影響を与える投資により経済的リターンをあげたとしても、それは受託者責任に反するのではないか、とする考え方であり、どちらかというと欧州で主流のように思います。この考え方を、ここでは便宜的に「②ESG配慮義務としての受託者責任」といいます。

さらに、3つ目として、上記2つに比べれば主流とはいえないですが、主に個人投資家の視点からESG投資を眺めたものです。すなわち、金融商品回転売買や系列金融機関商品販売に伴う問題なども背景に、ESGやSDGsに関連する投資商品が時流にのって多く開発されますが、その販売や開発にあたっては、しっかりと顧客である投資家、主に個人投資家の利益を考えたかたちで行われているか、という考え方です。なぜならば、わが国では先ほど説明したとおり「顧客本位の業務運営の原則」を定めており、ESGやSDGs関連の金融商品販売でも、この「顧客本位の業務運営」の視点が重要と考えられるからです。この考え方を、ここでは便宜的に「③顧客本位としての受託者責任」といいます。

ちなみに、この議論も含めて、今日の議論は答えではなくて、まだ議論中のことで、いろいろな意見があっていいと思います。

2 ESG投資と受託者責任をめぐる議論

(1) 米国における議論

ERISAにおける考え方

米国では、ESG投資と受託者責任をめぐる議論でしばしば取り上げられるのが、ERISA（従業員退職所得保障法）の解釈通達をめぐる論点です（注6）。伝統的に米国労働省は、ERISA解釈において、「付随的な社会政策的な目標を促進するために投資リターンを犠牲にしたり、投資リスクを負担したりする投資手法をとることは許されない」との立場で1994年以来、基本的に一貫していました。すなわち、ＥＳＧ投資で投資リターンを犠牲にすることは受託者責任に反するとの立場です。実務においても２００８年の同省解釈通知において、「経済的利益以外の要素に基づいて投資決定を行い、紛争が生じたときは、その経済分析によって他投資対象と同等の価値を有していたとの証書を提出しない限り、受託者責任の遵守を証明できないだろう」とのことであり、ＥＳＧ投資を明示することには慎重な扱いであったとされます。

しかしながら、オバマ政権下の２０１５年10月に労働省がＥＲＩＳＡの解釈通達を改訂して、「ＥＳＧ要素を含む専ら経済的考慮に基づいて思慮深く検討した結果なら、当該投資が促進しうる付随的な利益を考慮することなく当該投資が可能」と通知し、ＥＳＧ投資を行うことのハードルを引き下げました（注７）。さらに、２０１６年にも再度解釈通知を発出して、「社会政策的目標の促進のために、投資収益を犠牲にすることは許されない」との立場をあらためて示しつつも、ＥＳＧ要素は年金運用上の経済的価値と直接に関係をもちうるとして、ＥＲＩＳＡは運用の際にＥＳＧ要素を考慮することを禁止してはいないということを明確化しました（注８）。すなわち、これらの解釈通知によって、ＥＲＩＳＡのもとで、伝統的な意味での受託者責任を考慮しても、投資方針や議決権行使などに際してＥＳＧ要素を考慮することが可能、すなわちＥＳＧ投資は受託者責任には反しないと解されたわけです。それ以前は、受託者責任の観点から、ＥＳＧ投資はＥＲＩＳＡに反するという見方もあったため、この見方を明示的に否定したわけです。

もっとも、トランプ政権後の２０１８年になって、米労働省は上記の見解を一部修正しました（注９）。すなわち、上記2通達は、ＥＳＧを考慮する必要があるとまでは述べていないと注意喚起し、過度にESG要素を重視してはならず、経済的リターンを犠牲にすることには慎重であるとしました（注10）。基本的には、これが米国の年金運用に関するスタンスで、普通の金融機関にも波及しているのかなと思います。つまり、伝統的な意味での、「①市場平均リターン達成義務としての受託者責任」とする考え方のほうが依然として有力なのだと思います。

たとえば、米国カリフォルニア州の職員退職年金基金（カルパース）では2018年10月の理事選挙において、ESG推進派であったメイヤー氏が敗れ、「カルパースの投資収益がESGによって抑えられ、退職者の年金生活を脅かしているとの指摘を繰り返した」ペレス氏が選任されました（注11）。ペレス氏は、たばこや石炭火力発電など、社会に有害とされる企業への投資を除外する「ダイベストメント」を問題視していたとし、さらにメイヤー氏の時には実際の運用パフォーマンスも振るわなかった模様であり、年金加入者はESG目的の達成よりも投資パフォーマンスを選択したともいえます。もっとも、世界最大の投資運用会社である米ブラックロックがESG投資を加速させると表明するなど、もちろんESG投資を推進する動きもみられます。

ハーバード大学Sitkoff教授らの議論

ESG投資と受託者責任に関しては、法と経済学の観点から、Schanzenbachノースウェスタン大学教授とSitkoffハーバード大学教授が興味深い議論を展開し関係者の注目をおおいに集めました（注12）。

その概要は「近年、年金などの受託者はESG要素を投資決定に組み込むべきとのプレッシャーに直面しているが、trust fiduciary law（信託法）の「sole interest rule（唯一の利益規則）」のもとでは、受託者は委託者の利益のみを考えなければならない。したがって、ＥＳＧ要素の利用が、受託者の倫理的理由または第三者の「付随的利益（collateral benefits）」目的ならば、それは受託者責任に反するが、他方で、ＥＳＧ投資は優れたリスク調整後リターンをもたらすこともありうるので、「リスク調整後リターン」目的のＥＳＧ投資ならば、賢明な受託者責任（fiduciary duty of prudence）として要求されるとの議論もある。このため、法と経済学の観点から、ＥＳＧ投資を「付随的利益」のものと、「リスク・リターン」のものに分けて分析すると、ＥＳＧ投資は、①リスク調整後リターンを改善させるもの、②ＥＳＧ投資の目的が、この直接的利益獲得にあること、の2条件でのみ、つまり、「リスク調整後リターン」目的のＥＳＧ投資のみが許容される。他方、「付随的利益」目的のものは受託者責任に反するとして認められず、「sole interest rule」適用が規範的に健全であるとするものである」というものです。

同論文の主旨は、ＥＳＧ投資を「リスク調整後リターン」目的と「付随的利益」目的に分けて考えて、ＥＳＧ要素の利用が、「リスク調整後リターン」の改善が目的ならば許容されるが、「付随的利益」のためならば受託者責任に反するとするものです。この考え方は、先ほどの、伝統的な米労働省ＥＲＩＳＡの見解とも一致するものと考えられ、受託者責任とは、あくまでも「①市場平均リターン達成義務としての受託者責任」として考えられるべきであり、「②ＥＳＧ配慮義務としての受託者責任」として考えるべきではないとする見解だと思われます。

プルーデント・インベスター・ルール

次に、法律的な視点に加えて、ファイナンス理論的な視点もあわせて、ESG投資と受託者責任について考えてみます。ESG投資をアクティブ投資の一類型ととらえるならば、ESG投資と受託者責任の議論においても、現代ポートフォリオ理論の効率的市場仮説にその基本的な考え方を立脚しているプルーデント・インベスター・ルール（思慮ある投資家の準則）とアクティブ運用をめぐる議論が参考になると思います（注13）。プルーデント・インベスター・ルールは、信託法第3次リステイトメントの策定過程で公表（1992年）され、具体的には、受託者は、①投資を分散する義務、②信託目的、分配の要件等に配慮してリスクとリターンを決定する義務、③報酬・費用が合理的なものとなるようにする義務、④公平性の観点から、収益と元本保持の2つを均衡させる義務、⑤プルーデント・インベスター（思慮ある投資家）であれば委任すべきときには委任する義務、を負うとするもので、投資の結果責任ではなくポートフォリオ構築に着目する行為規範です（注14）。要するにプルーデント・インベスター・ルールのもとでは、受託者責任を果たすためには現代ポートフォリオ理論、特に分散投資義務に関しては、セミストロング型効率的市場仮説を前提とした分散投資を行うことが求められるわけです。

効率的市場仮説とESG投資の関係

効率的市場仮説とは、2013年にノーベル経済学賞を受賞したユージン・ファーマ氏（米シカゴ大学教授）によるもので、『ウォール街のランダム・ウォーカー』というマルキール氏のロング・ベストセラーのなかでも唱えられています（注15）。効率的市場仮説は、株式投資によって超過収益（α）が

図表10－1　効率的市場仮設の3形態

①ウィーク・フォーム	過去データからの将来の価格予測は不可能、いわゆるランダムウォークするというものであり、多くの専門家によって肯定。
②セミストロング・フォーム	すべての公開情報はすぐに織り込まれるため、新たな情報からは超過収益を生むことはできず、ファンダメンタル分析が否定。専門家のなかでもセミストロング・フォームが実際に当てはまるかは多くの議論。
③ストロング・フォーム	非公開な情報も含めてすべてが直ちに現在価格に反映。ただし、これはインサイダー取引でも利益をあげられず、専門家の多くも否定的。

（出所）　マルキール『ウォール街のランダム・ウォーカー（原著第12版）』（日本経済新聞出版社）より筆者作成

得られるかどうかは、図表10－1の3形態に分類して考えることができるとするものです。ＥＳＧ投資によって新たなＥＳＧファクターに注目した投資を行うのは、このうちセミストロング・フォームの考え方に近いと考えられますが、効率的市場仮説が成立するのならば、その情報はすぐに反映されるため超過収益は生むことはできません。つまり、たとえ知識や技術をもつ専門家がＥＳＧ要素で優れた銘柄を選別してアクティブ運用を行っても、市場平均を上回るリターンをあげるのはむずかしい。この場合、ＴＯＰＩＸなどの市場平均のマーケットポートフォリオに連動して運用することが最も効率的となることを示唆しています。

また、図表10－2は、現代ポートフォリオ理論の観点から、市場全体にユニバースを拡大することによってリスクの分散効果が働き、結果としてＴＯＰＩＸなどのマーケットポートフォリオに連動する市場インデックスで運用するパッシブ運用が最もリスク低減に資することを示しています。すなわち、アクティブ運用のスクリー

図表10－2　分散効果によるリスク低減効果の考え方

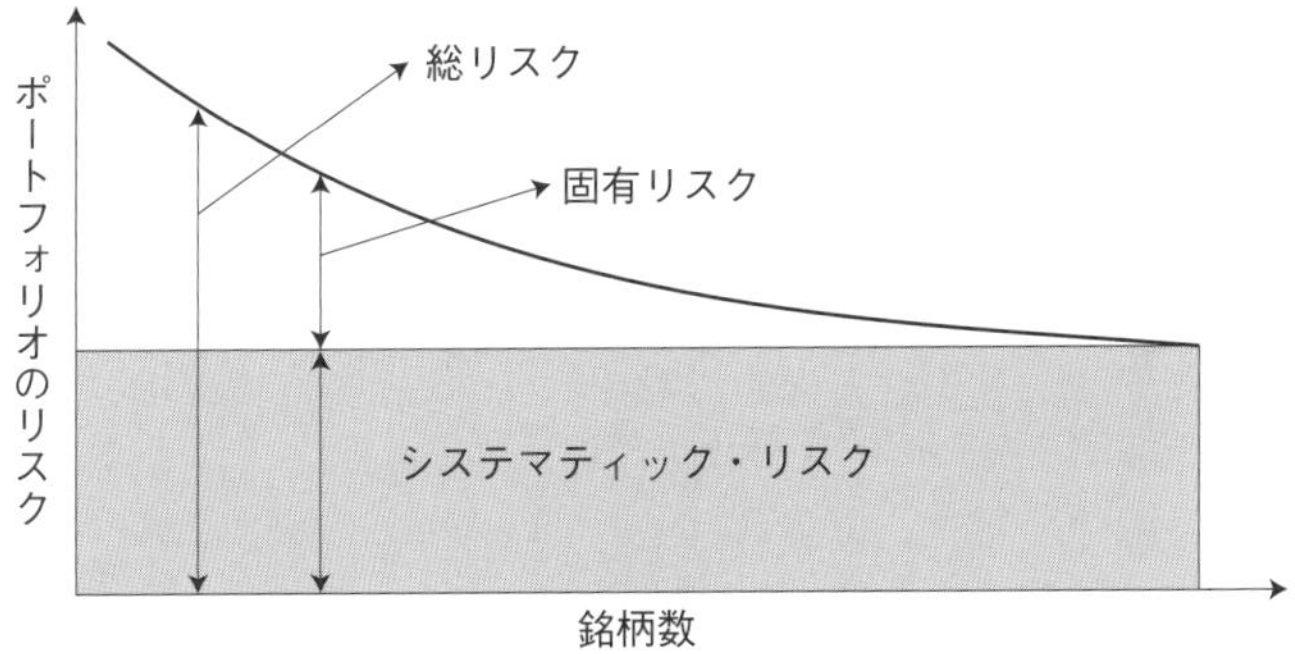

（出所）　筆者作成

ニングによってマーケットポートフォリオ全体よりも銘柄数が絞られることから、固有リスク（非システマティック・リスク）が十分には低減しません。ちなみに、この分散効果に基づく現代ポートフォリオ理論に関する功績等により、ハリー・マーコヴィッツは1990年にノーベル経済学賞を受賞しました。

ESG要素はアノマリーファクターか

すなわち、ESG投資によりポジティブな投資効果が得られるということは、現代ポートフォリオ理論における基本的な考え方である、市場が十分に効率的である場合には、マーケット（市場平均）に対して超過収益を継続的に得ることはできない、つまり継続的にα（超過収益）を得ることはできないという考え方には反するわけです。しかしながら、逆にいえば、市場が効率的でない場合には超過収益を得られるのであり、多くの投資運用機関やファンドマネジャーが超過収益を得ることを目的として日々の資産運用を行っているのは、市場が必ずしも常に効率的ではないと信じているからにほかならないわけです。ＥＳＧ投資によるアクティブ運用がプラスの超過収益を生むと信じている人々も、この類に属すると考えられます。

この観点からは、２０１３年にノーベル経済学賞を同時受賞したロバート・シラー氏（米イエール大学教授）が、行動経済学の視点から、アノマリー（効率的市場仮説に反する現象）の存在を指摘したことが興味深いと思います。よく知られたアノマリーには小型株効果、低ＰＥＲ効果、バリュー株効果、1月効果等々があります。そして、ＥＳＧ投資の効果がアノマリーならば、効率的市場仮説が当てはまらないわけです。ちなみに、同じ現象について、まったく異なる結論が導かれる理論が、同時にノーベル経済学賞を受賞することもまた興味深い点です。

もっとも、仮にＥＳＧファクターが、アノマリーの要因だったとしてもＥＳＧ投資の参加者が増え、その参加者がＥＳＧ投資に伴う超過リターンを競いあえばあうほど、市場は効率化することから、いずれはそのアノマリーは消えて、超過収益を得ることは困難になると考えられます。とすると、やはり長期的には効率的市場仮説が成立し、ＥＳＧ投資は市場平均リターンとたいして変わらないかもしれません。

ＥＳＧ投資はプルーデント・インベスター・ルールに合致するか

受託者責任の議論からは、ＥＳＧ投資が、現代ポートフォリオ理論や効率的市場仮説に依拠したプルーデント・インベスター・ルールに合致するかという論点があります。ＥＳＧ投資はアクティブ投資的な側面もあり、分散投資義務に基づくマーケットポートフォリオを大幅に外れるような投資ポートフォリオを組んだ場合には、それが受託者責任の観点から許容されるかどうかは議論のあるところです。少なくとも、リスク分散効果とは関係ない理由で、たばこや石炭関連などを投資対象から除外する、いわゆる「ダイベストメント」は受託者責任に反するとみられる可能性も考えられます。

他方で、リスク分散効果が生じるという前提があるならば、ＥＳＧ投資も分散投資義務に合致しており、受託者責任には反しないとも考えられます。たとえば、受託者責任との関係で年金基金などからＥＳＧ投資が問題視されるとしたら、ＥＳＧを重視したアクティブ投資はコストがかかる点だと思います。環境・社会的な投資はコストがかかるので、これらに熱心な企業への投資は、長期的なリターンは上がるかもしれないが、その効果は不確実性も高く、特に足元のリスクが高いので除外したほうがいいのではという議論にもなりかねません。一方で、これもリスク分散投資の観点から考えると、むしろリスク分散効果が働くのならば、ユニバースを拡大するほうがよいという見方も成立します。より具体的には、その投資商品の、他商品との相関次第であり、統計的には相関がマイナス（＝共分散がマイナス）ならば、共変動性がマイナスに働きリスク分散効果が働く可能性が考えられます。つまり、他商品が低下したときに、上昇する、もしくは危機時に価格下落リスクに強い商品などを組み込むことによりリスク・リターン改善に資することがあります。実際、ＥＳＧ投資は、金融危機時の耐久性に優れるとの比較的有名な研究（Lins et al. 2017）もあり、この点で許容される可能性もあります（注16）。

(2) 欧州における議論

欧州サステナブルファイナンス行動計画における位置づけ

欧州における受託者責任とＥＳＧ投資の関係の位置づけは、米国とは微妙に異なっているように思われます。すなわち、最近の方向性としては、ＥＳＧ要素を考慮すること自体が受託者責任であり、ＥＳＧ要素を考慮しない投資自体が受託者責任違反となりうる、とする「②ＥＳＧ配慮義務としての受託者責任」との見方が強いように思われます。

たとえば、欧州では、２００６年設置の「サステナブル金融に関するハイレベル専門家グループ（HLEG：High-Level Expert Group on Sustainable Finance）」の最終報告（２０１８年1月）を受けて、欧州委員会が「サステナブルファイナンス行動計画」（２０１８年3月）を策定したのですが、このなかの行動7において、ＥＳＧ要素と受託者責任の関係が記載されています。

具体的には、機関投資家と資産管理会社の義務の明確化が必要として、①サステナビリティに関する考慮を投資決定プロセスに統合すること（注17）、および、②投資決定プロセス、特にサステナビリティ・リスクに関する投資について、どのようにサステナビリティ要素を組み込むか最終投資家に対する透明性を高めること（ディスクロージャー）、を義務づけることとしました（注18）。これは、いくつかの既存のＥＵ法制は、最終投資家のための最善の利益（Best interest）を要求、すなわち受託者責任を要求しているものの、そのなかにはサステナビリティ考慮を義務づけていないとの指摘を受けたものとされています。

もっとも、「長期的なサステナビリティの考慮は、経済的観点からであって、投資家に低いリターンを必ずしももたらさない」とも指摘している点は留意する必要があります（注19）。これは、サステナビリティの考慮が、倫理的（ethics）な位置づけではなく、あくまでも経済的観点からのものであるにもかかわらず、一部では混同もみられるための指摘であるとともに、やはり経済的観点からの「①市場平均リターン達成義務としての受託者責任」の考え方も意識していることを示唆していると思われます。

「21世紀の受託者責任（最終版）」における位置づけ（注20）

国連環境計画・金融イニシアチブ（ＵＮＥＰ－ＦＩ）と国連責任投資原則（ＰＲＩ）は、２０１９年10月に、受託者責任とサステナビリティの関係についての調査結果をまとめて「21世紀の受託者責任（最終版）」（以下、「本レポート」という）」をリニューアルし公表しました。本レポートは、２０１５年に公表された同名レポートの最終版との位置づけで、その受託者責任に関する考え方もあらためて示しています。ちなみに、なぜ最終版かというと、２０１５年版レポートでは、ＥＳＧ要素を投資プロセスに組み入れる投資家にとって、はたして受託者責任は真の障害であるのか、という議論に終止符を打つことが目的とされたものの、結果的には、その後も、やはりこの議論は続いていたからだということです（注21）。本レポートは、投資家の受託者責任として、①ＥＳＧ要素を、投資期間に応じ、投資分析と意思決定プロセスに組み入れること、②投資先に高いＥＳＧパフォーマンスを促すこと、③受益者と貯蓄者のサステナビリティに関する選好を理解し、組み入れること、を求めています（図表10－３）。

図表10－3　「21世紀の受託者責任（最終版）」概要

■投資家の受託者責任（以下、FD）は、投資家に対して以下を要求
➢ESG要素を、投資期間に応じ、投資分析と意思決定プロセスに組み入れる
➢投資先に高いESGパフォーマンスを促す
➢受益者と貯蓄者のサステナビリティに関する選好を理解し、組み入れる
■この主な理由は以下の3点
➢ESG要素の組入れは、投資規範であること
➢ESG要素の組入れは、財務的にも重要であること
✓学術的実証研究は、ESG要素の組入れが、投資価値の源泉を示す
✓ESG分析の無視は、リスクの誤った評価や不適切な資産配分の決定を招き、FDの失敗となる可能性
✓気候変動のようなシステミックな問題は、特定セクターへの投資合理性に重要な影響、経済に悪影響をもたらす可能性。結果的に、ESG考慮は、賢明な投資プロセスの重要な一部分となる
➢政策・規制フレームワークも、ESG組入れを求める方向に変わってきている

（注）　下線部分は筆者。
（出所）　UNEP-FI・PRI "Fiduciary Duty in the 21st Century：Final report"（2019）より筆者作成

ポジティブな経済的リターンを示す研究成果のみあげた点について
もっとも、本レポートでは、受託者責任として、ＥＳＧ要素を考慮することを求めていますが、その理由の1つには、学術研究の成果を含めて、ＥＳＧ要素の組入れ自体が、経済的リターンにつながることをあげているのが気になる点です。すなわち、既存の学術実証研究が、ＥＳＧ要素は投資価値の源泉であることを示していることが「ＥＳＧ要素を、投資期間に応じ、投資分析と意思決定プロセスに組み入れる」ことの理由としてあげられ、さらに、その根拠としていくつかの実証研究を列挙していますが、それがすべてポジ

ティブな投資パフォーマンスを示す研究成果なのです（注22）。

実際には、必ずしもポジティブな経済的リターンを示す研究成果のみがあるわけではなく、ＥＳＧ投資のパフォーマンスについては議論が多く確定的なことはいえないうえに、現代ポートフォリオ理論や効率的市場仮説との接合性の観点からも同様です。まさにこの点でおおいに疑問が残ることが、受託者責任がＥＳＧ投資の障害であると考える人たちの最大の関心事であるともいえます（注23）。ですので、むしろ、ＥＳＧ投資パフォーマンスが、統計的に有意にマイナスであることが立証されたわけではないことを指摘しつつ、ポジティブなファクターとなりうることも多いと指摘することで、「②ＥＳＧ配慮義務としての受託者責任」を求めたほうがより説得力をもったのではなかったかと思われます。

(3) 受益者の意向との関係

受託者責任があるにしても、仮に受益者（年金基金ならば年金受給者）自身が、むしろＥＳＧ要素を考慮した投資を求めていたらどうなのか、さらに、その期待リターンがマイナスとなっても許容するとした場合の受託者責任はどう考えればよいか、という点は興味深い論点で、この点に関連したアンケート結果がいくつかあります（注24）。まず、マーストリヒト大学のBauer氏は、オランダ年金の加入者に対するアンケート結果をまとめて、66・7％がよりサステナブルな運用を望むと回答し、10・3％だけが反対、残り（2割強）が意見なしでした（注25）。さらに重要なことは、42・3％の参加者は、サステナブル投資に伴う低リターンを受け入れるとした点です。これが正しいとしたら、まさに受益者の意向としてサステナブル投資を行うことが求められるとも考えられなくもないからです。

また、先ほど説明した、欧州の「サステナブル金融に関するハイレベル専門家グループ（ＨＬＥＧ）」の最終報告（２０１８年1月）でも、いくつかのアンケート結果が紹介されており、おおむねサステナブル投資をより行うべきであるとする意向を示しています（注26）。これらのアンケート結果は、欧州におけるＥＳＧ投資と受託者責任の議論において、むしろＥＳＧ要素を考慮することが受託者責任であるとの風潮を強める方向につながっているのではないかと推察されます。

他方、わが国におけるサーベイについては、やや古くて年金加入者を対象に２０１７年に実施したものがあります（注27）。まずＥＳＧ投資に関する認知度が5％ときわめて少ないのですが、ＥＳＧ投資に関する公的年金加入者の意向を聞いたところ、積極的（してほしい、どちらかといえばしてほしい）が32％、消極的24％、わからないが44％でした。また、年金運用は年金支払いだけを考えるべきで、環境・社会など関係ないことには慎重であるべきとする見方に対しては、肯定28％、否定28％でした。全体的にみると、むしろ意見は二分されていると評価するほうが妥当だと思います。ただし、本調査は２０１７年3月実施であり、世の中のＥＳＧ投資への注目が高まる前のことになります。

(4)　わが国における議論

投資家の受託者責任の法的観点

わが国では、投資者の受託者責任についてはどう議論されているのでしょうか。まず法的観点からは、投資資産などの受託者は、法令上、投資家や受益者に対する「善管注意義務」を負うとされます（注28）。「善管注意義務」とは、通常要求される程度の注意を尽くすことを意味しており、仮に結果的に損失が生じたとしても、常に運用者が損害賠償責任を負うわけではないとされます。ただし、投資運用で明らかに合理性を欠いた場合には、裁量権の逸脱として善管注意義務違反が認められる判例も散見されています。さらに、ＥＳＧ投資に関連した利益相反が発生する場合、「忠実義務」も論点となりうるとされています。

また、２０１９年12月の日本版スチュワードシップ・コードの3年ごと見直しのための改訂案においても、ＥＳＧ要素が強調されています（注29）。具体的には、「運用戦略に応じたサステナビリティ（ＥＳＧ要素を含む中長期的な持続可能性）の考慮」が責任であると改訂案冒頭および原則１の指針内で強調され、さらに「運用戦略に応じて、サステナビリティに関する課題をどのように考慮するかについて、検討を行った上で当該方針において明確に示すべきである」と指摘しています。

ＧＰＩＦの受託者責任に関する考え方

では、わが国でＥＳＧ投資が潮流となるきっかけをつくったともいえるＧＰＩＦでは、受託者責任について、どう考えているのでしょうか。法律的には、役員の忠実義務、プルーデントマン・ルール（「慎重な専門家の注意」）が規定されており（注30）、また、２００６年にＥＳＧ投資を最初に唱えたＰＲＩ（国連責任投資原則）には２０１５年に署名しており、この点ではＥＳＧ要素を考慮していることになります。また、運用責任者も、経済的リターンのみならず、ＥＳＧ要素の考慮自体が受託者責任であると指摘しています（注31）。このように、ＧＰＩＦでは、経済的リターンを前提としつつも、長期的な視点からＥＳＧ要素を盛り込むこと自体が受託者責任と考えているように見受けられます。あえ

を10年間、20年間投資した場合の簡単な試算）

		20年間投資した場合	
3％	3％	3％	3％
3％	0％	3％	0％
1.60％	0.15％	1.60％	0.15％
1.344	1.344	1.806	1.806
1,309,358	1,341,479	1,663,180	1,793,562
30,000	0	30,000	0
169,941	17,586	364,307	40,868
199,941	17,586	394,307	40,868
1,109,417	1,323,893	1,268,873	1,752,693
109,417	323,893	269,773	722,693

報酬のもとで10年間と20年間運用した場合の、運用会社・販売会社等の取ことに注意。

ていえば、「①市場平均リターン達成義務としての受託者責任」と「②ＥＳＧ配慮義務としての受託者責任」の両方の考え方をとっているように思われます。

(5)「顧客本位の業務運営の原則」からみる個人のＥＳＧ投資の留意点

ＥＳＧ投資を個人投資家の視点から考えた場合には、別の問題も生じます。金融庁が、２０１７年に「顧客本位の業務運営の原則」を公表した際には、信託報酬や購入時手数料が大きな論点となりました。実際、同原則4において、手数料等の明確化として、「金融事業者は、名目を問わず、顧客が負担する手数料その他の費用の詳細を、当該手数料等がどのようなサービスの対価に関するものかを含め、顧客が理解できるよう情報提供すべきである」とされています。

現在、個人投資家向けに販売されるＥＳＧ関連の

図表10－4　信託報酬・手数料等の差による投資利益の差（100万円

		10年間投資した場合	
想定	想定資産成長率（年率）	1％	1％
	購入時手数料	3％	0％
	信託報酬	1.60％	0.15％
試算結果	単純に複利計算した場合の倍率	1.105	1.105
	単純に複利計算した資産残高	1,094,355	1,103,906
	購入時手数料	30,000	0
	累計信託報酬	152,477	15,742
	運用会社・販売会社等の取り分	182,477	15,742
	10年目（20年目）末時点の残高	911,877	1,088,164
	自分の投資利益	－88,123	88,164

（注）　筆者試算。100万円を、それぞれの資産成長率、購入時手数料、信託
り分と、自分の投資利益について試算したもの。あくまで試算である

投資信託商品をみると、その信託報酬が1・5％以上で、購入時手数料も3％近くかかる商品も散見されます。こうなると、初期段階から市場平均並みのリターンを得るハードルが高くなるわけです。ESG投資は一般には長期的リターンを志向する投資であることから、信託報酬が高い状態で、10年間、20年間と長期運用した場合には、その多くが運用会社や販売会社の取り分となり、投資家個人に帰属する分よりもむしろ多くなることも予想されます（図表10－4）。

いったい、誰のための資産運用なのかがまさに問われる点で、「顧客本位の業務運営」の視点が唱えられ、そのために信託報酬や購入時手数料に一定の上限を設けた「つみたてNISA」も導入されました。もっとも、ESG関連の上場投資信託（ETF）となると、信託報酬でも0・2％未満に低く抑えられているものもみられることから、個人投資家も商品選別が必要なのだと思われます（注32）。

3 ＥＳＧ投資のパフォーマンス

これまでのＥＳＧ投資と受託者責任についての議論からは、伝統的な「①市場平均リターン達成義務としての受託者責任」を考える場合は当然として、欧州における最近の方向性としての、「②ＥＳＧ配慮義務としての受託者責任」の考え方をとるにしても、やはり、経済的リターンが重要だということが示唆されます。ではＥＳＧ投資の経済的リターンはいったいどうなのだろうかということで、若干、この問題について考えてみたいと思います（注33）。

ＥＳＧインデックスのパフォーマンス

ＥＳＧ投資といっても、多くの機関投資家にとって、市場全体が、ＴＯＰＩＸや日経平均などの市場インデックスに連動するインデックスで運用するパッシブ化の流れのもとで、ＥＳＧインデックスに投資することによる運用が中心であると思われます。たとえば、ＧＰＩＦもＥＳＧ指数を公募し、５つの対象インデックスを選択しました（注34）。また、個人も、インデックスに応じた運用を行う投資信託やＥＴＦなどの金融商品を購入するかたちでのＥＳＧ投資が多いものと推察されます。

代表的なインデックスは、ＭＳＣＩ、ＦＴＳＥ、Ｓ＆Ｐ、ダウジョーンズなどで、各社がＥＳＧを重視した銘柄をまとめたインデックスを作成し、これに基づき運用する方法です（注35）。まずは、これらのＥＳＧインデックスのパフォーマンスは、ＴＯＰＩＸなどのベンチマーク対比でどうなっているのかをみてみたいと思います。

図表10－5　GPIFが採用したESG 5 指数のベンチマーク収益率

国内株式　　　　（単位：%）

	ベンチマーク収益率			超過収益率	
	当該指数（a）	親指数（b）	TOPIX（c）	対親指数（a－b）	対TOPIX（a－c）
①MSCIジャパンESGセレクト・リーダーズ指数	5.17	5.14	4.90	0.04	0.28
②MSCI日本株女性活躍指数	5.55	5.15	4.90	0.40	0.65
③FTSE Blossom Japan Index	3.90	5.05	4.90	－1.15	－0.99
④S&P/JPXカーボン・エフィシェント指数	5.10	4.90	4.90	0.21	0.21

外国株式

	ベンチマーク収益率			超過収益率	
	当該指数（a）	親指数（b）	MSCI ACWI ex J（c）	対親指数（a－b）	対MSCI ACWI ex J（a－c）
⑤S&Pグローバル・カーボン・エフィシェント大中型株指数（除く日本）	9.16	9.11	8.95	0.05	0.21

（注1）　ベンチマーク収益率は2017年4月～2019年3月の収益率（配当込み、年率換算）。GPIFが実際に運用を開始した期間とは異なる。

（注2）　①の親指数（指数組入れ候補）はMSCIジャパンIMIのうち時価総額上位700銘柄（2018年12月より上位500銘柄から変更）

②の親指数（指数組入れ候補）はMSCIジャパンIMIのうち時価総額上位500銘柄

③の親指数（指数組入れ候補）はFTSE JAPAN INDEX

④の親指数（指数組入れ候補）はTOPIX

⑤の親指数（指数組入れ候補）はS&P大中型株指数（除く日本）

（出所）　GPIF「EGS活動報告2018年度」より抜粋

図表10－5は、GPIFが採用した5つのEGSインデックスについてのこれまでのパフォーマンスを示しています。これをみると、市場平均を上回っているものもあれば、下回っているものもあり、必ずしも一概にはいえませんが、少なくとも大幅に下回っているわけではないようです。

また、図表10－6は世界規模でのESGインデックスの1つであるMSCI ACWI ESG Leaders Indexについて（注36）、その親インデックスであるMSCI ACWIとのパフォーマンスを比較したものです。左側の年ベースのリターンを比較すると、ややESG指数のほうが勝っているようにみえますが、継続的に勝っているわけでもなく、もちろん大幅に負けているわけでもありません。たとえば統計的に5％有意水準でも両者に差が生じるレベルまではいっていないと思われます。

このことから、ESGインデックスに連動するかたちでのESG投資については、これまでのところをみると、市場平均リターンと同程度かやや上回る程度で、少なくとも経済的リターンが大幅に毀損されたようなことはなさそうです。

ちなみに、ESGインデックスでウェイトが大きい個別銘柄はいったいどういうものかというと、マイクロソフトやAlphabet（Google）、Alibaba、VISAなどのIT銘柄が中心であるのは興味深い点です。こういった企業がESGに積極的であるとみなされているわけです。

既存の学術実証研究のサーベイ

ESG投資のパフォーマンスに関しては、世界的にみればかなり多くの先行研究があり、個別研究の主な結論と主な研究例をまとめたものが図表10－7です。なかでも多く引用される有名な総括的サーベ

図表10－6　MSCIのESGインデックスの比較
（MSCI ACWI ESG Leaders Index vs MSCI ACWI）

年間リターン（%）	(A) MSCI ACWI ESG Leaders	(B) MSCI ACWI	差（A－B）
2018	－8.11	－8.93	0.82
2017	23.77	24.62	－0.85
2016	8.5	8.48	0.02
2015	－1.72	－1.84	0.12
2014	5.4	4.71	0.69
2013	25.13	23.44	1.69
2012	15.87	16.8	－0.93
2011	－5.77	－6.86	1.09
2010	13.26	13.21	0.05
2009	35.88	35.41	0.47
2008	－39.81	－41.85	2.04

組入銘柄	Index Wt.（%）	Parent Index Wt.（%）
MICROSOFT CORP	4.46	2.23
ALPHABET C	1.66	0.83
ALPHABET A	1.59	0.79
JOHNSON & JOHNSON	1.47	0.74
ALIBABA GROUP	1.38	0.69
VISA	1.29	0.65
PROCTER & GAMBLE	1.24	0.62
DISNEY（WALT）	1.11	0.55
MASTERCARD	1.07	0.54
INTEL	1.04	0.52
Total	16.32	8.16

2019年11月29日時点	グロスリターン（%）			標準偏差（%、リスク）			シャープレシオ（リターン／リスク）		
	3年	5年	10年	3年	5年	10年	3年	5年	10年
(A)MSCI ACWI ESG Leaders	12.82	8.04	9.59	11	11.44	12.79	0.99	0.63	0.73
(B)MSCI ACWI	12.55	7.83	9.21	11.29	11.76	13.16	0.95	0.6	0.68

（注）　MSCIの代表的なESGインデックスであるMSCI ACWI ESG Leaders Indexについて、その親インデックスであるMSCI ACWI と比較したもの（網掛けが勝っているほう）。なお、ACWIはAll Country World Indexの略で、先進国と新興国を含む全世界株を代表する株式インデックス。

（出所）　MSCI ACWI ESG LEADERS INDEX（USD）Performance資料（2019年11月29日版）より抜粋、筆者作成

図表10－7　ESG投資パフォーマンスをめぐる主な既存研究

主な結論	主な研究例
①ESG投資とそのさまざまな投資パフォーマンスの関係に関する既存研究のサーベイであり、その結果はまちまち	Friede et al.（2015） Renneboog et al.（2008）
②ESGに積極的に取り組む企業は、ガバナンスや環境などの面でのリスクにも強いのではないかという観点から、金融危機時におけるリスク耐性に強いと指摘するもの	Lins et al.（2017） 呂・中嶋（2016）
③ESG銘柄は資本コストが低く、結果的に企業価値も高いと指摘するもの	Cantino et al.（2017） 加藤編（2018） El Ghoul et al.（2011）
④CSRへの取組みが高い企業は、銀行借入コストが低いこと	Goss and Roberts（2011）
⑤ESG銘柄は総じて信用格付けが高い、すなわち資金調達コストが低いこと	Attig et al.（2013） PRI（2017） 湯山・伊藤・森平（2019）
⑥ESG銘柄の債券コスト（スプレッド）については、まちまちで統一的な見解はみられない	Amiraslani et al.（2018）
⑦ESG情報開示との企業価値の関係についてもまちまち	Fatemi et. al.（2018） 湯山・白須・森平（2019）
⑧MSCIスコアのモメンタム戦略（ESGスコア改善による投資効果を目的）が有効	PRI（2018）： MSCI ESG Research

（注）　主な研究例での参照論文については、（注23）の湯山（2019）、湯山智教「ESG投資と受託者責任を巡る議論と論点」（Disclosure&IR誌、2020年３月号）の参考文献を参照。
（出所）　筆者作成

イ論文が、Friede et al.（2015）で、1970年以降の既存研究2200以上をレビューして集計した結果、おおむね9割以上の研究においてESGとCFPの関係はノンネガティブ（つまり、マイナス効果ではなく、無相関かプラス効果）であり、このうち5～6割程度はポジティブな効果があったと指摘しています。ただ、総じていえば、ESG投資のパフォーマンスは、株式投資リターンについては、ポジティブとネガティブ（もしくは無相関）の2つの相反する結果が示されており、その見方に統一的な見解を見出せていないように思われます。

その理由としては、対象地域・期間の違い、使用するESGスコアの差、パフォーマンスの定義、分析手法の違い、ファンドベースか銘柄ベースか、内生性の問題の考慮の有無など統計技術的な要因、などが考えられます。また、ESG投資の良好なパフォーマンスを指摘する研究成果についても、なぜパフォーマンスがよいのか、そのパフォーマンスの要因追求までは示せていない例が多いといえます。いずれにせよ、ESG投資によりポジティブな投資効果が得られるということは、現代ポートフォリオ理論でいう、継続的にα（超過収益）を得ることはできないという考え方とは相容れないものであり、投資効果がポジティブとする研究が多いとしても、そのパフォーマンスの要因追求は理論的にも実証的にも謎（パズル）のままであり、さらなる研究の余地は大きいといえます。

4　おわりに

総括すれば、ESG投資と受託者責任の関係に関する最近の方向性としては、受益者の意向なども背景に、ＥＳＧへの配慮も受託者責任の一環とみなす見方も強まりつつありますが、経済的リターンと両立することもまた重要といえます。どちらか欠けることになっても、法的に罰則がかかるかは別として、受託者責任の観点からの疑義が呈される可能性もあり、受託者責任を有する投資運用者としてはよりむずかしいミッションを課されたといえるのかと思います。

ただ、実質的な観点からいうと、ＥＳＧ投資が本当に有効に作用しているかも重要です。ＥＳＧ投資といっても、実際には企業がＥＳＧ活動をしていなくて、方針や開示をしているだけで、環境などに良い活動をしていないこともあるわけです。

また、ＥＳＧ要素を考慮するとしても経済的リターンを伴わないと、かつてのＳＲＩ（社会的責任投資）のように、下火になってしまう可能性もあります。いまのところ、既存研究をみる限り、少なくとも経済的リターンを犠牲にしていない、つまり、統計的に有意にマイナスであるという証拠は得られていません。むしろプラスであるという証拠のほうが多いのかもしれず、よくわからないところもあるのですが、少なくともマイナスでないという視点は重要です。

質疑応答

質問　受託者責任が法的に問われるか否かは裁判でないとわからないと思いますが、いろいろな議論のある状況ではリスクも高いので、通常、機関投資家は抑制的になると思います。それでもなお、ＧＰＩＦが、２０１５年の早い段階でＰＲＩに署名したのはなぜでしょうか。ＥＳＧ要素を投資決定に組み込むべきとのプレッシャーに直面したのでしょうか。

答　GPIFが、なぜESG投資を重視し始めたのかというのはよくわからないところもありますが、やはり欧州を中心とした世界的な潮流の影響が強かったと思います。

また、ESGのGはガバナンスですから、アベノミクスで強力に進めたこともあり、ESGを重視するPRIに署名しても受託者責任の観点からは問題ないだろうと判断したのだと思います。さらに、やはりアベノミクス後にそれまでの債券中心の運用から、株式のウェイトを重視した運用ポートフォリオの見直しなどのGPIF改革が行われ、GPIFの経営陣がこの時期に交代したという要素も大きかったかもしれません。新たな経営陣がESG投資に積極的で、世界的な潮流に加えて、こうしたアベノミクスの進展をふまえた経営陣の姿勢の変化もあると思います。

質問　**ESG投資に対する意識調査で、欧州では4割の人が低リターンを受け入れるということに驚いたのですが、日本では低リターンであってもESG投資を受け入れるでしょうか。**

答　日本はどうなのかというとわからないこともありますが、おそらく日本は年金に対しては非常にセンシティブですし、ただでさえ年金がもらえないのではないかと心配する人も結構多いので、ESG投資の結果として、仮に年金が2割減ることになったら多くの人は許容しないのかなと思います。もっとも、日本では賦課方式で年金が運営されているので、実際にそんなに影響が大きいことはありえないと思います。欧州の議論も、やはり基本的には経済的リターンが毀損しないというのが前提としてあるのかなと思いますし、むろん両立することが理想であると思います。

質問　ＥＳＧ投資のパフォーマンスに関する研究で、なぜＥＳＧ投資がパフォーマンスにつながるのか、そのロジックがよく理解できません。たとえば環境配慮や社会貢献、会社の労働環境への配慮がどのようにパフォーマンスの向上につながっていくのでしょうか。

答　ＥＳＧ投資のパフォーマンスに関する研究は、どちらかというとプラスの投資パフォーマンスにつながるという研究が多いと思いますが、個人的には少し疑問にも思っています。なぜかというと、伝統的なポートフォリオ理論である効率的市場仮説に反するような結論はなかなかファイナンス理論上、説明できません。その意味で、金融に関する研究者で、プラスのパフォーマンスを主張する人はこれがなぜなのか、リターンの源泉について説明しないといけないと思うのですが、なかなか説得的な説明はみたことがありません。ただ、皆がＥＳＧ要素に着目して投資すれば、そうした銘柄は需給面から一定程度はパフォーマンスがよくなるのは明らかで、ＥＳＧ投資が注目されるいまなどは特にその傾向はあると思います。

よく学術論文などで、プラスとなる要因として理論的に説明されているのは、ＥＳＧ要素に配慮すると周囲のステークホルダーとの間でのリスクが軽減するので、会社としてのリスクが軽減されて、資本コストが低下します。資本コストが低下すると、将来のキャッシュフローを割り引く際の割引率が減るので、結果としての企業価値が上がるというものです。

ただ、資本コストは銀行借入れの金利などと違って、目にみえるものではないので多くが推計になります。この資本コストの推計に関する研究自体も非常にたくさんあるのですが、結局、それも全部推計で幅があるので、実際に資本コストが低下したかも推計にすぎないわけです。

このほかに、ガバナンスという意味では、ＥＳＧのＧに取り組んでガバナンスがよくなればエージェンシーコストが低下します。コーポレートガバナンスの世界で有名なJensen and Meckling（1976）等の論文によれば、エージェンシーコストが低下することによって、企業価値向上につながるので、プラスの投資パフォーマンスにもつながるという考え方もあります（注37）。ただ、いずれの研究においても、プラスのパフォーマンスとなるその源泉について説得力あるかたちで実証できているものはないのかなと思いますし、だからパズル（謎）だという研究もあります（注38）。

質問　スチュワードシップ・コードの改訂で、機関投資家はＥＳＧ要素を把握すべきとされるとのことですが、この結果、ＥＳＧ要素を考慮して投資を行って損失が出た場合に、受託者責任が免責あるいは軽減されたりすることは考えられるのでしょうか。

答　スチュワードシップ・コード改訂の議論の際には、スチュワードシップ・コードにＥＳＧ要素を組み込むことはいいのだけれども、最低限、企業価値の向上に資する範囲にすることを前提とすべきだとの議論がありました（注39）。昔、ＣＳＲ（企業の社会的責任）的な要素を会社法で法定化してはどうかとの議論があった際に、東大の竹内昭夫教授が反対したということで、なぜかというと、ＣＳＲ的な要素を会社法に組み込んでしまうと、ＣＳＲというのは概念も幅広くあいまいなものなので、経営者に対する規律もあいまいになり裁量的になってしまうので、結果的に、ＣＳＲは究極的に経営者の無責任をもたらすという趣旨だったかと思います。スチュワードシップ・コードは、もちろん法律ではなく規範ですから、仮に当時の竹内先生であっても許容されるのかもしれませんが、スチュワードシップ・コードでESG要素が定められたことをもって金科玉条のようにして、経済的リターンを無視した投資行動に出るのはやはり許容されないのかと思います。

逆にいうと、いまの機関投資家はこれまでは経済的リターンを主として求めていればよかったのに、新たにESG要素の考慮も求められて、両者を同時に達成することを求められているようなもので、よりむずかしいミッションを課せられたともいえるのかもしれません。

注1　日本サステナブル投資フォーラム「日本サステナブル投資白書2018」より。なお、ESG投資の手法としては、エンゲージメントやESGインテグレーション（投資の際にESG要素を考慮すること）が多くなっている。

注2　フィデューシャリー・デューティー（Fiduciary Duty）の訳語には、たとえばわが国でも後述「顧客本位の業務運営」もあるが、本章では、「受託者責任」とする趣旨で統一する。本文中においても、特に必要のない限りは「フィデューシャリー・デューティー」とは表さずに、基本的に「受託者責任」という用語で統一する。

なお、フィデューシャリー・デューティーについては、英米においても微妙に異なるいくつかの概念が考えられるが、これらの議論の概要については、小野傑「「顧客本位の業務運営」原則　公法と私法の接点」（神作裕之・小野傑・湯山智教編著『金融資本市場のフロンティア』中央経済社、2019年、内第10章所収）を参照。

注3　国連環境計画・金融イニシアチブ（UNEP－FI）ほか「21世紀の受託者責任」2015年よ

り。

注4　ＧＰＩＦは、約１５９兆円の運用資産のすべてでＥＳＧ要素を考慮するとともに、３・５兆円をＥＳＧ指数に連動する資産で運用している（ＧＰＩＦ「２０１８年度ＥＳＧ活動報告」より）。

注5　金融庁「平成28事務年度　金融行政方針」より抜粋。

注6　米国のＥＲＩＳＡとＥＳＧ投資をめぐる議論については、神作裕之編『フィデューシャリー・デューティーと利益相反』（岩波書店、２０１９年）第7章をもとにしている。また、条文・通達の訳文・概要等においても同論文で用いられている訳文や表現を用いている。

注7　U.S. Department of Labor（2015）"Interpretive Bulletin Relating to the Fiduciary Standard Under ERISA in Considering Economically Targeted Investments" October 26, 2015.

注8　U.S. Department of Labor（2016）"Interpretive Bulletin Relating to the Exercise of Shareholder Rights and Written Statements of Investment Policy, Including Proxy Voting Policies or Guidelines" December 29, 2016.

注9　U.S. Department of Labor, Field Assistance Bulletin 2018-01, dated April 23, 2018.

注10　具体的には、"must avoid too readily treating ESG issues as being economically relevant to any particular investment choice" と記載されている。

注11　日本経済新聞２０１８年12月3日記事「ＥＳＧ投資、変調の兆し　旗振り役の米年金幹部交代」より抜粋。

注12　Schanzenbach, Max M., and Robert H. Sitkoff. "Reconciling Fiduciary Duty and Social Conscience: The Law and Economics of ESG Investing by a Trustee." *Stanford Law Review*, 381（2020）なお、同論文は、前掲・神作編（２０１９）でも紹介。

注13　プルーデント・インベスター・ルールについては、樋口範雄・神作裕之編『現代の信託法』（弘文堂、２０１８年）を参照。また、プルーデント・インベスター・ルールとＥＳＧ投資をめぐる議論については前掲・神作編（２０１９）でも展開されている。

注14　さらに同ルールは、任意規定ではあるが、強行法規的な性格も有するとされ、委託者の明確な指示がない限りは、分散投資義務等は免除されないとの判決がしばしばみられる。この議論は、前掲・樋口・神作編（２０１８）を参照。

注15　バートン・マルキール著、井手正介訳『ウォール街のランダム・ウォーカー（原著第12版）』（日本経済新聞出版社、２０１９年）。

注16　Lins, Karl V., Henri Servaes, and Ane Tamayo. "Social capital, trust, and firm performance: The value of corporate social responsibility during the financial crisis." *The Journal of Finance* 72.4（2017）: 1785-1824.

注17　いわゆるＥＳＧインテグレーションと考えられる。

注18　同計画は金融界との調整が難航したが、２０１８年5月に欧州委員会が法整備を提案した。

注19　同計画の冒頭部分に "It is important to recognise that taking longer- term sustainability interests into account makes economic sense and does not necessarily lead to lower returns for investors." との記載がある。

注20　「21世紀の受託者責任（最終版）」は必ずしも欧州ではないが、欧州における議論に近いため欧州として分類した。

注21　同レポート（英語原文）には "It replaces the original 2015 report which found that the "failure to consider all long- term investment value drivers, including ESG issues, is a failure of fiduciary duty". Despite significant progress, many investors were not fully integrating ESG issues into their investment decision- making processes, necessitating regulatory clarification."とある。

注22　具体的には、以下の論文をあげ、さらにＰＲＩ（２０１８）を参照して、MSCI ESG ResearchによるＭＳＣＩスコアのモメンタム戦略（ＥＳＧスコア改善による投資効果を目的）が有効であるとの分析など3点をあげているが、いずれもＥＳＧ投資とはポジティブな経済的関係を示すもの。

Eccles, Robert G., Ioannis Ioannou, and George Serafeim. "The impact of corporate sustainability on organizational processes and performance." *Management Science* 60.11（2014）：2835-2857.

Cheng, Beiting, Ioannis Ioannou, and George Serafeim. "Corporate social responsibility and access to finance." *Strategic Management Journal* 35.1（2014）：1-23.

Khan, Mozaffar, George Serafeim, and Aaron Yoon. "Corporate sustainability: First evidence on materiality." *The Accounting Review* 91.6（2016）：1697-1724.

PRI. "Financial performance of ESG integration in US investing" 2018.

注23　ＥＳＧ投資とパフォーマンスに関する議論として、見方に統一的な見解を見出せていないことについては、湯山智教「ＥＳＧ投資のパフォーマンス評価を巡る現状と課題」『資本市場リサーチ』50号（２０１９年冬季）、みずほ証券株式会社・日本投資環境研究所（東京大学公共政策大学院ワーキングペーパーシリーズGraSPP-DP-J-19-001としても所収）を参照。

注24　この点については、水口剛「ＥＳＧ通信：個人向けＥＳＧ投資の時代」（２０１８年10月５日）、「ＥＳＧ通信：企業価値からサステナビリティ選好へ―ＥＳＧ投資の新しい論理」（２０１９年４月17日）、ＱＵＩＣＫ　ＥＳＧ研究所、も指摘しており、参考にしている。

注25　Bauer, Rob and Ruof, Tobias and Smeets, Paul. "Get Real! Individuals Prefer More Sustainable

Investments (February 21, 2019). Available at SSRN.

注26　たとえば、Natixis Global Asset Managementが２０１７年に行ったサーベイによれば、個人投資家の70%が社会・環境要素を目的とすることが重要であると指摘し、欧州のＥＳＧ情報会社のＶＩＧＥＯ－ＥＩＲＩＳの２０１７年調査によれば、フランスの個人投資家の72%が、彼らの貯蓄ファンドにサステナビリティ要素を組み込むことが必須であると回答。このほかにも、Schroders社のGlobal Investor Study 2018によれば、全世界30カ国２万２０００人を対象としたオンラインサーベイにおいて、75%が、サステナブル投資がより重要であると回答。

注27　年金シニアプラン総合研究機構「年金資金によるＥＳＧ投資に対する一般国民の意識に関する調査研究」（２０１８年）。

注28　金融法品取引法42条2項、信託法29条2項、信託業法28条2項、民法６４４条等。ＥＳＧ投資と受託者責任に関する議論については、有吉尚哉・三木俊介「ＥＳＧ投資と受託者責任」西村あさひ法律事務所金融ニューズレター、２０１９年9月30日号を参考にしている。

注29　本稿執筆時点では改訂案をパブリックコメント中であったが、２０２０年3月に改訂版が公表された。

注30　年金積立金管理運用独立行政法人法（ＧＰＩＦ法）。

注31　具体的には、「ＥＳＧとフィデューシャリー・デューティーの関係は顧客の投資ホライズンによっても変わってきますが、ＥＳＧファクターを全く織り込まないとすれば、それは特に長期投資を見据える顧客にするフィデューシャリー・デューティーに反する行為」「超過リターンを生むことだけが、フィデューシャリー・デューティーを充足する唯一の方法なのかという点です。ＥＳＧインテグレーションというのは、市場に勝つことではなく、資本市場をより持続可能にすること」

と言及している（BloombergでのＧＰＩＦの水野弘道ＣＩＯに対するインタビュー記事（２０１９年５月15日）より抜粋）。

注32　一般には、市場平均であるＴＯＰＩＸや日経２２５に関連するＥＴＦの信託報酬も０・２％未満と低く抑えるものが多い（参考：「つみたてＮＩＳＡ」における国内取引上上場ＥＴＦの信託報酬の上限は０・25％）。

注33　この議論の考え方や詳細は、前掲・湯山（２０１９）を参照。

注34　２０１７年７月３日ＧＰＩＦプレスリリース「ＥＳＧ指数を選定しました」参照。

注35　FTSE4Good Index Series, MSCI Japan ESG Select Leaders Index, Dow Jones Sustainability Induces, Ｓ＆Ｐ／ＪＰＸカーボン・エフィシェント指数等々。

注36　ＡＣＷＩは、All Country World Indexの略で、全世界株式インデックス。

注37　Jensen, Michael C. and Meckling, William H., "Theory of the Firm: Managerial Behavior, Agency Costs and Ownership Structure." *Journal of Financial Economics* 3.4（1976）：305-360等を参照。

注38　Renneboog, Luc, Jenke Ter Horst, and Chendi Zhang. "Socially responsible investments: Institutional aspects, performance, and investor behavior." *Journal of Banking & Finance* 32.9（2008）：1723-1742. 等が指摘。

注39　金融庁「スチュワードシップ・コードに関する有識者検討会（令和元年度第２回）」議事録を参照。

第11章

金融資本市場をめぐる法的課題の変遷とファイナンスローヤーのかかわり

――金融法務と法規制との緊張関係、規制の限界と新たな展開、等

本章のねらい▼わが国の金融資本市場の発展にあわせてその法規制も変化してきましたが、それは金融法務との関係での新たな緊張関係や限界を生むものでもありました。長年にわたり、金融法務の世界でファイナンスローヤーとしてかかわってきた経験をふまえて、これらの問題について講義します。

ポイント▼不健全事例対応のため積み重ねられてきた多くの規制、リーマンショック再発防止のための多くの国際規制について、現在見直しの議論が活発になされています。一方、細かいルールを積み重ねることによって生じるループホールへの対応として、ルールからプリンシプルへという流れも生じていますが、現在、フィンテック、AI、ビッグデータ等デジタルエコノミー到来の時代を迎え、これらを資本市場におけるルール代替手段、プリンシプル実現のための手法として積極的に活用するという発想が必要と思われます。

〈ナビゲーター〉 小野　傑（おのまさる）
東京大学客員教授・西村あさひ法律事務所弁護士
　東京大学法学部卒業。ミシガン大学ロースクールLL.M.修了。1978年弁護士登録、1983年ニューヨーク州弁護士資格取得。2007年より東京大学客員教授。金融機関の社外取締役等を務める。

（2019年12月18日講義）

1 はじめに――急激な金融環境の変化と金融規制のあり方

これまでの講義のまとめの意味も込めて金融市場や資本市場における法規制のあり方について考えてみたいと思います。

講師として招いた多くの方々、規制当局、弁護士、学者、金融機関で調査を専門とされている方も、また講義で大多数を占める法科大学院の学生の方も、法律という共通言語のもと同質化した空気のなかで、フィンテック然り、既存の法体系、法規制の視点から、社会で起こっていることをみるというアプローチが、無意識のうちに常態化していたことは否めません。

しかしAI、デジタルエコノミー、ビッグデータ、GAFA等のプラットフォーマー、フィンテック、キャッシュレス等、今日の肌で感じる社会の急速な変化において、既存の法的なアプローチが有効に機能できない状況が生じているのではないかという視点も必要です。

また今日、会社法の世界ではコーポレートガバナンス・コード、金融分野ではフィデューシャリー・デューティーなど、オーソドックスな法的手法にかかわるアプローチがなされつつあります。なんとかガバナンス、最近だとリスクガバナンスとか、セキュリティガバナンスとか、テクノロジーガバナンスとかいわれるようになりました。そうなると、コーポレートガバナンス・コードが取締役会のあり方のような、あくまで既存の法体系のなかでのガバナンスの位置づけでしたが、ガバナンスといっても違う局面になると、もはやこれまでの議論は必ずしも通用しないということも認識する必要があります。

さらにハードロー、ソフトローの議論で、ハードでなければソフトと、そこまではいいのですが、ソフトとは何かというと、コンプライ・オア・エクスプレインということですが、それはソフトローの一部であって、そうではないソフトローとしてのアプローチもあるのではないか。またハードといっても詳細なルールなのかプリンシプルなのか、プリンシプルの場合いかに効率よく機能させるか、という視点もあります。

2 金融規制と金融実務との間の緊張関係

ところで、フィンテック等急激な社会の変化に言及するまでもなく、「法」の支配とファイナンス法実務の関係で形式的な金融法規を「法」としてとらえた場合、ファイナンス法実務との間には絶え間のない緊張関係が存在すると思います。以下では類型化し説明したいと思います。

市場のスピード

まず市場のスピードです（注1）。たとえば、投信や株式取扱手数料の無料化など、海外での動向が日本でも近い将来起こりうると授業で議論されたことが、すでに現実のものとなっています。仮想通貨の毀誉褒貶もそうですし、デジタル通貨の動向も目が離せません。規制法だけではなくて実定法についても市場のニーズと法制度のギャップは存在します。たとえば、民法法理へのこだわりは動産も債権も包含する新しい担保制度導入の障壁として立ちはだかっています。「法理」が常に伴う以上、市場のニーズとのギャップの根は深いといえます。

病理現象対応のための規制

判例がその典型ですが、規制も病理現象対応として導入される点です。そうすると、その病理現象に対する規制に対して、健全なことをやっている人たちも拘束される。やむをえないという議論なのかもしれませんが、度が過ぎると社会の停滞を招きます。図表11－1ですが、金融規制がいかに事件を契機に導入されてきたかということを示す意味でつくってみました。私が弁護士になったのは1978年（昭和53年）ですから、表からすると規制はわずかだった時代です。20年、30年たった後のロースクールの学生さんは、この後に膨大な法規制の表ができ、皆さんに「何だ、ずいぶん規制が緩いときに弁護士始めたんですね」といわれると思います。しかし、規制があろうがなかろうが倫理感をもって行動する市場参加者の行動には変わりはないことは認識されるべきです。法律とはそういうものと諦めるのも1つの姿勢ですが、法律そのものが社会を発展させる、イノベーションの起爆剤になる、少なくともイノベーションを阻害してはいけない、そのような視点から考えることも必要です。

当局と市場との対話の重要性

皆さんも弁護士になる方が多いと思いますが、法の適用に関して争いになったとき、いざとなれば裁判所にわかってもらおうという姿勢はあると思いますし、学者もそのために解釈論を展開していると思います。しかし、行政法規の実態は実体法のような意味での解釈論の余地は少なく、規制当局が実質最終的に判断することになるという窮屈さがあります。時にはQ＆Aにおいて規制の厳格な文言を超えて市場の実態に沿う規律が図られることもありますが、頭の硬い役人が登場すれば解釈の余地はなく市場の実態とはかけ離れて一字一句規制に服することが求められることもあるでしょう。ここで重要なのは当局と市場との自由闊達な対話です。対話を通じてロジカルな議論を積み重ね、予見可能性もあり実情にも見合った規律をつくりあげるカルチャーが醸成される必要があります。

国際金融規制の国内規制化の際に生じる問題

国際金融規制の今日まで続くその系譜は、日本でいうリーマンショック――海外ではグローバル金融危機とか、それを訳して世界金融危機とか呼ばれますが――に端を発しています。現在の国内の金融規制もそうした国際金融規制にたどれるものも多く、その際、国際規制をいかに市場の実態と整合する実効性ある国内規制として落とし込むかという視点があり、当局と市場との間の対話のあり方につながります。後半では対話のあり方に関連して証券化規制を取り上げます。

ルールベースからプリンシプルベースへ

ルールベースからプリンシプルベースへという流れがあります。この関連で以下ではフィデューシャリー・デューティーを取り上げます。金融機関を取り巻く現在の環境下、金融機関は顧客に対するフィデューシャリーであり顧客の利益をまず第一に考える必要があるとする義務ですが（注2）、これは一過性の議論ではなく、また金融機関のみに当てはまる議論にとどまらず、今後社会に根づいていくべきプリンシプルにも思われます。

フィデューシャリー・デューティーには実体法と規制法の2つの側面がありますが、いずれの面にお

の法規制

事件・背景	規　制
バーゼルⅠの規制内容と銀行のリスク管理の実態との乖離	2004年：バーゼルⅡの導入
西武鉄道の有価証券報告書虚偽記載 ライブドアによるニッポン放送の敵対的買収	平成17年（2005年）：証券取引法の改正
村上ファンド事件 西武鉄道、カネボウ、ライブドア等の虚偽有価証券報告書事件 個別・縦割り規制の隙間で詐欺的業者による被害の頻発	平成18年（2006年）：証券取引法（「金融商品取引法」に改題）の改正
多重債務問題の深刻化	平成18年（2006年）：貸金業規制法（「貸金業法」に改題）の改正、出資法の改正
テラメント事件	平成20年（2008年）：金融商品取引法の改正
米国のサブプライムローン問題を端緒とする世界金融危機（リーマンショック）	平成21年（2009年）：金融商品取引法の改正 平成22年（2010年）金融商品取引法の改正
	2009年：バーゼルⅡの改訂（バーゼル2.5） 2010年：バーゼルⅢの導入
情報通信技術の革新、外国人労働者の増加に伴う海外送金手段の必要性	平成21年（2009年）：資金決済法（資金決済に関する法律）の制定
公募増資インサイダー取引事件 AIJ投資顧問事件	平成25年（2013年）：金融商品取引法の改正
「プロ向けファンド」の販売等を行う届出業者による投資家被害の急増	平成27年（2015年）：金融商品取引法の改正
上場企業が証券会社のアナリストに未公表の業績に関する情報を提供し、当該証券会社が当該情報を顧客に提供して株式の売買の勧誘を行っていた事例の発覚	平成29年（2017年）：金融商品取引法の改正
LIBOR不正操作事件	2021年：レート呈示義務の中止（LIBOR廃止）
仮想通貨流出事件（ビットコイン）	令和元年（2019年）：資金決済法の改正、金融商品取引法の改正

（出所）　筆者作成

図表11－1　日本における金融・資本市場における重大事案とその後

事件・背景	規　制
保全経済会事件	昭和29年（1954年）：出資法（出資の受入れ、預り金及び金利等の取締りに関する法律）の制定
証券恐慌（山一證券経営危機）	昭和40年（1965年）：証券取引法の改正
山陽特殊製鋼の粉飾決算事件	昭和46年（1971年）：証券取引法の改正
天下一家の会事件	昭和53年（1978年）：無限連鎖講防止法（無限連鎖講の防止に関する法律）の制定
国債の大量発行	昭和56年（1981年）：証券取引法の改正
サラ金問題	昭和58年（1983年）：貸金業規制法（貸金業の規制等に関する法律・現「貸金業法」）の制定、出資法の改正
誠備グループ事件 投資ジャーナル事件	昭和61年（1986年）：証券投資顧問業法（有価証券に係る投資顧問業の規制等に関する法律（金融商品取引法に統合され廃止））の制定
豊田商事事件	昭和61年（1986年）：特定商品預託法（特定商品等の預託等取引契約に関する法律）の制定
タテホ化学工業事件	昭和63年（1988年）：証券取引法の改正
国利民福の会事件	昭和63年（1988年）：無限連鎖講防止法の改正
ラテンアメリカの累積債務問題の深刻化による米国を中心とした金融危織	1988年：バーゼル規制（バーゼルⅠ）の導入
仕手グループによる企業買収事件（ピケンズ・小糸製作所事件）	平成２年（1990年）：証券取引法の改正
損失補てん、リクルート事件等の証券不祥事	平成３年（1991年）：証券取引法の改正 平成４年（1992年）：証券取引法の改正
デリバティブ取引等により多額の損失を計上した金融機関の出現（ベアリングス銀行の破綻）	1996年：バーゼルⅠの改訂（マーケット・リスク規制）
金融ビッグ・バン 山一證券経営破綻	平成10年（1998年）：証券取引法の改正
商工ローン問題	平成11年（1999年）：貸金業規制法（現「貸金業法」）の改正、出資法の改正
ヤミ金融問題	平成15年（2003年）：貸金業規制法（現「貸金業法」）の改正、出資法の改正

いても既存の法制度との関係に緊張関係をもたらしています。このうち規制面について、金融庁はフィデューシャリー・デューティーと呼ぶと法律論を巻き込んでしまうので、「顧客本位の業務運営」原則と置き換え、そのなかで、ルールベースというのは最低限としてのルールだけ守ればよいということにつながり顧客の利益が守られない結果ともなりうるのでプリシンプルベースとするとしました。ルールからプリンシプルと一挙に跳躍したわけですが、ルールでなければプリンシプルというだけではまかないきれない議論があると感じます。

規制におけるAIの視点

現在、社会の転換点にありIT、AI、ビッグデータ等が社会を変えようとしています。金融の世界ではフィンテックの議論が盛んですが、どうしても既存の制度、実務からの視点となりがちです。しかし発想を変えて金融における課題のなかには法規制の枠内で考えるのではなく、AIの視点、フィンテック、リーガルテック、レグテックというあたりにソリューションを見出すことができるものもあるのではないかと思われます。

プリンシプルベースについても、それをどうストレスなくいかに実効性をもたせるかということが重要であり、たとえばフィンテック、リーガルテック、AIとかを利用するなどアーキテクツとも呼ばれるアプローチに解があるのではないかと思います。もちろん処方箋はこれですというような安直に答えが出るようなテーマではないですが、どのようなアプローチが一歩でも問題解決のために役立つかについても考えてみることが大切です。

3 資本市場の厚み、バブル崩壊と制度の遅れ、ファイナンスローヤーの役割

資本市場の厚み

現在ＩＲの議論が盛んです。その総費用は数千億ともいわれます。また、代替エネルギーとして各地に大規模な太陽光発電施設や風力発電施設が建設されていますが、今後は洋上風力発電というおそらく数千億円規模に達するかもしれない大型の施設が建設されることと思います。また、たとえば北海道のニセコは地価が高騰しそこに大規模なリゾートホテルが建設されようとしています。日本人の発想ではバブルですが、国際スキーリゾートとしてみればまだまだ市場価格は安いということになります。一方、洞爺湖を一望する山の頂きに数年前にサミットが開催されたリゾートホテルがありますが、このホテルはかつて北海道ナンバーワンの金融機関であった北海道拓殖銀行が経営破綻した一因ともなったといわれるホテルです。

こうした彼我の状況をどうみるかですが、かつて日本で金融危機が発生した当時と決定的に異なるのは、プロジェクトファイナンスの手法が浸透しおそらくほとんどの大型開発プロジェクトで採用されていることです。プロジェクトファイナンスではノンリコースローンやＳＰＣあるいは信託を用いてプロジェクトからのキャッシュフローを引当にファイナンスが組まれ、日本では証券化がけん引したストラクチャードファイナンスの手法が活用されています。またこれに対する投資として、複数の金融機関によるシンジケーションが組まれることも多いですが、この他証券化の手法や、不動産ファンド、ＲＥＩＴを利用し資本市場を活用することも可能です。資本市場の投資家はリスクとリターンを考慮し

て経済的合理性に基づき投資の是非を判断します。法制度面で必要なことは、実体法上も法解釈論においてもまた法規制においてもこれらをサポートすることです。そうすることにより資本市場の厚みによってプロジェクトのリスクが分散され吸収されることになります。

バブル崩壊と制度の遅れ

日本の金融危機はいまから20年余り前の１９９７、１９９８年頃ですが、米国のチャプター11に倣うとされた、とはいってもまだ別物の民事再生法ができたのもその頃、ＲＥＩＴが導入されたのはさらにその少し後など、当時において制度面で日本は出遅れていたことは明らかで、危機をより深刻なものとした原因でもあります。普通の官僚とは一味違う存在であった大森さんという方がかつて「霞ヶ関から眺める証券市場の風景」と題する雑誌のコラム欄で次のように述べています（注３）。

「80年代後半の日本でも、証券化技術が普及していたと思考実験してみる。銀行が量産した不動産担保貸出を、証券化して、年金や保険などの投資家に売る。90年代に入っての地価下落につれて、損失が顕在化して投資家は痛手を受けるが、吸収不能なほどではない。一方で銀行は、リスクの移転度合いに応じて深刻な経営悪化を回避できる。日本の金融システムが機能不全をきたしたのは、実体経済のリスクが銀行だけに集中していたからであり、リスクが広く薄く分散されていれば、全体としての金融システムはかえってリスクに強靱になる」

では現状世界の趨勢に追いついているかといえば疑問であり、いまある制度をありのまま受け入れることでは金融実務は発展しない、その役割を担っているのがファイナンスローヤーであると第１回の授業で述べたのもこのような背景があるからです（注4）。

4 デジタル経済に対する政府の取組み

市場の速さに対する規制の遅れを指摘しましたが、デジタル経済はG20など国際会議においても取り上げられ、これに呼応する政府の動きも素早く決して見過ごせないものがあります。デジタル経済について一般的には情報セキュリティや競争制限面、あるいはデジタル課税が注目されていますが、規制との関連でもデジタル技術を前提とした多様な法規制の改革等がすでに議論されています。

経済産業省作成の「Society5.0時代のガバナンスモデルの設計について」（図表11－2）では、デジタル社会では法がビジネスモデルの変化に追いつかず、①新たなビジネスモデルがもたらす不公正を規律できない、また、②イノベーティブなビジネスの登場が阻害される、という「ガバナンス・ギャップ」が発生すると指摘します。その対応のためには「ガバナンス・イノベーション」、すなわち、①政府の規制やガバナンス自体が、これまでと違って機動的かつ柔軟性を有すること、②すべての関連するステークホルダーとともに、ガバナンスを検討していくこと、の必要性を唱えています。

私自身、今回の講義の準備を進めるにあたり「ガバナンス・ギャップ」とか「ガバナンス・イノベーション」などの表現も含め政府の取組みをあらためて認識したところがあります。さらに図表11－3では法は原則（プリンシプル）を規定し、その先はアーキテクチャが対応するという、金融規制に関して私がイメージしたことにも触れられています。もっとも、そうして先進的な取組みを実際にレグテック

図表11－2　ガバナンス・ギャップとガバナンス・イノベーション

Ⅰ　G20で合意したこと

●「米中摩擦」「米欧不信」「先進国・途上国対立」の「3つの対立」がある中、日本発のコンセプトとして「DFFT」及び「ガバナンス・イノベーション」を、全20か国合意の閣僚声明として盛り込み。

〈DFFT〉

■「信頼」によってデータの自由な流通を促進する「DFFT」のコンセプトの下、以下の点について確認。
①データの国際的な流通が経済成長や包摂的成長につながること
②データを流通させるためには、プライバシーやセキュリティ等の確保を通じた、人々や企業間の「信頼」が必要であること
③そうした信頼確保にあたり、各国の法制度はinteroperabilityを確保すべきこと

〈ガバナンス・イノベーション〉

■ガバナンス・ギャップに対応するため、技術や社会の変化に合わせた「ガバナンス・イノベーション」の必要性について、以下を確認。
①政府の規制やガバナンス自体が、これまでと違って機動的かつ柔軟性を有することの必要性
②すべての関連するステークホルダーとともに、ガバナンスを検討していくことの必要性

〈AI原則〉

■AIの開発や利活用の促進に向け、「人間中心」の考えを踏まえたAI原則に合意
■AIにより新たな雇用や産業が創出されるとの考えの下、AI時代の新たな社会モデルの検討の必要性を共有

〈セキュリティー〉

■IoTを含む新技術の急速な拡大に伴い、デジタル経済におけるセキュリティの重要性に合意

（出所）　2019年11月28日経済産業省商務情報政策局情報経済課「Society5.0時代のガバナンスモデルの設計について」経済産業省ホームページ

図表11－3　ルール体系のイメージ

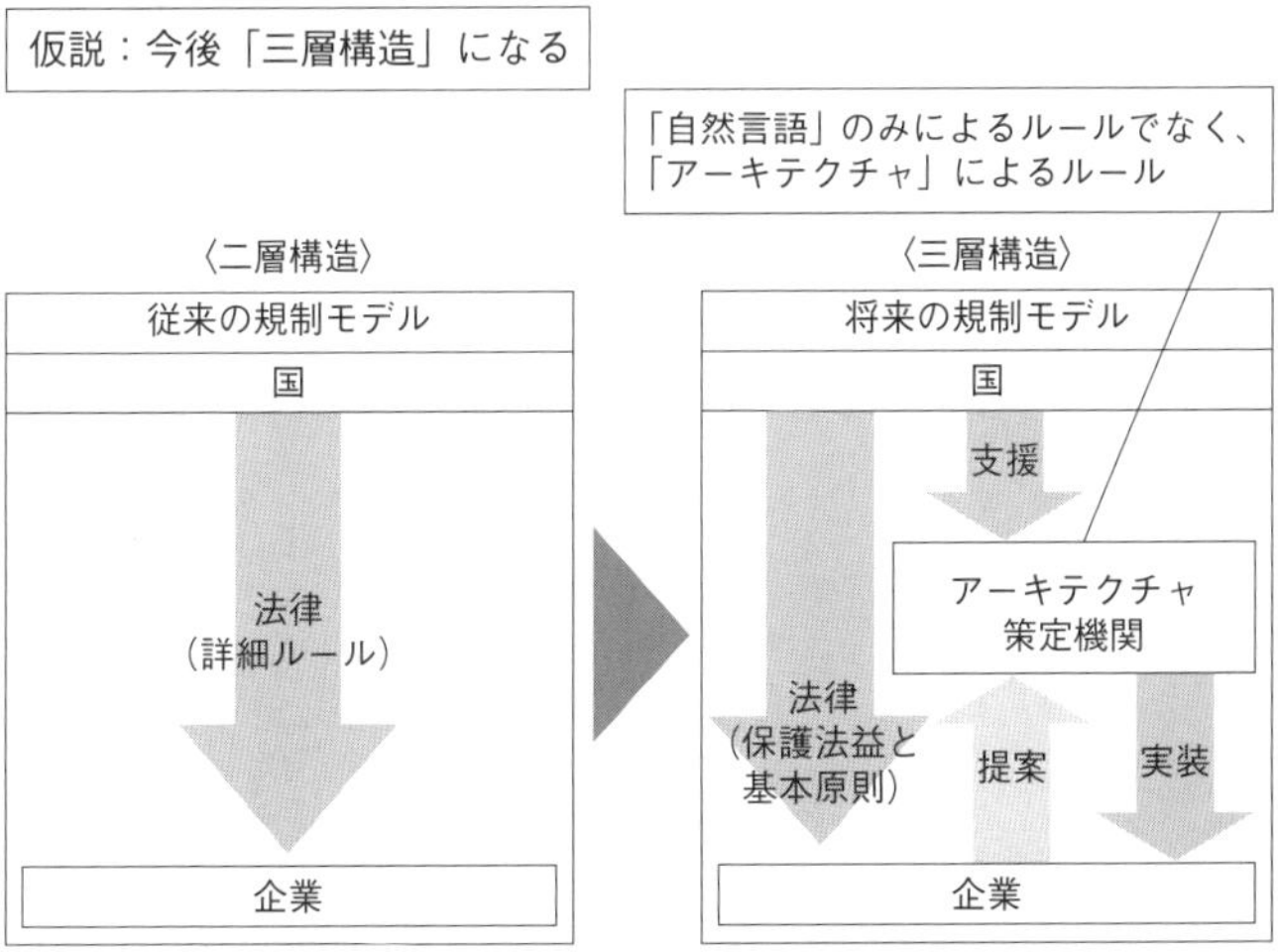

ルール体系のイメージ

■「法」には「原則」のみを示す。

■しかし「原則」のみでは予見可能性が低い一方、国が細かなルールを定めるとイノベーションが阻害される。

■そのため、民間の最大公約数を捉え、デファクトの「標準」を臨機応変に取り入れる、「レファレンス・アーキテクチャ」という仕組みを使うことが望ましい。

■表現手法としては、システムがソフトウェアをベースとするため、アーキテクチャに類似した記述とする（コンセプト⇒モデルの順序に記載した上で、図示も行う）ことが、表現手法として適切である。

（出所）　2019年11月28日経済産業省商務情報政策局情報経済課「Society5.0時代のガバナンスモデルの設計について」経済産業省ホームページ

として制度化する過程は、政治プロセスにおいてさまざまな利害が絡むことによってそれほどはスムーズには進まないのではないかと危惧されます。となると、リーガルテックを自在に活用することこそ、今日的意味でのファイナンスローヤーの活躍の場となります。

なお、ガバナンス・イノベーションの取組例として、割賦販売法上の与信上限度額の算定が取り上げられています。画一的な基準によらず、「日々の購買記録などのリアルタイムデータと、長年培われた分析手法やノウハウを活用したスコアリングモデルの活用により、パーソナライズされた精緻な与信」が実現可能であろうというものです。こうした発想は個々の顧客への動的な対応が必要とされるフィデューシャリー・デューティーなどプリンシプルベースの金融規制で応用可能と思います。

5 金融規制のあり方に関する議論

ところで金融規制のあり方に関する議論はすでにさまざまな角度からなされています。以下ではそうした議論を振り返ってみたいと思います。

まず、「適切な規制は経済成長や暮らしのよさにつながる」一方、「不適切な規制はその双方を危険にさらす」という認識のもと、あたかも企業の施策におけるＰＤＣＡ（Plan Do Check Act）サイクルにも似た、規制の「ライフサイクル」に着目する「ＯＥＣＤ規制政策アウトルック２０１８」の考え方です。同書では、多くの国で規定策定後の「規定を施行し見直すという後の段階」に長けず、「実際にその法規制が目的を達成しているかどうかを評価する体系的手段」が存在しないという「ギャップ」が存

図表11－4　なぜ日本は法律について利害関係者の関与が最下位か

OECD規制政策アウトルック2018：日本

❖評価

- ➢法律
  - ■利害関係者の関与：37カ国中最下位（内閣提出法案）
  - ■規制影響評価：37カ国中下から19位
    - －金融庁は、同意義のRegulatory Impact Analysis規制の事前評価と訳し「規制の導入や修正に際し、実施に当たって想定されるコストや便益といった影響を客観的に分析し、公表することにより規制制定過程における客観性と透明性の向上を目指す手法」として説明。
  - ■事後評価：38カ国中下から29位
- ➢下位法規
  - ■利害関係者の関与：38カ国中下から18位
  - ■規制影響評価：38カ国中下から17位
  - ■事後評価：38カ国中下から28位

❖OECDコメント

- ➢2014年代相当の努力が規制環境の向上に費やされてきた。事前および事後の規制の作成過程において利害関係者をいっそう取り込むことによって良い効果がもたらされるであろう。

（出所）　渡邊健樹「資本市場法の形成プロセス―特に米国との対比から見える示唆―」2019年12月３日　流動化・証券化協議会　実務セミナー資料より筆者作成

在し、その克服のため「規制政策のガバナンス」の必要性を説きます。

また、「規制の潜脱を防止しつつも、革新的な取引に対して委縮効果を与えないようにするためには、規制すべき取引は規制しながらも、規制すべきでない取引は規制しない」ことが重要であるにもかかわらず、「金融取引に対する規制の多くにおいては、ある類型の取引が法的に定義されており、それに該当するか否かが規制の適用の有無を決する……が、それゆえに、規制すべき対象と実際に規制されている対象との間に、相当のギャップを生じてしまっている」と金融規制における「経済的実質を表現する立法技術の限界」を指摘するものもあります（注5）。

ところで金融規制見直しに関する近時の潮流ともなっている視点があります。それは国際金融危機、いわゆるリーマンショックの再発を防ぐためにこれまで多大な労力をかけて構築されてきた国際金融規制の枠組みがかえって「結果として伝統的な金融機関のリスクテイクの脆弱化、すべての規制を実施した際の複合的な効果」の不透明化につながり、「対症療法的な措置による弊害」が生じているとの指摘です（注6）。米国でいえばドッド・フランク法等資本市場法制に対して、「米国の資本市場を米国人の創意工夫を開花させ、中小企業の成長を可能にする経済成長の真の源にすることができる」制度となっているか、「経済成長と資本形成を阻んでいる規制」はないかという視点から見直そうとする議論です（注7）。

また国際金融規制研究会（座長・河野正道元金融庁金融国際審議官）の2017年7月18日意見書では、これまでの国際的な金融規制改革を振り返り、「まず金融危機の再発防止と金融安定の確保を優先させてきた。しかし、規制改革後の金融システムが、経済の持続的成長にとって不可欠な金融機能を十分果たせない場合には、改革がその本来の目的を果たしたとはいえない。規制改革によって市場が縮小し、あるいは法域ごとに分断されてしまえば、金融システムのリスクは低下するかもしれないが、企業活動を支え、成長をサポートする金融市場の機能は損なわれてしまい、金融規制改革が本来の目的を果たせなくなる。特に国際金融規制の実施段階を迎えて、事前には想定されていなかった多くの「意図せざる影響」が金融実務の現場で生じている」と問題提起し、「グローバルな金融危機が発生してから10

年近くの間、国際的な金融規制改革のための努力は大きく進捗したことは事実であるが、本格的な実施段階を迎え、その全体的な成果と影響をあらためて評価し、必要な修正を行うべき時が来ている」と指摘します。

規制は絶えず増え続けるものであって減ることはないという現実、イノベーションの必要性と声高らかに主張されても既存の制度をあたかも否定するように一から見直すような制度の導入はきわめて困難であるという現実はあるものの、近時の議論の潮流は規制のあり方を見直す方向にあるということができます。

6 国際金融規制のあり方に関する考察——証券化規制との関係

以下では国際金融規制との関係で証券化を取り上げ、当局と市場の対話のあり方に関連して、リスクリテンション規制とＳＴＣ（Simple, Transparent, Comparable、簡素で、透明性が高く、比較可能）要件に触れたいと思います。その理解のためサブプライムローンの証券化がいかにリーマンショックにつながったかについて簡単に説明し、また証券化の基本スキームについても触れたいと思います。いまの議論ですと、証券化というと日本では市場が縮小していますが、たとえば、海外で原発の廃炉費用のため証券化しましょうという案件があるとか、現在、米国ではＣＬＯそれ自体が経済の活性化にかなり寄与しているのではないかと思われます。その現実をどうとらえるのか。そういう意味においても、証券化は過去の議論ではなくて、いまにつながる議論です。

化—

構図

【3つの不確実性の顕在化】
①リスク所在の不確実性
②価格形成の不確実性
③流動性の不確実性

○サブプライムローン関連商品に関係する各当事者に係る問題点を把握して対応する必要
○市場発の危機への対応等の監督態勢の充実の必要

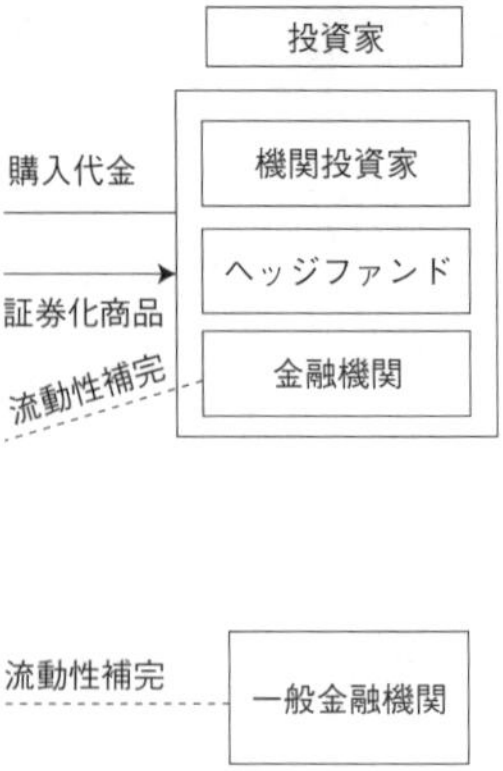

主な問題点

○原債権のリスクについて、サブプライムローンの貸し手、証券化商品の組成者、格付会社、証券化商品の販売者、投資家等の関係当事者間で適切な情報伝達がなされていたか。
○証券化商品の組成者において、自ら一定部分を保有せずに証券化商品を組成し、投資家へ安易な信用リスクの移転を行おうとしていたのではないか。
○格付会社において、①証券化商品の格付ビジネスに利益相反の可能性が内在していたのではないか、②モデル内容やその妥当性等について適切なディスクロージャーがなされていたか、③格付情報の意義について投資家に誤解を与えていなかったたか。
○金融機関を含む各投資家において、適切に、リスク管理やディスクロージャーがなされていたか。

わが国としての対応

1. 監督当局における市場動向の把握、モニタリングの強化
2. 監督当局間における国際的な連携強化
3. 「証券化によるリスク移転を前提とした融資（Originate to distribute）」の問題への対応
4. 証券化商品の原債権の追跡可能性（Traceability）の確保
5. 十分なデータによる統計処理を前提とした証券化
6. プリンシプルの提示とベスト・プラクティス（最良慣行）の模索
7. 格付会社に対する適切な対応
8. 証券化商品の価格評価・会計処理に関する国際的な議論への参画

図表11－5　金融危機下での証券化市場―サブプライム問題と証券

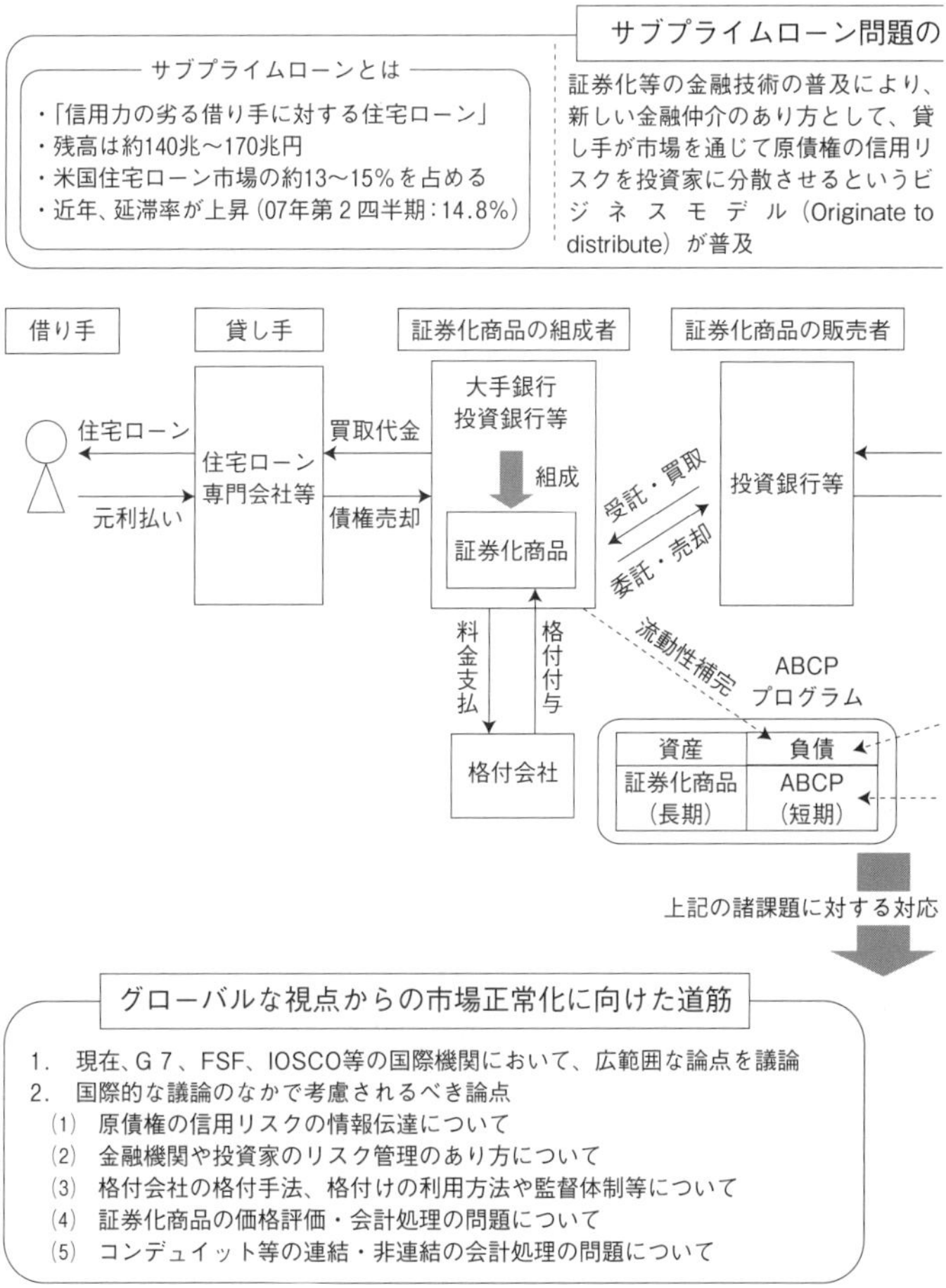
サブプライムローン問題の
サブプライムローンとは
・「信用力の劣る借り手に対する住宅ローン」
・残高は約140兆～170兆円
・米国住宅ローン市場の約13～15%を占める
・近年、延滞率が上昇（07年第２四半期：14.8%）
証券化等の金融技術の普及により、新しい金融仲介のあり方として、貸し手が市場を通じて原債権の信用リスクを投資家に分散させるというビジネスモデル（Originate to distribute）が普及
借り手
貸し手
証券化商品の組成者
証券化商品の販売者
住宅ローン
元利払い
住宅ローン専門会社等
買取代金
債権売却
大手銀行
投資銀行等
組成
証券化商品
受託・買取
委託・売却
投資銀行等
料金支払
格付付与
格付会社
流動性補完
ABCP
プログラム
資産
負債
証券化商品
（長期）
ABCP
（短期）
上記の諸課題に対する対応
グローバルな視点からの市場正常化に向けた道筋
1. 現在、G７、FSF、IOSCO等の国際機関において、広範囲な論点を議論
2. 国際的な議論のなかで考慮されるべき論点
(1) 原債権の信用リスクの情報伝達について
(2) 金融機関や投資家のリスク管理のあり方について
(3) 格付会社の格付手法、格付けの利用方法や監督体制等について
(4) 証券化商品の価格評価・会計処理の問題について
(5) コンデュイット等の連結・非連結の会計処理の問題について

（出所）　平成19年11月30日金融庁公表「金融市場戦略チーム」第一次報告書の概要

リーマンショックの原因となったサブプライムローンの証券化（図表11－5）

以下ではみずほ証券で金融リスク管理を専門としている藤井さんの著作から言葉を借りて簡単に説明します。

「サブプライムローンの借入人は、自らの所得のみからローンの返済を行うことはむずかし（く）……ローンの返済は、住宅価格の上昇とローンの借換えを前提とし……一度住宅価格が反転下落した瞬間に、急速に不良債権化する……サブプライムローンとは、そもそも相当数のデフォルトが予想されるリスクの高い住宅ローンで……こうしたサブプライムローンの実行や借換えを可能としたのが証券化である」「MBSは、SPVが保有する住宅ローンを原資産（担保）としたうえで、いくつかのトランシェに分けて発行されるのが一般的で……こうした証券化のメカニズムは、1980年代から存在しているもので、それ自体が問題であったわけではない。2000年代に入ってからの証券化が問題だったのは、こうした証券化のプロセスを一度だけではなく二度三度と繰り返して、もともとの原資産やそこに含まれたリスクがわからないまでにしてしまったところにある。……2007年に入り、住宅価格が下落を始めると、サブプライムローンのデフォルト率が上昇……パリバ・ショックに加えて、ドイツの中堅銀行［が］経営危機に陥（り）……サブプライムローンを原資産とした証券化商品の価格が暴落し始め……最後の出口として使われていたABCP市場がマヒ……証券化商品の価格下落は、金融機関の損失発生と経営危機を類推させた。特に資金調達を短期資金市場に大きく依存する金融機関との取引を手控える動きが広がり、銀行間取引であるインターバンク資金市場は急速に縮みあがった」（注8）

こうした事情からわかることはまさに米国における住宅価格バブルの発生と崩壊が原因でしたが、サブプライムローンの証券化を通して広く資本市場の投資対象となり、やがてリーマンショックに至ったわけです。大手投資銀行リーマンブラザーズ証券の破綻はこの翌年２００８年秋です。

景気の変動は金融規制にかかわらず生じるものであって、後からみてバブルといえる状況も今後とも生じるでしょう。その時に備えても、経済の持続的な発展のためには金融機関による健全な金融機能が維持される必要があります。また金融機関のみがリスクを吸収する機能を果たすことは不可能であり、資本市場が有効に機能することが必要であり、そのためにも優れたリスク分散・吸収機能をもつ証券化の市場が醸成される必要があるといえます。

証券化の基本スキーム

この後の議論を理解していただくため、簡単に証券化スキームの基本形について説明することとします。

ポイントは3つですが、オリジネーターがもっている金銭債権のプール、日本でいうと集合債権ですが、集合債権をＳＰＶに譲渡するところから始まります。この譲渡が真正譲渡かどうかというのがまず論点です。２つ目のポイントは、譲渡後もオリジネーターがサービサーとして機能します。すなわち、売った後も自分で債権の管理回収を担当します。３つ目のポイントは、優先劣後構造です。民法で弁済の充当順位を操作することにより先に弁済される債権とそうでないものが簡単につくれますが、それを実際にスキームのなかで実行したのが証券化です。シンプルなスキームは優先、メザニン、それから劣後と3つに分けますが、サブプライムローンの証券化においては、それが10とかそれ以上に分けられた

図表11－6　証券化の基本構造

・プーリング：大数の法則による確率論・統計学処理に必要な信用補完レベル
・倒産隔離措置：SPCの利用、真正売買、コミングリングリスクへの対応
・信用補完措置：内部または外部信用補完
・サービサーの設置：オリジネーターがサービサーに就任

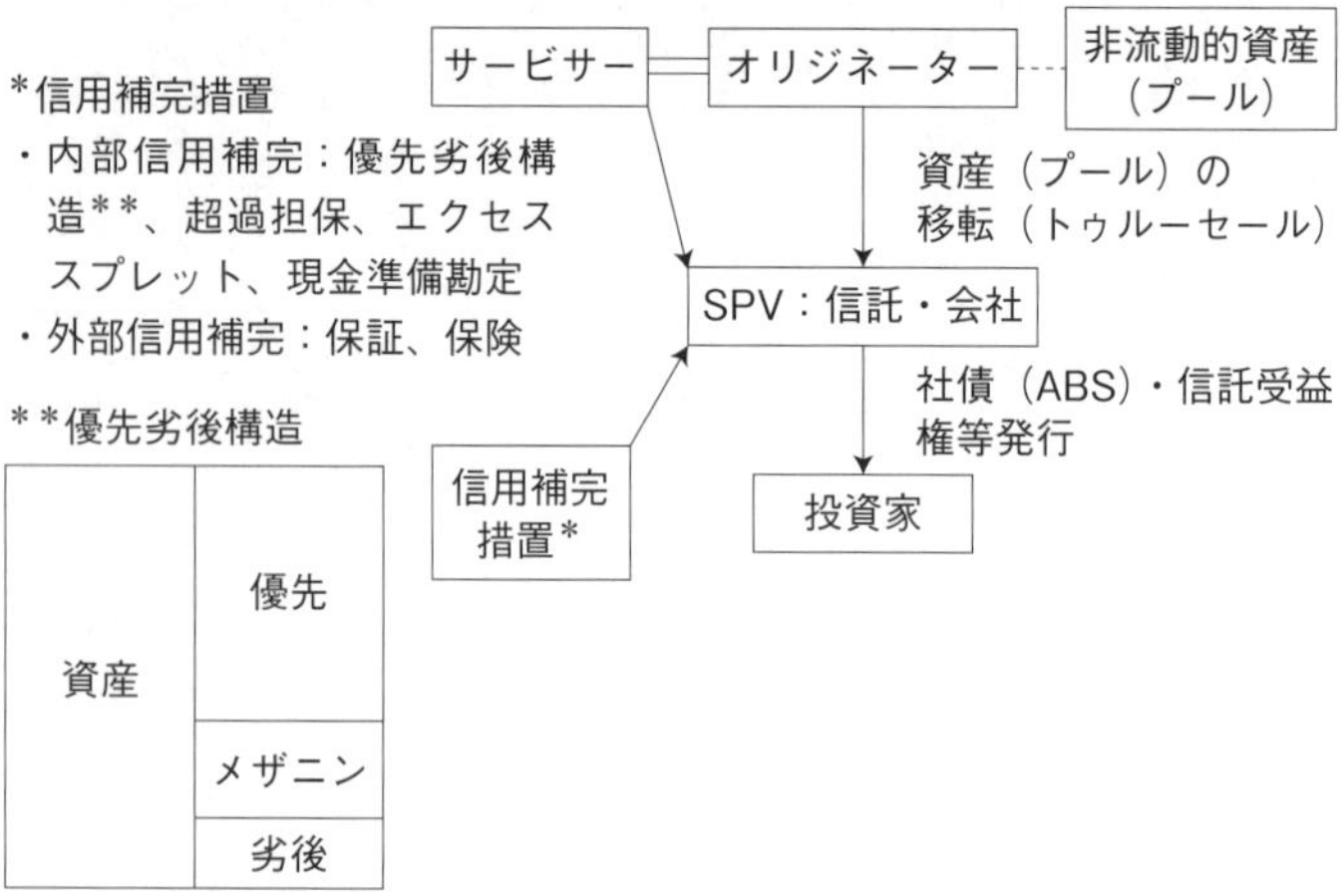

（出所）筆者作成

りました。

なぜ証券化が機能するかというと、大数の法則、貸倒れの確率とかが統計的に処理できるからです。これが基本形で、法令上の証券化の定義もこの基本形によっています（図表11－6）。後述するリスクリテンション規制もSTC要件もこの基本形を前提とした証券化の場合は問題は生じませんが、日本の証券化市場の大宗を占める住宅金融支援機構MBS（Mortgage Backed Securities）はこの基本形とはまったく異なる構造です。また、証券化にはこの3つのいずれかがそろっていないものや、その他いろいろな仕

組みが存在します。

住宅金融支援機構MBS

いま現在、日本の証券化市場はどうなっているかというと、2019年5月現在、残高20兆3200億円でそのうち昔の住宅金融公庫、2007年に住宅金融支援機構に変わりましたが、この機構MBSの残高が約13兆6000億円と67％を占めています。発行高では2018年度約4兆8000億円のうち機構MBSが約2兆90億円と、全体の71％を占めています。図表11－7がスキームです。

「受益権行使事由」が発生するまでMBSの元利払いは発行体である機構が行い、受益権行使事由が発生すると債券としてのMBSは消滅します。MBSの投資家は信託の受益者として信託財産からの配当を受ける立場に変わり、信託財産のみが投資家の権利に係る責任財産となり、ここで初めて一般的な証券化商品と同様の形態に切り替わるということができます。すなわち最終的にアセットからのキャッシュフローによっていることに注目すれば証券化と分類されてきましたが、証券化の基本スキームによって規定されている法令上の証券化の定義には直ちに該当しないことになります。なお、この機構MBSのスキームとの関係で現在議論されている国際金融規制がリスクリテンション規制とSTC要件です。

図表11－7　機構MBSのスキーム図

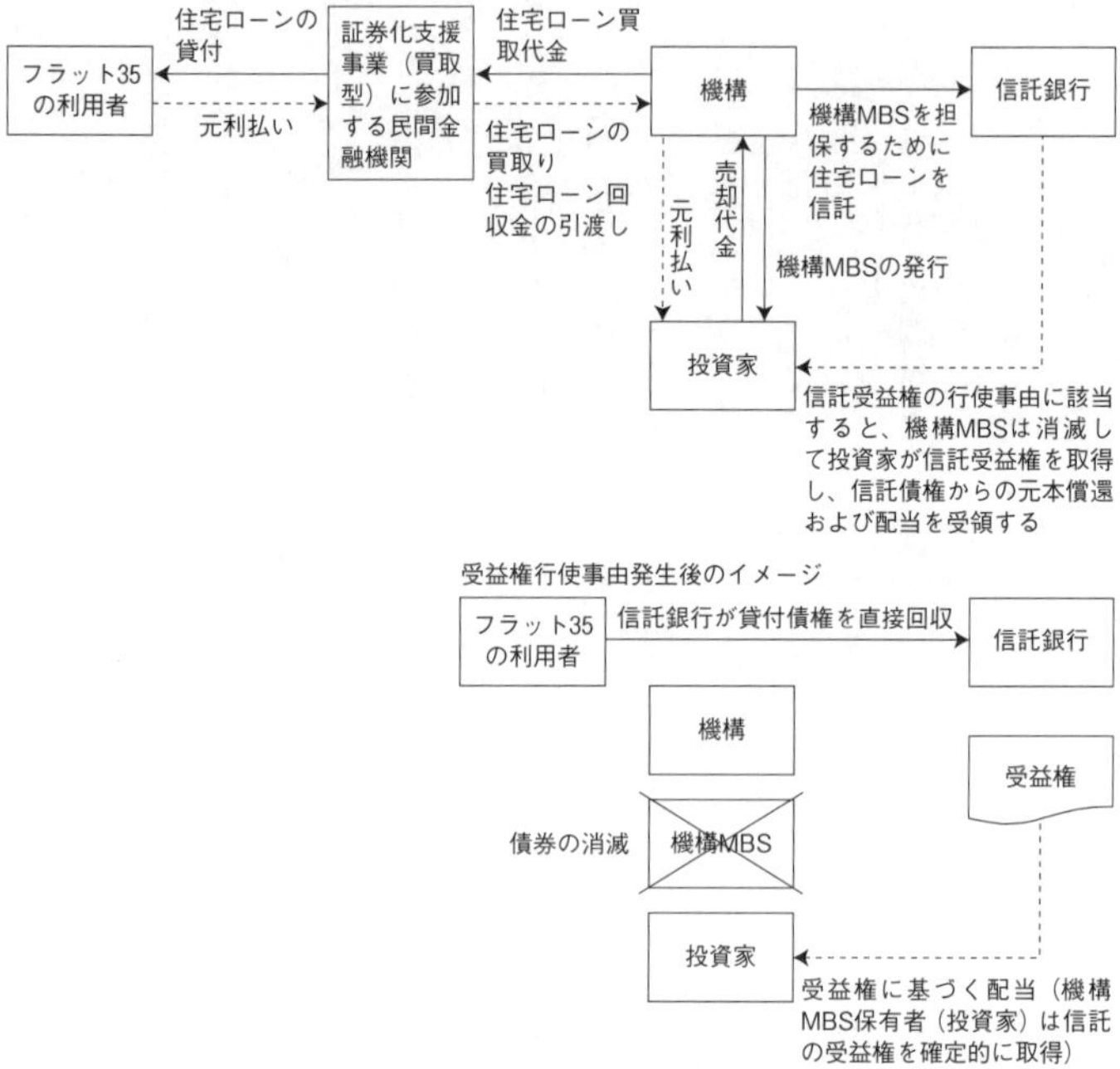

（出所）　住宅金融支援機構のホームページをもとにR&I作成

リスクリテンション規制

リスクリテンション規制の背景はサブプライムローンの証券化をみて全部売却する前提でローンを貸出するオリジネート・トゥ・ディストリビュート（OTD）モデルはよろしくない、自分で劣後部分を一部でももっていれば、そんな怪しいローンは出さなかったであろうという、リーマンショック直後に喧伝された議論です。2015年の「主要行等向けの総合的な監督指針」において「証券化商品については、オリジネーターによる原資産の組成において、その組成当初から当該原資産のすべてを証券化ビークルに譲渡することを意図した場合、投資分析等がおろそかになるなど不適切な原資産組成がなされ、その結果当該証券化商品の持分のリスクが高くなるおそれがある。そのため、当該証券化商品のリスクの一部を、オリジネーターが継続保有することが望まれる」と定性的基準が導入されましたが、2019年3月末、告示のかたちでオリジネーターが5%以上のリスクを継続保有していない証券化取引に係る証券化エクスポージャーに、通常の3倍のリスクウェイトを課す現在の定量基準が導入されました。

なお、一律に定量基準を導入することは証券化の発展を阻害することになるというのがパブコメで大宗を占める意見でしたが、これに対して当局の姿勢は国際合意を遵守することにより日本の姿勢を示すというものでした。もっとも米国では早々に導入しながらも実情に沿うよう住宅ローンの証券化は事実上全部適用除外にしており、英国等欧州では証券化ではなく、カバードボンドスキーム（発行体とカバードアセットといわれる担保の両方に請求可能ないわゆるデュアルリコースのスキーム）が盛んでリスクリテンション規制導入による影響は軽微という状況でした。

機構ＭＢＳについては、金融庁はＱ＆Ａで「住宅ローン債権プールを裏付けとし……超過担保が実質的な劣後部分として機能しているという意味で「優先劣後構造」を有すると解することができることから、証券化エクスポージャーの取扱いが適用され」るが、受益権行使事由発生前は「公庫向けのエクスポージャーとして取扱うことも可能」とリスクリテンション規制適用以前の問題として証券化エクスポージャー該当性自体を金融機関の判断に委ねています。

このようにリスクリテンション規制により提起された問題は、国際規制を各国の規制に落とす際、各国の実情と国際合意のバランスをどう図るかということであり、また各国間の制度競争の問題です。市場と当局との間の対話がいかに重要であるかを示すものといえます。

STC要件

STC要件とは、一般に複雑な証券化商品に対して、簡素な仕組みで、開示の標準化により透明性が高いSTC要件といわれる諸条件を満たす証券化商品に対して、証券化エクスポージャーのリスクウェイトを軽減する措置です。日本では全22要件からなる告示により2019年3月末から導入されました。当初日本の既発の証券化商品の多くがSTC要件を充足することが期待されましたが、実際には全要件を充足する困難さからほぼゼロという結果になってしまいました。特に問題なのが市場の7割近くを占める機構MBSのSTC要件該当性で、市場と当局との対話が注目されています（注9）。

証券化の有用性――米国オープンマーケットCLO

リスク移転、リスク分散などの効果を考えるとき、裏付資産の信用リスクを市場の投資家が負担する証券化は経済の持続的な発展のためにも絶えず醸成される必要があるといえます。その証左として以下では米国のCLOを紹介したいと思います。

よくマスコミ等で日本の金融機関がCLOに何兆円か投資している、米国の証券化商品に何兆円も投資してサブプライムローンの証券化の二の舞いにならないのか、と報道されています。米国においてはCLOが非常に盛んですが、一方、日本でのCLO組成の実績は聞きません。CLOはかつては包摂概念であるＣＤＯの一部（Ｄｅｂｔ（債務）の1形態としてのＬｏａｎ（借入れ））としてとらえられてきましたが、今日の米国のＣＬＯの仕組みはまったく別物といってもよいもので、その仕組みは、「運用会社が指図運用する企業向けの貸付債権（典型的には、一般に「レバレッジド・ローン」と呼ばれるような、格付水準でシングルＢ格以下の企業向けの金利マージンが厚めのローン債権が多い）を裏付けにしたもので、比較的高マージン（高金利）のローンが多いため、デフォルトの発生に伴う元本損失は、デフォルトしていない他のローンから得られる利息収入の一部を用いて短期間で埋め合わせてしまえることが多く、投資信託等のファンドとも共通だが、組み入れる運用資産を取得するための資金を投資家から集めることになります。したがって、たとえば、1億ドルの運用資産プールを構築しようとすれば、ＣＬＯの投資家とエクイティの投資家から合計で1億ドル程度の資金を拠出してもらう」というものです（注10）。

ポイントは、米国においてはローンの取引市場があるということです。日本でも相対でのローンの売買やリスク移転の取引はあっても、債権法改正が２０２０年4月から施行されローンの取引市場ができるかというと、そういう議論は残念ながら聞きません。日本でもローンの取引市場ができ、ＣＬＯが組成されるとしたら、資本市場の投資家はリスクに見合う投資の利回りを当然期待するわけであり、金融機関が自ら抱えるだけの現在の状況と比べても資本市場の機能が果たす役割は期待できると思います。

なお、日本でリスクリテンション規制導入の際に、ＣＬＯのローンマネジャーは自分でローンをオリジネートしていないのでリテンションできない、そんな規制を入れたら、そもそもできないものを規制されたことになるという議論が米国サイドからなされて、金融庁はＱ＆Ａにおいて「証券化商品の組成を行う者が、保有する資産を原資産として証券化商品の組成を行うのではなく、原資産たる債権を市場から購入する方法により証券化商品の組成を行う場合」規制の対象外としています。対話が有効に機能した例といえます。

7 フィデューシャリー・デューティー

最後にフィデューシャリー・デューティーの話をします。どこかで信託法を学んだ方はフィデューシャリー・デューティーというものを聞いたことがあるかもしれません。信認義務のほか受託者責任と訳されることがあるのもそのためです。信託法をみると受託者責任の条文がいろいろあります。では、いま議論されているフィデューシャリー・デューティーが信託法上の受託者責任とパラレルかというとそうでもなく、また受託者責任の中心義務である忠実義務と善管注意義務に置き換えられるのかというと必ずしもそうでもないと、議論は混沌としています。

では、なぜ信託受託者ではない金融機関に対してこの議論が出てきたかというと、リーマンショックの発生の原因として、英国のケイ教授によるケイレビューが、金融商品をつくり、それに投資家が投資をするというインベストメントチェーンにおいて、それぞれの当事者がフィデューシャリー・デューティーを果たさなかったからであると議論したところ、日本でもフィデューシャリー・デューティーという考えを入れようということになったのがいまから数年前の出来事です。

フィデューシャリー・デューティーはもともと英米法にある概念ですから、販売会社をフィデュー

図表11－8　英国ケイレビューの要約

(ア)　ケイレビューとは、

ケイレビューとは、ジョン・ケイ氏が英国政府からの要請により英国株式市場の構造的問題、上場企業行動、コーポレートガバナンスについて調査・分析を行ったレポート。2012年7月に公表された。株式市場におけるShort-termism（短期主義）偏重問題、市場が資金調達の役割を果たさなくなっている事実、英国企業の株式保有構造とガバナンス上の問題点など、英国の株式市場が抱える広範な問題に考察を加えており、海外の市場関係者に大きな影響を与えている。（レポート原文（英文）は112ページ）

(イ)　ケイレビューの概要

6.　信頼の構築

➢株式のインベストメントチェーンの参加者すべては、受託責任の原則に応じて、投資あるいは運用されている資金の拠出者に対する敬意と、資金を投資あるいは運用している者に対する信頼を基に行動するべきである。

9.　受託者の責任

株式のインベストメントチェーンのすべての参加者は、クライアント及び顧客との関係において受託者責任基準を遵守すべきである。

受託者責任基準によりクライアントの利益が第一とされ、利益相反が回避される。また、サービスの直接・間接コストが妥当な水準となり、かつ開示される。この基準は、代理人に対し、一般に広く認められている「礼儀正しい行動」の基準から逸脱することを求めるべきではないし、許すべきでもない。契約の規定によって、この基準が無効とされるのを見過ごしてはならない

（出所）　経済産業省「持続的成長への競争力とインセンティブ～企業と投資家の望ましい関係構築～」プロジェクト第1回参考資料2より抜粋

シャリーとしてフィデューシャリー・デューティーを課そうとした際、英米法におけるフィデューシャリー・デューティーの議論とは異なるという反論が出たりしました。金融庁はそういうことをいっているわけではないということで、「顧客本位の業務運営」原則と呼び方を変え、２０１７年3月30日に7原則を公表しています。ただ、その後もフィデューシャリー・デューティーと呼んだり、金融機関も顧客本位の業務運営と呼びながら、カッコしてフィデューシャリー・デューティーと呼んだりしています。

7原則全体を簡潔にわかりやすく説明しますと、中心は「金融事業者は、顧客との取引に際し、顧客本位の良質なサービスを提供し、顧客の最善の利益を図ることにより、自らの安定した顧客基盤と収益の確保につなげていくことを目指すべきである」（原則2注）という考え方です。そのため、①方針を策定し（原則1）、②従業員に動機づけるため業績評価体系の整備や社内研修をし（原則7）、③利益相反が生じないように適切な社内管理をし（原則3）、④顧客のリスク許容度に応じた商品の提供（原則6）とわかりやすい情報提供（原則5）、⑤グループ内商品の提供や営業取引先を運用先に選ぶなどグループ内で利益相反が生じることがないよう適切な管理（原則3）、⑥顧客が払う手数料とサービスの対価関係の明確化（原則4）を求めています。

この施策の目的は金融機関に対して、「当局に目を向けるのではなく、顧客と向き合い、各社横並びではない主体的で多様な創意工夫を通じて、顧客に各種の情報を分かりやすく提供するなど、顧客の利益に適う金融商品・サービスを提供するためのベスト・プラクティスを不断に追求すること」を求めている点です。それは金融機関にとっても、「長短金利の低下が継続する中、銀行等においては、負債サイドの現預金と両建てで保有する国債や預け金からの収益確保が困難になっている。こうした状況の下では、銀行等において、国民の安定的な資産形成に資する良質な金融商品の販売等への方針転換を図ることは、銀行等自らの経営の安定性向上にもつながると考えられる」からです（注11）。

ルールからプリンシプルという視点から金融庁が考えるフィデューシャリー・デューティーの中身をみた場合、たしかにこの施策をルール化することは難儀であり下手にルール化すれば既存のルールとの重複を指摘されたり、詳細なルール化を図れば逆に漏れが生じることも懸念されます。一方、プリンシプルにすればよいかといえばそれだけでは施策の目的が果たせないことにもなります。プリンシプルをいかに有効に実現するか、エクスキューションのプロセスが問われることになります。

8　まとめ

フィデューシャリー・デューティーのほかコンダクトリスク等、内容自体が奥深く具体的な行為規範として明確化できないものがプリンシプルとして社会から要請されて「義務」化される状況となっています。レギュレーションという観点からは、社内規則でも同様ですが、法規制の限界とみることもできます。一方こうした今日的な状況は、財務的な意味で企業価値を最大化する、とにかくＲＯＥを高めて株主利益を最大化するという旧来のコーポレートガバナンスの議論に対して、ＳＤＧｓにもつながる多様な価値観を正当な議論として金融機関の経営に投げかけることを可能とする有効なツールとして期待できます。実際金融の現場ではフィデューシャリー・デューティーの観点から考える姿勢が定着しつつあると聞きます。

冒頭の話に戻って、日本人がもつ倫理観や真面目さからプリンシプルとしての顧客本位の業務運営はたしかに定着しつつあります。しかし、「顧客本位」という定性的な基準を、また顧客といってもそれぞれ年齢とは必ずしもリンクしない個性やリスク許容度が動的に存在しており、それは静的なルールや発想では対応できない状況でもあり、AI、ビッグデータ等、今日のデジタル・テクノロジーのなかにこそ落としていけるのではないかと思います。

これまでの講義で学んだようにフィンテック、AI等新しい潮流というものができています。そういう大きな流れのなかで、これまでルール、プリンシプル、またルールにかわるソフトロー、コンプライ・オア・エクスプレインとか、ソフトローといっても相変わらず紙ベースのソフトローだったりしたのがAIに置き換わっていく。もちろん単にそれは紙がデジタル化するというだけの意味ではなく、コード化し人の自然な所作のなかでエクスキューションされていく。これまでの、監督の仕方も金融機関であれば典型的に金融庁を通じてというのではなく、株主だけではないあらゆる角度からのステークホルダーに最適なかたちで実行されていくような社会システムにつながっていく。そうしたことがいまの金融イノベーションのなかで達成できるのではないかと思っています。またこれからのファイナンスローヤーの活躍が期待できる分野ではないかと思います。

とりあえずこのあたりで終えて、質問があれば答えていきたいと思っております。

質疑応答

質問 **オリジネーターに5%以上の劣後保有を求めるリスクリテンション規制と、オリジネーターからSPVに対して真正売買を求めることとの関係について教えてください。**

答 真正譲渡を厳格に議論するなら、オリジネーターが劣後部分を保有することは真正譲渡性に疑義を生じることになります。証券化がこれほど普及した現在においては5%の保有で真正譲渡性の疑義ありとはなりませんが、合理性を説明できないような過度な場合は疑問視される状況もあるでしょう。その意味ではご指摘のようにリスクリテンション規制と真正譲渡はベクトルの向きが逆になります。なお実態はというと、日本のオリジネーターにとって劣後部分はリスク対比でも利回りはよく一般には手放す合理性はないと思います。問題が生じうる状況は、信用度が高い原資産で劣後部分が5%を切ることになっても5%必要となると逆にアセットをフルに活用したファイナンスではないことになり経済合理性に欠くことになり、また実際に例がありますが、ある貸付業務から撤退するためアセットをすべて売却し証券化の対象とする場合、規制に引っかかることになります。

質問 **たとえばビッグデータとかを使うと、社会の実態がいまよりも的確に把握できて、合理的なルールが考えられるということでしょうか。そうすると、結局、法の視点はあまり変わらない気がしますが、先生のおっしゃっていたAIとかビッグデータの視点についてもう一度お話しください。**

答　どう利用するかまで触れることができなかったので、十分理解できないのは当然かなと思います。そこであらためて考えてみますと、質問者がまさに指摘するようにAI、IT、ビッグデータを活用して感情や利害に影響されやすい人がつくるよりもより理想的な法規制ができるという面もあると思います。局面は異なりますが、デジタル政府の議論にも通じるところです。

もっとも今回の講義で私がイメージし伝えたかったのは違う側面で、金融規制が、フィデューシャリー・デューティーが典型のように、ルール化に行き詰まりプリンシプル化しましたが、単にプリンシプルというだけではなくそれをAIやITを用いることで顧客それぞれの個性に応じた規律に変えていけないか、というものです。またルールはその特性として固定された内容が一律に適用されますが、その結果時々刻々と変化する動的な状況にはそぐわないということができます。なお当局によるレグテックに期待するだけでなく、自ら主体的に取り組むリーガルテックの議論でもあります。また、コードやプログラムのようなかたちでのアプローチをイメージしているので、その点でも既存のルールとは一線を画すのではないかと思います。

質問　**ファイナンスローヤーの現時点の仕事として、AIが入ってきてリーガルテックが発展したなかで、この部分はとってかわられないと思う部分でご意見を伺いたいです。**

答　いま現在の議論でも、契約書のコメントを最初にディープラーニングしているAIにさせるというプラクティスがすでにあります。おそらくビッグデータ、ディープラーニングの世界でデータの蓄積さえできれば、かつプラットフォーマーの登場により確実に蓄積されていくことにより、弁護士に頼まなくてもAIの世界でできてしまうことは考える以上に多いと思います。

皆さんのなかで、私も含めて、法律というものは本来がみんなわからなければいけない社会のインフラだから、誰でもアクセスできるものである必要があるのではないか、契約書もうまくつくった人の勝ちみたいなのはおかしくないかと思う人もいると思います。仮にグーグルもそう考えて、多くのデータを蓄積しているとすればAIに置き換わっていけるものは相当あると思います。

ファイナンスローヤーの仕事の大宗はプロジェクト、実際にはドキュメンテーションを専門とする分野であり、プロジェクトごとに細分化されます。実務は両極端の2つに分かれ、1つはすでに専門化した分野で手際よく正確なドキュメンテーションをすることであり、もう1つはイノベーティブな新規分野に取り組むことです。イノベーティブなもの——私もそれが好きで、この分野に長く首を突っ込んでいますし、また投資の世界でロボットが成功していないのは、過去のデータだけなので、いまとは違う将来を予測できないからといわれます。後者についてファイナンスローヤーは新しい将来を予測しながらリーガルな仕事をすることになるので、そういう分野では活躍できると思います。

なお、前者はすぐにでもAIに置き換わりそうですが、実際はなかなかそうはならないと思います。というのもファイナンスは金額が巨額で、一方担当する弁護士は少数精鋭、ほかのプレーヤーももちろんファイナンスの専門家で、あいまいさや多少バグがあってもいいとか、そういう世界ではないのです。ですから、本来機械のほうが完璧なんでしょうが、逆にさらに人間の技の完璧さを求められるみたいなところがあります。とはいっても現在もわれわれの知らないところで置き換わっていることも多いかもしれません。ですから、皆さんは、AIができないことは何かというところとか、自分の力でそもそもプラットフォームを動かせばいいではないかという2つの側面からアプローチしていったらおもしろいかと思います。

質問　AIが進展しますと、法律事務所も機械産業になって、やっぱり大きな事務所でないと生き残れない、資本産業化して、小さなところが淘汰されて、大規模化して寡占状態になりませんか。

答　いま現在、AIとは関係なしにプロジェクトや国際紛争など大型案件では寡占化している実態があります。それは別に大きいからいいという意味ではなくて、投入できる弁護士の数とか経験値に裏付けされる専門性の問題、一人の人が経験できることは限られていますが、それが何百人かになれば何百倍になるわけですから、そういう圧倒的な差があります。

もっとも、ある意味ではいまの質問の逆の回答になるのですが、経験の蓄積として事務所の大きさというのは重要な選択肢ですが、大きな1つの事務所でなくても、それぞれ優秀な、皆さんだったら東大ロー何年という1つの大きなコンソーシアムをつくってネットワーク化して、AIを利用しデータの蓄積を図れば、AIとかテクノロジーを利用して大きく育つ新規の会社があるのと同じように、そういうかたちでの展開ができると思います。逆に、大きいことというのは、コンフリクトの問題とか、経験値は何百倍になるかもしれないがそれに伴うリスクもあり、ガバナンスが強く求められます。一方、AIを利用したかたちでの法律事務所ではないネットワークみたいなものが構築できれば思いがけない展開があると思います。

注1　ファイナンスローヤーの役割について、神田秀樹教授は次のように述べている。「本来であれば、法制度や市場システムも、このような取引の実態や市場におけるさまざまのニーズに柔軟かつタイムリーに対応していかなければならないはずであるが、体系性と安定性が求められる「制度」が「秒進分歩」で変化し続ける市場の「現実」に追いついていく際に、一定のタイム・ラグが生じることは避けられない。そのようなタイム・ラグのなかで、実務法曹は、「制度」と市場の「現実」とのギャップへの対応を日々否応なしに迫られ、したがって、高度の専門的知識だけでなく、複雑な金融関連法規の適用関係を整理し、法的安定性・安全性の確保を図るとともに、時には従来の法律論の枠組みを超えるような緻密な解釈論を展開していく高い創造性が要求される。そして、金融システム全体の整備・活性化のためには、そのような実務法曹による「創造的な」法解釈論の展開と、それをふまえたうえでの立法その他の「制度」の整備というフィード・バックのプロセスが不可欠である」『ファイナンス法大全（上）』（商事法務、２００３年）「推薦の言葉」より。

注2　ある者（A）が他の者（B）に対して、裁量性のある意思決定や行動を通じて大きな影響を与える場合に、AとBの間にはフィデューシャリー関係があるといい、そのような関係がある場合にAがBに対して負う義務をフィデューシャリー・デューティーという（２０１９年7月24日開催「フィデューシャリー・デューティー研究会シンポジウム」配付資料）。

注3　大森泰人『霞ヶ関から眺める証券市場の風景―再び、金融システムを考える』２３５頁（金融財政事情研究会、２０１５年）。

注4　「ファイナンス法実務を前提とした場合、法的論点に対する解釈論が従前とは異なる展開を示す可能性があり得る点について敷衍すると……など、ファイナンス法実務が時には立法を促し、また、新たな判例や従前とは異なる解釈に立って否定的な立場に立つことの方が居心地がよいことは

確かであっても、やがて立法を促し、また判例の形成をもたらし、いつしか一般的理解に変更が兆すことを期待し、少しでも前向きな議論をし、実務を導く姿勢も時には必要であろう。重要なことは、従前の判例・学説を見据えながらも、ファイナンス法実務への適用を考えた場合、これまでの議論と前提たる事実、関与する当事者の属性、取引の背景、意義が果たして同じか、まったく異なる新しい社会経済事象を対象としていないか、法解釈論としての反論に堪え得る論理構成は果たして考えられないかなど、あるべき方向を見極め、分析と議論の深化を図ることであろう」小野傑『ファイナンス法大全（上）』「序章　ファイナンス法とは——金融法務の新しい展開」21頁より。

注5　金融取引の多様化を巡る法律問題研究会「金融規制の適用範囲のあり方」金融研究（２０１７年4月）1頁。その他、金融規制においてコストベネフィット分析など経済的分析の視点が必要であるとする新しい見方も議論されている。平良耕作「金融規制の効率性と透明性：米国における金融規制の見直しを題材に」金融研究（２０１９年10月）１１９頁。

注6　池尾和人「国際金融規制改革の再検討が必要　金融規制の新たなアーキテクチャー構築を」金融財政事情（２０１８年9月10日）28頁。

注7　大崎貞和「内外資本市場動向メモ　米国の資本市場制度改革に関する財務省報告書」内外資本市場動向メモ№17－14。

注8　藤井健司『増補版金融リスク管理を変えた10大事件＋χ』（金融財政事情研究会、２０１６年）第10章より。

注9　なお、２０２０年3月31日の修正により、「証券化エクスポージャーとして取扱う場合、適格ＳＴＣ証券化エクスポージャーとして取扱い可能か否かは、個別に判断する必要がありますが、住宅金融公庫債については、適格ＳＴＣ証券化エクスポージャーの趣旨に合致すると合理的に判断でき

る限り、適格ＳＴＣ証券化エクスポージャーとしての取扱いも認められます」がＱ＆Ａの脚注として挿入されこの問題は解決された。

注10　「新生証券ストラテジーノート第２５６号」（２０１７年1月26日）３頁。

注11　金融庁「平成28事務年度　金融行政方針Ⅲ．１．⑷」。

おわりに

本書の作成、講義運営に際しては、多くの方にお世話になりました。

各章をお読みいただくとすぐに気づかれると思いますが、この講義では、学生からたいへん熱心に質問が寄せられ、多いときは20名近くに及び、講義時間１０５分のうちの多くが質疑応答に充てられるほどでした。質問が尽きず、講義時間を超過してしまうことも少なくなく、講師も驚かれるくらいでした。紙幅の関係などから、講義内容および質疑応答のすべてを収録することはできませんでしたが、講師の方々のご尽力に加えて、本学学生の熱心な参加がこの講義を支えたことはいうまでもありません。この講義が、履修した多くの学生にとっても実り多きものとなり、将来、印象に残る講義であったと記憶されれば幸いです。学生の皆さんの今後の活躍を心より祈念します。

また、講師の皆様には、この講義の意義や目的をご理解いただき、お忙しいなかで、講義を引き受けていただきました。また、各講師スタッフの皆様にも多くの協力をいただきました。講義資料の作成に始まり、実際の講義や質疑応答でのご対応、本書出版のための原稿校正を含め、多大な時間と労力を割いていただいたことを心より感謝申し上げます。


本書の編集に際しては、神作裕之教授のご指導のもと、湯山が編集案をつくり、小野がそれを修正・確認していくというかたちをとりました。

神作裕之教授には、講義・編集作業のみならず、寄付講座の運営をはじめ、教育・研究活動全般にわたり大変親切にご指導・激励いただき、厚く御礼申し上げます。

講義の運営・準備や本書出版に際しては、みずほ証券株式会社市場情報戦略部産官学連携室の笹嶋佐知子室長、石山利恵氏、西村あさひ法律事務所の堀内亜希子さん、田仲由依さん（小野担当秘書）、東京大学公共政策大学院の木村恵美氏、奥原純子氏（寄付講座担当）、澤速記事務所の石井恭子氏（速記録作成）、東京大学公共政策大学院大学院生（当時）の長田照明さん（ティーチングアシスタント）にも協力いただきました。厚く御礼申し上げます。

本書の出版に際しては、きんざいの堀内駿氏に、企画段階から多大なるご協力をいただきました。この場を借りて厚く御礼申し上げます。

その他お名前をあげることはできませんが、本書作成・講義運営にあたりご協力いただいた、すべての皆様に心より御礼申し上げます。

小野　傑
湯山　智教

【各章執筆者紹介】

※各執筆者の略歴等は各章冒頭頁を参照。

神作　裕之（かんさくひろゆき）　【はじめに】
東京大学大学院法学政治学研究科教授

藤田　勉（ふじたつとむ）　【第1章】
一橋大学大学院経営管理研究科特任教授

副島　豊（そえじまゆたか）　【第2章】
日本銀行決済機構局審議役フィンテックセンター長

岡田　大（おかだひろし）　【第3章】
金融庁企画市場局信用制度参事官

芝　章浩（しばあきひろ）　【第4章】
西村あさひ法律事務所弁護士

柴崎　健（しばざきたけし）　【第5章】
みずほ証券株式会社市場情報戦略部長

菊地　正俊（きくちまさとし）　【第6章】
みずほ証券株式会社チーフ株式ストラテジスト

水口　純（みずぐちじゅん）　【第7章】
金融庁証券取引等監視委員会事務局次長

有吉　尚哉（ありよしなおや）　【第8章】
西村あさひ法律事務所弁護士

幸田　博人（こうだひろと）　【第9章】
京都大学経営管理大学院特別教授

湯山　智教（ゆやまとものり）　【第10章、おわりに】
東京大学公共政策大学院特任教授

小野　傑（おのまさる）　【第11章、おわりに】
東京大学客員教授（西村あさひ法律事務所弁護士）

【編著者紹介】

神作　裕之（かんさくひろゆき）　　【編集、はじめに】

東京大学大学院法学政治学研究科教授。東京大学法学部卒業。東京大学法学部助手、学習院大学法学部教授等を経て2004年より現職。専門は商法・資本市場法。金融法学会理事長、私法学会理事長、金融審議会決済法制及び金融サービス仲介法制に関するワーキング・グループ座長、スチュワードシップ・コードに関する有識者検討会座長、法制審議会会社法制（企業統治等関係）部会委員等も務める。

主な編著書として、

『フィデューシャリー・デューティーと利益相反』（編著、岩波書店、2019年）

『金融資本市場のフロンティア』（神作裕之・小野傑・湯山智教編著、中央経済社、2019年）

『金融とITの政策学』（神作裕之・小野傑・湯山智教編、金融財政事情研究会、2018年）

『コーポレート・ガバナンスと企業・産業の持続的成長』（神作裕之・小野傑・今泉宣親編、商事法務、2018年）

『資産運用の高度化に向けて』（神作裕之・小野傑・今泉宣親編、金融財政事情研究会、2017年）

等。

小野　　傑（おのまさる）　　【編集、第11章、おわりに】

東京大学客員教授・西村あさひ法律事務所弁護士。東京大学法学部卒業。ミシガン大学ロースクールL

L.M.修了。1978年弁護士登録、1983年ニューヨーク州弁護士資格取得。2007年より東京大学客員教授。金融機関の社外取締役等を務める。

湯山　智教（ゆやまとものり）　　　　【編集、第10章、おわりに】

東京大学公共政策大学院特任教授。早稲田大学大学院修了（商学研究科博士後期課程）、博士（商学）。慶應義塾大学大学院修了（SFC政策・メディア研究科修士課程）。株式会社三菱総合研究所研究員等を経て2001年金融庁入庁。監督局、証券取引等監視委員会事務局、日本銀行金融市場局、財務省理財局（財政投融資）、米国OCC等を経て2017年より現職。日本証券アナリスト協会認定アナリスト。

金融資本市場と公共政策
——進化するテクノロジーとガバナンス

2020年 6 月30日　第 1 刷発行

編著者　神作裕之・小野　傑・湯山智教
発行者　加藤一浩

〒160-8520　東京都新宿区南元町19
発　行　所　**一般社団法人 金融財政事情研究会**
企画・制作・販売　**株式会社 き ん ざ い**
出 版 部　TEL 03(3355)2251　FAX 03(3357)7416
販売受付　TEL 03(3358)2891　FAX 03(3358)0037
URL https://www.kinzai.jp/

校正：株式会社友人社／印刷：株式会社日本制作センター

ISBN978-4-322-13543-5